WORD SMART

1

Word Smart 1 최신개정판

지은이 프린스턴 리뷰팀
펴낸이 임상진
펴낸곳 (주)넥서스

초판 1쇄 발행 2015년 10월 20일
초판 10쇄 발행 2022년 7월 25일

2판 1쇄 발행 2024년 5월 10일
2판 2쇄 발행 2024년 5월 15일

출판신고 1992년 4월 3일 제311-2002-2호
10880 경기도 파주시 지목로 5
Tel (02)330-5500 Fax (02)330-5555

ISBN 979-11-6683-636-7 14740
(SET) 979-11-6683-638-1 14740

가격은 뒤표지에 있습니다.
잘못 만들어진 책은 구입처에서 바꾸어 드립니다.

www.nexusbook.com

WORD SMART

1

프린스턴 리뷰팀 지음
Written by the Staff of the Princeton Review

넥서스

서문

W o r d   S m a r t

I n t r o d u c t i o n

WORD SMART는 이렇다

언어는 생각을 담는 그릇이다

우리가 사용하는 언어는 많은 것을 말해 준다. 어떤 단어를 사용하느냐에 따라 세련되고 설득력 있으며 지적으로 보일 수도 있고, 때로는 자신도 이해할 수 없는 단어를 쓰고 있음을 보여 주기도 한다. 자기 생각을 제대로 드러내는 키포인트는 어떤 단어를 어떻게 사용할지를 아는 것에 달려 있다.

우리는 말을 하거나 생각하기 위해서도 어휘를 사용한다. 정확한 단어를 모르면 정리된 생각을 할 수 없다. 어휘력은 스스로 생각할 수 있는 힘과 그 생각을 다른 사람과 교류할 수 있는 능력의 기초가 된다. 어휘력을 늘리면 자신을 둘러싼 세계를 이해하는 지적 능력을 개발할 수 있다.

왜 이 책이 필요한가?

지금껏 나온 많은 어휘 책들의 대부분은 별로 유익하지 않다. 어떤 책에는 단어가 너무 많거나 어떤 책들은 터무니없이 어렵기 때문이다. 노력하지 않고 쉽게 배울 수 있는 방법이나 요령만을 주장하는 것들도 있다. 그런 방법 대부분은 사실 새로운 단어를 배우는 데 거의 도움이 되지 않는다. 이 책은 기존의 책들과 확실히 다르다.

우리는 SAT 교육기관인 PRINCETON REVIEW를 10년 이상 운영해 왔다. 여기서 6주간의 과정을 마친 학생들은 SAT에서 200점 이상 점수가 오르는 놀라운 결과를 보여 주었다. 이러한 성공은 훌륭한 교습법의 결과라고 생각한다.

Structure

『WORD SMART I』은 지성인이 필수로 알아야 할 1400개 이상의 단어를 포함하고 있다. 본문은 각 단어의 뜻과 이해를 돕고 올바르게 활용하기 위한 한 개 이상의 예문으로 구성되어 있다. 관련 단어뿐 아니라 숨은 뜻도 부분적으로 제시되어 있다. 아울러 자연스럽게 어휘력을 강화할 수 있도록 훈련을 위한 'Quick Quiz'도 덧붙였다. 부록에는 SAT와 GRE에서 자주 출제되었던 단어들만을 엄선했으며, 반드시 알아야 할 어근, 흔히 저지르는 실수들, 일상생활에서 흔히 접하는 약어와 외래어, 각종 전문 용어 등도 실었다.

1 / 어떤 방법으로 단어를 선택했는가?

SAT와 GRE를 비롯하여 어휘영역이 존재하는 권위 있는 시험들을 연구하여 난이도가 높으면서도 빈번하고 규칙적으로 등장하는 단어를 모았다. 또한 일선 학교의 선생님들과 작가들, 그 밖에 여러 전문가들로부터 자문을 받았다.

2 / 단어의 정의와 서술 방법

각 항목은 우선 보편적으로 받아들여지는 발음(실제로 여러 방법으로 발음되는 단어들도 있는데, 대체로 사전에서 제일 먼저 제시되는 발음)으로 시작한다. 간혹 사전의 발음과 보편적으로 인지되는 발음이 다른 경우가 있는데, 그럴 경우 다양한 참고서를 살펴보고, 전문가의 조언을 들어 취사선택했다. 큰 소리로 여러 번 반복해서 발음해 보기 바란다. 각 단어의 변화형 발음에도 유의하기 바란다. 대개의 단어는 명사나 동사나 형용사로 같이 쓰이는 경우가 많이 있는데, 변화형에 따라 발음으로 구별이 되는 일이 많다. 『WORD SMART I』에는 단어의 정의와 동의어를 실었다. 꼭 알고 넘어가야 하는 단어라면 어려운 단어라도 신중히 생각해서 제시어의 정의에 관련 단어로 첨부했다. 단어를 이해하기 위해서는 구체적인 문맥 속에서 볼 필요가 있다고 믿기 때문에, 단어의 정의 다음에는 제시어의 올바른 쓰임을 보여 주는 예문을 적어도 한 개 이상씩 실었다. 또한, 제시어의 역사적 고찰이나 관련 단어들도 검토했다. 마지막으로 제시어의 변화형을 보여 주고, 발음이 현저하게 다른 경우는 발음 기호도 명시했다.

3 / 이 책의 활용 방법

알파벳순으로 꾸준히 공부하는 것만이 좋은 방법이라고 생각하지 않는다. 먼저 Quick Quiz를 풀어 보고 틀린 단어를 찾아 앞의 제시어로 다시 돌아가는 것도 좋은 공부법이 될 수 있다.

Princeton Review의 학생들 중 몇몇은 책의 마지막 부분에 나오는 '최종 테스트'부터 먼저 시작한 뒤, 틀린 단어를 찾아가는 순서로 공부했다. 또는 어근 공부부터 하는 사람들도 있었다. 기본적으로 우리가 말하고 싶은 것은 바로 이것이다. 이 책을 공부할 때는 어떤 방식이든 자신이 원하는 대로 하면 된다!

4 / 이 책을 효과적으로 활용하는 방법

처음부터 이 책을 단숨에 끝내려고 하지 마라. 정해진 일정 분량만큼 지속적으로 공부하는 방법이 더 효과적이다. 한 단어를 제대로 이해했다고 확신이 들기 전에는 다음 단계로 건너뛰지 마라. 당황해 하는 실수의 대부분은 확신을 갖고 대담하게 사용하는 어휘가 사실은 틀리다는 데 있다. 대략 열 개 정도의 단어를 공부한 뒤 Quick Quiz를 통해 확실히 다져 두기 바란다. 시험에 대비하기 위해 어휘력을 향상시키려면 처음부터 끝까지 자신의 수준에 맞는 계획을 세워 같은 방법으로 공부하라. 단순히 어휘력 향상이 목적이라면 임의대로 흥미 있는 부분을 파고들어도 좋다. 또한, 책을 읽거나 다른 사람과 이야기를 나누다가 모르는 단어와 부딪히지 않도록 도와줄 사전으로 써먹어도 좋다. 이 책을 공부하고 나면 미국 대학 졸업 수준 이상의 실력을 갖추게 될 것이다. 그러나 거기서 멈추지 말고 앞으로 더 정진하기 바란다.

5 / 왜 WORD SMART가 필요한가?

대부분의 어휘 책들은 사람들이 거의 사용하지 않는 단어들까지 너무 많은 어휘를 다루면서도, 학교나 일상에서 실제로 만나게 되는 단어들은 충분히 다루고 있지 못하다. 우리는 「WORD SMART I」에서 교양 있는 지성인이라면 꼭 알아야 할 가장 중요한 단어들만을 엄선했다. 어휘량을 늘리는 것은 무엇보다 중요하다. 하지만 무엇부터 시작할 것인가? 영어에는 수만 개의 단어가 있다. 어떤 단어가 꼭 필요한 단어인지 알기 위해서 Princeton Review사는 일정 교육을 받은 지성인들의 어휘를 연구했다.

또한 「The New York Times」에서 「The Wall Street Journal」에 이르기까지 여러 신문과 「Time」을 비롯한 잡지, 최근의 베스트셀러와 고전에 이르기까지 다양한 도서들을 함께 분석했다. 대부분의 사람들이 알고 있는 단어들을 제시하고 사람들이 잘못 이해하거나 잘못 사용하는 단어에 초점을 맞췄다. 이를 토대로 가장 빈번하게 쓰이는 832개의 단어를 골랐다. 1988년 「WORD SMART I」을 쓴 이후 거의 400만 명의 사람들이 이 책을 구입했다.

Structure

○ 표준 발음 기호 삽입

원서의 원어민 기준 발음 기호와 달리 한국인이 공부하기 쉬운 표준 발음 기호를 삽입하여 발음 공부가 쉬워졌다!

○ 설명 및 예문

단어의 설명과 활용 예문을 확실히 구분하여 이해와 응용이 더욱 용이하다!

○ 다양한 품사형 제시

단어에서 파생된 다른 품사형 단어도 함께 실어 다양한 형태의 단어 학습이 가능하다!

● **PERUSE** [pərúːz] v to read carefully 주의하여 읽다, 정독하다

This word is misused more often than it is used correctly. To *peruse* something is not to skim it or read it quickly. To *peruse* something is to study it or read it with great care.

이 단어는 제대로 쓰이는 경우보다 잘못 사용되는 경우가 더 많다. *peruse*는 어떤 것을 대충 건너뛰며 읽거나 빠르게 읽는 것이 아니라 아주 주의 깊게 공부하거나 읽는 것을 말한다.

　• **The lawyer** *perused* the contract for many hours, looking for a loophole that would enable her client to back out of the deal.

　변호사는 의뢰인이 그 계약을 해지할 수 있도록 허점을 찾기 위해 여러 시간에 걸쳐 계약서를 꼼꼼히 읽었다.

▶ 명사형은 perusal(정독)이다.

　• My *perusal* of the ancient texts brought me no closer to my goal of discovering the meaning of life.

　나는 삶의 의미를 발견하고자 하는 목적을 가지고 고대의 원전을 정독했지만 별로 도움이 되지 않았다.

○ QUICK QUIZ

QUICK QUIZ로 학습한 내용을 바로 복습할 수 있어 확실한 단어 암기가 가능하다!

QUICK QUIZ 59

Match each word in the first column with its definition in the second column. Check your answers in the back of the book.

1. narcissism	a.	excessive love of self
2. nebulous	b.	in name only
3. nefarious	c.	harmful
4. neologism	d.	original
5. nepotism	e.	evil
6. nihilism	f.	subtle difference
7. nominal	g.	famous for something bad
8. nostalgia	h.	vague
9. notorious	i.	longing for the past
10. novel	j.	favoritism
11. noxious	k.	belief in the absence of all values and morals
12. nuance	l.	new word

○ Final Exam Drill

주요 단어의 학습이 끝나면 Final Exam Drill로 다시 한 번 복습한다! COMPLETIONS(적당한 단어 채워 넣기), BUDDY CHECKS(반의어/동의어 찾아 연결하기), ODD ONE OUT(관련 없는 단어 찾기), RELATIONSHIPS(동의어, 반의어, 관련 없는 단어 구별하기), DEFINITIONS(단어 정의 연결하기), PRONUNCIATIONS(알맞은 발음 연결하기) 등 다양한 형태의 문제가 수록되어 있다.

○ 용어 정리

부록에서는 SAT 빈출 단어, GRE 빈출 단어, 꼭 알아야 할 어근, 흔히 저지르는 실수들, 약어, 외래어, 그 외에 다양한 분야의 전문 용어를 정리하였다.

새 로 운 단 어 를 공 부 하 는 법

○ 놀이에서 찾은 어휘 공부법

아이들은 주위 사람들이 말하는 것을 흉내 냄으로써 새로운 어휘를 배운다. 아기는 자신의 흥미를 끄는 새로운 단어를 듣게 되면, 그 단어를 하루나 이틀 동안 반복적으로 사용한다. 아이는 문맥에서 실험과 실수를 반복하며 단어의 의미를 파악한다.

아이들은 어른보다 새로운 단어를 배우는 시간이 훨씬 빠르다. 주위 환경에서 언어를 빨아들이듯 습득하는 능력은 아동기를 지나면 점점 쇠퇴하는 듯하다. 그러나 이처럼 아이들이 처음으로 언어를 배우는 과정은 어른들에게도 어휘력을 강화시키는 데 유효한 방법이다.

○ 어휘는 사용할 때만이 유용성을 갖는다

맨 처음 아이들이 말을 배울 때처럼 어른들도 마찬가지로 계속 중얼거리면서 반복해야 한다. 철저한 연습과 규칙적인 훈련을 해야만 단어를 자신의 것으로 만들 수 있다. 시험을 앞둔 학생이라면 어렵게 생각되는 단어를 확실히 알 때까지 계속 반복하여 암기해야 한다. 글쓰기나 말하는 기술을 높이려는 목표도 어휘 공부의 중요한 동기가 될 수 있다. 자신의 어휘력을 향상시키려면 아이들이 새로운 단어를 배울 때처럼 일상생활 속에서 자꾸 반복하여 사용해야 한다.

○ 읽고, 읽고, 또 읽어라!

어렵고 복잡한 어휘를 습득하는 가장 좋은 방법은 무엇보다 열의를 갖고 반복해서 읽는 것이다. 그러다 보면 두뇌를 자극하게 되고 이해력도 향상된다. 광범위한 독서를 꾸준히 하다 보면 어느새 자신의 어휘 실력이 향상되어 있을 것이다. 새로운 단어를 자꾸 접하다 보면 전염되듯 익숙해지는데, TV보다는 확실히 독서가 좋은 방법이다. 「Time」을 비롯하여 좋은 글이 많이 실린 여러 종류의 잡지나 신문 역시 많은 도움이 된다.

○ 문맥에만 의존하는 방법의 위험성

문맥 속에서 그 단어가 어떻게 사용되는지를 파악하는 것도 중요하지만, 단어의 뜻을 유추할 때 문맥에만 의존하게 되면 함정에 빠질 우려가 있다. 노련한 저자나 연사라도 강조나 극적인 효과를 위해 의도적으로 틀린 단어를 사용하는 일도 가끔 있기 때문에 반드시 정확한 의미로 단어를 사용했다고는 단정할 수 없다. 그보다 중요한 것은 많은 단어들이 서로 다른 뜻을 함께 갖거나 의미상 미묘한 차이가 있다는 점이다. 그래서 문맥을 통해 추정한 단어의 뜻이 다른 경우에도 그대로 적용된다고 단정할 수는 없다.

또한, 문맥은 그 자체로 잘못 해석될 수도 있다. 단어가 빠진 문장이 주어지고 그것을 채워야 할 때 문맥에 맞는 단어를 선택하더라도 본래의 정답과는 거리가 멀어지는 경우가 있다. 이럴 때 사전이 필요하다.

두꺼운 책

많은 학생들이 어휘 공부를 끝내야겠다는 의욕에 사로잡혀 사전을 들고 앉아 첫 페이지부터 읽기 시작한다. 그러나 이 방식으로 시작한 학생들의 대부분은 첫 페이지를 좀처럼 넘기지 못하고 포기하기 쉽다. 사실 이 방법으로 새로운 단어를 공부한다는 것은 불가능하다. 보다 쉽고 효과적인 방법인 이 책으로 시작해 보자.

학생이라면 항상 사전을 휴대해야 한다

어딜 가든 작은 휴대용 사전을 꼭 갖고 다니자. 모르는 단어를 접했을 때 현장에서 바로 찾아보면 더 오래 기억에 남을 것이다. 하지만 최고의 사전일지라도 항상 정확한 것만은 아니다. 권위 있는 사전을 접할 수 있다면 다시 한 번 그 뜻을 확인해 두는 것도 좋다. 사전 찾는 것을 귀찮게 여기거나 어렵게 생각하지 마라.

WORD SMART의 단어는 무엇이 사전과 다른가

우선 이 책은 사전이 아니다. 부피가 큰 사전보다 이해하기 쉽게 만들려고 애썼다. 일차적으로 사전에 기초하고 있지만 그만큼 복잡하고 자세하지는 않다. 대신 기본 단어의 뜻을 정의하고 때로는 관련 단어를 충분히 다뤘다. 그리고 무엇보다 중요한 것은 단어의 실제 활용 방법을 보여 주기 위해 적어도 한 개 이상의 예문을 제시했다는 것이다.

이 책을 읽기 위하여

사전이나 단어 숙어 사전을 통해 어휘를 공부하는 것은 좋은 방법이지만, 시간이 너무 많이 걸린다. 이러한 난제를 해결하는 데 적절한 책이 바로 『WORD SMART』이다. 『WORD SMART』의 주요 섹션은 교육용 어휘를 마스터할 수 있게 도와주는 핵심 단어들만 엄선했다. 우리는 다년간 수천 명의 학생들과 공부하는 과정을 통해 어떤 방법이 능률적이고 그렇지 않은지를 터득했다.

시작하기 전에 명심해야 할 것

새로운 언어를 공부하는 것은 다이어트를 하는 것과 같다. 정말 쉬운 방법이란 없다. 몸무게를 줄이고자 한다면, 반드시 적게 먹고 운동을 많이 해야 한다. 안일한 생각이나 작은 알약으로 되는 것이 아니다. 어려운 어휘를 습득하고자 할 때도 많은 노력이 필요하다. 이러한 학습법을 통해 많은 사람들이 상당한 성공을 거두었으며, 여타의 방법보다 더 효과적이라고 생각한다. 물론 저절로 얻어지는 것은 없다. 모두 값진 노력의 대가인 것이다.

새로운 단어를 공부하는 법

지난 수년간 학생들을 지켜보면서 체득한 성공적인 방법을 몇 가지 소개하고자 한다. 각자에게 가장 적합한 방식을 선택하여 활용하기 바란다.

방법1_ 기억력 증진 요령

arithmetic이라는 단어를 암기하기 위해 "A Rat In The House Might Eat Tom's Ice Cream" 이라는 문장을 외운다. 아주 기초적이고 우스꽝스러운 이 문장에서 각 단어의 첫 글자를 따면 arithmetic이 되는 것이다. 철자나 역사적 사건의 연대를 암기하는 방법도 있다.

기억력 증진법은 어떻게 작용하는가

모든 기억력 증진법은 같은 방식으로 작용한다. 자신이 기억하려는 것과 이미 알고 있거나 기억하기 쉬운 것을 연관시켜 생각한다. 일정한 형태나 운율은 기억하기 쉽기 때문에 기억력 증진법 중의 하나로 이용된다.

방법2_ 보는 것이 기억하는 것이다

새로운 단어의 생생한 영상을 머릿속에 남기는 것 또한 기억력 증진의 한 방법이다. 여기서 강조하는 것은 머릿속에 연상되는 그림을 의미한다. 예를 들어 보자. abridge라는 단어는 짧게 줄이거나 압축한다는 의미이다. 이 단어를 생각할 때, 순간적으로 어떤 이미지가 떠오르는가? 답은 간단하다. 바로 a bridge(다리)이다. '다리'와 abridge의 의미(짧게 만들다, 압축하다)를 연결시켜 줄 그림을 만들 필요가 있다. 어떤 그림을 만들지는 전적으로 여러분에게 달려 있다.

머릿속의 이미지가 비정상적일수록 더 잘 기억된다

정상적인 것은 평범하고 재미가 없다. 따라서 비정상적이고 우스꽝스러운 것보다 기억하기 어렵다.

방법3_ 어원에 의한 실마리

영어에는 수만 개의 단어가 있지만 같은 어원에서 갈라져 나와 의미상 관계가 있는 그룹으로 나눌 수 있는 것들이 많이 있다. 비슷한 어원을 갖고 있는 단어로 분류할 수 있다면, 훨씬 쉽게 단어를 암기할 수 있을 것이다.

예를 들면,

> **mnemonic** device to help you remember something
> **amnesty** a general pardon for offenses against a government(an official "forgetting")
> **amnesia** loss of memory
> 이 세 단어는 기억을 의미하는 mne를 공통적으로 갖고 있다.

어원 연구의 강점

어원을 풀이하는 방법으로 단어를 공부하는 방법이 효과가 있는 이유는 어원이 실제로 단어의 뜻과 관련이 깊기 때문이다. (그런 의미에서 이미지 연상 방법과는 대립되는 방법이다.) 어원 연구는 수세기에 걸친 역사가 있는 단어의 이야기에 빠져들게 만들고 같은 뿌리를 가진 단어들에 흥미를 갖게 한다.

어원 공부의 함정

어원은 단어에 대해서 무엇인가를 말해 주는 것이기는 하지만 단어의 정의를 직접 제시하는 것은 아니다. 그리고 어원을 오해하는 경우도 있다.

예를 들면,

> verdant라는 단어를 보고 verify, verdict, verisimilitude, veritable과 같이 진실이나 사실을 의미하는 어원을 갖고 있다고 추정한다. 그러나 verdant는 초록색을 의미하는 프랑스의 고어 vert에서 유래한 것이다. 어원 연구는 어휘 공부에 유익한 도구이기는 하지만, 모르는 단어의 의미를 단정하기에는 위험한 도구이기도 하다.

방법4_ 손으로 쓰거나 그림을 그리거나 도표 만들기

많은 사람들은 손으로 직접 쓰면서 더 쉽게 새로운 정보를 기억한다. 글씨를 쓰는 물리적인 동작이 머릿속에 각인되는 것을 돕는 것이다. 아마도 글씨를 쓰면서 단어에 대해 어떤 느낌을 형성하는 것 같다. 보조 기억 장치나 영상 이미지, 그리고 어원이 생각난다면 적어 두자. 그림을 그리거나 도표를 만들 수도 있을 것이다.

방법5_ 플래시카드와 노트에 모두 적어 두기

플래시카드란 앞면에는 단어를 적고 뒷면에는 그 단어의 뜻을 적어 놓은 단순한 카드이다. 이 카드를 이용하여 서로 퀴즈를 내면서 자투리 시간을 이용하면 공부를 게임처럼 할 수 있다. 또한, 카드 뒷면 한쪽 귀퉁이에 우리가 앞서 해 온 기억력 증진에 관한 방법들을 첨가하면 카드를 꺼내 볼 때마다 재미도 있고 공부도 더 잘 될 것이다. 물론 플래시카드보다는 어휘 자체를 일상생활에서 자꾸 사용해 보는 것이 기억에 더 오래 남고 공부가 된다는 것은 말할 나위 없다.

새 로 운 단 어 를 공 부 하 는 법

○ 노트의 이용에 관하여

학생들은 새로운 단어를 접하면 언제나 노트에 적어 둔다. 한 페이지 가득 단어를 공부하는 동안에 두뇌에 기록될 것이다.

잡지를 뒤적거리다 공부하고 있는 단어를 발견하게 되면, 노트에 그 문장을 적어 둘 수도 있다. 문맥 속에서 단어가 활용되고 있는 새로운 예를 얻는 것이다. 이전에 배운 단어를 자신이 정리한 노트 속에서 다시 보게 되면 성취감을 느낀다고 한다. 어휘에 관한 정리 노트는 스스로 진전되고 있다는 명백한 증거이다.

단어 공부를 위한 게임 방법(단계적 접근법)

1단계   문맥에서 단어의 의미를 추론한다.

문맥은 간혹 오답을 만들기도 하지만, 추론은 사고의 연마를 돕고 글을 읽을 때 이해력을 높일 수 있다.

2단계   사전을 찾는다.

대부분의 사람들은 이 단계를 건너뛰고 싶어 하지만, 어휘의 정확한 의미를 알기 위해서는 반드시 통과해야 하는 과정이다.

3단계   철자를 써 본다.

단어의 철자를 써 보고 변화형도 함께 알아둔다. 단어의 철자를 보면 비슷한 단어나 관계가 있는 단어들도 연상될 것이다.

4단계   큰 소리로 말해 본다.

독백이 아니라 다른 사람에게 큰 소리로 말해야 한다.

5단계   주요한 뜻을 읽는다. 부차적인 뜻풀이까지 자세히 읽어야 한다.

사전의 풀이는 중요한 순서에 따라 쓰였다. 그러나 단어를 완전하게 이해하기 위해서는 부수적인 뜻풀이까지 모두 읽어 보는 것이 좋다.

6단계   시간이 허락하면, 동의어의 쓰임과 뜻까지도 비교해 본다.

7단계 자신이 이해한 언어로 뜻을 풀이한다.

8단계 문장 속에서 배운 단어를 활용해 본다.

단어의 뜻을 이해했다면 적절한 문장을 만들어 본다. 단어의 암기력을 높이는 연상법

9단계 그 단어에 기억력을 강화시키는 연상 장치나 머릿속의 이미지,
그 밖의 암기를 돕는 방법을 고안 하여 연결해 본다.

8단계를 거치면서 이미 암기된 단어라도 연상 기억력 증진법을 통해 확고하게 기억하는 것이 좋다.

10단계 플래시카드를 작성하고 노트에 정리한다.

특히 단기간에 많은 양의 어휘를 습득하고자 할 때는 이 방법이 매우 효과가 있다.

11단계 기회가 닿는 대로 그 단어를 사용한다.

과감하게 반복적으로 사용하라. 새로 알게 된 지식을 굳건히 하지 않는다면, 결코 자신의 것이 될 수 없을 것이다.

마지막으로 덧붙이고 싶은 말은 항상 의구심을 갖도록 한다. 아무리 알고 있는 단어라고 해도 방심해서는 안 된다. 정말로 확실하게 알고 있는지 되짚어 보기 바란다. 자신은 익숙한 단어라고 확신하지만, 사실은 부정확하게 알고 있기 때문에 종종 황당한 실수들이 발생한다.

자, 이제 시작해 보자. 욕심내지 말고 한 번에 조금씩만 도전하면 많은 것을 얻게 될 것이라는 사실을 기억하라.

목 차

Contents

부록

WORD
SMART 1

The Words

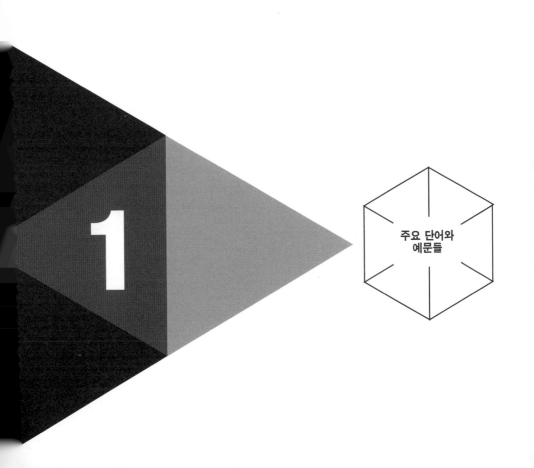

1

주요 단어와
예문들

A

ABASH [əbǽʃ] v to make ashamed; to embarrass 부끄럽게 하다; 당혹하게 하다

- Meredith felt *abashed* by her inability to remember her lines in the school chorus of "Old McDonald Had a Farm."

  학교 합창단에서 "Old McDonald Had a Farm"이라는 노래를 부르면서 자신의 가사도 기억하지 못했던 것 때문에 메러디스는 부끄러움을 느꼈다.

To do something without shame or embarrassment is to do it *unabashedly*.

부끄러워하거나 난처해하지 않고 어떤 일을 할 때 unabashedly(염치없이)라고 표현한다.

- Karl handed in a term paper that he had *unabashedly* copied from the *Wikipedia*.

  칼은 뻔뻔스럽게도 학기 말 리포트를 위키피디아를 베껴서 제출했다.

ABATE [əbéit] v to subside; to reduce 가라앉다; 줄이다

- George spilled a cup of hot coffee on his leg. It hurt quite a bit. Then, gradually, the agony *abated*.

  조지는 다리에 뜨거운 커피를 한 컵이나 쏟았다. 꽤 아팠지만, 조금 있으니 점차 통증이 가라앉았다.

- Bad weather *abates* when good weather begins to return. A rainstorm that does not let up continues unabated.

  날씨가 개기 시작하면 악천후가 누그러진다. 그치지 않는 폭우는 수그러들 줄 모르고 계속된다.

A tax *abatement* is a reduction in taxes. Businesses are sometimes given tax *abatements* in return for building factories in places where there is a particular need for jobs.

tax abatement란 '세금 감면'이란 뜻으로, 사업체가 특별히 고용 창출이 필요한 곳에 공장을 세우면 그 대가로 종종 (정부로부터) 받는 세금 감면 조치를 말한다.

ABDICATE [ǽbdəkèit] v to step down from a position of power or responsibility
책임이나 권력의 지위를 버리다, 양위하다

- When King Edward VIII of England decided he would rather be married to Wallis Warfield Simpson, an American divorcée, than be king of England, he turned in his crown and *abdicated*.

  영국의 국왕인 에드워드 8세가 영국의 왕이 되기보다는 미국인 이혼녀인 웰리스 와필드 심슨과의 결혼을 결심했을 때, 그는 왕관을 내놓고 국왕의 자리를 포기했다.

Even people who aren't monarchs can *abdicate* their duties and responsibilities.

군주가 아닌 평범한 사람이 자신의 '책임과 의무를 포기한다'고 할 때도 abdicate를 쓸 수 있다.

- Abby *abdicated* her responsibilities as a vice president by dumping in the garbage the reports she was supposed to present to the board of directors and flying to the Bahamas.

   애비는 부사장으로서의 책임을 저버리고, 이사회에 얘기해 줘야 할 보고서를 쓰레기통에 버리고는 바하마로 날아가 버렸다.

ABERRATION [æ̀bəréiʃən] n something not typical; a deviation from the standard 전형적이지 않은 것; 표준으로부터 이탈한 것

▶ 발음에 주의할 것.

- Søren's bad behavior was an *aberration*. So was Harry's good behavior. That is, Søren's was usually good, and Harry's was usually bad.

   소렌의 못된 행동은 평소와는 다른 것이었다. 해리의 착한 행동도 마찬가지였다. 즉, 소렌은 평소 착한 아이였고, 반대로 해리는 평소에 나쁜 아이였다.

- The chef at this restaurant is dreadful; the decent meal we just had was an *aberration*.

   이 레스토랑의 주방장은 끔찍하다. 우리가 방금 먹은 대단한 음식은 정말 기이했다.

- A snowstorm in June is an *aberration*; snow doesn't normally fall in June.

   유월의 눈보라는 이상 현상이다. 정상대로라면 유월에는 눈이 오지 않는다.

▶ 형용사형은 aberrant[æbérənt] (정도를 벗어난, 비정상적인)이다.

- Søren's behavior was *aberrant*.

   소렌의 행동은 정도에서 벗어났다.

- The summer snowstorm was *aberrant*.

   여름의 그 눈보라는 정상이 아니었다.

ABHOR [əbhɔ́ːr] v to hate very, very much; to detest 몹시 싫어하다; 혐오하다

- Emanuel *abhorred* having to wake up before dawn.

   엠마뉴엘은 동트기 전에 일어나야 하는 것을 아주 혐오했다.

To *abhor* something is to view it with horror. Hating a person is almost friendly in comparison with *abhorring* him or her.

abhor는 어떤 것을 '아주 혐오스럽게 여기다'라는 뜻이다. hating은 abhorring과 비교하면 오히려 우호적이다.

To *abhor* raw chicken livers is to have an *abhorrence* of them or to find them *abhorrent*.

닭의 생간을 abhor한다면 그것에 대한 abhorrence(혐오)를 갖고 있거나 그것이 abhorrent(혐오스러운)라는 것을 발견하는 것이다.

ABJECT [ǽbdʒekt] adj hopeless; extremely sad and servile; defeated
절망적인; 아주 비참하고 비굴한; 패배한

- While most people would quickly recover from a stumble on stage, Mia felt *abject* humiliation.

  대부분의 사람들은 무대에서 발을 헛디딘 것에서 빨리 회복하지만 미아는 비참한 굴욕감을 느꼈다.

An *abject* person is one who is crushed and without hope. A slave would be *abject*, in all likelihood.

abject person은 '짓밟혀 희망이 없는 사람'이다. 노예는 아마도 abject(비참한)라고 할 수 있을 것이다.

Perhaps 90 percent of the time, when you encounter this word it will be followed by the word *poverty*. *Abject poverty* is hopeless, desperate poverty. The phrase "abject poverty" is overused. Writers use it because they are too lazy to think of anything original.

여러분이 이 단어를 접하는 경우의 대략 90%는 poverty(빈곤)라는 단어와 같이 쓰이는 경우일 것이다. abject poverty는 절망적인 가난을 의미한다. abject poverty라는 어구는 남용되는 경향이 있어서 작가들은 좀 더 독창적인 표현을 생각하는 게 귀찮을 때 이 어구를 사용한다.

ABNEGATE [ǽbnəgèit] v to deny oneself things; to reject; to renounce
어떤 것을 자제하다; 거절하다; (권리 등을) 포기하다

- Ascetics practice *self-abnegation* because they believe it will bring them closer to spiritual purity.

  금욕주의자들은 자기 억제를 통해서 영적인 순수함에 더 가까이 이를 수 있다고 믿기 때문에, 이를 실천한다.

Self-abnegation is giving up oneself, usually for some higher cause.

self-abnegation(자기 희생)이란 대체로 더 고귀한 목적 때문에 자기 자신을 포기하는 것이다.

ABORTIVE [əbɔ́ːrtiv] adj unsuccessful 실패한

- Marie and Elizabeth made an *abortive* effort to bake a birthday cake; that is, their effort did not result in a birthday cake.

  메리와 엘리자베스는 생일 케이크를 만드는 데 실패했다. 즉, 그들의 노력은 생일 케이크라는 결과에 이르지 못했다.

- Fred's attempt to climb the mountain was *abortive*; he injured himself when he was halfway up.

  그 산을 등정하려던 프레드의 시도는 실패로 끝났다. 그는 반쯤 올라갔을 때 부상을 입었다.

To *abort* something is to end it before it is completed. An *aborted* pregnancy, called an *abortion*, is one that ends before the baby is born. An *abortion* in this sense doesn't have to be the result of a controversial medical procedure.

abort를 동사로 쓰면 완성되기 전에 일을 끝내 버린다. 즉, '중단하다'라는 뜻이다. 보통 abortion(낙태)이라고 말하는 aborted pregnancy(유산된 임신)는 태아가 출생하기 전에 임신의 상태가 끝나는 것이다. 이와 같은 의미에서 abortion은 오늘날 쟁점이 되고 있는 중절 수술의 결과만을 의미하는 것은 아니다. (즉, 자연 유산을 의미할 수도 있다.)

ABRIDGE [əbrídʒ] v to shorten; to condense 단축하다; 요약하다

- The thoughtful editor *abridged* the massive book by removing the boring parts.

  사려 깊은 편집자는 지루한 부분을 삭제해서 그 두꺼운 책을 짧게 줄였다.

An *abridged* dictionary is one that has been shortened to keep it from crushing desks and people's laps.

abridged dictionary는 사람들의 무릎과 책상을 보호하기 위해 내용을 줄인 '축약본' 사전이다.

An *abridgment* is a shortened or condensed work.

abridgment는 작품을 짧게 줄이거나 요약한 '축약본'을 말한다.

ABSOLUTE [æbsəlùːt] adj total; unlimited 완전한; 제한 없는

An *absolute* ruler is one who is ruled by no one else. An *absolute* mess is a total mess. An *absolute* rule is one that has no exceptions and that you must follow, no two ways about it.

absolute ruler는 어느 누구에 의한 통제도 받지 않는 '절대 군주'이다. absolute mess는 '총체적인 혼란'을 의미한다. absolute rule은 예외가 없을뿐더러 누구나 지켜야만 하고 다른 길이란 있을 수 없는 '절대 규칙'을 말한다.

Absolute is also a noun. It means something that is total, unlimited, or perfect. Death, for living things, is an *absolute*. There just isn't any way around it.

absolute는 명사로도 쓰여, '완전하고 제한이 없는 것' 또는 '절대적인 것'을 의미한다. 생명체에게 있어 죽음은 그 외의 다른 지향점이 있을 수 없으므로 absolute(절대적인 것)이다.

ABSOLVE [æbzálv] v to forgive or free from blame; to free from sin; to free from an obligation
용서하거나 비난을 면하게 하다; 죄를 용서하다; 의무를 면제하다

- The priest *absolved* the sinner who had come to church to confess.

  신부님은 교회에 찾아와 고해성사를 한 죄인을 용서했다.

- Tom's admission of guilt *absolved* Mary, who had originally been accused of the crime.

  톰이 범행을 자백했기 때문에, 원래 범인으로 기소되었던 메리는 풀려나게 되었다.

It is also possible to *absolve* someone of a responsibility.

absolve를 누군가를 '의무에서 벗어나게 하다'라는 의미로도 사용할 수 있다.

- Jake *absolved* Ciara of her obligation to go to the prom with him; he told her it was all right if she went with the captain of the football team instead.

  제이크는 댄스파티에 반드시 함께 가야 한다는 의무에서 시애라를 벗어나게 해 주었다. 즉, 그는 자기 대신에 축구팀 주장과 함께 가도 좋다고 말해 주었던 것이다.

▶ 명사형은 absolution[æ̀bsəlúːʃən] (사면, 면제)이다.

Match each word in the first column with its definition in the second column.
Check your answers in the back of the book.

1. abash		a. step down from power
2. abate		b. hopeless
3. abdicate		c. unsuccessful
4. aberration		d. forgive
5. abhor		e. total
6. abject		f. subside
7. abnegate		g. detest
8. abortive		h. shorten
9. abridge		i. deviation
10. absolute		j. embarrass
11. absolve		k. renounce

ABSTINENT [ǽbstənənt] adj abstaining; voluntarily not doing something, especially something pleasant that is bad for you or has a bad reputation

삼가는; 자발적으로 어떤 일을 하지 않는, 특히 즐겁긴 하지만 본인에게 좋지 않거나 명예롭지 못한 일을 삼가는

- Beulah used to be a smoker; now she's *abstinent*.

  뷸라는 한때 흡연자였다. 지금은 자제하고 있다.

- Cynthia, who was dieting, tried to be *abstinent*, but when she saw the chocolate cake she realized that she would probably have to eat the entire thing.

  다이어트 중인 신시아는 식욕을 억제하느라 애를 쓰고 있었다. 그러나 초콜릿 케이크를 보는 순간, 그걸 전부 먹어 버릴 수밖에 없다는 사실을 깨달았다.

▶ abstainer는 무엇인가를 '절제하는 사람'이고, abstinence는 '자제', '금욕'이다.

ABSTRACT [ǽbstrækt] adj theoretical; impersonal 이론상의; 비인격적인, 추상적인

- He liked oysters in the *abstract*, but when he actually tried one he became nauseated.

  그는 추상적으로(막연하게) 굴을 좋아했다. 그러나 실제로 먹어 보고는 욕지기를 하게 되었다.

To like something in the *abstract* is to like the idea of it.

to like something in the abstract는 어떤 것을 '추상적으로 좋아하다'라는 뜻이다.

- Bruno doesn't like *abstract* art; he thinks that a painting should resemble something real, not a lot of splattered paint.

  브루노는 추상화를 좋아하지 않는다. 그림은 많은 물감이 튀긴 것이 아니라 실제의 것을 닮아야 한다고 생각하기 때문이다.

ABSTRUSE [æbstrúːs] adj hard to understand   난해한

- The professor's article, on the meaning of meaning, was *abstruse*. Michael couldn't even pronounce the words in it.

  의미의 의미에 관한, 그 교수의 논문은 이해하기 어려웠다. 마이클은 심지어 논문에 나와 있는 단어조차도 읽을 수가 없었다.

Nuclear physics is a subject that is too *abstruse* for most people.

핵물리학(Nuclear physics)은 평범한 대부분의 사람들에게 너무 abstruse(난해한)인 학문이다.

ABYSMAL [əbízməl] adj extremely hopeless or wretched; bottomless
아주 비참한 또는 희망 없는; 끝없이 깊은

An *abyss*[əbís] is a bottomless pit, or something so deep that it seems bottomless. *Abysmal* despair is despair so deep that no hope seems possible.

abyss는 끝없이 깊은 구렁이나 너무 깊어서 바닥을 알 수 없는 '심연'을 의미한다. abysmal despair는 모든 희망이 사라진 것 같은 깊은 절망을 말한다.

- The nation's debt crisis was *abysmal*; there seemed to be no possible solution.

  그 나라의 채무 위기는 절망적이었다. 아무런 해결책도 없는 것 같았다.

Abysmal is often used somewhat sloppily to mean very bad. You might hear a losing baseball team's performance referred to as *abysmal*. This isn't strictly correct, but many people use the word this way.

abysmal은 '아주 나쁘다'라는 의미로 자주 사용한다. 야구 경기에서 패한 팀의 성적을 abysmal이라고 표현하는 것을 들어본 적이 있을 것이다. 이것은 엄밀히 말하면 올바른 표현이 아니지만 많은 사람들이 이런 식으로 단어를 사용한다.

ACCOLADE [ǽkəlèid] n an award; an honor   상, 상품, 상금; 영예

▶ 이 단어는 일반적으로 복수형으로 쓰인다.

- The first break-dancing troupe to perform in Carnegie Hall, the Teflon Toughs, received *accolades* from the critics as well as from the fans.

  최초로 카네기 홀에서 브레이크 댄스를 공연한 팀인 테프론 터프스는 팬들은 물론 비평가들에게도 호평을 받았다.

ACCOST [əkɔ́ːst] v to approach and speak to someone aggressively
다가가서 공격적으로 말을 걸다

- Amanda karate-chopped the stranger who *accosted* her in the street and was embarrassed to find he was an old, blind man.

  아만다는 거리에서 그녀에게 다가와 공격적으로 말을 건 낯선 사람을 가라테로 한 방 먹였는데 그가 눈이 먼 노인이라는 사실을 깨닫고 당황했다.

ACERBIC [əsə́:rbik] adj sour; severe; like acid in temper, mood, or tone
신맛의; 심한, 격렬한; 성격이나 기분, 말투가 매서운

- Barry sat silently as his friends read the teacher's *acerbic* comments on his paper.

  배리의 친구들이 그의 논문에 적은 선생님의 신랄한 비평을 큰 소리로 읽는 동안, 그는 말없이 앉아 있었다.

▸ acerb와 acerbic은 동의어이다. 명사형 acerbity는 '쓴맛', '신랄함'을 의미한다.

ACQUIESCE [æ̀kwiés] v to comply passively; to accept; to assent; to agree
수동적으로 응하다; 받아들이다; 동의하다; 찬성하다

- The pirates asked Pete to walk the plank; he took one look at their swords and then *acquiesced*.

  해적들은 피트에게 배 밖으로 걸쳐진 판자 위를 걸으라고 명령했다. 그는 해적들의 칼을 힐끗 돌아보고는 말없이 명령을 받아들였다.

To *acquiesce* is to do something without objection—to do it quietly. As the similarity of their spellings indicates, the words *acquiesce* and *quiet* are closely related. They are both based on Latin words meaning to rest or to be quiet.

acquiesce는 이의를 제기하지 않고 어떤 일을 하다, 즉 '묵묵히 그 일을 하다'라는 뜻이다. 철자의 유사함이 보여주듯이 acquiesce와 quiet는 서로 밀접한 관련이 있다. 두 단어 모두 안식이나 조용함을 의미하는 라틴 어에 뿌리를 두고 있다.

Acquiesce is sometimes used sloppily as a simple synonym for *agree* in situations in which it isn't really appropriate. For example, it isn't really possible to *acquiesce* noisily, enthusiastically, or eagerly. Don't forget the *quiet* in the middle.

acquiesce는 때때로 실제로는 적절치 못한 상황인데도, 별다른 의미 없이 단순하게 agree의 동의어로 사용되기도 한다. 예를 들면, 소리를 지르며, 열광적으로, 열렬히 묵인하다는 것은 사실 불가능하다. 이 단어의 중심에 quiet가 있다는 사실을 잊지 마라.

▸ 명사형은 acquiescence(묵인)이다.

ACRID [ǽkrid] adj harshly pungent; bitter 불쾌하게 자극적인; 쓴맛의

- The cheese we had at the party had an *acrid* taste; it was harsh and unpleasant.

  파티에서 우리가 먹은 치즈의 맛은 역겨웠다. 그것은 역하고 불쾌했다.

- Long after the fire had been put out, we could feel the *acrid* sting of smoke in our nostrils.

  화재가 진압되고 한참이나 지났지만, 여전히 콧구멍을 자극하는 매캐한 연기를 느낄 수 있었다.

Acrid is used most often with tastes and smells, but it can be used more broadly to describe anything that is offensive in a similar way. A comment that stings like acid could be called *acrid*—so could a harsh personality.

acrid는 대체로 맛이나 냄새와 연관되어 쓰인다. 그러나 무엇이든 그와 비슷하게 불쾌한 것을 표현하는 데에도 폭넓게 사용될 수 있다. 산처럼 톡 쏘는 논평을 acrid(신랄한)라고 표현할 수 있으므로, 모진 성격(harsh personality)의 경우도 마찬가지로 acrid라는 표현을 쓸 수 있다.

ACRIMONIOUS [æ̀krəmóuniəs] adj full of spite; bitter; nasty
앙심을 품은; 신랄한; 험악한

- George and Elizabeth's discussion turned *acrimonious* when Elizabeth introduced the subject of George's perennial, incorrigible stupidity.

  엘리자베스가 도대체 개선될 조짐이 보이지 않는 조지의 끊임없는 어리석음에 대한 이야기를 꺼내자, 조지와 엘리자베스의 토론 분위기는 험악하게 변해 버렸다.

- Relations between the competing candidates were so *acrimonious* that each refused to acknowledge the presence of the other.

  경쟁하고 있는 후보 간의 관계는 지독히도 적대적이어서, 그들은 상대방의 존재조차 인정하려 하지 않았다.

ACUMEN [ǽkju:mən] n keenness of judgment; mental sharpness
판단의 예리함; 정신적 날카로움, 통찰력

▶ 발음에 주의할 것.

- A woman who knows how to turn one dollar into a million overnight might be said to have a lot of business *acumen*.

  하룻밤 동안에 1달러를 100만 달러로 만들 수 있는 여자라면, 사업적 통찰력이 대단하다고 말할 수 있을 것이다.

- Ernie's lack of *acumen* led him to invest all his money in a company that had already gone out of business.

  어니는 통찰력이라곤 없는 탓에 이미 망해 버린 회사에 자신의 모든 돈을 투자하게 되었다.

QUICK QUIZ

Match each word in the first column with its definition in the second column. Check your answers in the back of the book.

1. abstinent		a.	hard to understand
2. abstract		b.	voluntarily avoiding
3. abstruse		c.	wretched
4. abysmal		d.	bitter
5. accolade		e.	comply
6. accost		f.	harsh
7. acerbic		g.	mental sharpness
8. acquiesce		h.	theoretical
9. acrid		i.	award
10. acrimonious		j.	approach someone aggressively
11. acumen		k.	sour

ACUTE [əkjú:t] adj sharp; shrewd 날카로운; 빈틈없는, 예리한

If your eyesight is *acute*, you can see things that other people can't. You have visual *acuity* [əkjú:əti]. An *acute* mind is a quick, intelligent one. You have mental *acuity*. An *acute* pain is a sharp pain.

시각이 acute(예민한)라면 다른 사람들이 보지 못하는 것을 볼 수도 있는 것, 즉 visual acuity(시각적인 예리함, 시력)가 있는 것이다. acute mind는 민첩하고 지적인 사람, 즉 mental acuity(정신의 예민함)가 있는 것을 말한다. acute pain은 '격심한 통증'을 의미한다.

Acute means sharp only in a figurative sense. A knife, which is sharp enough to *cut*, is never said to be *acute*.

acute는 단지 비유적인 의미로 날카로움을 의미한다. 즉, 물건을 자를 수 있을 만큼 날카로운 칼을 표현할 때는 acute라는 단어를 사용하지 않는다.

Acute is a word doctors throw around quite a bit. An *acute* disease is one that reaches its greatest intensity very quickly and then goes away.

acute는 의사들이 상당히 많이 남발하는 단어이다. acute disease는 급속도로 최악의 상태에 이르고는 곧 사라져 버리는 '급성 질환'을 의미한다.

▶ 급성 질환이 아닌 질병은 chronic(만성의, 고질의)을 참조할 것.

ADAMANT [ǽdəmənt] adj stubborn; unyielding; completely inflexible
완고한; 굴복하지 않는; 절대로 구부러지지 않는

- Candice was *adamant*: she would never go out with Paul again.

  캔디스는 완고했다. 그녀는 다시는 폴과 데이트를 하려 하지 않았다.

A very hard substance, like a diamond, is also *adamant*.

다이아몬드처럼 아주 단단한 물질도 또한 adamant라고 표현한다.

▶ adamantine[ædəmǽntin]과 adamant는 동의어이다. 명사형은 adamancy(견고함)이다.

ADDRESS [ədrés] v to speak to; to direct one's attention to
말을 걸다; ~에 주의를 돌리다

To *address* a convention is to give a speech to the convention. To *address* a problem is to face it and set about solving it.

to address a convention은 '집회에 나가 연설하다'라는 뜻이다. to address a problem은 문제에 직면하여 그것을 풀기 시작하다, 즉 '문제를 다루다'라는 의미이다.

- Ernie *addressed* the problem of *addressing* the convention by sitting down and writing his speech.

  어니는 집회 참가자들에게 연설을 해야 하는 당면 문제를 해결하기 위해 우선 자리에 앉아 연설문을 작성하기 시작했다.

ADHERENT [ædhíərənt] n follower; supporter; believer 추종자; 지지자; 신봉자, 신자

▶ 발음에 주의할 것.

- The king's *adherents* threw a big birthday party for him, just to show how much they liked him.

  왕의 추종자들은 단지 그들의 충성심을 보일 목적으로 왕을 위해 성대한 생일 파티를 열었다.

To *adhere* to something is to stick to it. *Adherents* are people who *adhere* to, or stick to, something or someone. Following someone or something, especially rules or laws, is *adherence*.

동사형 adhere은 뭔가에 '강하게 집착하다'라는 뜻이다. adherents는 어떤 일이나 사람을 고수하거나 신봉하는 '지지자들'을 의미한다. 어떤 사람이나 일, 특히 규칙이나 법률을 따르는 것은 adherence(고수)라고 한다.

A religion could be said to have *adherents*, assuming there are people who believe in it. Governments, causes, ideas, people, philosophies, and many other things can have *adherents*, too.

믿는 사람들이 있다면 그 종교를 'adherents(신자들)가 있다'고 표현할 수 있다. 정부나 대의명분, 이념, 사람, 철학, 그밖에 다른 많은 것들도 역시 adherents(신봉자들)를 가질 수 있다.

ADMONISH [ædmániʃ] v to scold gently; to warn 점잖게 야단치다; 경고하다

- The boys' father *admonished* them not to eat the pie he had just baked. When they did so anyway, he *admonished* them.

  아빠는 아이들에게 그가 방금 구워 낸 파이를 먹지 말라고 경고했다. 아이들이 말을 듣지 않고 먹어 버리자, 아빠는 아이들을 점잖게 타일렀다.

In the first sentence, *admonish* means warn, and in the second, it means scold gently. Consider yourself *admonished* not to misuse this word.

첫 번째 문장에서 admonish는 '경고하다'를 의미하고, 두 번째 문장에서 admonish는 '점잖게 야단치다'라는 뜻이다. 이 단어를 잘못 사용하지 않도록 자신에게 admonish(경고하다)해 두자.

▶ 명사형과 형용사형은 각각 admonition[ædməníʃən] (책망, 경고)과 admonitory[ædmánitɔ̀ːri] (훈계하는)이다.

ADROIT [ədrɔ́it] adj skillful; dexterous; clever; shrewd; socially at ease 능숙한; 솜씨 좋은; 영리한; 기민한; 허물없이 편한

- Julio was an *adroit* salesperson: His highly skilled pitch, backed up by extensive product knowledge, nearly always resulted in a sale.

  줄리오는 능숙한 세일즈맨이었다. 그는 매우 숙련된 어조와 해박한 제품 지식을 바탕으로 거의 항상 판매라는 결과를 가져왔다.

Adroit comes from the French word for right (as in the direction) and refers to an old superstition that right-handedness is superior. It's a synonym of *dexterous* (which comes from the Latin for right) and an antonym of *gauche* and *maladroit*.

adroit는 '오른쪽의'(방향)라는 뜻의 프랑스 말에서 왔는데 오른손잡이가 더 뛰어나다는 오래된 미신 탓이다. 동의어로는 dexterous(라틴어 '오른쪽의'에서 온)이고 반대말은 gauche(서투른, 투박한)와 maladroit(솜씨 없는)가 있다.

- My brilliant accountant *adroitly* whipped my taxes into shape, then made a *gauche* remark about my ignorance of financial matters.

  내 영리한 회계사는 능숙하게 내 세금을 획 정렬하고 재정적인 문제에 대한 나의 무지에 대해 투박한 단평을 했다.

ADULATION [ædʒuléiʃən] n wild or excessive admiration; flattery 열광적이고 과대한 칭찬; 아첨

- The boss thrived on the *adulation* of his scheming secretary.

  사장은 교활한 비서의 아첨에 의기양양했다.

- The rock star grew to abhor the *adulation* of his fans.

  그 록스타는 팬들의 열광적인 환호를 혐오하게 되었다.

▶ 동사형은 adulate[ædʒəlèit] (아첨하다)이다.

Match each word in the first column with its definition in the second column.
Check your answers in the back of the book.

1. acute	a. sharp
2. adulation	b. follower
3. adamant	c. socially awkward
4. address	d. scold gently
5. adherent	e. speak to
6. admonish	f. skillful (2)
7. adroit	g. unyielding
8. dexterous	h. wild admiration
9. gauche	

ADULTERATE [ədʌltərèit] v to contaminate; to make impure
오염시키다; 불순물을 섞다

• We discovered that the town's drinking water had radioactive waste in it; we discovered, in other words, that it had been *adulterated*.

우리는 그 마을의 식용수에 방사능 물질이 들어 있다는 것을 발견했다. 다시 말해서 우리는 그것이 오염되었다는 것을 알아냈다.

Vegetarians do not like their foods *adulterated* with animal fats. *Unadulterated* means pure. *Unadulterated* joy is joy untainted by sadness.

채식주의자들은 동물성 지방이 adulterated(섞여 있는)인 음식을 좋아하지 않는다. unadulterated는 순수한 상태를 의미한다. unadulterated joy란 한 점 슬픔이라곤 없는 최고의 즐거움을 의미한다.

ADVERSE [ædvə́:rs] adj unfavorable; antagonistic 불리한; 상반되는

• We had to play our soccer match under *adverse* conditions: It was snowing and only three members of our team had bothered to show up.

우리는 불리한 조건에서 축구 경기를 치러야만 했다. 눈이 오고 있어서 우리 팀 선수는 세 명밖에 나타나지 않았다.

Airplanes often don't fly in *adverse* weather. An airplane that took off in bad weather and reached its destination safely would be said to have overcome *adversity*. *Adversity* means misfortune or unfavorable circumstances. To do something "in the face of *adversity*" is to undertake a task despite obstacles. Some people are at their best in *adversity* because they rise to the occasion.

adverse weather(악천후)일 때 비행기는 종종 결항된다. 악천후 속에 이륙하여 무사히 목적지에 도착한 비행기는 adversity(역경)를 극복한 것이라고 말할 수 있다. adversity는 불운이나 불리한 상황을 의미한다. 따라서 '역경을 무릅쓰고(in the face of adversity)' 어떤 일을 한다는 것은 여러 장애에도 불구하고 임무를 수행하는 것이다. 난국에 잘 대처해서 오히려 역경 속에서(in adversity) 빛을 발하는 사람들도 있다.

A word often confused with *adverse* is *averse*[əvɔ́ːrs]. The two are related but they don't mean quite the same thing. A person who is *averse* to doing something is a person who doesn't want to do it. To be *averse* to something is to be opposed to doing it—to have an *aversion* to doing it.

adverse와 자주 혼동하는 단어로 averse가 있다. 두 단어는 서로 관련이 있지만 같은 의미는 아니다. 어떤 일에 averse인 사람은 그 일을 하기 싫어하는 사람이다. 무엇에 averse인 것은 그것에 반대하는 것, 즉 aversion(반감)을 갖고 있는 것을 의미한다.

AESTHETIC [esθétik] adj having to do with artistic beauty; artistic
예술적 미에 관계된, 미적인; 예술적인

- Our art professor had a highly developed *aesthetic* sense; he found things to admire in paintings that, to us, looked like garbage.
  우리 미술 교수는 예술적 감각이 대단히 발달된 사람이었다. 우리 눈에는 쓰레기처럼 보이는 그림에서도 교수는 감탄할 만한 요소들을 찾아내곤 했다.

Someone who greatly admires beautiful things greatly can be called an *aesthete*[ésθiːt]. *Aesthetics* is the study of beauty or principles of beauty.

아름다운 것을 매우 찬미하는 탐미주의자는 aesthete이다. aesthetics는 미 또는 미의 원리를 연구하는 '미학'이다.

AFFABLE [ǽfəbl] adj easy to talk to; friendly 붙임성 있는; 친절한

- Susan was an *affable* girl; she could strike up a pleasant conversation with almost anyone.
  수잔은 붙임성 있는 소녀였다. 그녀는 어느 누구와도 유쾌하게 대화를 시작할 수 있었다.

- The Jeffersons' dog was big but *affable*; it liked to lick little children on the face.
  제퍼슨네 개는 덩치는 커다랗지만 붙임성이 있었다. 그 개는 꼬마들의 얼굴을 핥는 것을 좋아했다.

▶ 명사형은 affability(상냥함)이다.

AFFECTATION [æ̀fektéiʃən] n unnatural or artificial behavior, usually intended to impress
대체로 깊은 인상을 주기 위해 의도된, 부자연스럽거나 인위적인 행동

- Becky's English accent is an *affectation*. She spent only a week in England, and that was several years ago.
  베키의 영국식 악센트는 가식이다. 그녀는 영국이라곤 단지 일주일간 머물렀을 뿐이며, 그것도 수년 전에 있었던 일이다.

- Elizabeth had somehow acquired the absurd *affectation* of pretending that she didn't know how to turn on a television set.
  엘리자베스는 웬일인지 텔레비전을 켜는 방법을 모르는 척하는 우스꽝스러운 가식적 태도가 생겼다.

A person with an *affectation* is said to be *affected*.

겉으로 꾸며서 행동하는 사람은 affected(가장된)라고 말한다.

To *affect* a characteristic or habit is to adopt it consciously, usually in the hope of impressing other people.

성격이나 습관을 affect(가장하다)하는 것은 대개 다른 사람들에게 인상적으로 보이기를 바라는 마음에서 의식적으로 그렇게 하는 것이다.

- Edward affected to be more of an artist than he really was. Everyone hated him for it.
  에드워드는 실제보다 더 화가인 척했다. 그것 때문에 다들 그를 미워했다.

AFFINITY [əfínəti] n sympathy; attraction; kinship; similarity
동정, 공감; 끌림; 친족 관계; 유사, 유사성

- Ducks have an *affinity* for water; that is, they like to be in it.
  오리는 물을 좋아한다. 즉, 오리는 물속에 들어가 있는 것을 좋아한다.

- Children have an *affinity* for trouble; that is, they often find themselves in it.
  아이들은 골칫거리를 좋아한다. 다시 말하면, 그들은 종종 골칫거리에 빠진다.

- Magnets and iron have an *affinity* for each other; that is, each is attracted to the other.
  자석과 철은 서로 끄는 힘을 가지고 있다. 즉, 자석과 철은 서로를 끌어당긴다.

Affinity also means similarity or resemblance. There is an *affinity* between snow and sleet.
affinity는 또한 '유사성'이나 닮음'을 의미하기도 한다. 눈과 진눈깨비는 서로 affinity(유사점)가 있다.

AFFLUENT [ǽfluənt] adj rich; prosperous 부유한; 번창하는

▶ 발음에 주의할 것.

- A person can be *affluent*; all it takes is money. A country can be *affluent*, too, if it's full of *affluent* people.
  사람은 부자가 될 수 있다. 돈만 있으면 된다. 모든 국민이 부자가 된다면, 국가도 역시 부자가 될 수 있다.

▶ 명사형은 affluence(부, 번영)이다.

AGENDA [ədʒéndə] n program; the things to be done 일정, 계획; 해야 할 일들, 안건

- What's on the *agenda* for the board meeting? A little gossip, then lunch.
  중역 회의의 일정은 어떻게 되는가? 간단한 잡담을 하고 점심을 먹는 것이다.

A politician is often said to have an *agenda*. The politician's *agenda* consists of the things he or she wishes to accomplish.
정치가는 종종 agenda(안건)를 가지고 있다고 일컬어진다. 정치가의 agenda는 그가 완수하고자 하는 일들로 구성되어 있다.

An *agenda*, such as that for a meeting, is often written down, but it doesn't have to be. A person who has sneaky ambitions or plans is often said to have a secret or hidden *agenda*.
회의 같은 것의 agenda는 종종 문건으로 기록되지만 반드시 그런 것만은 아니다. 은밀한 야망이나 계획을 가지고 있는 사람은 종종 비밀이나 숨겨진 agenda를 가지고 있다고도 한다.

Match each word in the first column with its definition in the second column. Check your answers in the back of the book.

1. adulterate	a. opposed to
2. adverse	b. friendly
3. averse	c. rich
4. aesthetic	d. unnatural behavior
5. affable	e. artistic
6. affectation	f. contaminate
7. affinity	g. sympathy
8. affluent	h. unfavorable
9. agenda	i. program

AGGREGATE [ǽgrəgət] n sum total; a collection of separate things mixed together 합계; 분리된 것을 전부 섞어서 모아 놓은 것

- Chili is an *aggregate* of meat and beans.
  칠리는 고기와 콩을 혼합한 요리이다.

Aggregate [ǽgrəgèit] can also be a verb or an adjective. You would make chili by *aggregating* meat and beans. Chili is an *aggregate* [ǽgrəgət] food.

aggregate는 동사나 형용사로도 쓰인다. 고기와 콩을 aggregating(혼합)해서 칠리를 만들 것이고, 칠리는 혼합 음식(aggregate food)이다.

Similar and related words include *congregate*, *segregate*, and *integrate*. To *aggregate* is to bring together; to *congregate* is to get together; to *segregate* is to keep apart (or separate); to *integrate* is to unite.

이 단어와 유사한 뜻을 갖고 있거나 관계있는 단어로 congregate, segregate, integrate가 있다. aggregate는 '모으다', congregate는 '모이다', segregate는 '분리하다(또는 구분하다)', integrate는 '통합하다'의 뜻이다.

AGNOSTIC [æɡnástik] n one who believes that the existence of a god can be neither proven nor disproven
신의 존재는 증명된 것도, 안 된 것도 아니라고 믿는 불가지론자

An *atheist* is someone who does not believe in a god. An *agnostic*, on the other hand, isn't sure. He or she doesn't believe, but doesn't not believe, either.

atheist는 신의 존재를 믿지 않는 '무신론자'이다. 반면에 agnostic은 신의 존재에 대한 확신이 없는 '불가지론자'이다. 신의 존재를 믿지도 않지만 그렇다고 해서 꼭 안 믿는 것도 아니다.

▸ 명사형은 agnosticism[ægnɑ́stisìzəm] (불가지론)이다.

- An *atheist* himself, Jon concluded from Jorge's spiritual skepticism that they shared similar beliefs. In fact, Jorge's reluctance to affirm or discredit a god's existence reflects his *agnosticism*.

    무신론자인 존은 조지의 회의론에서 그들이 유사한 믿음을 가졌다고 결론을 내렸다. 사실 조지는 그의 불가지론을 반영하는 신의 존재에 대해 단언하거나 의심하는 것을 꺼려했다.

AGRARIAN [əgrɛ́:əriən] adj relating to land; relating to the management or farming of land 땅(토지)에 관련된; 경작이나 농업에 관련된

Agrarian usually has to do with farming. Think of agriculture.

agrarian은 대체로 농사와 관계가 있다. agriculture(농업)라는 단어를 생각하면 이해가 쉬울 것이다.

- Politics in this country often pit the rural, *agrarian* interests against the urban interests.

    이 나라의 정책은 종종 농촌의 농민들과 도시에서 생활하는 사람들의 이해관계를 대립시키곤 한다.

ALACRITY [əlǽkrəti] n cheerful eagerness or readiness to respond 밝게 기꺼이 또는 쉽게 응함

▸ 발음에 주의할 것.

- David could hardly wait for his parents to leave; he carried their luggage out to the car with great *alacrity*.

    데이비드는 부모님이 떠날 때까지 기다리고 있을 수가 없었다. 그는 아주 기꺼이 그들의 짐을 들고 나가 차에 실었다.

ALLEGE [əlédʒ] v to assert without proof 증거 없이 주장하다

- If I say, "Cedrick *alleges* that I stole his hat," I am saying two things:
    1. Cedrick says I stole his hat.
    2. I say I didn't do it.

    "세드릭은 내가 자기의 모자를 훔쳤다고 주장한다."라는 말은, 다음 두 가지 사실을 말하고 있는 것이다.
    1. 세드릭은 내가 그의 모자를 훔쳤다고 말한다.
    2. 나는 훔치지 않았다고 말한다.

To *allege* something is to assert it without proving it. Such an assertion is called an *allegation* [æ̀ləgéiʃən].

allege는 증명되지 않은 사실을 주장하는 것으로, 그런 주장을 allegation(혐의)이라 한다.

▸ 형용사형은 alleged[əlédʒd] (주장된)이다.

If the police accuse someone of having committed a crime, newspapers will usually refer to that person as an *alleged* criminal.

경찰이 누군가에게 범죄를 저질렀다는 혐의를 둔다면, 언론은 일반적으로 그 사람을 alleged criminal(혐의자)이라고 부를 것이다.

- The police have *alleged* that Mary committed the crime, but a jury hasn't made a decision yet.

    경찰은 메리가 범행을 저질렀다고 (충분한 증거 없이) 주장했지만 배심원은 아직 결론을 내리지 않았다.

ALLEVIATE [əlíːvièit] v to relieve, usually temporarily or incompletely; to make bearable; to lessen
대체로 일시적으로, 또는 불완전하게 덜어 주다; 견딜 만하게 해주다; 줄이다

- Visiting the charming pet cemetery *alleviated* the woman's grief over the death of her canary.

  잘 꾸며진 애완동물 묘지를 방문하고 나서야, 여인은 카나리아를 잃은 슬픔을 덜 수 있었다.

- Aspirin *alleviates* headache pain. When your headache comes back, take some more aspirin.

  아스피린은 두통을 완화시켜 준다. 두통이 재발하면, 아스피린을 좀 더 복용해라.

ALLOCATE [ǽləkèit] v to distribute; to assign; to allot 분배하다; 할당하다; 배당하다

- The event had been a big failure, and David, Aaliyah, and Jan spent several hours attempting to *allocate* the blame. In the end, they decided it had all been Jan's fault.

  그 행사는 크게 실패했다. 데이비드와 알리야와 잔은 실패의 책임 여부를 따지느라 몇 시간을 허비했다. 결국, 그들은 모든 것이 전부 잔의 잘못이라고 결론을 내렸다.

- The office manager had *allocated* just seven paper clips for our entire department.

  국장은 우리 부서 전체에 서류철을 단지 일곱 개만 할당해 주었다.

ALLOY [ǽlɔi] n a combination of two or more things, usually metals
대개 금속 물질을 두 개 혹은 그 이상 혼합한 것

- Brass is an *alloy* of copper and zinc, meaning you make brass by combining copper and zinc.

  황동은 구리와 아연의 합금이다. 즉, 구리와 아연을 혼합해서 황동을 만든다.

Alloy [əlɔ́i] is often used as a verb. To *alloy* two things is to mix them together. There is usually an implication that the mixture is less than the sum of the parts. That is, there is often something undesirable or debased about an *alloy* (as opposed to a pure substance).

alloy는 종종 동사로도 쓰인다. to alloy two things는 '두 가지의 물질을 서로 섞다'라는 뜻이다. 여기에는 일반적으로 그 혼합물이 개별적인 두 물질의 단순한 합보다 더 열등하다는 의미가 내포되어 있다. 다시 말해서, alloy(혼합물, 순수한 물질에 반대되는 개념으로)에는 흔히 바람직하지 못하거나 가치가 저하된 것이 있다는 뜻이다.

Unalloyed means undiluted or pure. *Unalloyed* dislike is dislike undiminished by any positive feelings; *unalloyed* love is love undiminished by any negative feelings.

unalloyed는 '이물질이 섞이지 않은', '순수한'이라는 뜻이다. unalloyed dislike는 어떠한 긍정적인 느낌에 의해서도 줄어들지 않는 '진정한 혐오'이다. unalloyed love는 어떠한 부정적인 느낌에 의해서도 줄어들지 않는 '진실한 사랑'이다.

Match each word in the first column with its definition in the second column.
Check your answers in the back of the book.

1. aggregate		a.	get together
2. congregate		b.	unite
3. segregate		c.	someone unconvinced about the existence of a god
4. integrate		d.	relieve
5. agnostic		e.	keep apart
6. agrarian		f.	combination of metals
7. alacrity		g.	sum total
8. allege		h.	distribute
9. alleviate		i.	assert
10. allocate		j.	cheerful eagerness
11. alloy		k.	relating to land

ALLUSION [əlúːʒən] n **an indirect reference (often to a literary work); a hint**
간접적인 언급(종종 문학 작품에 대한); 암시, 귀띔

To *allude* to something is to refer to it indirectly.
동사형 allude는 뭔가를 간접적으로 언급하다'라는 뜻이다.

- When Ralph said, "I sometimes wonder whether to be or not to be," he was *alluding* to a famous line in *Hamlet*. If Ralph had said, "As Hamlet said, 'To be or not to be, that is the question,'" his statement would have been a direct reference, not an *allusion*.

  '나는 가끔 사느냐 죽느냐하는 문제에 대해 생각해."라고 랄프가 말했다면, 그는 햄릿의 유명한 구절을 암시하는 것이다. 만약 랄프가 "햄릿이 말했듯이 '사느냐 죽느냐, 그것이 문제로다.'"라고 말했다면, 그 말은 암시가 아니라 직접적인 인용이 되었을 것이다.

An *allusion* is an *allusion* only if the source isn't identified directly. Anything else is a reference or a quotation.
출처를 직접적으로 밝히지 않는 경우에만 allusion(언급)이고, 그 외의 경우는 reference(지시)나 quotation(인용)이다.

- If Andrea says, "I enjoyed your birthday party," she isn't *alluding* to the birthday party; she's mentioning it. But if she says, "I like your choice of party music," she is *alluding* to the party.

  '네 생일 파티 즐거웠어."라고 안드리아가 말한다면, 그녀는 생일 파티에 대해 간접적으로 언급하고 있는 것이 아니다. 그녀는 직접 그것에 대해 언급하고 있는 것이다. 그러나 '너의 파티 음악 선택이 마음에 들었어."라고 그녀가 말한다면, 그녀는 파티에 대해 간접적으로 언급하고 있는 것이다.

ALOOF [əlúːf] adj uninvolved; standing off; keeping one's distance
관여(참여)하지 않는; 멀리 떨어진; 거리를 유지하는

- Al, on the roof, felt very *aloof*.
  지붕 위의 알은 혼자 외떨어졌다는 느낌을 받았다.

To stand *aloof* from a touch-football game is to stand on the sidelines and not take part.
터치 풋볼 경기에서 to stand aloof 하는 것은 경기에 참여하지 않고 방관자적 입장에 있는 것을 의미한다.

Cats are often said to be *aloof* because they usually mind their own business and don't crave the affection of people.
고양이는 대개 자신의 일에만 신경 쓰고 사람들에게 사랑을 받으려고 애쓰지 않는다는 이유로 aloof(쌀쌀맞은)라는 말을 종종 듣는다.

ALTRUISM [ǽltruːìzm] n selflessness; generosity; devotion to the interests of others   이기심이 없음; 관대함; 타인의 이익을 위한 헌신

- The private foundation depended on the *altruism* of the extremely rich old man. When he decided to start spending his money on yachts and sports cars, the foundation went out of business.
  그 사단법인은 아주 부유한 노인의 이타심에 의존하고 있었다. 그러나 노인이 자신의 재산을 요트와 스포츠카에 써야겠다고 결정하자, 재단은 파산하고 말았다.

To be *altruistic* is to help others without expectation of personal gain. Giving money to charity is an act of *altruism*. The *altruist* does it just to be nice, although he or she will probably also remember to take a tax deduction.
altruistic은 사적인 이득을 바라지 않고 남을 도와주는 '이타적인'이란 뜻이다. 자선단체에 돈을 기부하는 것은 altruism(이타주의)를 실천하는 것이다. 아마도 나중에 세금 공제 받는 것을 기억해낸다고 할지라도 altruist(이타주의자)는 단지 지금 그것이 좋은 일이기 때문에 그 일을 하는 것이다.

An *altruistic* act is also an act of *philanthropy*, which means almost the same thing.
altruistic act(이타적인 행동)는 또한 philanthropy(박애주의)의 실천이다. philanthropy는 altruism과 거의 같은 의미의 단어이다.

AMBIENCE [ǽmbiəns] n atmosphere; mood; feeling   분위기; 기분; 느낌

- By decorating their house with plastic beach balls and Popsicle sticks, the Cramers created a playful *ambience* that delighted young children.
  크레이머 부부는 플라스틱 물놀이공과 아이스크림 막대기로 집을 장식해서, 아이들을 즐겁게 해 주는 장난스러운 분위기를 연출했다.

A restaurant's *ambience* is the look, mood, and feel of the place. People sometimes say that a restaurant has "an atmosphere of *ambience*." To do so is redundant—*atmosphere* and *ambience* mean the same thing.
레스토랑의 ambience란 '외관', '분위기', 그리고 그 장소의 '느낌'을 말한다. 종종 레스토랑이 atmosphere of ambience를 가지고 있다고 말하는데, atmosphere와 ambience는 같은 뜻이므로 중복된 표현이다.

Ambience is a French word that can also be pronounced "[ɑːmbiɑ́ːns]." The adjective *ambient*[ǽmbiənt] means surrounding or circulating.
ambience는 [ɑːmbiɑ́ːns]로 발음되는 프랑스 어이기도 하다. 형용사형 ambient는 '주위의', '둘러싼'라는 의미이다.

AMBIGUOUS [æmbígjuəs] adj unclear in meaning; confusing; capable of being interpreted in different ways
의미가 분명치 않은; 혼란시키는; 여러 가지로 해석할 수 있는

- We listened to the weather report, but the forecast was *ambiguous*; we couldn't tell whether the day was going to be rainy or sunny.

  우리는 일기 예보에 귀를 기울였지만, 예측은 모호했다. 그날 비가 올지 맑을지 알 수가 없었다.

- The poem we read in English class was *ambiguous*; no one had any idea what the poet was trying to say.

  우리가 영어 시간에 읽은 시는 그 의미가 모호했다. 시인이 무엇을 말하려 하는지 아무도 알지 못했다.

▶ 명사형은 ambiguity [æmbigjúːəti] (애매모호함)이다.

AMBIVALENT [æmbívələnt] adj undecided; having opposed feelings simultaneously
결정되지 않은; 상반되는 감정을 동시에 가진

- Susan felt *ambivalent* about Alec as a boyfriend. Her frequent desire to break up with him reflected this *ambivalence*.

  수잔은 알렉을 남자 친구라고 확실하게 결정하지 못하고 있었다. 그와의 관계를 끝내고 싶어하는 마음이 자주 생긴다는 사실이 그녀의 동요를 반영하고 있었다.

QUICK QUIZ

Match each word in the first column with its definition in the second column.
Check your answers in the back of the book.

1. allusion	a. atmosphere
2. aloof	b. standoffish
3. altruism	c. confusing
4. ambience	d. generosity
5. ambiguous	e. indirect reference
6. ambivalent	f. undecided

AMELIORATE [əmíːljərèit] v to make better or more tolerable
개선하거나 더 견딜 만하게 만들다

- The mood of the prisoners was *ameliorated* when the warden gave them extra free time outside.

  교도소장이 외부에서의 자유 시간을 지급함으로써 재소자들의 기분은 개선되었다.

- My great-uncle's gift of several million dollars considerably *ameliorated* my financial condition.

  종조부께서 주신 수백만 달러 덕분에 나의 재정 상태는 상당히 호전되었다.

AMENABLE [əmíːnəbl] adj obedient; willing to give in to the wishes of another; agreeable 순종하는; 남의 요구에 기꺼이 양보하는; 기꺼이 동의하는

▶ 발음에 주의할 것.

- I suggested that Brad pay for my lunch as well as for his own; to my surprise, he was *amenable*.

  나는 브래드가 자신의 점심 값뿐만 아니라 내 것까지도 내 줄 것을 제안했다. 놀랍게도 그는 기꺼이 응했다.

- The plumber was *amenable* to my paying my bill with jelly beans, which was lucky, because I had more jelly beans than money.

  배관공은 수리비를 젤리사탕으로 지불하고 싶다는 내 생각을 기꺼이 받아들였다. 나는 돈보다는 젤리사탕을 더 많이 갖고 있었기 때문에, 그것은 참으로 다행인 일이었다.

AMENITY [əménəti] n pleasantness; attractive or comfortable feature 쾌적함; 마음을 끌거나 편안하게 해 주는 특별 제공품

- The *amenities* at the local club include a swimming pool, a golf course, and a tennis court.

  그 지역 클럽의 설비로는 수영장과 골프장, 테니스장이 있다.

If an older guest at your house asks you where the *amenities* are, he or she is probably asking for directions to the bathroom.

당신의 집에 온 나이 든 손님이 amenities가 어디 있냐고 물어본다면, 그는 아마도 화장실이 어디 있는지를 알려 달라는 것일 것이다.

Those little bars of soap and bottles of shampoo found in hotel rooms are known in the hotel business as *amenities*. They are meant to increase your comfort. People like them because people like almost anything that is free (although, of course, the cost of providing such *amenities* is simply added to the price of hotel rooms).

호텔 객실에 배치하는 여러 개의 작은 비누와 샴푸를 호텔 업계에서는 amenities라고 한다. 그것들은 손님의 편의를 증대시키기 위한 것이다. 사람들은 공짜라면 무엇이든 좋아하기 때문에 (amenities 등을 제공하는 비용이 호텔 객실료에 다 포함되어 있음에도 불구하고) 그것들을 좋아한다.

AMIABLE [éimiəbl] adj friendly; agreeable 친절한; 상냥한

- Our *amiable* guide made us feel right at home in what would otherwise have been a cold and forbidding museum.

  가이드의 친절 덕분에 그렇지 않았더라면 춥고 싫었을 박물관에서 우리는 내 집 안에 있는 것처럼 편안함을 느꼈다.

- The drama critic was so *amiable* in person that even the subjects of negative reviews found it impossible not to like her.

  드라마 비평가인 그녀는 사람이 워낙 상냥해서 부정적인 평론을 쓰더라도 미워할 수가 없었다.

Amicable is a similar and related word. Two not very *amiable* people might nonetheless make an *amicable* agreement. *Amicable* means politely friendly, or not hostile. Two countries might trade *amicably* with each other even while technically remaining enemies.

비슷하고 관계가 있는 단어로 amicable(원만한)이 있다. 별로 사이가 좋지 않은(amiable) 두 사람도 그것에 관계없이 우호적인(amicable) 협정을 맺을 수 있을 것이다. amicable은 적대적이지 않거나 예의를 갖추어 친절하다는 의미를 갖고 있다. 두 국가는 법적으로는 적대국으로 남아 있을지라도 상대국과 평화적으로 무역 거래를 할 수도 있다.

- Julio and Clarissa had a surprisingly *amicable* divorce and remained good friends even after paying their lawyers' fees.

  훌리오와 클라리사는 놀랄 만큼 평화적으로 이혼을 했다. 그리고 변호사비까지 다 지불한 이후에도 여전히 좋은 친구로 남았다.

AMNESTY [ǽmnisti] n an official pardon for a group of people who have violated a law or policy
법이나 정책을 위반했던 일단의 사람들에 대한 공식적인 면죄(사면, 특사)

Amnesty comes from the same root as *amnesia*, the condition that causes characters in movies to forget everything except how to speak English and drive their cars.

amnesty는 amnesia(기억 상실증)와 동일한 어원에서 나온 단어이다. amnesia는 영어를 말하고 운전을 할 수 있다는 것을 제외하고는 모든 기억을 잃어버리는, 영화 속 인물들 같은 상태를 뜻한다.

An *amnesty* is an official forgetting. When a state government declares a tax *amnesty*, it is saying that if people pay the taxes they owe, the government will officially "forget" that they broke the law by not paying them in the first place.

amnesty는 공식적인 망각이다. 주 정부가 tax amnesty를 선언한다는 것은, 주민들이 체납된 세금을 납부하면 주 정부는 애초에 세금을 납부하지 않아 법을 위반한 사실을 공식적으로 '잊어 주겠다'는 의미이다.

The word *amnesty* always refers to a pardon given to a group or class of people. A pardon granted to a single person is simply a pardon.

amnesty라는 단어는 항상 일정한 그룹이나 계층의 사람들에게 주어지는 '용서(사면)'를 일컫는다. 단지 '한 사람에게 주어지는 사면'은 단순히 pardon이라고 한다.

AMORAL [eimɔ́:rəl] adj lacking a sense of right and wrong; neither good nor bad, neither moral nor immoral; without moral feelings
옳고 그름에 대한 의식이 없는; 선도 악도 아닌, 도덕적이지도 비도덕적이지도 않은(도덕과 관계가 없는); 도덕관념이 없는

• Very young children are *amoral*; when they cry, they aren't being bad or good— they're merely doing what they have to do.

아주 어린 아기들은 도덕이라는 개념조차 없다. 아기들이 울 때는 착하거나 못됐다는 의미와는 관계가 없다. 아기들은 그저 해야만 할 일을 하고 있을 뿐이다.

A *moral* person does right; an *immoral* person does wrong; an *amoral* person simply does.

moral person은 '올바른 행동을 하는 사람'이고, immoral person은 '품행이 나쁜 사람'이다. amoral person은 단순히 어떤 행동을 하는 사람'이다.

AMOROUS [ǽmərəs] adj feeling loving, especially in a sexual sense; in love; relating to love
특히 성적인 의미로 사랑을 느끼는; 연애 중인; 사랑의

• The *amorous* couple made quite a scene at the movie. The movie they were watching, *Love Story*, was pretty *amorous* itself. It was about an *amorous* couple, one of whom died.

그 사랑하는 한 쌍은 영화 속에서 볼 만한 장면을 연출했다. 그들이 보고 있었던 '러브 스토리'라는 영화는 그야말로 사랑 이야기 그 자체였다. 그것은 사랑하고 있는 한 쌍에 관한 이야기로, 그들 중 한 사람은 죽었다.

AMORPHOUS [əmɔ́:rfəs]   adj shapeless; without a regular or stable shape; bloblike   무형의; 규칙적이거나 안정적인 형태가 없는; 얼룩 같은

- Ed's teacher said that his term paper was *amorphous*; it was as shapeless and disorganized as a cloud.

  선생님은 에드가 낸 학기 말 리포트가 엉성하다고 말했다. 그녀는 그것이 구름처럼 정형이 없고 혼란스럽다고 평가했다.

- The sleepy little town was engulfed by an *amorphous* blob of glowing protoplasm—a higher intelligence from outer space.

  잠들어 있던 그 작은 마을은 선명한 붉은 빛을 내는 뚜렷한 형체가 없는 원형질 덩어리(외계에서 날아온 높은 지능을 가진 생명체)에 의해 삼켜져 버렸다.

To say that something has an "*amorphous* shape" is a contradiction. How can a shape be shapeless?

어떤 것이 amorphous shape(형태가 없는 형태)를 가지고 있다고 말하는 것은 모순이다. 형체(shape)가 어떻게 형체가 없을(shapeless) 수 있겠는가?

ANACHRONISM [ənǽkrənìzm]   n something out of place in time or history; an incongruity   시대나 역사에 맞지 않는 것; 부조화

- In this day of impersonal hospitals, a doctor who remembers your name seems like an *anachronism*.

  오늘날과 같은 일반 병원의 시대에, 환자의 이름을 기억하는 의사는 시대에 뒤떨어진 것처럼 보인다.

ANALOGY [ənǽlədʒi]   n a comparison of one thing to another; similarity   다른 것에의 비유; 유사(성)

- To say having an allergy feels like being bitten by an alligator would be to make or draw an *analogy* between an allergy and an alligator bite.

  알레르기가 있는 것을 악어에게 물리는 것과 같은 느낌이라고 표현하는 것은, 알레르기를 악어에게 물어뜯기는 느낌에 비유하는 것이다.

Analogy usually refers to similarities between things that are not otherwise very similar. If you don't think an allergy is at all like an alligator bite, you might say, "That *analogy* doesn't hold up." To say that there is no *analogy* between an allergy and an alligator bite is to say that they are not *analogous* [ənǽləgəs].

analogy(유추)는 일반적으로 아주 똑같지 않은 비교 대상에서 유사점을 언급하는 것이다. 만약 여러분이 알레르기와 악어의 물어뜯기가 전혀 비슷하지 않다고 생각한다면 "그 analogy(유추)는 유효하지 않다."라고 말해도 좋다. 알레르기와 악어의 물어뜯기 사이에 analogy(유사점)가 없다고 말한다면, 그 둘이 analogous(유사한)이지 않다고 말하는 것이다.

Something similar in a particular respect to something else is its *analog* [ǽnəlɔ:g], sometimes spelled *analogue*.

특정한 점에 있어서 다른 무엇인가와 비슷한 것을 그것의 analog(유사물)라고 하는데, 때로는 analogue라고 표기하기도 한다.

Match each word in the first column with its definition in the second column.
Check your answers in the back of the book.

1. ameliorate		a.	pleasantness
2. amenable		b.	comparison
3. amenity		c.	obedient
4. amiable		d.	without moral feeling
5. amicable		e.	feeling loving
6. amnesty		f.	make better
7. amoral		g.	shapeless
8. amorous		h.	politely friendly
9. amorphous		i.	official pardon
10. anachronism		j.	friendly
11. analogy		k.	incongruity

ANARCHY [ǽnərki] n absence of government or control; lawlessness; disorder 무정부 상태, 또는 통제를 벗어난 상태; 무법천지; 무질서

- The country fell into a state of *anarchy* after the rebels kidnapped the president and locked the legislature inside the Capitol.
  반란군이 대통령을 납치하고 국회 의원들을 국회 의사당 안에 감금하자 그 나라는 무정부 상태에 빠졌다.

The word doesn't have to be used in its strict political meaning. You could say that there was *anarchy* in the kindergarten when the teacher stepped out of the door for a moment. You could say it, and you would probably be right.
이 단어를 엄격하게 정치적인 의미로만 사용할 필요는 없다. '선생님이 잠시 동안 문 밖으로 나가 자리를 비우자, 유치원은 anarchy(무정부 상태)가 되었다.'고 표현할 수도 있다.

The words *anarchy* and *monarchy* are closely related. *Anarchy* means no leader; *monarchy*, a government headed by a king or queen, means one leader.
anarchy와 monarchy는 밀접한 관련이 있다. anarchy는 지도자가 없는 것을 의미하고, monarchy는 한 명의 지도자, 즉 왕이나 여왕이 이끌어 가는 정부 형태를 의미한다.

ANECDOTE [ǽnikdòut] n a short account of a humorous or revealing incident 익살스럽거나 무언가를 말해 주는 사건에 관한 짧은 이야기

- The old lady kept the motorcycle gang thoroughly amused with *anecdote* after *anecdote* about her cute little dog.
  노부인은 그녀의 작고 귀여운 강아지에 대한 일화를 연이어 이야기해 주어 오토바이족들을 아주 재미있게 해 주었다.

- Alvare told an *anecdote* about the time Jessica got her big toe stuck in a bowling ball. 알바레 제시카의 엄지발가락이 볼링공에 끼었던 일화를 얘기했다.

- The vice president set the crowd at ease with an *anecdote* about his childhood desire to become a vice president.

  부통령은 부통령이 되고 싶어했던 그의 어린 시절에 관한 일화를 이야기해서 군중들을 편안하게 해 주었다.

To say that the evidence of life on other planets is merely *anecdotal* is to say that we haven't captured any aliens, but simply heard a lot of stories from people who claimed to have been kidnapped by flying saucers.

다른 행성에서 생명체의 증거는 그저 anecdotal(일화적인)일 뿐이다라는 말은 우리가 어떤 외계 생명체를 포착한 것이 아니라, 비행접시에 납치된 적이 있다고 주장하는 사람들에게서 많은 이야기들을 들었을 뿐이라는 뜻이다.

ANGUISH [ǽŋgwiʃ] n agonizing physical or mental pain 괴로운 육체적, 정신적 고통

- Theresa had been a nurse in the emergency room for twenty years, but she had never gotten used to the *anguish* of accident victims.

  테레사는 20년 동안 병원 응급실 간호사였다. 그러나 사고 환자의 격심한 고통에는 익숙해지지가 않았다.

ANIMOSITY [æ̀nəmásəti] n resentment; hostility; ill will 원한; 적의; 악의

- The rivals for the state championship felt great *animosity* toward each other. Whenever they ran into each other, they snarled.

  주 챔피언 결정전의 경쟁자들은 서로에게 강한 적의를 느꼈다. 그들은 서로 부딪히기만 하면 언제나 으르렁거렸다.

A person whose look could kill is a person whose *animosity* is evident.

살인이라도 할 것 같은 모습을 지닌 사람은 animosity(증오)가 외적으로 분명하게 드러난 사람이다.

ANOMALY [ənáməli] n an aberration; an irregularity; a deviation 탈선; 변칙; 일탈

- A snowy winter day is not an *anomaly*, but a snowy July day is.

  겨울에 눈이 오는 것은 이상한 일이 아니지만, 7월에 눈이 오는 것은 이례적인 일이다.

- A house without a roof is an *anomaly*—a cold, wet *anomaly*.

  지붕이 없는 집이란 이례적인 것이다. 추위와 비가 그대로 들이닥치는 변칙적인 것이다.

A roofless house could be said to be *anomalous*. Something that is *anomalous* is something that is not normal or regular.

지붕 없는 집을 anomalous(이례적인)라고 말할 수 있다. 어떤 것이 anomalous라면 비정상적이거나 변칙적이라는 것을 의미한다.

ANTECEDENT [æ̀ntəsíːdnt] n someone or something that went before; something that provides a model for something that came after it
앞선 것, 또는 사람; 이후에 올 것을 위해 본보기가 된 것(전례, 선례)

- Your parents and grandparents could be said to be your *antecedents*; they came before you.

  부모와 조부모는 여러분의 선조라고 말할 수 있다. 그들은 여러분에 앞서서 이 세상에 오셨던 분들이다.

- The horse-drawn wagon is an *antecedent* of the modern automobile.

  마차는 오늘날의 자동차의 전신이다.

Antecedent can also be used as an adjective. The oil lamp was *antecedent* to the light bulb.

antecedent는 형용사로도 쓰인다. 전구가 발명되기 전에는 기름 램프가 사용되었다.

In grammar, the *antecedent* of a pronoun is the person, place, or thing to which it refers. In the previous sentence, the *antecedent* of *it* is *antecedent*. In the sentence "Bill and Harry were walking together, and then he hit him," it is impossible to determine what the *antecedents* of the pronouns (*he* and *him*) are.

문법에서 대명사의 antecedent(선행사)는 그것이 가리키는 사람, 장소, 사물 등이다. 앞의 문장(In grammar, the antecedent of a pronoun is the person, place, or thing to which it refers.)에서 it의 선행사는 antecedent이다. 'Bill and Harry were walking together, and then he hit him(빌과 해리는 함께 걷고 있었는데, 갑자기 그가 그를 때렸다)."라는 문장에서는, he와 him이라는 두 개의 대명사가 지시하는 선행사가 무엇인지를 알 수가 없다.

▸ antecedent는 뜻이 비슷한 단어인 precedent(전례, 판례)와 관계가 있다.

ANTIPATHY [æntípəθi] n firm dislike 확고한 혐오

▸ 발음에 주의할 것.

- I feel *antipathy* toward bananas wrapped in ham. I do not want them for dinner. I also feel a certain amount of *antipathy* toward the cook who keeps trying to force me to eat them. My feelings on these matters are quite *antipathetic* [æntipəθétik].

  나는 햄 속에 들어 있는 바나나가 싫다. 저녁 식사로 그것을 먹고 싶지는 않다. 나는 또한 나에게 그것을 억지로 먹으라고 강요하는 요리사에게도 어느 정도 반감이 있다. 이 문제에 관한 한 나는 정말이지 너무나 싫다.

I could also say that ham-wrapped bananas and the cooks who serve them are among my *antipathies*. My *antipathies* are the things I don't like.

바나나를 넣은 햄과 그것을 먹으라고 주는 요리사, 둘 다 my antipathies(내가 혐오하는 것들) 중에 포함된다고 말할 수 있다. my antipathies란 '내가 좋아하지 않는 것들'이다.

ANTITHESIS [æntíθəsis] n the direct opposite 정반대

▸ 발음에 주의할 것.

- Erin is the *antithesis* of Aaron: Erin is bright and beautiful; Aaron is dull and plain.

  에린은 애런과 정반대로 대조를 이룬다. 에린은 총명하고 아름다운데 애런은 우둔하고 못생겼다.

APARTHEID [əpáːrtheit] n the former policy of racial segregation and oppression in the Republic of South Africa
남아프리카 공화국에서 행해지는 혐오스러운 인종 차별과 억압 정책

The word *apartheid* is related to the word *apart*. Under *apartheid* in South Africa, blacks were kept apart from whites and denied all rights.

apartheid는 apart라는 단어와 관계가 있다. 남아프리카의 apartheid(아파르트헤이트, 인종 격리 정책) 하에서 흑인들은 백인과 분리되어 모든 권리가 허락되지 않는다.

The word *apartheid* is sometimes applied to less radical forms of racial injustice and to other kinds of separation. Critics have sometimes accused American public schools of practicing educational *apartheid*, by providing substandard schooling for nonwhites.

apartheid라는 단어는 덜 과격한 형태의 인종 차별이나 그 밖의 다른 종류의 차별을 의미할 때도 적용된다. 비평가들은 미국의 공립학교들이 교육에 있어 백인이 아닌 학생들에게 수준 이하의 교육을 제공함으로써 educational apartheid(교육의 인종 차별)를 하고 있다고 종종 비난해 왔다.

Match each word in the first column with its definition in the second column.
Check your answers in the back of the book.

1. anarchy	a. resentment
2. monarchy	b. racial oppression
3. anecdote	c. firm dislike
4. anguish	d. irregularity
5. animosity	e. what went before
6. anomaly	f. agonizing pain
7. antecedent	g. amusing account
8. antipathy	h. government by king or queen
9. antithesis	i. lawlessness
10. apartheid	j. direct opposite

APATHY [ǽpəθi] n **lack of interest; lack of feeling** 무관심; 냉정함, 냉담함

- The members of the student council accused the senior class of *apathy* because none of the seniors had bothered to sign up for the big fundraiser.
  학생위원회 위원들은 고학년들의 무관심을 비난했다. 왜냐하면 대형 모금 행사에 기꺼이 참여한 상급생이 아무도 없었기 때문이었다.

- Jill didn't care one bit about current events; she was entirely *apathetic*.
  질은 최근의 사건들에 조금도 관심이 없었다. 그녀는 아주 무관심했다.

APHORISM [ǽfərìzm] n **a brief, often witty saying; a proverb**
짧고, 흔히 재치 있는 격언, 경구; 금언

- Benjamin Franklin was fond of *aphorisms*. He was frequently *aphoristic*.
  벤자민 프랭클린은 격언을 좋아했다. 그는 자주 경구를 사용했다.

- Chef Hussain is particularly fond of Woolf's *aphorism*, "One cannot think well, love well, or sleep well, if one has not dined well."
  요리사 후사인은 특히 "사람은 잘 먹지 않으면 생각이나 사랑도 잘 할 수 없고 잠도 잘 잘 수 없다."는 울프의 격언을 좋아한다.

APOCALYPSE [əpάkəlips] n a prophetic revelation, especially one concerning the end of the world
예언적인 계시, 특히 세계의 종말과 관련된 것

In strict usage, *apocalypse* refers to specific Christian writings, but most people use it more generally in connection with predictions of things like nuclear war, the destruction of the ozone layer, and the spread of fast-food restaurants to every corner of the universe. To make such predictions, or to be deeply pessimistic, is to be *apocalyptic* [əpὰkəlíptik].

정확한 어법으로 apocalypse는 기독교의 특정 저작들을 일컫는 단어이다. 그러나 대부분의 사람들은 일반적으로 핵전쟁이나 오존층의 파괴, 세계 구석구석까지 패스트푸드 식당들이 퍼져 나가는 것과 같은 예언들과 관련하여 이 단어를 더 많이 사용한다. 그런 예언을 하거나 지독히 염세적인 것을 apocalyptic(종말론적인)이라고 표현한다.

APOCRYPHAL [əpάkrəfəl] adj of dubious authenticity; fictitious; spurious
출처가 의심스러운; 허구의; 위조의

• Brandi's blog discredited the *apocryphal* report of Martians in Congress.

브랜디의 블로그는 국회 개회 중에 화성인에 대한 미심쩍은 보고서를 불신했다.

An *apocryphal* story is one whose truth is not proven or whose falsehood is strongly suspected. Like *apocalypse*, this word has a religious origin. The *Apocrypha* are a number of "extra" books of the Old Testament that Protestants and Jews don't include in their Bibles because they don't think they're authentic.

apocryphal story란 진실 여부가 아직 증명되지 않았거나 허위임이 강하게 의심되는 이야기이다. apocalypse(종말, 대재앙)처럼 이 단어도 종교와 관련해서 나온 말이다. The Apocrypha(외경)는 신교도들과 유대교도들이 믿을 수 없다고 생각해서 그들의 성서에 포함시키지 않는 구약 성서의 많은 경외서들이다.

APOTHEOSIS [əpὰθióusis] n elevation to divine status; the perfect example of something 신격화; 완전무결한 본보기(극치)

• Some people think that the Corvette is the *apotheosis* of American car making. They think it's the ideal.

어떤 사람들은 코르벳이야말로 미국 자동차 산업의 극치라고 생각한다. 그들은 그것을 가장 이상적인 것으로 생각한다.

• Geoffrey is unbearable to be with. He thinks he's the *apotheosis* of masculinity.

제프리는 정말 봐줄 수가 없다. 그는 자신이 남성다움의 전형이라고 생각한다.

APPEASE [əpíːz] v to soothe; to pacify by giving in to 달래다; 양보해서 진정시키다

• Jaleel *appeased* his angry mother by promising to make his bed every morning without fail until the end of time.

자릴은 엄마의 화를 누그러뜨리기 위해 매일 아침 반드시 정해진 시간 안에 침대를 정리하겠다고 약속했다.

• The trembling farmer handed over all his grain, but still the emperor was not *appeased*.

겁을 먹은 농부는 모든 곡식을 넘겨주었다. 그러나 황제의 노여움은 여전히 가라앉지 않았다.

▸ 명사형은 appeasement(달램, 진정)이다.

APPRECIATE [əprí:ʃièit] v to increase in value 가치가 상승하다, 값이 오르다

- The Browns bought their house twenty years ago for a hundred thousand dollars, but it has *appreciated* considerably since then; today it's worth almost two million dollars.

  브라운 씨 부부는 이십 년 전에 십만 달러를 주고 자신들의 집을 샀다. 그러나 집 값은 그때 이후로 상당히 올랐다. 요즘 그 집은 거의 이백만 달러를 호가한다.

- Harry bought Joe's collection of old chewing-tobacco tins as an investment. His hope was that the tins would *appreciate* over the next few years, enabling him to turn a profit by selling them to someone else.

  해리는 조가 수집한 오래된 씹는 담배통을 투자 목적으로 사들였다. 그는 몇 년 정도 지나서 그 담배통의 가치가 오르면, 다른 사람에게 담배통을 팔아서 이익을 얻을 수 있기를 바랐다.

▸ appreciate의 반의어는 depreciate이다.

When a car loses value over time, we say it has *depreciated*.

자동차가 시간이 지나면서 가치가 떨어지면 depreciate했다고 표현한다.

APPREHENSIVE [æprihénsiv] adj worried; anxious 걱정하는; 불안한

- The *apprehensive* child clung to his father's leg as the two of them walked into the main circus tent to watch the lion tamer.

  아이는 아버지와 함께 사자 조련사를 보러 곡예단 중앙 텐트로 걸어 들어가면서 불안한 듯 아버지의 다리에 꼭 매달렸다.

- Rhea was *apprehensive* about the exam because she had forgotten to go to class for several months. As it turned out, his *apprehensions* were justified. He couldn't answer a single question on the test.

  레아는 수 개월 동안 수업에 들어가지 않았기 때문에 시험 치를 일이 걱정스러웠다. 결국 그녀의 걱정은 현실로 드러났다. 그녀는 한 문제도 답을 쓸 수가 없었다.

A *misapprehension* is a misunderstanding.

misapprehension은 '오해'를 의미한다.

- Rhea had no *misapprehensions* about her lack of preparation; she knew perfectly well she would fail abysmally.

  레아는 자신의 준비 부족을 제대로 알고 있었다. 그녀는 자신이 비참하게 실패할 것이라는 사실을 아주 잘 알고 있었다.

Match each word in the first column with its definition in the second column. Check your answers in the back of the book.

1. apathy		a.	of dubious authenticity
2. aphorism		b.	misunderstanding
3. apocalypse		c.	increase in value
4. apocryphal		d.	lack of interest
5. apotheosis		e.	soothe
6. appease		f.	prophetic revelation
7. appreciate		g.	decrease in value
8. depreciate		h.	the perfect example
9. apprehensive		i.	witty saying
10. misapprehension		j.	worried

APPROBATION [æ̀prəbéiʃən] n approval; praise 승인; 칭찬

- The crowd expressed its *approbation* of the team's performance by gleefully covering the field with toilet paper.

  관중들은 매우 기뻐하며 운동장에다 휴지를 가득 채워서 그 팀이 한 것에 대해 찬동의 표시를 했다.

- The ambassador's actions met with the *approbation* of his commander in chief.

  대사의 조치는 최고 상관의 승인을 받았다.

Approbation is a fancy word for *approval*, to which it is closely related. *Disapprobation* is disapproval.

approbation은 아주 밀접한 관련이 있는 approval(찬성, 승인)의 뜻을 좀 더 멋을 내어 쓰는 단어이다. disapprobation은 disapproval(반감)이다.

APPROPRIATE [əpróuprièit] v to take without permission; to set aside for a particular use
허락 없이 가지다; 특별히 사용하기 위해 비축해 두다

- Nick *appropriated* my lunch; he grabbed it out of my hands and ate it. So I *appropriated* Ed's.

  닉이 내 점심 도시락을 빼앗아 먹었다. 그는 내 손에서 도시락을 빼앗아 가서 먹어 버렸다. 그래서 나는 에드의 것을 빼앗아 먹었다.

- The deer and raccoons *appropriated* the vegetables in our garden last summer. This year we'll build a better fence.

  작년 여름에는 사슴과 너구리들이 우리 밭의 채소를 훔쳐 먹었다. 올해는 좀 더 튼튼한 울타리를 칠 예정이다.

Don't confuse the pronunciation of the verb to *appropriate* with the pronunciation of the adjective *appropriate* [əpróupriət]. When Congress decides to buy some new submarines, it *appropriates* money for them. That is, it sets some money aside. The money thus set aside is called an *appropriation*.

형용사 appropriate의 발음과 동사일 때의 발음을 혼동하지 마라. 의회가 새 잠수함을 구입하기로 결정하면, 의회는 잠수함 구입에 필요한 비용의 지출을 appropriate(승인하다)한다고 표현한다. 다시 말해서, 얼마간의 돈을 따로 비축한다는 뜻이다. 이렇게 비축된 돈을 appropriation(의회가 승인한 예산)이라고 부른다.

When an elected official takes money that was supposed to be spent on submarines and spends it on a Rolls-Royce and a few mink coats, he or she is said to have *misappropriated* the money.

선출된 공무원이 잠수함을 구입하기로 예정된 돈을 가져가 롤스로이스(영국제 고급 승용차)와 밍크코트를 사는 데 쓴다면, 그 또는 그녀가 misappropriate(공금을 유용하다)했다고 표현한다.

When the government decides to build a highway through your backyard, it *expropriates* your property for this purpose. That is, it uses its official authority to take possession of your property.

정부가 당신의 뒷마당을 통과하는 고속도로를 건설하기로 결정한다면, 정부는 그러한 목적 때문에 당신의 재산을 expropriate(수용하다)한다. 즉, 정부는 당신의 재산을 점유하기 위해 공권력을 사용하는 것이다.

APTITUDE [ǽptətjùːd] n capacity for learning; natural ability
배울 수 있는 능력(적성); 타고난 능력

- Some rare students have a marked *aptitude* for taking the SAT. They earn high scores without any preparation.

  몇몇 드문 학생들은 대학진학 적성시험에서 뛰어난 능력을 발휘한다. 그들은 어떤 준비도 없이 높은 점수를 받는다.

- I tried to repair my car, but as I sat on the floor of my garage, surrounded by mysterious parts, I realized that I had no *aptitude* for automobile repair.

  나는 차를 수리하려고 했다. 그러나 알 수 없는 부속품들에 둘러싸여 차고 바닥에 주저앉아 있으려니, 내가 자동차 수리에는 별로 소질이 없다는 것을 깨닫게 되었다.

▸ aptitude의 반의어는 ineptitude(기량 부족)이다.

ARBITER [áːrbətər] n one who decides; a judge   결정하는 사람; 판사, 심판관, 중재자

- An *arbiter* of fashion determines what other people will wear by wearing it herself.

  arbiter of fashion(패션 결정권자)는 자신이 스스로 그 옷을 입음으로써 다른 사람들이 입을 옷을 결정한다.

An *arbiter arbitrates*, or weighs opposing viewpoints and makes decisions. The words *arbiter* and *arbitrator* mean the same thing. An *arbiter* presides over an *arbitration*, which is a formal meeting to settle a dispute.

중재자는 arbitrate한다. 즉, 상반되는 견해를 재량하여 결론을 내린다. arbiter와 arbitrator는 같은 의미이다. arbiter(중재인)는 분쟁을 해결하기 위한 공식적인 자리인 arbitration(중재 재판)을 관장한다.

ARBITRARY [áːrbətrèri] adj random; capricious   임의의, 자의적인; 변덕스러운

- The grades Mr. Simone gave his English students appeared to be *arbitrary*; they didn't seem related to the work the students had done in class.

  시몬느 선생님은 영어반 학생들에게 제멋대로 점수를 준 것 같았다. 점수는 학생들이 수업시간에 했던 것과는 아무런 관계도 없는 것 같았다.

- The old judge was *arbitrary* in sentencing criminals; there was no sensible pattern to the sentences she handed down.

  그 늙은 판사는 범죄자들에게 제멋대로 형을 선고했다. 그녀가 선고한 판결들에는 사리에 맞는 유형이 없었다.

ARCANE [ɑːrkéin] adj mysterious; known only to a select few
비밀의; 선택된 소수에게만 알려진

- The rites of the secret cult were *arcane*; no one outside the cult knew what they were.

  그 비밀 종파의 의식들은 비밀에 부쳐져 있었다. 그 종파에 속하지 않는 사람들은 누구도 그 의식들이 어떤 것인지 알지 못했다.

- The *arcane* formula for the cocktail was scrawled on a faded scrap of paper.

  그 칵테일을 만드는 비밀 제조법은 빛바랜 종이 조각 위에 휘갈겨 쓰여 있었다.

- We could make out only a little of the *arcane* inscription on the old trunk.

  우리는 고목나무에 새겨진 난해한 비문을 아주 조금만 해독할 수 있었다.

ARCHAIC [ɑːrkéiik] adj extremely old; ancient; outdated 아주 오래된; 고대의; 구식의

- The tribe's traditions are *archaic*. They have been in force for thousands of years.

  그 부족의 전통들은 아주 오래된 것이다. 그것들은 수천 년을 이어온 것이다.

Archaic civilizations are ones that disappeared a long time ago. An *archaic* meaning of a word is one that isn't used anymore.

Archaic civilizations(고대 문명)는 이미 오래 전에 사라진 문명이다. 어떤 단어의 archaic meaning(고어적인 의미)이란 이제 더 이상은 그 뜻으로는 사용되지 않는 의미이다.

QUICK QUIZ

Match each word in the first column with its definition in the second column. Check your answers in the back of the book.

1. approbation		a. misuse public money
2. appropriate		b. extremely old
3. misappropriate		c. take without permission
4. expropriate		d. weigh opposing views
5. aptitude		e. mysterious
6. arbiter		f. approval
7. arbitrate		g. random
8. arbitrary		h. take property officially
9. arcane		i. judge
10. archaic		j. natural ability

ARCHETYPE [άːrkitὰip] n an original model or pattern 원형, 전형

▶ 발음에 주의할 것.

An *archetype* is similar to a *prototype*. A *prototype* is a first, tentative model that is made but that will be improved in later versions. Henry Ford built a *prototype* of his Model T in his basement. His mother kicked him out, so he had no choice but to start a motor car company.

archetype은 prototype과 유사하다. prototype는 처음에 시범적으로 만들었으나 나중에 다른 형태로 개선될 원형을 일컫는다. 헨리 포드는 자신의 집 지하실에서 모델 T의 원형을 만들었다. 그의 어머니가 그를 밖으로 내쫓았기 때문에, 그는 자동차 회사를 시작하는 것 말고는 달리 선택할 것이 없었다.

An *archetype* is usually something that precedes something else.

archetype는 일반적으로 다른 것에 우선하는 것을 의미한다.

- Plato is the *archetype* of all philosophers.
  플라톤은 모든 철학자들의 원형이다.

▶ archetype의 형용사형은 archetypal(전형적인) 또는 archetypical(원형의)이다.

ARDENT [άːrdənt] adj passionate; enthusiastic 열렬한; 열광적인

- Larry's *ardent* wooing finally got on Cynthia's nerves, and she told him to get lost.
  래리의 끈질긴 구애는 드디어 신시아의 신경을 폭발하게 했다. 그래서 그녀는 그에게 그만 꺼져 버리라고 말했다.

- Blanche happily made cakes from morning to night. She was an *ardent* baker.
  블란치는 아침부터 저녁까지 즐거운 마음으로 케이크를 구웠다. 그녀는 정열적으로 일하는 제빵사였다.

To be *ardent* is to have *ardor*.

ardent(열렬한)는 ardor(열정)를 갖고 있는 것이다.

- The young lovers were oblivious to everything except their *ardor* for each other.
  젊은 연인들은 서로에 대한 열정을 제외하고는 어느 것에도 깊이 신경을 쓰지 않았다.

ARDUOUS [άːrdʒuəs] adj hard; difficult 힘든; 어려운

- Climbing the mountain was *arduous*. We were so exhausted when we got to the top that we forgot to enjoy the view.
  그 산을 오르기는 너무나 힘이 들었다. 정상에 도달했을 때, 우리는 너무나 지쳐서 경치를 즐기는 것조차 잊어버렸다.

- The *arduous* car trip was made even more difficult by the fact that all four tires went flat, one after another.
  자동차 바퀴 네 개가 차례차례로 바람이 빠지는 통에 힘든 자동차 여행은 훨씬 더 어려워졌다.

ARISTOCRATIC [ərìstəkrǽtik] adj of noble birth; snobbish
귀족으로 태어난; 신사인 체하는, 속물의

- Prince Charles is *aristocratic*. He is a member of the British *aristocracy*.

  찰스 왕자는 귀족으로 태어났다. 그는 영국 귀족의 일원이다.

- Polo, which Prince Charles enjoys, is often said to be an *aristocratic* sport because it is typically played by privileged people.

  찰스 왕자가 즐기는 폴로 경기는 귀족적인 스포츠라는 말을 자주 듣는다. 일반적으로 특권 계층의 사람들이 주로 폴로 경기를 하기 때문이다.

It is possible to be an *aristocrat* [ərístəkræt] without being rich, although *aristocrats* tend to be quite wealthy. There is nothing you can do to become an *aristocrat*, short of being born into a family of them.

비록 aristocrat(귀족)들이 일반적으로 상당히 부자이지만, 부자가 아닌 aristocrat도 얼마든지 있을 수 있다. 귀족 가문에서 태어나지 않는 한 귀족이 되기 위하여 할 수 있는 일은 아무것도 없다(귀족은 태어나는 것이므로 후천적으로 노력해서 얻어지는 것이 아니다).

People who act as though they think they are better than everyone else are often said to be *aristocratic*. A person with an "*aristocratic* bearing" is a person who keeps his or her nose in the air and looks down on everyone else.

자신이 다른 사람들보다 우월하다고 생각하는 것처럼 행동하는 사람들을 종종 aristocratic(속물인)이라고 표현한다. aristocratic bearing(귀족적인 태도)을 가진 사람은 콧대가 세서 다른 사람들을 무시하는 사람을 일컫는다.

ARTFUL [á:rtfəl] adj crafty; wily; sly   교활한; 꾀가 많은; 음흉한

- After dinner, the *artful* counselor told the campers that there was a madman loose in the woods, thus causing them to lie quietly in the tent.

  저녁 식사 후에, 약삭빠른 야영지 지도원은 숲에 미친 사람이 돌아다니고 있다고 야영자들에게 일러 주었다. 그렇게 해서 사람들이 텐트에서 얌전하게 있도록 만들었다.

The *Artful* Dodger is a sly con man in Charles Dickens's *Oliver Twist*.

Artful Dodger(아트풀 다저)는 찰스 디킨즈의 소설 '올리버 트위스트'에 나오는 교활한 사기꾼이다.

Someone who is *artless*, on the other hand, is simple and honest. Young children are charmingly *artless*.

반대로 artless(교활함이 없는)인 사람은 소박하고 정직한 사람이다. 어린아이들은 귀여울 정도로 artless라고 할 수 있다.

ARTIFICE [á:rtəfis] n a clever trick; cunning   교활한 책략; 잔꾀

- The Trojan Horse was an *artifice* designed to get the soldiers inside the walls.

  트로이의 목마는 군인들을 성 내부로 잠입시키기 위해 고안된 술책이었다.

- Mrs. Baker had to resort to *artifice* to get her children to take their medicine: she told them that it tasted like chocolate syrup.

  베이커 여사는 아이들에게 약을 먹이려면 달갑지 않은 잔꾀를 써야만 했다. 그녀는 아이들에게 약이 초콜릿 시럽 같은 맛이 난다고 말했다.

▸ artifice와 artificial(인위적인, 거짓의)은 서로 관계있는 단어이다.

ASCENDANCY [əséndənsi] n supremacy; domination 우위, 우월; 지배(권), 주도(권)

- Handheld gadgets have been in *ascendancy* for the past few years.
  손으로 들 수 있는 기기들이 지난 몇 년간 주도권을 잡아 왔다.

- The *ascendancy* of the new regime had been a great boon for the economy of the tiny tropical kingdom.
  새로 정권을 잡은 지배 세력은 열대 지역에 위치한 작은 왕국의 경제를 크게 호전시켰다.

▶ 형용사형은 ascendant(우세한)이다.

ASCETIC [əsétik] adj hermitlike; practicing self-denial 수도자 같은; 금욕을 실천하는

- The college student's apartment, which contained no furniture except a single tattered mattress, was uncomfortably *ascetic*.
  유일한 낡은 매트리스를 제외하면 가구라고는 없는 대학생의 아파트는 살기 불편한 금욕주의자의 집 같았다.

- In his effort to save money, Roy led an *ascetic* existence: he never went out, never ate anything but soup, and never had any fun.
  돈을 모으기 위해 로이는 금욕적인 생활을 했다. 그는 결코 외출하지 않았으며, 스프 외에는 결코 먹지 않았고, 결코 어떤 놀이도 즐기는 법이 없었다.

Ascetic can also be a noun. A person who leads an *ascetic* existence is an *ascetic*. An *ascetic* is someone who practices *asceticism*.

ascetic은 명사로도 쓰인다. 금욕적인 생활을 영위하는 '금욕주의자'를 ascetic이라고 한다. 금욕주의란 asceticism(금욕주의)을 실천하는 사람이다.

A similar-sounding word with a very different meaning is *aesthetic*[esθétik]. Don't be confused.

비슷하게 들리지만 아주 다른 뜻을 가진 단어로 aesthetic(심미적인)이 있다. 혼동하지 말 것.

ASSIDUOUS [əsídʒuəs] adj hardworking; busy; quite diligent
근면한; 바쁜; 아주 부지런한

- The workmen were *assiduous* in their effort to get nothing done; instead of working, they drank coffee all day long.
  일꾼들은 아무것도 하지 않고 시간을 보내는 일에만 열중하느라 바빴다. 그들은 일은 하지 않고 하루 종일 커피만 마셔댔다.

- Wendell was the only *assiduous* student in the entire math class; all the other students tried to copy their homework from him.
  웬델은 전체 수학반 학생들 중에서 유일하게 부지런한 학생이었다. 다른 학생들은 모두 그에게 숙제를 빌려 베끼려고 노력했다.

Match each word in the first column with its definition in the second column.
Check your answers in the back of the book.

1. archetype	a. passionate
2. ardent	b. of noble birth
3. arduous	c. supremacy
4. aristocratic	d. hardworking
5. artful	e. difficult
6. artifice	f. trickery
7. ascendancy	g. hermitlike
8. ascetic	h. crafty
9. assiduous	i. original model

ASSIMILATE [əsíməlèit] v to take in; to absorb; to learn thoroughly
섭취하다; 흡수하다; 철저하게 배우다

To *assimilate* an idea is to take it in as thoroughly as if you had eaten it. (Your body *assimilates* nutrients from the food you eat.) To *assimilate* knowledge is to absorb it, to let it soak in. People can be *assimilated*, too.

아이디어를 assimilate하는 것은 마치 그 아이디어를 먹어 버린 듯 철저하게 자신의 것으로 이해한다는 뜻이다. (우리의 몸은 먹은 음식물에서 영양분을 흡수한다.) 지식을 assimilate하는 것은 지식을 빨아들이는 것, 즉 지식을 흡수하는 것이다. 사람들도 역시 assimilated(동화된)될 수 있다.

• Margaret didn't have any friends when she first went to the new school, but she was gradually *assimilated*—she became part of the new community. When she was chosen for the cheerleading squad, her *assimilation* was complete.

마가렛은 새로운 학교에 처음 갔을 때 친구가 전혀 없었다. 그러나 그녀는 차츰 동화되어 갔다. 그녀는 새로운 공동체의 일원이 되었다. 치어리더 팀에 뽑히게 되면서, 그녀의 새로운 학교에 대한 융화는 완전하게 이루어졌다.

ASSUAGE [əswéidʒ] v to soothe; to pacify; to ease the pain of; to relieve
달래다; 진정시키다; 고통을 누그러뜨리다; 덜어 주다

▶ 발음에 주의할 것.

• Beth was extremely angry, but I *assuaged* her by promising to leave the house and never return.

베스는 아주 많이 화가 났다. 그러나 내가 집을 떠나서 다시는 돌아오지 않겠다고 약속을 하자 그녀는 진정되었다.

• The thunderstorm made the baby cry, but I *assuaged* her fears by singing her a lullaby.

아기는 번개와 폭우 소리에 울기 시작했다. 나는 자장가를 불러 주어 아기의 두려움을 달래 주었다.

ASTUTE [əstʃúːt] adj shrewd; keen in judgment 기민한; 판단력이 예리한

- Morris was an *astute* judge of character; he was very good at seeing what people are really like despite what they pretended to be.
  모리스는 사람들의 성격을 판단하는 데 날카로웠다. 그는 사람들이 가장을 하고 있어도 아주 능숙하게 사람들의 실체를 파악했다.

- Yael notices everything important and many things that other people don't see; he is an *astute* observer.
  야엘은 다른 사람이 보지 못하는 많은 것들과 진짜로 중요한 것들을 인지할 수 있는 능력이 있다. 그는 예리한 관찰자이다.

ATHEIST [éiθiist] n one who does not believe in the existence of any god or divine being 어떤 신이나 신적 존재에 대한 믿음이 없는 사람

- Hadley had always imagined a big religious wedding, but Emma, a lifelong *atheist*, preferred a Vegas elopement.
  해들리는 성대한 종교적 결혼식을 꿈꿔왔지만 엠마는 평생 무신론자로, 라스베이거스로 날아가는 것을 선호했다.

The noun form is *atheism*. *Atheism* is often confused with *agnosticism*, but the two are not the same.
또 다른 명사형은 atheism(무신론)이다. Atheism을 agnosticism(불가지론)과 자주 혼동하는데, 이 둘은 서로 다르다.

ATTRITION [ətríʃən] n gradual wearing away, weakening, or loss; a natural or expected decrease in numbers or size 점차로 닳거나, 약해지거나, 없어지는 것(마모); 크기나 수량의 자연적 감소나 예측되는 감소

- Mr. Gregory did not have the heart to fire his workers even though his company was losing millions each year. He altruistically preferred to lose workers through *attrition* when they moved away, retired, or decided to change jobs.
  비록 회사는 매년 수백만 달러씩 적자를 보고 있었지만, 그레고리 씨는 노동자들을 해고할 강심장의 소유자가 못 되었다. 이타적인 성격의 그는 직원들이 멀리 이사를 가거나 퇴직하거나 또는 이직을 결정하는 등의 자연적인 감소를 통해서만 노동자의 수를 줄여 나가기를 더 원했다.

AUDACITY [ɔːdǽsəti] n boldness; reckless daring; impertinence 대담함; 무모한 용기; 건방짐

- Edgar's soaring leap off the top of the building was an act of great *audacity*.
  빌딩 꼭대기에서 뛰어내린 에드가의 행동은 무모하기 짝이 없었다.

- Ivan had the *audacity* to tell that nice old lady to shut up.
  이반은 기품 있는 노부인에게 무례하게도 입 닥치라는 말을 했다.

A person with *audacity* is said to be *audacious*.
무모한 사람을 audacious(대담한)라고 표현한다.

- Bert made the *audacious* decision to climb Mt. Everest in bowling shoes.
  버트는 볼링용 신발을 신고 에베레스트 산에 올라가겠다는 무모한 결정을 내렸다.

AUGMENT [ɔ:gmént] v to make bigger; to add to; to increase
더 크게 만들다; 늘리다; 증가하다

- The army *augmented* its attack by sending in a few thousand more soldiers.

  그 군대는 수천 명의 군인들을 더 보내 공격력을 배가시켰다.

To *augment* a record collection is to add more records to it.

레코드 수집품을 augment하는 것은 수집품에 더 많은 레코드를 더하는 것이다.

Adding another example to this definition would *augment* it. The act of *augmenting* is called *augmentation*.

이러한 정의에 또 다른 예를 첨가하는 것은 그것을 augment한다고 표현할 수 있다. 증가시키는 행위는 augmentation(증가)이라고 한다.

AUSPICIOUS [ɔ:spíʃəs] adj favorable; promising; pointing to a good result
유리한; 유망한; 좋은 결과를 가리키는

- A clear sky in the morning is an *auspicious* sign on the day of a picnic.

  소풍 가는 날의 쾌청한 아침 하늘은 길조이다.

- The first quarter of the football game was not *auspicious*; the home team was outscored by thirty points.

  풋볼 경기의 첫 번째 쿼터는 순조롭지 못했다. 홈 팀은 30점이나 뒤져 있었다.

AUSTERE [ɔ:stíər] adj unadorned; stern; forbidding; without excess
장식이 없는; 엄격한; 무서운; 지나침이 없는

- The Smiths' house was *austere*: there was no furniture in it, and there was nothing hanging on the walls.

  스미스네 집은 거의 꾸미지 않았다. 내부에는 가구도 없고, 벽에도 뭐 하나 걸려 있지 않았다.

- Quentin, with his *austere* personality, didn't make many friends. Most people were too intimidated by him to introduce themselves or say hello.

  엄한 성격의 소유자인 퀜틴은 많은 친구를 사귀지 못했다. 대부분의 사람들은 그에게 너무 겁을 먹어서 그에게 자신을 소개하거나 인사하려고 하지 않았다.

The noun *austerity*[ɔ:stérəti] is generally used to mean roughly the same thing as poverty. To live in *austerity* is to live without comforts.

명사형 austerity는 일반적으로 '가난'과 거의 같은 것을 의미할 때 사용한다. to live in austerity는 '궁핍하게 생활하다'라는 의미이다.

- After the devastation of the war, the citizens in Austria lived in *austerity*.

  전쟁으로 파괴된 후, 오스트리아의 주민들은 궁핍 속에 살았다.

AUTOCRATIC [ɔ:təkrǽtik] adj ruling with absolute authority; extremely bossy
절대 권력으로 통치하는(독재의); 극단적으로 두목 행세하는

▶ 발음에 주의할 것.

- The ruthless dictator's *autocratic* reign ended when the rebels blew up his palace with plastic explosive.

  반란군이 가소성 폭약으로 독재자의 궁전을 폭파하자, 무자비한 독재 권력을 행사하던 정권도 마침내 막을 내렸다.

- This two-year-old can be very *autocratic*—he wants what he wants when he wants it.

  이 두 살짜리 아기도 매우 독재적일 수 있다. 아기는 원하는 것이 생기면 그것을 요구한다.

- No one at our office liked the *autocratic* manager. He always insisted on having his own way, and he never let anyone make a decision without consulting him.

  우리 사무실 사람들은 누구도 독단적인 부장을 좋아하지 않았다. 그는 항상 자기 방식만을 고집했으며, 자신의 의견을 듣지 않고는 어느 누구도 마음대로 의사 결정을 할 수 없도록 했다.

An *autocrat* is an absolute ruler. *Autocracy* [ɔːtákrəsi], a system of government headed by an *autocrat*, is not democratic—the people don't get a say.

autocrat는 '절대 군주', '독재자'이다. 독재자를 수반으로 하는 정부 체계인 autocracy(독재주의 국가)는 민주적이지 않아서 국민은 한마디도 할 수 없다.

QUICK QUIZ

Match each word in the first column with its definition in the second column. Check your answers in the back of the book.

1. assimilate		a. shrewd
2. assuage		b. boldness
3. astute		c. favorable
4. attrition		d. make bigger
5. audacity		e. soothe
6. augment		f. extremely bossy
7. auspicious		g. absorb
8. austere		h. unadorned
9. autocratic		i. gradual wearing away

AUTONOMOUS [ɔːtánəməs] **adj acting independently** 독립적으로 행동하는

- The West Coast office of the law firm was quite *autonomous*; it never asked the East Coast office for permission before it did anything.

  그 법률 회사의 태평양 연안 사무소는 상당히 자율적으로 운영되었다. 어떤 일을 하기 전에 동부 사무소의 인가를 요구하는 일은 결코 없었다.

An *autonomous* nation is one that is independent—it governs itself. It is said to have *autonomy*.

autonomous nation은 독립적인 자치권을 가진 '자치 국가'이다. 그 나라는 타국의 지배를 받지 않는다. 그것을 '자치권'이라고 부른다.

To act *autonomously* is to act on your own authority. If something happens *autonomously*, it happens all by itself.

to act autonomously는 '자신의 재량권에 따라 행동하다'라는 뜻이다. 어떤 일이 독립적으로(autonomously) 발생한다면, 그것은 사건이 다른 것의 개입 없이 저절로 일어난다는 의미이다.

AVARICE [ǽvəris] n greed; excessive love of riches 탐욕; 재물에 대한 과도한 애착

- The rich man's *avarice* was annoying to everyone who wanted to lay hands on his money.

  그 갑부의 탐욕은 그의 재산에 손을 대려던 모든 사람들에게는 성가신 것이었다.

▶ avarice의 반의어는 generosity(너그러움), philanthropy(자선 활동)이다.

To be *avaricious* is to love wealth above all else and not to share it with other people.

avaricious는 다른 어느 것보다도 우선하여 부를 사랑하며 다른 사람들과 그 부를 나누려 하지 않는, 즉 탐욕스러운의 뜻이다.

AVOW [əváu] v to claim; to declare boldly; to admit
주장하다; 대담하게 선언하다; 인정하다

- At the age of twenty-five, Louis finally *avowed* that he couldn't stand his mother's apple pie.

  스물다섯 살이 되어서야 비로소 루이스는 어머니가 만든 사과파이는 도저히 참을 수 없노라고 고백했다.

To *avow* something is to declare or admit something that most people are reluctant to declare or admit.

avow는 대부분의 사람들이 공언하거나 인정하기를 주저하는 것을 '선언하다' 또는 '인정하다'의 뜻이다.

- Mr. Smith *avowed* on television that he had never paid any income tax. Shortly after this *avowal*, he received a lengthy letter from the Internal Revenue Service.

  스미스 씨는 한 번도 소득세를 낸 적이 없었다고 텔레비전에 나와 고백했다. 그의 고백이 있은 후 얼마 지나지 않아 그는 국세청으로부터 장문의 편지를 받았다.

An *avowed* criminal is one who admits he is a criminal. To *disavow* is to deny or repudiate someone else's claim.

avowed criminal은 '자신이 범인임을 인정하는 사람'이다. disavow는 다른 누군가의 주장을 '거부하다' 또는 '부인하다'의 뜻이다.

- The mayor *disavowed* the allegation that he had embezzled campaign contributions.

  시장은 선거운동 기부금을 착복했다는 세간의 주장을 부인했다.

AVUNCULAR [əvʌ́ŋkjulər] adj like an uncle, especially a nice uncle
삼촌 같은, 특히 좋은 삼촌 같은

▶ 발음에 주의할 것.

What's an uncle like? Kind, helpful, generous, understanding, and so on, in an uncle-y sort of way. This is a fun word to use, although it's usually hard to find occasions to use it.

삼촌은 어떤 사람일까? 친절하고 도움을 주고 관대하고 이해심 있는 등 삼촌이라는 어감이 주는 그런 종류의 것들을 가진 사람이다. 일상에서 이 단어를 사용하는 경우를 찾기는 힘들지만, 그래도 재미있게 사용할 수 있는 단어이다.

- Professor Zia often gave us *avuncular* advice; he took a real interest in our education and helped us with other problems that weren't related to multidimensional calculus.

  지아 교수님은 우리에게 삼촌 같은 충고를 자주 해 주었다. 그는 우리의 교육에 정말 관심을 가졌고 다차원 미적분학과 관계없는 다른 문제들에도 도움을 주었다.

AWRY [ərái] adj off course; twisted to one side   진로를 벗어난; 한쪽으로 꼬여 있는

- The hunter's bullet went *awry*. Instead of hitting the bear, it hit his truck.
  사냥꾼의 총알은 빗나갔다. 총알은 곰을 맞추지 못하고, 대신 그의 트럭을 맞추었다.

- When we couldn't find a restaurant, our dinner plans went *awry*.
  레스토랑을 찾을 수 없었기 때문에 우리의 저녁 식사 계획은 빗나갔다.

- The old woman's hat was *awry*; it had dipped in front of her left eye.
  노부인의 모자는 비뚜름했다. 모자는 왼쪽 눈앞까지 기울어져 있었다.

AXIOM [ǽksiəm] n a self-evident rule or truth; a widely accepted saying
자명한 원리 또는 진실; 널리 받아들여지는 격언

"Everything that is living dies" is an *axiom*.
"살아 있는 생명체는 모두 죽게 되어 있다"는 말은 axiom(자명한 원리)이다.

An *axiom* in geometry is a rule that doesn't have to be proved because its truth is accepted as obvious, self-evident, or unprovable.
기하학에서의 axiom은 진실 여부가 명백하고 자명하거나 증명이 불가능한 것으로 이미 인정되어서 증명할 필요가 없는 법칙이다.

QUICK QUIZ

Match each word in the first column with its definition in the second column.
Check your answers in the back of the book.

1. autonomous	a. greed
2. avarice	b. like an uncle
3. avow	c. self-evident truth
4. avuncular	d. acting independently
5. awry	e. claim
6. axiom	f. off course

B

BANAL [bəná:l/béinl] adj unoriginal; ordinary 독창적이지 못한; 평범한

- The dinner conversation was so *banal* that Amanda fell asleep in her dessert dish.
  만찬석의 대화는 너무나 진부해서 아만다는 디저트를 먹다가 잠이 들었다.

A *banal* statement is a boring, trite, and uncreative statement. It is a *banality*.
banal statement는 지루하고 진부하며 창의적이지 못한 진술이다. 그것은 banality(진부한 말)이다.

- What made Yu fall asleep was the *banality* of the dinner conversation.
  유를 잠들게 만든 것은 만찬 중에 있었던 대화의 진부함이었다.

BANE [bein] n poison; torment; cause of harm 독; 고통의 원인; 손상의 원인

Bane means poison (wolfbane is a kind of poisonous plant), but the word is usually used figuratively. To say that someone is the *bane* of your existence is to say that that person poisons your enjoyment of life.
bane은 '독'을 의미한다(wolfbane(바꽃)은 독성이 있는 식물 종류이다). 그러나 이 단어는 대개 비유적인 의미로 사용한다. 어떤 사람을 가리켜 여러분에게 bane(독소 혹은 암적인 존재)이라고 하면 그 사람이 여러분의 유쾌한 생활에 해를 끼친다는 뜻이다.

▶ 형용사형 baneful은 '해롭다'라는 뜻이다.

BASTION [bǽstʃən] n stronghold; fortress; fortified place
성채; 요새; 견고하게 보강한 장소

- Mrs. Garnett's classroom is a *bastion* of banality; that is, it's a place where originality seldom, if ever, makes its way inside.
  가네트 여사의 교실은 진부함의 요새이다. 즉, 독창성이라곤 거의 발이 붙이지 못하는 곳이라는 뜻이다.

- The robbers terrorized the village for several weeks and then escaped to their *bastion* high in the treacherous mountains.
  강도들은 수 주일 동안 마을을 공포의 도가니로 몰아넣고 나서 위험한 산 속에 높이 있는 요새로 도망쳐 버렸다.

BEGET [bigét] v to give birth to; to create; to lead to; to cause
자식을 낳다; 창조하다; 초래하다; 일으키다

- Those who lie should be creative and have good memories, because one lie often *begets* another lie, which *begets* another.
  거짓말하는 사람들은 창의적이고 기억력이 좋아야만 한다. 왜냐하면 하나의 거짓말은 흔히 또 다른 거짓말을 낳고, 그것은 다시 또 다른 거짓말을 낳기 때문이다.

BELABOR [biléibər] v to go over repeatedly or to an absurd extent
반복하거나 불합리한 정도까지 되풀이하다

- For more than an hour, the boring speaker *belabored* her point about the challenge of foreign competition.

  외부 경쟁상대의 도전에 대하여 따분한 연사는 자신의 입장을 한 시간 이상 계속 되풀이해서 말했다.

- Mr. Irving spent the entire period *belaboring* the obvious; he made the same dumb observation over and over again.

  어빙 씨는 명백한 사실을 여러 번 되풀이하느라 모든 시간을 다 허비했다. 그는 같은 어리석은 주장을 여러 번 반복했다.

BELEAGUER [bilí:gər] v to surround; to besiege; to harass
둘러싸다; 포위 공격하다; 괴롭히다

- No one could leave the *beleaguered* city; the attacking army had closed off all the exits.

  누구도 포위된 도시를 떠날 수가 없었다. 공격군이 모든 출구를 봉쇄했다.

- Oscar felt *beleaguered* at work. He was months behind in his assignments, and he had little hope of catching up.

  오스카는 자신이 일에 포위되었다는 느낌을 받았다. 몇 달 간의 업무가 밀려 있었지만, 따라잡을 가망성은 거의 없었다.

- The *beleaguered* executive seldom emerged from the his office as he struggled to deal with the growing scandal.

  점점 불거지고 있는 스캔들 처리에 고심 중인 간부는 사무실 바깥으로는 거의 모습을 드러내지 않았다.

BELIE [bilái] v to give a false impression of; to contradict
그릇된 인상을 주다; 모순되다

- Melvin's smile *belied* the grief he was feeling; despite his happy expression he was terribly sad inside.

  멜빈의 미소는 그가 느끼고 있는 슬픔과는 모순되었다. 행복한 듯한 표정에도 불구하고, 그의 마음은 몹시도 슬펐다.

- The messy appearance of the banquet table *belied* the huge effort that had gone into setting it up.

  잔칫상은 너저분하게 보여서 그것을 차리기 위해 들어간 막대한 노력을 제대로 보여주지 못했다.

A word that is sometimes confused with *belie* is *betray*. To rework the first example above: Melvin was smiling, but a small tear in one eye *betrayed* the grief he was feeling.

간혹 belie와 혼동되는 단어로 betray가 있다. 위의 첫 번째 예문을 고쳐 쓰면 Melvin was smiling, but a small tear in one eye betrayed the grief he was feeling(멜빈은 미소짓고 있었다. 그러나 한쪽 눈에 맺힌 작은 눈물방울이 그가 느끼고 있는 슬픔을 드러내 주었다.)이다.

BELITTLE [bilítl] v to make to seem little; to put someone down
작게 보이게 하다; 얕잡아보다

- We worked hard to put out the fire, but the fire chief *belittled* our efforts by saying she wished she had brought some marshmallows.

  우리는 화재를 진압하기 위해 열심히 일했다. 그러나 소방대장은 마시멜로를 가져와 구워 먹으면 좋을 정도로 쉬운 일이었다며 우리의 수고를 깎아내렸다.

- The chairman's *belittling* comments made everyone feel small.

  얕보는 듯한 의장의 발언에 사람들은 모두 주눅이 들었다.

Match each word in the first column with its definition in the second column. Check your answers in the back of the book.

1. banal	a. make to seem little
2. bane	b. unoriginal
3. bastion	c. go over repeatedly
4. beget	d. stronghold
5. belabor	e. poison
6. beleaguer	f. give a false impression
7. belie	g. surround
8. belittle	h. give birth to

BELLIGERENT [bəlídʒərənt] adj combative; quarrelsome; waging war
호전적인; 싸우기 좋아하는; 전쟁 중인

- Al was so *belligerent* that the party had the feel of a boxing match.
  알이 너무나 호전적이어서 파티는 마치 권투 시합을 방불케 했다.

A bully is *belligerent*. To be *belligerent* is to push other people around, to be noisy and argumentative, to threaten other people, and generally to make a nuisance of oneself.
불량배는 belligerent(공격적인)이다. belligerent는 다른 사람을 괴롭히고, 시비를 걸어 소란을 피우거나 타인을 위협해서 대체로 남에게 폐를 끼치는 것이다.

Opposing armies in a war are referred to as *belligerents*. Sometimes one *belligerent* in a conflict is more *belligerent* than the other.
전쟁에서 서로 대립하고 있는 양쪽 군대를 belligerents(교전 당사자들)라고 한다. 전투에서는 때때로 한쪽 belligerent(교전 당사자)가 상대방보다 더 belligerent(호전적인)인 경우가 있다.

BEMUSED [bimjú:zd] adj confused; bewildered 당황한; 어리둥절한

- The two stood *bemused* in the middle of the parking lot at Disneyland, trying to remember where they had parked their car.
  두 사람은 디즈니랜드 주차장 한가운데에 어리둥절한 채로 서서 그들이 자신의 차를 주차시킨 곳을 기억하려고 애썼다.

- Ralph was *bemused* when all lights and appliances in his house began switching on and off for no apparent reason.
  집 안에 있는 모든 전등과 전기기구들이 별다른 이유 없이 켜졌다가 꺼졌다가 하는 오작동을 일으키자 랄프는 어찌할 바를 몰랐다.

To *muse* is to think about or ponder things. To be *bemused*, then, is to have been thinking about things to the point of confusion.
muse는 '생각하다' 또는 '심사숙고하다'라는 뜻이다. bemused는 혼란스러울 정도로 뭔가에 대해 생각하고 있는, 즉 '멍한'의 뜻이다.

People often use the word *bemused* when they really mean amused, but *bemusement* is no laughing matter. *Bemused* means confused.

사람들은 실제로는 '즐거워하다'는 말을 하고 싶을 때 bemused라는 단어를 자주 사용한다. 그러나 bemusement는 '곤혹함', '멍해짐'의 뜻으로 즐거운 일과는 거리가 멀다. bemused는 '머리둥절한'이라는 뜻이다.

BENEFACTOR [bénəfæktər] n one who provides help, especially in the form of a gift or donation
특히 선물이나 기부금의 형태로 은혜를 베푸는 사람

To give benefits is to be a *benefactor*. To receive benefits is to be a *beneficiary*. People very, very often confuse these two words. It would be to their benefit to keep them straight.

은혜를 베푸는 것은 benefactor(후원자)가 되는 것이다. 도움을 받는 것은 beneficiary(수혜자)가 되는 것이다. 사람들은 이 두 단어를 너무나 자주 혼동한다. 이 두 단어를 정확히 해두는 것이 유익할 것이다.

If your next-door neighbor rewrites his life insurance policy so that you will receive all his millions when he dies, then you become the *beneficiary* of the policy. If your neighbor dies, he is your *benefactor*.

이웃집 사람이 자신의 생명 보험 증권을 고쳐 써서 그가 사망한 후에 수백만 달러의 보험금을 당신이 받을 수 있도록 한다면, 당신은 그 보험의 beneficiary(수혜자)가 되는 것이다. 당신의 이웃이 죽는다면, 그 이웃은 당신에게 benefactor(증여자)가 되는 것이다.

A *malefactor* [mǽləfæktər] is a person who does bad things.

malefactor는 나쁜 일을 하는 '악인'이다.

- Batman and Robin made life hell for *malefactors* in Gotham City.

  배트맨과 로빈은 고담 시에 있는 악당들의 삶을 지옥으로 만들었다.

Remember Maleficent, Sleeping Beauty's evil nemesis? Her name is a variation of this idea.

잠자는 숲 속의 공주'의 마녀 맬리피슨트(Maleficent)를 기억하는가? 그녀의 이름이 malefactor의 변형이다.

BENEVOLENT [bənévələnt] adj generous; kind; doing good deeds
관대한; 친절한; 선행을 하는

Giving money to the poor is a *benevolent* act. To be *benevolent* is to bestow benefits. The United Way, like any charity, is a *benevolent* organization.

가난한 사람들에게 돈을 주는 것은 benevolent act(자애로운 행동)이다. benevolent는 '은전을 베푸는'의 뜻이다. 여느 자선 단체와 마찬가지로 유나이티드 웨이도 자선 단체이다.

Malevolent [məlévələnt] means evil, or wishing to do harm.

malevolent는 '사악한' 또는 '남에게 해를 입히고 싶어하는'의 의미이다.

BENIGN [bináin] adj gentle; not harmful; kind; mild
예의 바른; 해를 끼치지 않는; 친절한; 온화한

- Karla has a *benign* personality; she is not at all unpleasant to be with.

  칼라는 온화한 성격의 소유자이다. 그녀와 함께 있으면 불쾌해질 일이라곤 없다.

- The threat of revolution turned out to be *benign*; nothing much came of it.

  혁명의 위험은 온건한 결과로 나타났다. 별다른 일이 발생하지 않았다.

- Charlie was worried that he had cancer, but the lump on his leg turned out to be *benign*.

  찰리는 암에 걸렸을까 봐 걱정이 되었다. 그러나 다리의 종양은 양성으로 판명이 났다.

The difference between a *benign* person and a *benevolent* (see separate entry) one is that the *benevolent* one is actively kind and generous while the *benign* one is more passive. *Benevolence* is usually active generosity or kindness, while *benignancy* tends to mean simply not causing harm.

benign인 사람과 benevolent(자애로운, 별도의 표제어로 나와 있음)인 사람의 차이점은 전자가 소극적인 데 반해, 후자는 적극적으로 친절함과 관대함을 드러낸다는 것이다. benignancy(온정)가 단순히 남에게 해가 되지 않는다는 것을 뜻하는 경향이 있는 반면에, benevolence(자선)는 적극적인 관용이나 호의를 베푸는 것을 의미한다.

The opposite of a *benign* tumor is a *malignant* one. This is a tumor that can kill you. A *malignant* personality is one you wish a surgeon would remove. *Malignant* means nasty, evil, full of ill will. The word *malignant* also conveys a sense that evil is spreading, as with a cancer. An adjective that means the same thing is *malign*.

benign tumor(양성 종양)의 반의어는 malignant tumor(악성 종양)이다. 후자는 당신을 죽일 수도 있다. malignant personality(악성의 성격)을 가진 종양은 외과 의사가 수술로 제거해 주었으면 하고 바라는 성질의 것이다. malignant는 '심술궂거나 사악하고 악의로 가득한'을 의미한다. malignant는 또한 암의 경우처럼 '나쁜 것이 퍼지고 있는'이라는 의미를 지닌다. 같은 의미의 형용사로 malign(해로운, 악의가 있는)이 있다.

As a verb, *malign* has a different meaning. To *malign* someone is to say unfairly bad things about that person, to injure that person by telling evil lies about him or her. *Slander* and *malign* are synonyms.

malign이 동사로 쓰이면 의미가 달라진다. malign은 누군가에 대해서 '부당하게 비방하다', '악의적인 거짓말로 상처를 주다'라는 의미이다. slander와 malign은 '중상하다'라는 의미에서 동의어이다.

QUICK QUIZ

Match each word in the first column with its definition in the second column. Check your answers in the back of the book.

1. belligerent	a. intending harm
2. bemused	b. donor
3. benefactor	c. not harmful
4. beneficiary	d. deadly
5. benevolent	e. confused
6. benign	f. generous
7. malignant	g. combative
8. malign	h. injure with lies
9. malevolent	i. one who receives benefits
10. malefactor	j. evildoer

BEQUEST [bikwést] n something left to someone in a will
유언으로 남긴 것(유산, 유물)

If your next-door neighbor leaves you all his millions in a will, the money is a *bequest* from him to you. It is not polite to request a *bequest*. Just keep smiling and hope for the best.

이웃 사람이 그의 전 재산인 수백만 달러를 유언으로 당신에게 남긴다면, 그 돈은 이웃 사람이 당신에게 준 bequest(유산)이다. bequest(유산)를 요구하는 것은 예의에 어긋난다. 그저 미소를 유지하며 희망을 버리지 마라.

To leave something to someone in a will is to *bequeath* it. A *bequest* is something that has been *bequeathed*.

bequeath는 '유언으로 무언가를 남기다'라는 뜻이고, bequest란 유언을 통해서 bequeathed(증여된)된 '유산'이다.

BEREAVED [birí:vd] adj deprived or left desolate, especially through death
특히 죽음 때문에, 홀로 남겨지거나 불행한

- The new widow was still *bereaved* when we saw her. Every time anyone mentioned her dead husband's name, she burst into tears.

  우리가 보았을 때도 그 미망인은 여전히 (남편의 죽음을) 슬퍼하고 있었다. 누군가가 죽은 남편의 이름을 언급하기라도 하면, 그녀는 언제나 눈물을 터뜨렸다.

- The children were *bereaved* by the death of their pet. Then they got a new pet.

  아이들은 애완동물의 죽음으로 상심했다. 아이들은 곧이어 다시 새 애완동물을 얻었다.

▶ bereft[biréft]는 bereaved와 같은 뜻이다.

BESET [bisét] v to harass; to surround   괴롭히다; 둘러싸다

- The bereaved widow was *beset* by grief.

  미망인은 남편을 잃은 슬픔으로 고통스러웠다.

- Problems *beset* the expedition almost from the beginning, and the mountain climbers soon returned to their base camp.

  거의 탐험 시작부터 문제가 생겨 등산가들을 괴롭혔기 때문에, 등정대원들은 곧바로 베이스캠프로 돌아왔다.

- The little town was *beset* by robberies, but the police could do nothing.

  그 작은 마을이 강도들에게 시달림을 받았지만, 경찰은 아무것도 할 수 없었다.

BLASPHEMY [blǽsfəmi] n irreverence; an insult to something held sacred; profanity   신에 대한 불경; 신성에 대한 모독; 신성 모독

In the strictest sense, to commit *blasphemy* is to say nasty, insulting things about God. The word is used more broadly, though, to cover a wide range of nasty, insulting comments.

아주 엄밀히 말하자면 to commit blasphemy는 신에 대하여 불쾌하고 모욕적인 말을 하다, 즉 '신성모독을 범하다'의 뜻이다. 그러나 이 단어는 범위를 넓혀 불쾌하고 모욕적인 말을 모두 아우르는 좀 더 넓은 의미로 사용된다.

To *blaspheme* [blæsfí:m] is to use swear words or say deeply irreverent things. A person who says such things is *blasphemous*.

blaspheme은 '욕을 하다' 또는 '아주 불경스러운 것을 말하다'라는 뜻이다. 이와 같은 말을 하는 사람을 blasphemous(불경스러운)라고 표현한다.

BLATANT [bléitənt] adj unpleasantly or offensively noisy; glaring
불쾌하거나 무례할 정도로 시끄러운; 야단스러운

- David was *blatantly* critical of our efforts; that is, he was noisy and obnoxious in making his criticisms.

  데이비드는 불쾌할 정도로 요란하게 우리의 성과를 비판했다. 다시 말해서, 그의 비판은 시끄럽고 불쾌감을 주었다.

Blatant is often confused with flagrant, since both words mean glaring. *Blatant* indicates that something was not concealed very well, whereas *flagrant* indicates that something was intentional. A *blatant* act is usually also a *flagrant* one, but a *flagrant* act isn't necessarily *blatant*.

blatant와 flagrant는 둘 다 '노골적인'의 의미이기 때문에 자주 혼동되는 단어이다. blatant는 잘 숨겨지지 않는 것을 가리키는 반면 flagrant는 의도적인 것을 가리킨다. blatant act는 대개 flagrant act(악명을 떨치는 행동)이기도 하다. 그러나 flagrant act가 반드시 blatant act가 되는 것은 아니다.

▸ flagrant(악명 높은)를 참조할 것.

QUICK QUIZ

Match each word in the first column with its definition in the second column. Check your answers in the back of the book.

1. bequest	a. left desolate
2. bequeath	b. something left in a will
3. bereaved	c. harass
4. beset	d. offensively noisy
5. blasphemy	e. leaving in a will
6. blatant	f. irreverence

BLIGHT [bláit] n a disease in plants; anything that injures or destroys
식물에 나타나는 질병; 상처를 입히거나 파괴하는 것

- An early frost proved a *blight* to the citrus crops last year, so we had no orange juice for breakfast.

  이른 서리가 지난해 감귤 농사를 망치게 했다. 그래서 우리에겐 아침 식사에 마실 오렌지 주스가 남아 있지 않았다.

BLITHE [blaɪð] adj carefree; cheerful 걱정이 없는; 즐거운

▸ 발음에 주의할 것.

- The *blithe* birds in the garden were making so much noise that Jamilla began to think about the shotgun in the attic.

  정원의 새들은 즐거운 듯 노래하지만 하도 시끄러워서 자밀라는 다락방에 있는 새총으로 쏘아 버릴까 하고 생각했다.

- The children were playing *blithely* next to the hazardous-waste dump. While they played, they were *blithely* unaware that they were doing something dangerous.

  아이들은 위험한 폐기물 더미 옆에서 즐겁게 놀고 있었다. 아이들은 노는 동안에는 태평스럽게도 자신들이 위험한 짓을 하고 있다는 인식조차 없었다.

To be *blithely* ignorant is to be happily unaware.

부사형은 blithely로, blithely ignorant는 '태평스럽게 모르고 있는'의 의미이다.

BOURGEOIS [buərʒwá:] adj middle class, usually in a pejorative sense; boringly conventional
대개 경멸하는 의미로 중산층의; 따분하고 틀에 박힌

▶ 발음에 주의할 것.

The original *bourgeoisie* [bùərʒwɑ:zí:] were simply people who lived in cities, an innovation at the time. They weren't farmers and they weren't nobles. They were members of a new class—the middle class. Now the word is used mostly in making fun of or sneering at people who think about nothing but their possessions and conforming with other people who like them.

원래 bourgeoisie라는 단어는 단순히 도시에 살고 있는, 그 시대에는 혁신적이었던 사람들을 일컫는 말이었다. 그들은 농부도 아니고 귀족도 아니었다. 그들은 새로 등장한 중간 계층이었던 것이다. 오늘날 이 단어는 자신의 소유물과 안락 외에는 아무런 관심도 없는 사람들, 또 그들을 좋아하는 사람들과의 교류만 생각하는 사람들을 놀리거나 비꼬아 말할 때 주로 사용한다.

A hip young city dweller might reject life in the suburbs as being too *bourgeois*. A person whose dream is to have a swimming pool in his or her backyard might be called *bourgeois* by someone who thinks there are more important things in life. Golf is often referred to as a *bourgeois* sport.

세련된 젊은 도시 사람은 도시 근교에서 사는 것을 지나치게 bourgeois(속물적인)라고 거부할 수도 있다. 인생에는 더 중요한 것이 있다고 생각하는 사람들은 수영장이 있는 마당을 갖고 싶어하는 꿈을 지닌 사람을 bourgeois(속물)라고 부를지도 모른다. 골프는 종종 bourgeois sport(돈 많은 속물들의 스포츠)라는 말을 듣는다.

BOVINE [bóuvɑin] adj cow related; cowlike 소와 관련된; 소 같은, 둔한

- Cows are *bovine*, obviously. Eating grass is a *bovine* concern.

  암소는 분명 소과의 동물이다. 풀을 먹는 것이 소과 동물의 일이다.

There are a number of similar words based on other animals:

비슷한 방식으로 동물에 의거해서 만들어진 단어들은 많이 있다.

canine [kéinɑin] dogs 개 같은, 송곳니
equine [í:kwɑin] horses 말 같은
feline [fí:lɑin] cats 고양이 같은, 교활한, 음흉한
piscine [pɑísi:n] fish 어류의
porcine [pɔ́:rsɑin] pigs 돼지의, 불결한, 주접스러운
ursine [ə́:rsɑin] bears 곰 같은, 강모에 덮인

BREVITY [brévəti] n briefness 간결함

- The audience was deeply grateful for the *brevity* of the after-dinner speaker's remarks.

  참석자들은 식사 후의 연설을 간결하게 끝낸 것에 대해서 대단히 감사해했다.

- The reader of this book may be grateful for the *brevity* of this example.

  이 책의 독자들은 짧은 예문에 고마워할 것이다.

Brevity is related to the word *abbreviate*.

brevity는 abbreviate(줄여 쓰다, 생략하다)라는 단어와 관계가 있다.

BROACH [broutʃ] v to open up a subject for discussion, often a delicate subject 토론의 주제, 종종 민감한 주제를 내놓다

- Henrietta was proud of her new dress, so no one knew how to *broach* the subject with her of how silly grandmothers look in leather.

  헨리에타는 새 옷을 자랑하고 다녔다. 그래서 할머니들이 가죽옷을 입는 것이 얼마나 주책없이 보이는지에 대해서 그녀에게 어떻게 얘기를 해야 할지 아무도 알지 못했다.

BUCOLIC [bju:kálik] adj charmingly rural; rustic; countrylike 매혹적으로 목가적인; 시골의; 촌스러운

- The changing of the autumn leaves, old stone walls, distant views, and horses grazing in green meadows are examples of *bucolic* splendor.

  형형색색의 가을 낙엽과 낡은 돌담과 멀리 펼쳐진 전망, 푸른 초원에서 풀을 뜯고 있는 말 등은 아름다운 전원 풍경의 전형적인 예이다.

- The *bucolic* scene didn't do much for the city child, who preferred screaming fire engines and honking horns to the sounds of a babbling brook.

  졸졸 흐르는 개울 소리보다 자동차의 경적 소리나 소방차의 사이렌 소리를 더 좋아하는 그 도시 아이에게 시골 풍경은 별 의미가 없었다.

BUREAUCRACY [bjuərákrəsi] n a system of government administration consisting of numerous bureaus or offices, especially one run according to inflexible and inefficient rules; any large administrative system characterized by inefficiency, lots of rules, and red tape 수많은 국이나 부로 구성된 정부의 행정 체계, 특히 융통성이 없고 비효율적인 규정에 의해서 운영되는 것; 비능률·수많은 규제·형식주의로 대변되는 대규모의 행정 체계

- The Department of Motor Vehicles is a *bureaucracy*. The forms you have to fill out all request unnecessary information. After you finally get everything all filled out and handed in, you don't hear another word from the department for many months.

  자동차국은 관료 조직이다. 당신이 작성해야 하는 서류는 모두 필요도 없는 정보를 요구하고 있다. 당신이 마침내 모든 서류를 작성해서 제출하고 나면, 수 개월이 지나도록 감감무소식일 뿐이다.

The people who work in a *bureaucracy* are called *bureaucrats*. These people and the inefficient procedures they follow might be called *bureaucratic*. Administrative systems outside the government can be *bureaucratic*, too. A high school principal who requires teachers and students to fill out forms for everything might be called *bureaucratic*.

bureaucracy(관료 조직)에서 일하는 사람들을 bureaucrats(관료)라고 한다. 이러한 관료와 그들이 따르는 비효율적인 절차를 bureaucratic(관료적인)이라 한다. 정부 외에 다른 행정 조직들도 또한 bureaucratic일 수 있다. 매사에 선생과 학생들에게 서식을 작성할 것을 요구하는 고등학교 교장도 또한 bureaucratic이라고 말할 수 있다.

BURGEON [bə́:rdʒən] v to expand; to flourish 확장하다; 번창하다

▶ 발음에 주의할 것.

- The *burgeoning* weeds in our yard soon overwhelmed the grass.
  우리 마당에서 무성하게 자라고 있던 잡초는 곧 잔디밭을 점령했다.

BURLESQUE [bə:rlésk] n a ludicrous, mocking, lewd imitation
우스꽝스럽거나 조롱하는, 또는 선정적인 흉내

- Vaudeville actors frequently performed *burlesque* works on the stage.
  희극 배우들은 익살스러운 연극을 무대에 자주 올렸다.

Burlesque, parody, lampoon, and *caricature* share similar meanings.
burlesque(익살극), parody(풍자극), lampoon(풍자시), caricature(캐리커처) 등은 비슷한 의미를 같이 갖고 있다.

QUICK QUIZ

Match each word in the first column with its definition in the second column. Check your answers in the back of the book.

1. blight	a. flourish
2. blithe	b. bearlike
3. bourgeois	c. carefree
4. bovine	d. catlike
5. canine	e. cowlike
6. feline	f. charmingly rural
7. equine	g. middle class
8. piscine	h. horselike
9. porcine	i. briefness
10. ursine	j. piglike
11. brevity	k. inflexible administration
12. broach	l. fishlike
13. bucolic	m. doglike
14. bureaucracy	n. plant disease
15. burgeon	o. open a subject
16. burlesque	p. ludicrous imitation

C

CACOPHONY [kəkάfəni] n **harsh-sounding mixture of words, voices, or sounds** 귀에 거슬리는 말이나 목소리, 소리 등의 혼합(불협화음)

- The parade's two marching bands played simultaneously; the resulting *cacophony* drove many spectators to tears.

  퍼레이드의 두 밴드는 동시에 음악을 연주했다. 결과적으로 불협화음은 많은 구경꾼들을 한탄을 몰고 왔다.

A *cacophony* isn't just a lot of noise—it's a lot of noise that doesn't sound good together. A steam whistle blowing isn't a *cacophony*. But a high school orchestra that had never rehearsed together might very well produce a *cacophony*. The roar of engines, horns, and sirens arising from a busy city street would be a *cacophony*. A lot of people all shouting at once would produce a *cacophony*.

cacophony는 단순히 수많은 소음의 혼합은 아니다. 모여서 좋은 소리를 내지 못하는 소음의 혼합일 뿐이다. 기적 소리는 cacophony(불협화음)가 아니다. 그러나 모여서 한 번도 예행연습을 하지 못했던 고등학교 오케스트라가 cacophony를 내는 것은 어쩌면 당연한 일이다. 혼잡한 도시의 거리에서 발생하는 엔진의 굉음소리, 경적, 사이렌 소리는 cacophony일 것이다. 많은 사람들이 동시에 소리를 지른다면 cacophony가 만들어질 것이다.

▶ euphony는 '듣기 좋은 음조'라는 뜻으로, cacophony의 반의어이다.

CADENCE [kéidns] n **rhythm; the rise and fall of sounds** 운율; 음의 오르내림, 억양

- We wished the tone of Irwin's words would have a more pleasing *cadence*, but he spoke in a dull monotone.

  어윈이 말투에 좀 더 기분 좋은 어조를 띠면서 했으면 좋았을 텐데, 그러나 그는 단조롭고 지루한 어조로 말을 했다.

CAJOLE [kədʒóul] v **to persuade someone to do something he or she doesn't want to do** 하기 싫어하는 일을 설득하여 하게 만들다

- I didn't want to give the speech, but Enrique *cajoled* me into doing it by telling me what a good speaker I am. As it turned out, he simply hadn't been able to find anyone else.

  나는 연설을 하고 싶지 않았다. 그러나 엔리케는 나를 훌륭한 연설가라고 부추기고 설득해서 연설을 하도록 만들었다. 나중에 드러난 바에 따르면, 그는 단지 (연설을 할 만한) 다른 사람을 찾을 수 없었기 때문에 나에게 그렇게 한 것이었다.

CALLOW [kǽlou] adj **immature** 미숙한

- The patient was alarmed by the *callowness* of the medical staff. The doctors looked too young to have graduated from high school, much less from medical school.

  그 환자는 의료진이 미숙해 보이는 것에 놀랐다. 의사들은 의파 대학원은커녕 고등학교나 제대로 졸업했나 싶게 어려 보였던 것이다.

To be *callow* is to be youthfully naive, inexperienced, and unsophisticated.

callow는 '어리기 때문에 순진하고 경험과 지식이 부족한'의 뜻이다.

CANDOR [kǽndər] n truthfulness; sincere honesty   정직; 진심 어린 정직함

- My best friend exhibited *candor* when he told me that for many years now he has believed me to be a jerk.

  나의 가장 친한 친구는 지난 수년 동안, 나를 세상 물정 모르는 바보라고 생각하고 있었다고 아주 정직하게 말해 주었다.

- Teddy appreciated Ross's *candor*; Teddy was glad to know that Ross thought Teddy's sideburns looked stupid.

  테디는 로스의 정직함을 고맙게 생각했다. 테디는 자신의 구레나룻이 바보처럼 보인다는 로스의 생각을 알게 돼서 기뻤다.

To show *candor* is to be *candid*. What is *candid* about candid photos? The photos are *candid* because they are truthful in showing what people do. *Candid* does *not* mean concealed or hidden, even though the camera on the old television show "Candid Camera" was concealed. To be *candid* is to speak frankly.

candor(정직함)를 보이는 것은 candid(솔직한)인 것이다. 캔디드 포토에서 무엇이 candid(솔직한)일까? 사람들이 하는 행동을 숨김없이 보여주기 때문에 사진들은 candid(솔직한)인 것이다. 비록 옛날 TV 쇼의 '몰래카메라'에서 카메라 자체는 숨기고 촬영하는 것이지만, candid는 숨겨지거나 감추어진 것을 의미하지는 않는다. candid는 '솔직하게 말하는'의 뜻이다.

CAPITALISM [kǽpətəlìzm] n an economic system in which businesses are owned by private citizens (not by the government) and in which the resulting products and services are sold with relatively little government control   기업체를 (정부가 아니라) 사적 개인이 소유하고, 생산된 재화와 용역을 비교적 정부의 간섭 없이 판매하는 경제체제, 자본주의

The American economy is *capitalist*. If you wanted to start a company to sell signed photographs of yourself, you could. You, and not the government, would decide how much you would charge for the pictures. Your success or failure would depend on how many people decided to buy your pictures.

미국 경제는 capitalist(자본주의적인)이다. 만약 당신이 자신의 사인이 담긴 사진을 판매하는 회사를 설립하고자 한다면 언제라도 할 수 있다. 정부가 아니라 바로 당신이 그 사진의 가격을 결정하게 된다. 당신이 성공하느냐 실패하느냐는 얼마나 많은 사람들이 당신의 사진을 사는가에 달려 있다.

CAPITULATE [kəpítʃulèit] v to surrender; to give up or give in   항복하다; 양보하거나 굴복하다

- On the twentieth day of the strike, the workers *capitulated* and went back to work without a new contract.

  파업이 20일째로 접어들자 노동자들은 파업을 포기하고 새로운 합의도 없이 업무에 복귀했다.

- So few students paid attention to Mr. Hernandez that he had to *recapitulate* his major points at the end of the class.

  헤르난데스 선생님의 수업을 주목하고 있는 학생들은 거의 없었기 때문에, 선생님은 수업 말미에 중요한 것들을 다시 요약해 주어야만 했다.

To *recapitulate* is not to *capitulate* again. To *recapitulate* is to summarize.

recapitulate하는 것은 다시 항복하다의 뜻이 아니라 '요약하다'라는 의미이다.

CAPRICIOUS [kəpríʃəs] adj unpredictable; likely to change at any moment
예측 불가능한; 언제라도 변할 가능성이 있는

▶ 발음에 주의할 것.

- Arjun was *capricious*. One minute he said his favorite car was a Volkswagen; the next minute he said it was a Toyota.

  아르준은 아주 변덕스러웠다. 한번은 자신이 좋아하는 차는 폭스바겐이라고 하더니 바로 돌아서서는 토요타가 좋다고 말했다.

- The weather is often said to be *capricious*. One minute it's snowing; the next minute it's 120 degrees in the shade.

  날씨는 종종 예측 불가능하다는 말을 듣는다. 한순간 눈이 내리다가도, 다음에는 그늘에서도 화씨 120도까지 올라간다.

- Kendra attempted a quadruple somersault off the ten-meter diving board as a *caprice*. It was a painful *caprice*.

  켄드라는 마음을 바꿔 10미터 높이의 다이빙 보드에서 4회전 공중제비를 시도했다. 그것은 고통을 가져온 변덕이었다.

▶ caprice가 명사로 쓰이면 '변덕'이란 뜻이다.

CARICATURE [kǽrikətʃə̀r] n a portrait or description that is purposely distorted or exaggerated, often to prove some point about its subject
종종 대상의 실체를 드러내는, 고의적으로 왜곡하거나 과장해서 그린 초상화나 그림

- Khoa sat for a *caricature* at the end of the marathon, but wasn't pleased with the result: The portrait exaggerated his already dominant acne.

  코아는 마라톤 끝에 캐리커쳐를 위해 앉았다. 하지만 결과가 마음에 들지 않았다. 초상화는 우뚝 솟아 있는 여드름을 과장했다.

Editorial cartoonists often draw *caricatures*. Big noses, enormous glasses, floppy ears, and other distortions are common in such drawings. A politician who has been convicted of bribery might be depicted in a prison uniform or with a ball and chain around his or her ankle. If the politician has big ears to begin with, the ears might be drawn vastly bigger.

만평을 그리는 만화가들은 caricature(캐리커쳐)를 자주 그린다. 큰 코와 커다란 안경, 늘어진 귀, 그 외에도 다양한 형태의 왜곡된 모습 등은 그런 그림에서 흔히 볼 수 있다. 뇌물 수수로 유죄 판결을 받은 정치가는 죄수복을 입거나 발목에 족쇄를 차고 있는 모습으로 묘사될 것이다. 무엇보다도 그 정치가의 귀가 크다면 귀는 더 크게 그려질 것이다.

A *caricature* uses exaggeration to bring out the hidden character of its subject.

caricature(캐리커쳐)는 대상의 숨겨진 특징을 끄집어내기 위해 과장법을 사용한다.

The word can also be used as a verb. To *caricature* someone is to create such a distorted portrait.

caricature는 동사로도 쓰인다. 누군가를 caricature하는 것은 '왜곡된 초상화를 그리다'의 의미이다.

CASTIGATE [kǽstəgèit] v to criticize severely; to chastise 심하게 비난하다; 벌하다

- Jose's mother-in-law *castigated* him for forgetting to pick her up at the airport.

  장모는 공항으로 마중 나오는 것을 잊어버렸다고 호세를 호되게 꾸짖었다.

CATALYST [kǽtəlist] n **in chemistry, something that changes the rate of a chemical reaction without itself being changed; anyone or anything that makes something happen without being directly involved in it**
화학에서 스스로는 변하지 않고 화학 반응의 속도를 변화시키는 것(촉매);
직접적으로 사건에 개입하지 않으면서 사건을 유발하는 역할을 하는 사람 또는 그러한 사물(촉매제)

• When the mad scientist dropped a few grains of the *catalyst* into his test tube, the bubbling liquid began to boil furiously.
미친 과학자가 시험관에 아주 미세한 양의 촉매제를 떨어뜨리자 거품이 일던 액체가 마구 끓기 시작했다.

This word is often used outside the laboratory as well. The launching of *Sputnik* by the Russians provided the *catalyst* for the creation of the modern American space program.
catalyst는 실험실 밖에서도 자주 사용된다. 러시아가 발사한 스푸트니크 위성은 미국이 현대적인 우주 계획을 세우는 데 catalyst(촉매) 역할을 했다.

• The tragic hijacking provided the *catalyst* for Congress's new anti-terrorist legislation.
비극적인 비행기 공중 납치 사건은 의회가 새로이 반테러리스트법을 제정하는 데 촉매제가 되었다.

QUICK QUIZ

Match each word in the first column with its definition in the second column. Check your answers in the back of the book.

1. cacophony	a. truthfulness
2. cadence	b. harsh mixture of sounds
3. cajole	c. surrender
4. callow	d. distorted portrait
5. candor	e. unpredictable
6. capitalism	f. immature
7. capitulate	g. free enterprise
8. recapitulate	h. something that makes things happen
9. capricious	i. summarize
10. caricature	j. persuade deceptively
11. castigate	k. criticize severely
12. catalyst	l. rhythm

CATEGORICAL [kæ̀təgɔ́:rikəl] adj unconditional; absolute 무조건적인; 절대적인

A *categorical* denial is one without exceptions—it covers every *category*.

categorical denial(단호한 부인)은 모든 category(부문)를 다 포함해서 예외 없는 것이다.

- Crooked politicians often make *categorical* denials of various charges against them. Then they go to jail.

  정직하지 못한 정치가들은 그들에게 쏟아지는 여러 가지 비난을 무조건 부인하곤 한다. 그런 다음 그들은 감옥에 간다.

- I *categorically* refuse to do anything whatsoever at any time, in any place, with anyone.

  나는 언제, 어디서, 누구와 무슨 일을 하게 된다 할지라도 그것을 무조건 거부한다.

CATHARSIS [kəθά:rsis] n purification that brings emotional relief or renewal
정서적 안정이나 쇄신을 가져오는 정신의 정화

To someone with psychological problems, talking to a psychiatrist can lead to a *catharsis*. A *catharsis* is a sometimes traumatic event after which one feels better.

정신적인 문제가 있는 사람에게는, 정신과 의사와의 상담이 catharsis(카타르시스)를 줄 수도 있다. 때때로 catharsis(카타르시스)는 사람들이 경험하고 나면 기분이 나아지는, 정신적 쇼크를 주는 일을 의미한다.

A *catharsis* is *cathartic*. Some people find emotional movies *cathartic*—watching one often allows them to release buried feelings. *Cathartic* can also be a noun.

catharsis의 형용사형은 cathartic(카타르시스의)이다. 어떤 사람들은 감동적인 영화에서 cathartic인 무엇을 얻는데, 그 영화를 봄으로써 종종 내재하고 있던 감정을 방출하는 것이다. cathartic은 명사로도 쓰인다.

CATHOLIC [kǽθəlik] adj universal; embracing everything
보편적인; 모든 것을 포용하는

- Da Vinci was a *catholic* genius who excelled at everything he did.

  다빈치는 그가 이룩한 모든 분야에서 뛰어난 재능을 가진 다방면의 천재였다.

Parochial means narrow-minded, so *parochial* and *catholic* are almost opposites.

parochial은 '편협한'이라는 의미이다. 그러므로 parochial과 catholic은 거의 반대의 뜻이다.

Catholic with a small *c* means universal. *Catholic* with a large *C* means *Roman Catholic* or pertaining to an ancient, undivided Christian church.

소문자 c로 시작되는 catholic은 '보편적'이라는 뜻이다. 대문자 C로 시작하는 Catholic은 로마 가톨릭이나 고대 종파가 나뉘기 전 기독교 교회를 포함하는 의미이다.

CAUSTIC [kɔ́:stik] adj like acid; corrosive 산(酸) 같은; 부식성의

Paint remover is a *caustic* substance; if you spill it on your skin, your skin will burn.

페인트 제거제는 caustic(부식성의)인 물질이다. 피부에 쏟으면 화상을 입을 것이다.

- The *caustic* detergent ate right through Henry's laundry.

  그 산성 세제는 헨리의 세탁물에 구멍을 냈다.

Caustic can be used figuratively as well. A *caustic* comment is one that is so nasty or insulting that it seems to sting or burn the person to whom it is directed.

caustic은 또한 비유적인 의미로도 쓰일 수 있다. caustic comment는 지목을 받은 사람이 가시에 찔리거나 불에 덴 것처럼 느낄 정도로 매우 험악하거나 모욕적인 말, 즉 '신랄한 비평'을 의미한다.

- The teacher's *caustic* criticism of Sally's term paper left her crestfallen.

  선생님이 샐리의 학기 말 리포트를 신랄하게 비평했기 때문에, 그녀는 풀이 죽었다.

CELIBACY [séləbəsi] n abstinence from sex 성생활의 자제(종교적 의미에서)

People who practice *celibacy* don't practice sex. To practice *celibacy* is to be *celibate*. Some people choose to be celibate for personal reasons.

celibacy(금욕)를 실천하는 사람은 섹스를 하지 않는다. celibacy를 실천하는 것을 celibate(금욕하는)라고 표현한다. 어떤 사람들은 개인적인 이유로 celibate(금욕적인)을 선택한다.

CENSURE [sénʃər] v to condemn severely for doing something bad
나쁜 일을 한 것에 대해서 혹독하게 비난하다

- The Senate sometimes *censures* senators for breaking laws or engaging in behavior unbecoming to an elected official.

  때때로 상원의회는 법을 어기거나 선출된 공무원으로서의 본분을 망각한 행동을 한 상원 의원들을 견책한다.

Censure can also be a noun.

censure는 또한 명사로도 쓰인다.

- The clumsy physician feared the *censure* of her fellow doctors, so she stopped treating anything more complicated than the common cold.

  실력 없는 내과 의사는 동료들의 비난이 무서웠다. 그래서 그녀는 일상적인 감기 외에 더 심각한 병을 치료하는 일을 그만두었다.

A Senate that made a habit of *censuring* senators might be said to be *censorious*. To be *censorious* is to be highly critical—to do a lot of *censuring*.

의원들을 상습적으로 censure(견책)하는 상원은 censorious(비판적인)라고 말할 수 있다. censorious는 대단히 비판적으로 남들에 대한 비판을 많이 하는 것이다.

CEREBRAL [səríːbrəl/sérəbrəl] adj brainy; intellectually refined
머리가 좋은; 지적으로 세련된

Your *cerebrum* is the biggest part of your brain. To be *cerebral* is to do and care about things that really smart people do and care about.

cerebrum(대뇌)은 뇌 중에서 가장 큰 부분을 차지한다. cerebral은 정말로 똑똑한 사람들이 행동하고 사고하는 것처럼 지적인 행동과 사고를 하는 것이다.

A *cerebral* discussion is one that is filled with big words and concerns abstruse matters that ordinary people can't understand.

cerebral discussion은 평범한 사람들은 이해하기 힘든 심오한 문제들을 다루는, 수준 높은 대화로 가득한 '지적인 토론'을 말한다.

- Sebastian was too *cerebral* to be a baseball announcer; he kept talking about the existentialism of the outfield.

  세바스찬은 너무나 지적인 사람이라 야구를 중계하는 사람으로는 적절치 못했다. 그는 계속해서 외야의 실존주의에 대해 이야기했다.

CHAGRIN [ʃəgrín] n humiliation; embarrassed disappointment 굴욕; 난처한 실망

- Much to my *chagrin*, I began to giggle during the eulogy at the funeral.

  정말 창피하게도, 장례식에서 고인에 대한 헌사를 낭독하고 있는데 나는 웃음이 나기 시작했다.

- Doug was filled with *chagrin* when he lost the race because he had put his shoes on the wrong feet.
  더그는 양쪽 신발을 거꾸로 신은 탓에 달리기 경주에서 지게 되자 매우 창피했다.

The word *chagrin* is sometimes used incorrectly to mean surprise. There is, however, a definite note of shame in *chagrin*.
chagrin은 '놀람'의 의미로 잘못 사용되기도 한다. 그러나 chagrin에는 '창피함'이라는 의미가 명확하게 들어 있다.

To be *chagrined* is to feel humiliated or mortified.
be chagrined는 창피하거나 굴욕을 느껴 '분하다'라는 뜻이다.

CHARISMA [kərízmə] n a magical-seeming ability to attract followers or inspire loyalty
지지자들을 사로잡거나 충성심을 고무시키는 마법과도 같은 능력

- The glamorous presidential candidate had a lot of *charisma*; voters didn't seem to support her so much as be entranced by her.
  매력적인 대통령 후보는 뛰어난 카리스마를 갖고 있었다. 유권자들은 그녀를 지지한다기보다는 그녀에게 매혹당한 것처럼 보였다.

- The evangelist's undeniable *charisma* enabled him to bring in millions and millions of dollars in donations to his television show.
  그 전도사는 부인할 수 없는 카리스마를 갖고 있어서 텔레비전 방송에 출연하여 수백만 달러의 기부금을 모금할 수 있었다.

▶ 형용사형은 charismatic(카리스마 있는)이다.

QUICK QUIZ 19▶

Match each word in the first column with its definition in the second column. Check your answers in the back of the book.

1. categorical		a. unconditional
2. catharsis		b. relieving purification
3. catholic		c. abstinence from sex
4. caustic		d. brainy
5. celibacy		e. humiliation
6. censure		f. magical attractiveness
7. cerebral		g. corrosive
8. chagrin		h. condemn severely
9. charisma		i. universal

CHARLATAN [ʃɑ́ːrlətən] n fraud; quack; con man   사기꾼; 돌팔이 의사; 사기꾼

- Buck was selling what he claimed was a cure for cancer, but he was just a *charlatan* (the pills were jelly beans).

  스스로 주장하는 바에 의하면, 버크는 암을 치료하는 약을 팔고 있었다. 그러나 그는 단지 사기꾼에 지나지 않았다(그 알약은 젤리사탕이었다).

- The flea market usually attracts a lot of *charlatans* who sell phony products that don't do what they claim they will.

  벼룩시장에는 대개 그들이 주장하는 것 같은 효능이라고는 전혀 없는 가짜 상품을 팔아먹는 수많은 사기꾼이 모여든다.

CHASM [kǽzm] n a deep, gaping hole; a gorge   깊고 크게 벌어진 구멍; 골짜기

▶ 발음에 주의할 것.

- Mark was so stupid that his girlfriend wondered whether there wasn't a *chasm* where his brain should be.

  마크가 하도 어리석어서, 그의 여자 친구는 그의 뇌가 있어야 할 곳이 비어 있는 것은 아닌지 의심스러웠다.

- The bad guys were gaining, so the hero grabbed the heroine and swung across the *chasm* on a slender vine.

  악당들이 늘어나자, 남자 주인공은 여자 주인공을 붙잡고 가느다란 덩굴에 매달린 채 골짜기를 건너뛰었다.

CHASTISE [tʃæstáiz] v to inflict punishment on; to discipline
벌을 주다; 징계를 내리다

- Mother *chastised* us for firing our bottle rockets too close to the house.

  병으로 만들어 발사한 로켓이 집에서 너무 가까웠기 때문에 엄마는 우리에게 벌을 주었다.

- *Chastising* the dog for sleeping on the beds never seemed to do any good; the minute we turned our backs, she'd curl up next to the pillows.

  침대 위에서 잤다고 개에게 벌을 주는 것은 전혀 효과가 없는 것 같았다. 우리가 돌아서자마자 개는 또다시 베개 옆에 몸을 말고 누웠던 것이다.

CHICANERY [ʃikéinəri] n trickery; deceitfulness; artifice, especially legal or political   속임수; 사기; 특히 법률적, 정치적인 책략

▶ 발음에 주의할 것.

- Political news would be dull were it not for the *chicanery* of our elected officials.

  우리가 선출한 공직자들의 정치적 속임수가 없다면, 정치 뉴스는 재미없을 것이다.

CHIMERA [kɑimíərə] n an illusion; a foolish fancy   환상; 어리석은 공상, 망상

▶ 발음에 주의할 것.

- Jie's dream of becoming a movie star was just a *chimera*.

  영화배우가 되겠다는 지의 희망은 단지 환상일 뿐이었다.

- Could you take a picture of a *chimera* with a camera? No, of course not. It wouldn't show up on the film.

  카메라를 가지고 환상을 사진으로 찍어낼 수 있나요? 물론 못하죠. 그것은 필름에는 나타나지 않을 겁니다.

Be careful not to mispronounce this word. Its apparent similarity to *chimney* is just a *chimera*.

이 단어를 잘못 발음하지 않도록 주의하라. 언뜻 chimney(굴뚝)와 비슷하게 보이는 것은 단지 chimera(착각)일 뿐이다.

CHOLERIC [kάlərik] adj hot-tempered; quick to anger 성급한; 화를 잘 내는

- The *choleric* watchdog would sink his teeth into anyone who came within biting distance of his doghouse.

  그 감시견은 성질이 사나워서 개집 근처 사정거리에 들어오는 사람은 누구나 이빨로 물어뜯곤 했다.

- When the grumpy old man was in one of his *choleric* moods, the children refused to go near him.

  심술궂은 그 노인이 화가 나 있는 분위기이면, 아이들은 그에게 가까이 다가가기를 꺼렸다.

- The *choleric* administrator kept all the secretaries in a state of terror.

  성질 사나운 국장은 모든 비서들을 공포의 도가니로 몰아넣었다.

CHRONIC [krάnik] adj constant; lasting a long time; inveterate
지속적인; 오랜 기간 계속되는; 만성의

- DJ's *chronic* back pains often kept her from football practice.

  디제이의 만성 허리통증은 자주 그녀의 미식축구 연습을 방해했다.

Someone who always comes in last could be called a *chronic* loser.

경주에서 항상 마지막으로 들어오는 사람은 chronic loser(상습적인 패자)라고 부를 수 있다.

Chronic is usually associated with something negative or undesirable: *chronic* illness, *chronic* failure, *chronic* depression. You would be much less likely to encounter a reference to *chronic* success or *chronic* happiness, unless the writer or speaker was being ironic.

chronic은 일반적으로 chronic illness(만성적 질환), chronic failure(상습적인 실패), chronic depression(만성적 불황)처럼 부정적이고 바람직하지 못한 일들과 관련이 있다. 작가나 화자가 반어적으로 비꼬는 경우가 아니라면 chronic success(상습적인 성공)나 chronic happiness(만성적 행복) 같은 말들을 접하는 일은 거의 없을 것이다.

A *chronic* disease is one that lingers for a long time, doesn't go away, or keeps coming back. The opposite of a *chronic* disease is an *acute* disease. An *acute* disease is one that comes and goes very quickly. It may be severe, but it doesn't last forever.

chronic disease는 완전히 치유되지 않고 발병을 반복하면서 '오랫동안 남아 있는 질환'을 의미한다. 반의어 acute disease는 아주 급속히 발병했다가 아주 급속히 치유되는 '급성 질환'이다. 병세가 심각할 수도 있지만 영원히 지속되는 것은 아니다.

CHRONICLE [krάnikl] n a record of events in order of time; a history
시간의 순서에 따라 사건을 기록한 것(연대기); 역사

- Sally's diary provided her mother with a detailed *chronicle* of her daughter's extracurricular activities.

  엄마는 샐리의 일기를 통해서 딸의 과외 활동에 관한 상세한 기록을 얻을 수 있었다.

Chronicle can also be used as a verb.

chronicle은 동사로도 쓰인다.

- The reporter *chronicled* all the events of the revolution.

  기자는 혁명의 전 과정을 연대순으로 기록했다.

Chronology and *chronicle* are nearly synonyms: Both provide a *chronological* list of events.

chronology와 chronicle은 거의 의미가 같다. 둘 다 사건의 chronological(연대순의) 목록을 제공한다.

Chronological means in order of time.

chronological은 연대순의라는 뜻이다.

QUICK QUIZ

Match each word in the first column with its definition in the second column. Check your answers in the back of the book.

1. charlatan	a. in order of occurrence
2. chasm	b. constant
3. chastise	c. hot-tempered
4. chicanery	d. punish
5. chimera	e. account of past times
6. choleric	f. list in time order
7. chronic	g. illusion
8. chronological	h. fraud
9. chronology	i. gaping hole
10. chronicle	j. trickery

CIRCUITOUS [sərkjúːətəs] adj roundabout; not following a direct path
우회적인; 직선로를 따라가지 않는

- The *circuitous* bus route between the two cities went here, there, and everywhere, and it took an extremely long time to get anywhere.

  두 도시를 연결하는 그 버스의 우회노선은 여기저기 모든 곳을 다 돌아 거쳐갔다. 그래서 어느 곳을 가려 해도 시간이 아주 많이 걸렸다.

- The salesman's route was *circuitous*—it wound aimlessly through many small towns.

  세일즈맨이 다녀야 하는 길은 빙 돌아가는 길이었다. 정처 없이 작은 마을들을 수없이 구비구비 돌도록 되어 있었다.

A *circuitous* argument is one that rambles around for quite a while before making its point.

circuitous argument는 요점을 제시하기 전에 꽤 오랫동안 우회적인 이야기를 풀어놓는 것을 말한다.

A *circuitous* argument is very similar to a *circular* argument, which is one that ends up where it begins or attempts to prove something without offering any new information. To say, "Straight means not curved, and curved means not straight," is to give a circular, or tautological, definition of the word *straight*.

circuitous argument는 시작한 곳에서 끝이 나거나 새로운 정보를 전혀 제시하지 않고 무엇인가를 입증하려 하는 논법이라는 뜻의 circular argument(순환논법)와 아주 유사하다. "직선은 곡선이 아니고, 곡선은 직선이 아니다."는 '직선'라는 단어의 의미를 순환어법으로 또는 동어 반복적으로 제시하는 것이다.

CIRCUMLOCUTION [səːrkəmloukjúːʃən] n an indirect expression; use of wordy or evasive language
간접적인 표현; 장황하거나 둘러대는 말

- The lawyer's *circumlocution* left everyone in the courtroom wondering what had been said.

  변호사가 둘러 말했기 때문에 법정에 있던 사람들은 모두 그가 무슨 말을 했는지 잘 몰랐다.

- The indicted executive evaded the reporters' questions by resorting to *circumlocution*.

  피소된 이사는 적당히 둘러대서 기자들의 질문을 교묘히 피했다.

To use a lot of big, vague words and to speak in a disorganized way is to be *circumlocutory*.

범위가 넓고 모호한 단어를 사용하여 중구난방으로 뜻도 안 통하게 말하는 것을 circumlocutory(완곡한)라고 표현한다.

CIRCUMSCRIBE [səːrkəmskráib] v to draw a line around; to set the limits; to define; to restrict
주위의 경계선을 그리다; 한계를 정하다; 한정하다; 제한하다

- The Constitution clearly *circumscribes* the restrictions that can be placed on our personal freedoms.

  헌법은 개인의 자유를 제한할 수 있는 규정을 분명히 정해 놓고 있다.

- A barbed-wire fence and armed guards *circumscribed* the movement of the prisoners.

  가시철조망 울타리와 무장한 경비원이 수감자들의 움직임을 제한했다.

CIRCUMSPECT [səːrkəmspèkt] adj cautious 조심성 있는

- As a public speaker, Nick was extremely *circumspect*; he always took great care not to say the wrong thing or give offense.

  대중 연설가로서 닉은 아주 신중한 사람이었다. 그는 잘못된 것을 말하거나 무례를 범하지 않기 위해 항상 많은 주의를 기울였다.

- The *circumspect* general did everything she could not to put her soldiers at unnecessary risk.

  신중한 성격의 장군은 병사들을 불필요한 위험에 빠뜨리지 않기 위하여 자신이 할 수 있는 일이라면 뭐든지 다했다.

The word *circumspect* comes from Greek roots meaning around and look (as do the words *circle* and *inspect*). To be *circumspect* is to look around carefully before doing something.

circumspect는 (circle과 inspect처럼) around와 look을 의미하는 그리스 어의 어근들에서 나온 단어이다. circumspect는 어떤 일을 하기 전에 조심스럽게 주위를 둘러보는, 즉 '신중한'의 의미이다.

CIRCUMVENT [sə̀ːrkəmvént] v to frustrate as though by surrounding
완전히 포위하는 것처럼 해서 실패하게 만들다

- Our hopes for an early end of the meeting were *circumvented* by the chairperson's refusal to deal with the items on the agenda.

  회의가 일찍 끝났으면 하는 우리의 바람은 의장이 의사 일정상의 안건들을 처리하기를 거부함으로써 이루어지지 못했다.

- The angry school board *circumvented* the students' effort to install televisions in every classroom.

  화가 난 교육 위원회는 모든 교실마다 텔레비전을 설치하려던 학생들의 노력을 무위로 만들었다.

CIVIL [sívəl] adj polite; civilized; courteous 공손한; 교양이 있는; 예의 바른

- Our dinner guests conducted themselves *civilly* when we told them we weren't going to serve them dinner after all. They didn't bang their cups on the table or throw their plates to the floor.

  만찬에 참석한 손님들에게 식사를 제공하지 않을 것이라고 말했을 때에도 손님들은 교양 있게 행동했다. 그들은 컵을 소리 나게 테이블에 놓거나 접시를 마루에 집어던지는 일 따위는 하지 않았다.

The word *civil* also has other meanings. *Civil* rights are rights established by law. *Civil* service is government service. Consult your dictionary for the numerous shades of meaning.

civil이라는 단어는 다른 의미로도 쓰인다. civil rights는 법으로 확립된 '시민권'을 의미한다. civil service는 '행정 서비스'를 의미한다. 여러 가지 의미의 차이는 사전에서 찾아보라.

CLEMENCY [klémənsi] n mercy; forgiveness; mildness 자비; 관용; 온화함

- The governor committed an act of *clemency* when he released all the convicts from the state penitentiary.

  주지사는 주립교도소에 수감되어 있는 모든 죄수들을 석방하는 관용 정책을 펼쳤다.

Mild weather is called *clement* weather; bad weather is called *inclement*.

'온화한 기후'를 clement weather라고 한다. '악천후'는 inclement weather이다.

- You should wear a coat and carry an umbrella in *inclement* weather.

  악천후에는 외투를 입고 우산을 휴대해야만 한다.

CLICHÉ [kliːʃéi] n an overused saying or idea
지나치게 사용되는 말이나 생각, 진부한 표현

▶ 이 프랑스 어 발음에 주의할 것.

- The expression "you can't judge a book by its cover" is a *cliché*; it's been used so many times that it's become stale.

  "표지만 보고 책을 평가할 수는 없다."라는 말은 진부한 표현이다. 이 표현은 너무나 흔하게 쓰여서 신선하지 않아졌다.

Clichés are usually true. That's why they've been repeated often enough to become overused. But they are boring. A writer who uses a lot of *clichés*—referring to a foreign country as "a land of contrasts," describing spring as "a time of renewal," saying that a snowfall is "a blanket of white"—is not interesting to read because there is nothing new about these observations.

cliché(진부한 표현)는 대체로 진실하다. 그렇기 때문에 남용된다고 할 만큼 자주 반복해서 쓰여 온 것이다. 그러나 그러한 표현들은 따분하다. 외국을 언급할 때는 "우리와는 현저히 다른 나라(a land of contrasts)", 봄을 묘사할 때는 "만물이 소생하는 때(a time of renewal)", 눈이 내리면 "하얀색 담요(a blanket of white)"와 같은 cliché를 많이 쓰는 작가의 글은 재미가 없다. 관찰력에 새로운 것이 전혀 없기 때문이다.

CLIQUE [kliːk] n an exclusive group bound together by some shared quality or interest 공통의 특질이나 이해관계로 함께 묶여 있는 배타적인 무리

▶ 발음에 주의할 것.

- The high school newspaper staff was a real *clique*; they all hung out together and wouldn't talk to anyone else. It was hard to have fun at that school if you weren't a member of the right *clique*. The cheerleaders were *cliquish* as well.

  고등학교 교내 신문사 부원들은 진짜 배타적인 파벌이었다. 그들은 함께 몰려다니면서 다른 사람들과는 말도 하지 않으려 했다. 그 학교에서는 올바른 파벌에 끼지 않는다면, 학교생활이 재미있을 수가 없었다. 치어리더들 역시 배타적 파벌이었다.

QUICK QUIZ

Match each word in the first column with its definition in the second column. Check your answers in the back of the book.

1. circuitous	a. cautious
2. circumlocution	b. draw a line around
3. circumscribe	c. mercy
4. circumspect	d. polite
5. circumvent	e. roundabout
6. civil	f. frustrate
7. clique	g. overused saying
8. clemency	h. indirect expression
9. inclement	i. exclusive group
10. cliché	j. bad, as in weather

COALESCE [kòuəlés] v to come together as one; to fuse; to unite
하나로 모이다; 연합하다; 결합하다

- When the dough *coalesced* into a big black blob, we began to wonder whether the cookies would be edible.

  반죽이 하나의 큰 검은 덩어리로 뭉쳐 버리자 우리는 쿠키를 제대로 먹을 수 있는 것인지 의심이 가기 시작했다.

- The people in our neighborhood *coalesced* into a powerful force for change in the community.

  우리의 이웃들은 하나로 뭉쳐 지역 사회를 변화시킬 수 있는 강력한 힘이 되었다.

- The Southern *coalition* in Congress is the group of representatives from Southern states who often vote the same way.

  의회 내의 남부 연합은 종종 표결에서 연합 전선을 형성하는 남부 주 출신 의원들의 집단이다.

A *coalition* is a group of people that has come together for some purpose, often a political one.

coalition(제휴, 연합)은 어떤 목적(종종 정치적인 목적)을 위하여 함께 모인 사람들의 집단을 일컫는다.

Coal miners and cola bottlers might *coalesce* into a *coalition* for the purpose of persuading coal mine owners to provide cola machines in coal mines.

석탄 광부들과 콜라 제조업자들이 석탄 광산에 콜라 자동판매기를 설치하기 위해 광산 소유주를 설득하려는 목적으로 coalition(연합)을 coalesce(합치다)할 수도 있을 것이다.

COERCE [kouə́:rs] v to force someone to do or not to do something
다른 사람을 강제하여 어떤 일을 하게 하거나 못하게 하다

- Darth Vader tried to flatter, bribe, and even *coerce*, but he was never able to make Han Solo reveal the hidden rebel base.

  다스 베이더는 달래도 보고 뇌물로 매수도 해 보고 심지어 강제적인 방법도 써 보았지만, 결코 한 솔로가 반란군의 비밀 기지를 자백하게 만들 수는 없었다.

▶ 명사형은 coercion[kouə́:rʃən](강제, 강압)이다.

COGENT [kóudʒənt] adj powerfully convincing 설득력이 강한

- Shaft was *cogent* in explaining why he needed the confidential files, so we gave them to him.

  샤프트는 그 비밀문서가 필요한 이유를 아주 설득력 있게 설명했다. 그래서 우리는 그에게 그것을 주었다.

- The lawyer's argument in her client's behalf was not *cogent*, so the jury convicted her client. The jury was persuaded by the *cogency* of the prosecuting attorney's argument.

  의뢰인의 입장을 대변하는 변호사의 주장은 설득력이 없었다. 그래서 배심원은 그 의뢰인의 유죄를 결정했다. 배심원은 지방 검사의 설득력 있는 주장을 받아들였다.

Cogent reasons are extremely persuasive ones.

cogent reasons란 아주 '설득력이 강한 이유들'이다.

COGNITIVE [kágnətiv] adj dealing with how we know the world around us through our senses; mental
감각을 통해서 우리를 둘러싼 세계를 아는 방법을 다루는; 인식의, 정신의

Scientists study the *cognitive* apparatus of human beings to pattern how computers should gather information about the world.

과학자들은 컴퓨터가 세계에 대한 정보를 모으는 방식을 패턴화시키기 위해 인간의 cognitive apparatus(인식 체계)를 연구한다.

▶ cognition은 '인식'이라는 뜻이다.

COGNIZANT [kágnizənt] adj aware; conscious 알고 있는; 의식하고 있는

To be *cognizant* of your responsibilities is to know what your responsibilities are.

당신의 책임을 cognizant한다는 것은 당신의 책임이 무엇인지 알고 있다는 것이다.

- Al was *cognizant* of the dangers of sword swallowing, but he tried it anyway and hurt himself quite badly.

  알은 칼을 삼키는 일이 위험하다는 것을 알고 있었다. 그럼에도 불구하고 그는 그렇게 했고, 매우 심한 상처를 입게 되었다.

COHERENT [kouhíərənt] adj holding together; making sense
함께 붙어 있는; 이치에 닿는

- After puzzling over Grace's disorganized Holy Roman Empire essay for almost an hour, Ms. Fabricius needed only twenty minutes to read Arjun's *coherent* paper on the Defenestration of Prague.

  그레이스의 정리가 안 된 "신성 로마 제국" 에세이를 거의 한 시간 가량 곤혹스럽게 살펴본 후 파브리치우스 선생님은 "프라하의 축출"에 대한 아르준의 논리적인 리포트는 20분 만에 읽었다.

A *coherent* wad of cotton balls is one that holds together.

솜의 coherent wad(붙어 있는 뭉치)란 그것이 함께 붙어 있는 것을 말한다.

A *coherent* explanation is an explanation that makes sense; the explanation holds together.

coherent explanation은 이치에 맞는 설명을 뜻한다. 그런 설명은 응집력이 있다.

To hold together is to *cohere*.

cohere는 '응집하다'이다.

COLLOQUIAL [kəlóukwiəl] adj conversational; informal in language
대화체의; 형식적이지 않은 언어의(구어체의)

A writer with a *colloquial* style is a writer who uses ordinary words and whose writing seems as informal as common speech.

colloquial style(구어체)로 쓰는 작가란 일상의 언어를 사용하며, 글 또한 평소 말하는 것처럼 형식을 따지지 않고 쓰는 작가이다.

"The way I figure it" is a *colloquial* expression, or a *colloquialism*; people often say it, but it isn't used in formal prose.

'The way I figure it(내 생각에는)'과 같은 표현을 colloquial expression(구어적인 표현) 또는 colloquialism(구어체)이라고 한다. 사람들이 자주 쓰는 말이지만 제대로 형식을 갖춘 문장에서는 쓰이지 않는 표현이다.

A *colloquy* [káləkwi] is a conversation or conference.

colloquy는 '대화'나 '회의'를 뜻한다.

COLLUSION [kəlúːʒən] n conspiracy; secret cooperation 공모; 은밀한 협조(담합)

- The increase in oil prices was the result of *collusion* by the oil-producing nations.
  유가 인상은 산유국들의 담합의 결과였다.

- There was *collusion* among the owners of the baseball teams; they agreed secretly not to sign any expensive free agents.
  야구팀의 구단주들끼리 담합이 있었다. 그들은 비싼 자유계약 선수들과는 계약하지 않기로 비밀리에 의견을 모았다.

If the baseball owners were in *collusion*, then you could say that they had *colluded*. To *collude* is to conspire.
야구팀 구단주들이 담합하고 있다면(in collusion), They had colluded.라고 표현할 수 있다. collude는 '공모하다'라는 뜻이다.

COMMENSURATE [kəménsərət] adj equal; proportionate 같은 정도의; 균형 잡힌

- Ryan's salary is *commensurate* with his ability; like his ability, his salary is small.
  라이언의 월급은 자신의 능력에 딱 맞는 수준이다. 그의 능력만큼이나 급료도 적다.

- The number of touchdowns scored by the team and number of its victories were *commensurate* (both zero).
  그 팀이 터치다운한 개수나 게임에 승리한 횟수나 똑같았다(둘 다 영이다).

COMPELLING [kəmpéliŋ] adj forceful; causing to yield
힘으로 밀어붙이는; 굴복하게 만드는

- A *compelling* argument for buying a security system is one that makes you go out and buy a security system.
  보안 장치를 사야 한다는 a compelling argument(강제적인 주장)는 어쩔 수 없이 밖으로 나가 새 보안 장치를 사게 만드는 주장이다.

- The recruiter's speech was so *compelling* that nearly everyone in the auditorium enlisted in the Army when it was over.
  신병을 모집하는 연설은 워낙 사람을 굴복시키는 힘이 있어서 그 연설이 끝나자 강당에 모인 거의 모든 사람들이 육군에 입대하게 되었다.

To *compel* someone to do something is to force him or her to do it.
to compel someone to do something은 누군가에게 무엇인가를 하도록 강요하는 것이다.

- Our consciences *compelled* us to turn over the money we had found to the authorities.
  양심의 가책 때문에 우리는 주운 돈을 관계 당국에 넘겨 주었다.

The noun is *compulsion*, which also means an irresistible impulse to do something irrational.
명사형은 compulsion으로, 이 또한 불합리한 일을 하고자 하는 억누를 수 없는 '충동'을 의미한다.

COMPENDIUM [kəmpéndiəm] n a summary; an abridgment 요약; 축약

- A yearbook often contains a *compendium* of the offenses, achievements, and future plans of the members of the senior class.
  연감에는 종종 고학년들의 규칙 위반과 업적, 미래 계획 같은 것들이 요약되어 담겨 있다.

Match each word in the first column with its definition in the second column.
Check your answers in the back of the book.

1.	coalesce	a.	perceptive
2.	coalition	b.	unite
3.	coerce	c.	conversational
4.	cogent	d.	force someone to do something
5.	cognitive	e.	proportionate
6.	cognizant	f.	making sense
7.	coherent	g.	group with a purpose
8.	colloquial	h.	powerfully convincing
9.	collusion	i.	summary
10.	commensurate	j.	forceful
11.	compelling	k.	conspiracy
12.	compendium	l.	dealing with how we know our environment

COMPLACENT [kəmpléisnt] **adj** self-satisfied; overly pleased with oneself; contented to a fault
자기만족의; 스스로에게 지나치게 만족하는; 지나칠 정도로 만족하고 있는

- The *complacent* camper paid no attention to the poison ivy around his campsite, and ended up going to the hospital.
  자만한 야영객은 야영지 주변의 덩굴 옻나무에 전혀 주의를 기울이지 않았고, 결국 그는 병원에 가게 되었다.

- The football team won so many games that it became *complacent*, and the worst team in the league won the game.
  그 풋볼 팀은 워낙 여러 번 이겼기 때문에 자만하게 되었다. 그러다가 결국 리그 최하위 팀이 이겼다.

To fall into *complacency* is to become comfortably uncaring about the world around you.
complacency(자기만족)에 빠지면 당신을 둘러싼 세상에 대하여 편안하게 무신경해진다.

- The president of the student council was appalled by the *complacency* of her classmates; not one of the seniors seemed to care about the theme.
  학생회장은 동급생들의 자기만족적인 행동에 질려 버렸다. 상급생 중에 어느 누구도 주제곡에 대해 신경 쓰지 않는 것 같았다.

Don't confuse *complacent* with *complaisant* [kəmpléisənt], which means eager to please.
complacent와 '기쁘게 해 주려고 애쓰는'이라는 의미의 complaisant를 혼동하지 말 것.

COMPLEMENT [kámpləmənt] v **to complete or fill up; to be the perfect counterpart**
완성하다, 또는 가득 채우다; 완벽한 상대가 되다

This word is often confused with *compliment*, which means to praise. It's easy to tell them apart. *Complement* is spelled like *complete*.

complement는 '칭찬하다'라는 뜻인 compliment와 자주 혼동된다. 두 단어를 구별하는 방법은 쉽다. complement는 complete(완성하다)와 스펠링이 비슷하다.

- The flower arrangement *complemented* the table decorations.
  그 꽃꽂이 작품 덕에 테이블 꾸미기가 비로소 완벽해졌다.

Complement can also be a noun.
complement는 명사로도 쓰인다.

- Fish-flavored ice cream was a perfect *complement* to the seafood dinner.
  생선 맛이 나는 아이스크림은 해산물로 꾸민 식사를 완벽하게 완성시켜 주었다.

COMPLICITY [kəmplísəti] n **participation in wrongdoing; the act of being an accomplice** **나쁜 행위에 참여함; 공범이 되는 행위**

- There was *complicity* between the bank robber and the dishonest teller. The teller neglected to turn on the alarm, and the robber rewarded him by sharing the loot.
  은행 강도와 정직하지 못한 출납계원 사이에 공모가 있었다. 출납계원은 일부러 경보기를 켜지 않았고, 강도는 대가로 약탈한 돈을 나누어 주었다.

- *Complicity* among the students made it impossible to find out which of them had pulled the fire alarm.
  학생들 사이에 공모가 이루어졌기 때문에 그들 중 누가 화재경보기를 뽑았는지 밝히는 것이 불가능했다.

COMPREHENSIVE [kàmprihénsiv] adj **covering or including everything**
모든 것을 포함하는, 또는 넓게 포괄하는

- The insurance policy was *comprehensive*; it covered all possible losses.
  그 보험 증권은 포괄적이었다. 일어날 수 있는 모든 손실을 다 포함하고 있었다.

- Maria's knowledge of English is *comprehensive*; she even understands what *comprehensive* means.
  마리아는 영어에 대해서 폭넓은 지식을 갖고 있다. 그녀는 심지어 comprehensive가 의미하는 바도 알고 있다.

A *comprehensive* examination is one that covers everything in the course or in a particular field of knowledge.
comprehensive examination은 전 과정이나 특별한 분야의 지식을 모두 포괄하는 '종합 시험'이다.

COMPRISE [kəmpráiz] v **to consist of** **~으로 이루어져 있다**

- A football team *comprises* eleven players on offense and eleven players on defense.
  풋볼 팀은 공격하는 선수 열한 명과 수비하는 선수 열한 명으로 구성되어 있다.

- A company *comprises* employees.
  회사는 피고용인으로 구성되어 있다.

Careful! This word is often misused. Players do *not* "comprise" a football team, and employees do *not* "comprise" a company. Nor can a football team be said to be "*comprised* of" players, or a company to be "*comprised* of" employees. These are common mistakes. Instead, you can say that players *constitute* or *compose* a team, and that employees *constitute* or *compose* a company.

주의! comprise는 잘못 사용되는 일이 많다. 선수들이 풋볼 팀을 "comprise"하고 있는 것이 아니며, 종업원들이 회사를 "comprise"하는 것도 아니다. 또한 풋볼 팀이 선수들로 'be comprised of'되어 있거나 회사가 종업원들로 'be comprised of'되어 있다고 써서도 안 된다. 이것들은 흔히 하는 실수이다. 대신 선수들이나 종업원들이 팀이나 회사를 구성한다고 할 때 constitute나 compose로 표현할 수 있다.

You can also say that a team *consists* of players or a company *consists* of employees.

또한 팀이(또는 회사가) 선수들로(또는 종업원들로) 구성되어 있다고 할 때 'consists of'를 써서 표현할 수도 있다.

CONCILIATORY [kənsíliətɔ̀:ri] adj making peace; attempting to resolve a dispute through goodwill
화해하는; 분쟁을 원만히 해결하려 하는

To be *conciliatory* is to kiss and make up.

conciliatory는 '화해하는'의 뜻이다.

- Come on—be *conciliatory*!

  제발 화해해라!

- The formerly warring countries were *conciliatory* at the treaty conference.

  과거에 전쟁을 벌였던 그 나라들은 강화 조약 체결 회담에서 화해했다.

- After dinner at the all-you-can-eat pancake house, the divorced couple began to feel *conciliatory*, so they flew to Las Vegas and were remarried.

  실컷 먹을 수 있는 팬케이크 집에서 식사 후, 이혼한 부부는 화해하는 감정을 갖기 시작했다. 그래서 그들은 라스베이거스로 날아가 재혼했다.

When peace has been made, we say that the warring parties have come to a *reconciliation* [rèkənsìliéiʃən]. To *reconcile* [rékənsàil] is to bring two things into agreement.

평화가 이루어지면 전쟁 당사국들이 reconciliation(화해)에 이르렀다고 말한다. reconcile은 두 개의 다른 것을 '조정하다', '조화시키다'라는 뜻이다.

- The accountant managed to *reconcile* the company books with the cash on hand only with great creativity.

  회계사는 회사의 회계 장부와 현재 남아 있는 현금을 대단히 독창적인 방법으로 겨우 일치시켰다.

CONCISE [kənsáis] adj brief and to the point; succinct 간결하고 딱 들어맞는; 간명한

- The scientist's explanation was *concise*; it was brief and it helped us understand the difficult concept.

  그 과학자는 간명하게 설명했다. 그의 설명은 간결했으며 어려운 개념을 이해하는 데 도움이 되었다.

To be *concise* is to say much with few words. A *concise* speaker is one who speaks *concisely* or with *concision*.

concise는 말은 적게 하면서도 많은 내용을 전달하는, 즉 '간결한'의 뜻이다. concise speaker는 concisely(간결하게) 말하거나 with concision(간결함을 가지고) 말하는 사람이다.

Match each word in the first column with its definition in the second column. Check your answers in the back of the book.

1. complacent	a. covering everything
2. complement	b. complete
3. complicity	c. consist of
4. comprehensive	d. make up (2)
5. comprise	e. brief and to the points
6. compose	f. making peace
7. constitute	g. participation in wrongdoing
8. conciliatory	h. self-satisfied
9. concise	

CONCORD [káŋkɔːrd] n harmony; agreement 조화; 일치

Nations that live in *concord* are nations that live together in peace.
concord(조화)를 이루며 살고 있는 민족들은 다 함께 평화로이 사는 민족들이다.

- The war between the neighboring tribes ended thirty years of *concord*.
  인접한 부족 간의 전쟁은 삼십 년간의 화합에 종지부를 찍었다.

- The faculty meeting was marked by *concord*; no one yelled at anyone else.
  교직원 회의는 의견 일치를 보았다. 아무도 다른 사람에게 큰 소리를 지르지 않았다.

▶ concord의 반의어는 discord(불일치)이다.

A faculty meeting where everyone yelled at one another would be a faculty meeting marked by *discord*. It would be a *discordant* meeting.
모든 사람들이 서로에게 고함을 치고 있다면 교직원 회의는 discord(불화)를 보이는 것이다. 그것은 discordant(시끄러운)인 회의가 될 것이다.

An *accord* is a formal agreement, usually reached after a dispute.
accord는 대개 논쟁 후에 도달하는 공식적인 합의이다.

CONCURRENT [kənkə́ːrənt] adj happening at the same time; parallel
동시에 발생하는; 병행하는

- The criminal was sentenced to two *concurrent* fifteen-year sentences; the sentences will run at the same time, and he will be out of jail in fifteen years.
  그 범죄자는 동시에 진행되는 두 개의 15년형을 선고받았다. 형벌은 동시에 진행되며, 15년 동안 감옥에서 보내고 나면 그는 풀려날 것이다.

- High prices, falling demand, and poor weather were three *concurrent* trends that made life especially difficult for corn farmers last month.

  높은 가격, 수요 하락, 악천후가 동시에 발생했다. 이것이 지난달 옥수수 농가를 특히 어렵게 만든 세 가지 현상이었다.

To *concur* means to agree.

concur는 '동의하다'라는 뜻이다.

- The assistant wanted to keep his jobs, so he always *concurred* with his boss.

  조수는 자신의 직업을 그대로 유지하고 싶었다. 그래서 그는 사장의 의견에 항상 동의했다.

CONDESCEND [kὰndəsénd] **v** **to stoop to someone else's level, usually in an offensive way; to patronize**
대개 불쾌한 방식으로 다른 사람의 수준으로 자기를 낮추다; 선심 쓰다

- I was surprised that the president of the company had *condescended* to talk with me, a mere temporary employee.

  회사의 사장이 단지 임시직일 뿐인 나에게 겸손하게 말을 건네서 나는 깜짝 놀랐다.

Many grown-ups make the mistake of *condescending* to young children, who usually prefer to be treated as equals, or at least as rational beings.

많은 어른들은 대개 동등하거나 적어도 이성을 갖춘 존재로 대해 주기를 원하는 어린아이들에게 condescend(스스로를 낮추다)하는 실수를 범한다.

CONDONE [kəndóun] **v** **to overlook; to permit to happen**
너그럽게 봐주다; 사건을 용납하다

To *condone* what someone does is to look the other way while it happens or to permit it to happen by not doing anything about it.

누군가가 하고 있는 일을 condone하는 것은 그 일이 진행되는 동안 못 본 척 다른 쪽을 보거나 그 일에 대하여 아무런 조치도 취하지 않음으로써 묵인하는 것이다.

- The principal *condoned* the hoods' smoking in the bathroom; he simply ignored it.

  교장은 불량배들이 화장실에서 담배 피우는 것을 묵과했다. 그는 단지 못 본 척 무시해 버렸다.

CONDUCIVE [kəndjúːsiv] **adj** **promoting** **촉진시키는, 도움이 되는**

- The chairs in the library are *conducive* to sleep. If you sit in them to study, you will fall asleep.

  도서관의 의자들은 수면을 조장한다. 공부하려고 의자에 앉으면, 너는 잠이 들 것이다.

- The foul weather was not *conducive* to our having a picnic.

  악천후는 소풍을 가는 데 전혀 도움이 되지 않았다.

CONFLUENCE [kάnfluəns] **n** **a flowing together, especially of rivers; the place where they begin to flow together**
함께 흐르는 곳, 특히 강물의 합류점; 합쳐져서 흐르기 시작하는 곳

- The *confluence* of the Missouri and Mississippi rivers is at St. Louis; that's the place where they join together.

  미주리 강과 미시시피 강의 합류점은 세인트루이스이다. 그곳은 두 강이 함께 만나는 장소이다.

- There is a remarkable *confluence* in our thoughts: we think the same way about almost everything.

  우리의 사고에는 놀랄 만한 합류점이 있다. 우리는 거의 모든 것에 대해서 같은 방식으로 생각한다.

- A *confluence* of many factors (no ice, bad food, terrible music) made it inevitable that the party would be a big flop.

  많은 요인들(얼음의 미비, 형편없는 음식, 끔찍한 음악)이 합쳐졌기 때문에 파티는 실패를 면할 수 없었다.

CONGENIAL [kəndʒíːnjəl] adj agreeably suitable; pleasant 기분 좋게 알맞은; 즐거운

- The little cabin in the woods was *congenial* to the writer; she was able to get a lot of writing done there.

  숲 속에 있는 작은 오두막은 그 작가에게 딱 맞는 곳이었다. 그녀는 거기서 다량의 작품을 쓸 수 있었다.

- The new restaurant has a *congenial* atmosphere. We enjoy just sitting there playing with the ice in our water glasses.

  새 레스토랑은 쾌적한 분위기를 가졌다. 우리는 물 잔 속의 얼음을 가지고 놀면서 레스토랑에 앉아 있는 것을 즐긴다.

When people get along together at a restaurant and don't throw food at one another, they are being *congenial*.

사람들이 레스토랑에서 사이좋게 어울리고 서로에게 음식물을 던지는 등의 행동을 하지 않을 때 그들은 congenial(마음이 잘 맞는)이라고 표현할 수 있다.

Genial and *congenial* share similar meanings. *Genial* means pleasing, kind, sympathetic, or helpful. You can be pleased by a *genial* manner or by a *genial* climate.

genial과 congenial은 비슷한 의미를 같이 갖고 있다. genial은 '정다운', '친절한', '인정 있는', '도움이 되는'의 의미이다. 여러분은 genial manner(친절한 태도)나 genial climate(온화한 기후)에 기분이 좋아질 수 있다.

CONGENITAL [kəndʒénətl] adj describing a trait or condition acquired between conception and birth; innate
임신과 출산 사이에 생긴 특성 혹은 상태를 묘사하는; 선천적인

A *congenital* birth defect is one that is present at birth but was not caused by one's genes.

congenital birth defect(선천적 결손증)는 태어날 때 있었지만 유전인자에 의해서 야기된 것은 아닌 결함이다.

The word is also used more loosely to describe any (usually bad) trait or behavior that is so firmly fixed it seems to be a part of a person's nature.

congenital은 지나치게 확고하게 고정돼서 인간 본성의 일부처럼 보이는 (대개 나쁜) 특성이나 행동을 묘사하기 위해 보다 광범위하게 사용되기도 한다.

A *congenital* liar is a natural liar, a person who can't help but lie.

congenital liar는 타고난 거짓말쟁이, 즉 거짓말을 하지 않고는 못 배기는 사람이다.

Match each word in the first column with its definition in the second column. Check your answers in the back of the book.

1. concord	a. agreeably suitable
2. discord	b. innate
3. concurrent	c. harmony
4. condescend	d. flowing together
5. condone	e. promoting
6. conducive	f. stoop or patronize
7. confluence	g. overlook
8. congenial	h. happening at the same time
9. congenital	i. disharmony

CONGREGATE [káŋgrigèit] v to come together 합치다, 집합하다

- Protestors were granted permission to *congregate* peacefully on the plaza.
  시위자는 광장에 평화롭게 집합하는 것에 대한 허락을 받았다.

The noun form is *congregation* and can refer to the membership of a house of worship.
명사형은 congregation으로, 예배를 보기 위해 모인 '신자들'을 나타낸다.

- About half the *congregation* attended the sunrise service.
  신자들의 반 정도가 아침 예배에 참석했다.

Aggregate also has to do with coming together. Can you think of additional words with the same root?
aggregate도 '함께 모이다'라는 의미가 있다. 같은 어원을 가진 단어를 더 생각해 보라.

CONJECTURE [kəndʒéktʃər] v to guess; to deduce or infer on slight evidence
추측하다; 약간의 증거를 가지고 추론하다

- If forced to *conjecture*, I would say the volcano will erupt in twenty-four hours.
  굳이 추측하라고 한다면, 나는 그 화산이 24시간 후에 폭발할 것이라고 말하겠다.

Conjecture can also be a noun.
conjecture는 명사로도 쓰일 수 있다.

- The divorce lawyer for Mr. Davis argued that the putative cause of the lipstick on his collar was mere *conjecture*.
  데이비스 씨의 이혼을 담당한 변호사는 그의 깃에 묻어 있는 립스틱 자국의 추정상 원인은 단지 추측일 뿐이라고 주장했다.

▶ 형용사형은 conjectural(추측의)이다.

CONJURE [kándʒər] v to summon or bring into being as if by magic
마치 마법을 쓰듯이 불러내거나 만들어 내다

- The chef *conjured* (or *conjured* up) a fabulous gourmet meal using nothing more than the meager ingredients in Lucy's kitchen.
  주방장은 루시네 부엌에 있는 보잘것없는 재료들만을 가지고 마법이라도 쓴 듯 믿을 수 없을 만큼 맛있는 음식을 만들어 냈다.

- The wizard *conjured* (or *conjured* up) an evil spirit by mumbling some magic words and throwing a little powdered eye of newt into the fire.
  마법사는 마법의 주문을 중얼거린 다음 분을 바른 영원의 작은 눈을 불 속에 집어던져서 악령을 불러냈다.
  (주: 영원은 영원과의 동물로 도롱뇽과 비슷함. 북반구의 온대 지역에 분포.)

CONNOISSEUR [kὰnəsə́:r] n an expert, particularly in matters of art or taste
전문가, 특히 예술이나 맛을 감정하는 사람

- The artist's work was very popular, but *connoisseurs* rejected it as amateurish.
  그 화가의 작품은 상당히 인기가 있었다. 그러나 전문가들은 그의 작품을 아마추어 수준이라고 퇴짜를 놓았다.

- Frank was a *connoisseur* of bad movies. He had seen them all and knew which ones were genuinely dreadful and which ones were merely poorly made.
  프랭크는 저질 영화의 전문가였다. 그는 그런 류의 영화는 죄다 보았고, 어느 영화가 진짜 끔찍한 것인지, 어느 것이 형편없이 만들어졌는지 구별할 줄 알았다.

- The meal was exquisite enough to impress a *connoisseur*.
  그 음식은 전문가를 감탄시킬 만큼 훌륭했다.

- I like sculpture, but I'm no *connoisseur*; I probably can't describe to you why one statue is better than another.
  나는 조각을 좋아하기는 하지만, 전문가는 아니다. 그래서 나는 어떤 조각 작품이 다른 것보다 더 좋은 이유를 당신에게 설명할 수 없을 것이다.

CONSECRATE [kάnsəkrèit] v to make or declare sacred
신성하게 하거나 신성함을 공표하다

- The Veterans Day speaker said the battlefield had been *consecrated* by the blood of the soldiers who had died there.
  재향 군인의 날 연사는 그곳에서 죽은 병사들의 피로 전투가 치러졌던 그 장소는 성지가 되었다고 말했다.

- The priest *consecrated* the building by sprinkling holy water on it.
  신부님은 그 빌딩에 성수를 뿌려 축성하였다.

- The college chaplain delivered a sermon at the *consecration* [kὰnsəkréiʃən] ceremony for the new chapel.
  대학의 목사는 새로운 예배당을 위한 축성식에서 설교를 했다.

▶ consecrate의 반의어는 desecrate[désəkrèit]로, '불경스럽게 다루다'라는 뜻이다.

- The vandals *desecrated* the cemetery by knocking down all the tombstones.
  무뢰한들이 묘비들을 모두 쓰러뜨려 묘지의 신성함을 더럽혔다.

Desecrate can also be applied to areas outside religion.

desecrate는 종교 외적인 영역에도 적용할 수 있다.

- Their act of vandalism was a *desecration*.

  그들의 야만행위는 불경스러운 행동이었다.

- Doodling in a book *desecrates* the book, even if the book isn't a Bible.

  책에다 낙서를 하는 것은 비록 그 책이 성경이 아니라 할지라도 책의 고귀함을 더럽히는 불경스러운 행동이다.

- The graffiti on the front door of the school is a *desecration*.

  학교의 현관문에 낙서를 하는 것은 학교를 모독하는 행위이다.

CONSENSUS [kənsénsəs] n unanimity or general agreement
만장일치 또는 일반적인 동의

When there is a *consensus*, everybody feels the same way.

consensus(의견의 일치)가 있다는 말은 모든 사람들이 같은 방식으로 느낀다는 뜻이다.

Contrary to how the word is often used, *consensus* implies more than just a rough agreement or a majority opinion. Election results don't reflect a *consensus* unless everyone or nearly everyone votes for the same candidate.

consensus는 자주 사용되는 의미와는 다르게, 단지 대략적인 동의나 다수의 의견 이상의 뜻을 나타낸다. 모든 사람들 혹은 거의 모든 사람들이 같은 후보에게 투표하는 것이 아니라면, 선거 결과가 consensus(일반적인 합의)를 나타낸다고 볼 수 없다.

CONSONANT [kánsənənt] adj harmonious; in agreement   조화로운; 일치하는

- Our desires were *consonant* with theirs; we all wanted the same thing.

  우리의 희망은 그들의 것과 일치했다. 우리는 모두 같은 것을 원했다.

- The decision to construct a new gymnasium was *consonant* with the superintendent's belief in physical education.

  새 체육관을 건설하자는 결정은 체육 교육에 대한 교장의 소신과 일치하는 것이었다.

▶ consonant의 반의어는 '부조화의' 라는 뜻의 dissonant[dísənənt] 이다.

Dissonant voices are voices that don't sound good together.

dissonant voices는 함께 어우러져 좋은 소리를 내지 못하는 '불협화음을 내는 목소리'를 의미한다.

Match each word in the first column with its definition in the second column.
Check your answers in the back of the book.

1. congregate	a. incompatible
2. conjecture	b. harmonious
3. conjure	c. make sacred
4. connoisseur	d. unanimity
5. consecrate	e. summon as if by magic
6. desecrate	f. treat irreverently
7. consensus	g. artistic expert
8. consonant	h. guess
9. dissonant	i. get together

CONSTRUE [kənstrúː] v to interpret 해석하다

- Preston *construed* his contract as giving him the right to do anything he wanted.
  프레스턴은 자신의 계약서를 원하는 것은 무엇이나 할 수 있는 권리를 보장해 주는 것으로 해석했다.

- The law had always been *construed* as permitting the behavior for which Katya had been arrested.
  법은 카티아가 체포된 행위를 인정하는 방향으로 항상 해석되어 왔다.

- The meaning of the poem, as I *construed* it, had to do with the love of a woman for her dog.
  내가 해석한 바에 의하면, 그 시의 의미는 개에 대한 한 여자의 사랑과 관계가 있다.

To *misconstrue* is to misinterpret.
misconstrue는 '오해하다'라는 뜻이다.

- Tommy *misconstrued* Pamela's smile, but he certainly did not *misconstrue* the slap she gave him.
  토미는 파멜라의 미소를 잘못 해석했다. 그러나 그녀가 행크의 따귀를 때린 일은 분명히 제대로 해석했다.

CONSUMMATE [kənsʌ́mət] adj perfect; complete; supremely skillful
완벽한; 완전한; 최고로 솜씨 좋은

- A *consummate* pianist is an extremely good one. Nothing is lacking in the way he or she plays.
  consummate pianist는 최고의 솜씨를 자랑하는 피아니스트이다. 그의(그녀의) 연주 솜씨는 더 바랄 것이 없다.

Consummate [kánsəmèit] is also a verb. Notice the different pronunciation. To *consummate* something is to finish it or make it complete. Signing a contract would *consummate* an agreement.

consummate는 동사로도 쓰인다. 발음상의 차이에 주목하라. 동사 consummate는 어떤 것을 '끝내다', '완벽하게 하다'라는 뜻이다. 계약서에 사인하는 것은 협정을 consummate(완전하게 하다)하는 일이다.

▶ 위 발음들에 주의할 것.

CONTENTIOUS [kənténʃəs] adj argumentative; quarrelsome
따지기 좋아하는; 싸우기 좋아하는

- Liz figured that her *contentious* style would make her a perfect litigator; after law school, however, the would-be trial attorney discovered that passing the bar requires more than a will to argue.

  리즈는 그녀의 따지기 좋아하는 스타일이 법과대학원을 졸업한 후 그녀를 완벽한 소송자로 만들 것을 알았다. 하지만 소송변호사 지망생이 법정변호사가 되는 데에는 논쟁하는 의지 이상이 필요하다는 것을 깨달았다.

A person looking for a fight is *contentious*.

걸핏하면 싸우려 드는 사람을 contentious(다투기 좋아하는)라고 표현한다.

Two people having a fight are *contentious*.

싸우고 있는 두 사람은 contentious(분쟁 중인)라고 표현한다.

To be *contentious* in a discussion is to make a lot of noisy objections.

토론에서 contentious인 것은 시끄러운 소리가 많이 오가며 '서로의 의견에 반대하는' 것이다.

A *contender* is a fighter. To *contend* is to fight or argue for something. Someone who breaks the law may have to *contend* with the law.

contender는 '싸우고 있는 사람'이다. contend는 무언가를 위해서 '싸우다', '논쟁하다'라는 뜻이다. 법을 위반하는 사람은 법과 contend해야 할 것이다.

CONTIGUOUS [kəntígjuəs] adj side by side; adjoining 인접한

Two countries that share a border are *contiguous*; so are two events that happened one right after the other.

국경선을 같이 나누고 있는 두 나라는 contiguous(인접한)라고 할 수 있다. 연달아 일어난 두 사건에도 마찬가지로 contiguous(연속된)라는 표현을 쓴다.

If two countries are *contiguous*, the territory they cover is *contiguous*. That is, it spreads or continues across both countries without any interruption.

두 나라가 contiguous라면 그들의 영토가 인접하다는 뜻이다. 즉, 두 나라의 영토는 중간에 다른 것이 없이 계속 이어져 있다는 뜻이다.

CONTINGENT [kəntíndʒənt] adj dependent; possible ~에 좌우되는; 가능한

- Our agreement to buy their house is *contingent* upon the sellers' finding another house to move into. That is, they won't sell their house to us unless they can find another house to buy.

  우리가 그들의 집을 구입할 수 있는 계약의 성사 여부는 팔려고 내놓은 사람이 이사갈 새 집을 구하는 것에 달려 있다. 즉, 판매자가 새로 살 집을 구하지 못한다면, 우리에게 집을 팔려고 하지 않을 것이다.

- My happiness is *contingent* on yours; if you're unhappy, I'm unhappy.

  나의 행복은 전적으로 너의 행복에 달려 있다. 네가 불행하다면, 나 또한 불행하다.

- The Bowdens were prepared for any *contingency*. Their front hall closet contained a first-aid kit, a fire extinguisher, a life raft, a parachute, and a pack of sled dogs.

  보우든스네 가족들은 어떠한 우발적 사고에도 대비해 두었다. 현관 복도의 벽장에는 구급상자와 소화기, 구명보트, 낙하산과 한 떼의 썰매 개들이 들어 있었다.

A *contingency* is something that may happen but is at least as likely not to happen.

contingency(우연성, 우발 사건)는 일어날 수도 있지만 동시에 같은 정도로 일어나지 않을 수도 있는 일을 뜻한다.

- Several *contingencies* stand between us and the successful completion of our business proposal; several things could happen to screw it up.

  우리가 업무를 성공적으로 완수하기까지는 몇 가지 가능성들이 도사리고 있다. 몇몇 사건들이 발생해 일을 망칠 수도 있을 것이다.

CONTRITE [kəntráit] adj admitting guilt; especially feeling remorseful
죄를 인정하는; 특히 양심의 가책을 느끼는

To be *contrite* is to admit whatever terrible thing you did.

contrite는 자신이 저지른 나쁜 일이 무엇이든지 간에 그것을 인정하는, 즉 '죄를 뉘우치는'의 뜻이다.

- Mira was *contrite* about her mistake, so we forgave her.

  미라는 자신의 실수를 인정했다. 그래서 우리는 그녀를 용서했다.

Criminals who won't confess their crimes are not *contrite*.

자신의 죄를 자백하려 하지 않는 범인들은 죄를 contrite하지 않는 것이다.

Saying that you're sorry is an act of *contrition* [kəntríʃən].

미안하다고 말하는 것은 contrition(회개)의 행동이다.

CONTRIVED [kəntráivd] adj artificial; labored 인위적인; 부자연스러운

- Sam's acting was *contrived*: no one in the audience believed his character or enjoyed his performance.

  샘의 연기는 부자연스러웠다. 그가 연기하는 인물에 공감하거나 그의 연기에 빠져드는 관객들은 아무도 없었다.

- The artist was widely admired for her originality, but her paintings seemed *contrived* to me.

  사람들은 그 화가가 독창성이 있다고 많이 칭찬했지만, 내 눈에는 그녀의 그림들이 부자연스러웠다.

- No one laughed at Mark's *contrived* attempt at humor.

  마크가 억지로 웃음을 유도하려 했지만, 아무도 웃지 않았다.

A *contrivance* is a mechanical device, usually something rigged up.

contrivance는 대개 무언가 임시방편으로 만든 기계 장치, '고안품'이다.

CONVENTIONAL [kənvénʃənl] adj common; customary; unexceptional
상투적인; 관습적인; 예외가 아닌, 판에 박힌

- The architect's *conventional* designs didn't win him awards for originality.

  그 건축가의 디자인은 상투적이었기 때문에 창의성 부족으로 수상권에 들지 못했다.

Tipping the server in a restaurant is a *conventional* courtesy.

레스토랑에서 서버에게 팁을 주는 것은 conventional courtesy(관례)이다.

Conventional wisdom is what everyone thinks.

conventional wisdom은 누구나 생각할 수 있는 '일반적인 통념'이다.

- The bland politician maintained her popularity by never straying far from the *conventional* wisdom about any topic.

  부드러운 성격의 정치가는 어떠한 주제에 대해서도 일반적인 사람들이 생각하는 방식을 결코 벗어나지 않음으로써 인기를 유지했다.

CONVIVIAL [kənvívial] adj fond of partying; festive 파티를 좋아하는; 축제의, 연회의

▶ 발음에 주의할 것.

A *convivial* gathering is one in which the people present enjoy eating, drinking, and being together.

convivial gathering은 참석자들이 함께 모여 먹고 마시고 노는 것을 즐기는 '연회'를 의미한다.

To be *convivial* is to be an eager but generally well-behaved party animal.

convivial은 열렬히 파티를 좋아하는 것이지만 보통은 품행이 단정한 파티족에게 쓴다.

A *convivial* person is the opposite of an antisocial person.

convivial person(사교적인 사람)은 비사교적인 사람의 반대 개념이다.

COPIOUS [kóupiəs] adj abundant; plentiful 풍부한

- The champagne at the wedding reception was *copious* but not very good.

  결혼식 피로연에 나온 샴페인은 양은 풍족했지만 맛은 그다지 좋지 않았다.

- Matt had a *copious* supply of nails in his workshop. Everywhere you stepped, it seemed, there was a pile of nails.

  매트의 작업실에는 못이 아주 많았다. 발을 내딛는 곳 어디에나 산더미 같은 못이 쌓여 있는 것 같았다.

- Phil ate *copiously* at the banquet and went home feeling quite sick.

  필은 잔치에 가서 너무 많이 먹어서 불쾌감을 느낄 정도가 되어 집으로 돌아왔다.

Match each word in the first column with its definition in the second column.
Check your answers in the back of the book.

1. construe	a. admitting guilt
2. consummate	b. interpret
3. contentious	c. perfect
4. contiguous	d. labored
5. contingent	e. dependent
6. contrite	f. abundant
7. contrived	g. adjoining
8. conventional	h. argumentative
9. convivial	i. festive
10. copious	j. common

COROLLARY [kɔ́:rəlèri] n **something that follows; a natural consequence**
(필연적으로) 뒤따르는 것; 당연한 결과

In mathematics, a *corollary* is a law that can be deduced without further proof from a law
that has already been proven.
수학에서 corollary(계, 따름정리)는 이미 증명된 기존의 법칙으로부터 더 이상의 증명 없이도 유추할 수 있는 법칙을 의미한다.

- Bloodshed and death are *corollaries* of any declaration of war.
  어떠한 선전 포고에도 유혈 참사와 죽음은 따르기 마련이다.

- Higher prices were a *corollary* of the two companies' agreement not to compete.
  두 회사가 경쟁하지 않기로 담합하자, 당연하게도 가격 상승이 뒤따랐다.

CORROBORATE [kərábərèit] v **to confirm; to back up with evidence**
확인하다; 명백한 증거로 뒷받침하다

▶ 발음에 주의할 것.

- I knew my statement was correct when my colleague *corroborated* it.
  동료가 확실하게 확인을 해 주어서 나는 내 진술이 옳았다는 것을 알았다.

- Henny Penny's contention that the sky was falling could not be *corroborated*. That
  is, no one was able to find any fallen sky.
  하늘이 무너질 거라는 헤니 페니의 주장은 결코 확인될 수 없었다. 즉, 하늘이 무너진 것을 본 사람은 아무도 없었다.

- The police could find no evidence of theft and thus could not *corroborate* Greg's
  claim that he had been robbed.
  경찰은 절도의 증거를 찾을 수가 없었다. 그래서 도둑맞았다는 그레의 주장을 확인할 수 없었다.

COSMOPOLITAN [kàzməpálətn] adj at home in many places or situations; internationally sophisticated

많은 장소나 상황에서 편안한; 국제적으로 세련된

- Marcello's interests were *cosmopolitan*—he liked Greek wine, German beer, Dutch cheese, Japanese cars, and French fries.

  마르첼로의 기호는 국제적이었다. 그는 그리스 와인과 독일 맥주, 네덜란드 치즈, 일본제 차, 프랑스식 감자튀김을 좋아했다.

- A truly *cosmopolitan* traveler never feels like a foreigner anywhere on Earth.

  진정한 세계 여행가는 지구 어느 곳에서도 결코 이방인처럼 느끼지 않는다.

- New York is a *cosmopolitan* city; you can hear nearly every language spoken there.

  뉴욕은 국제적인 도시이다. 그 도시에서는 거의 모든 언어를 들을 수 있다.

COUNTENANCE [káuntənəns] n face; facial expression, especially an encouraging one 용모; 표정, 특히 격려해 주는 표정

- Her father's confident *countenance* gave Liz the courage to persevere.

  아버지의 확신에 찬 표정을 보고, 리즈는 끝까지 인내할 수 있는 용기를 얻었다.

- Ed's harsh words belied his *countenance*, which was kind and encouraging.

  에드는 친절하고 호의적인 표정과는 반대로 거친 말을 사용했다.

Countenance can also be a verb. To *countenance* something is to condone it or tolerate it.

countenance는 동사로도 쓰여 어떤 것을 '묵인하다', '용서하다'라는 뜻을 나타낸다.

- Dad *countenanced* our backyard rock fights even though he didn't really approve of them.

  아빠는 실제적으로는 우리가 뒷마당에서 돌싸움하는 것을 허락하지는 않았지만 그것을 묵인하셨다.

COUP [ku:] n a brilliant victory or accomplishment; the violent overthrow of a government by a small internal group

찬란한 승리나 업적; 소수의 내부 그룹의 폭력에 의한 정부 전복(쿠데타)

▶ 발음에 주의할 것.

- Winning a gold medal at the Olympics was a real *coup* for the fifty-year-old woman.

  쉰 살이나 먹은 사람이 올림픽에서 금메달을 획득했다는 것은 대단한 성공이었다.

- The student council's great *coup* was persuading Drake to play at our prom.

  학교 댄스파티에서 공연을 하도록 드레이크를 설득한 것은 학생회의 대단한 성과였다.

- In the attempted *coup* in the Philippines, some army officers tried to take over the government.

  필리핀에서 몇 명의 군장교들이 정권을 찬탈하려 쿠데타를 기도했다.

The full name for this type of *coup* is *coup d'état* [kù:deitá:]. A *coup de grace* [ku:dəgrá:s] is a final blow or concluding event.

coup의 완전한 명칭은 coup d'état(쿠데타)이다. coup de grace는 '최후의 일격' 또는 '결정적 사건'을 의미한다.

COVENANT [kʌ́vənənt] n a solemn agreement; a contract; a pledge
엄숙한 합의; 계약(서); 맹세

- The warring tribes made a *covenant* not to fight each other anymore.

  전쟁을 벌이던 부족들은 더 이상 서로 싸우지 않겠다고 맹세했다.

- We signed a *covenant* never to drive Masha's father's car without permission again.

  우리는 다시는 허락 없이 마샤 아버지의 차를 끌고 나가지 않겠다고 서약서에 사인했다.

COVERT [kʌ́vərt] adj secret; hidden 비밀의; 숨겨진

To be *covert* is to be covered.

covert는 '숨겨진'의 뜻이다.

Covert activities are secret activities.

covert activities는 '비밀 활동'을 의미한다.

A *covert* military operation is one the public knows nothing about.

covert military operation은 일반 대중에게는 전혀 공개되지 않는 '비밀 군사 작전'을 뜻한다.

▶ 반의어는 overt[ouvə́ːrt] (공개된)이다.

COVET [kʌ́vit] v to wish for enviously 부러워서 탐내다

- To *covet* thy neighbor's wife is to want thy neighbor's wife for thyself.

  네 이웃의 아내를 탐한다는 것은 너의 이기심으로 이웃의 아내를 원한다는 뜻이다.

- Any position at MTV is a highly *coveted* job.

  MTV에서는 어떤 위치도 무척 부러워하는 직업이다.

▶ covetous는 '부러워하는', '탐내는'의 뜻이다.

QUICK QUIZ

Match each word in the first column with its definition in the second column. Check your answers in the back of the book.

1. corollary	a. worldly and sophisticated
2. corroborate	b. face
3. cosmopolitan	c. wish for enviously
4. countenance	d. confirm
5. coup	e. solemn agreement
6. covenant	f. brilliant victory
7. covert	g. natural consequence
8. covet	h. secret

CREDULOUS [krédʒuləs] adj eager to believe; gullible 믿고 싶어하는; 잘 속는

- The *credulous* housewife believed that she had won a million dollars through an email scam.

  남의 말을 잘 믿는 그 주부는 이메일 사기로 자기가 백만 달러의 상금을 받게 되었다고 믿었다.

- Judy was so *credulous* that she simply nodded happily when Kirven told her he could teach her how to fly. Judy's credulity [kridʒúːləti] was limitless.

  주디는 워낙 남의 말을 잘 믿기 때문에, 커빈이 하늘을 나는 방법을 가르쳐줄 수 있다고 했을 때 즐거운 마음으로 쉽게 고개를 끄덕였다. 주디는 무한정으로 남의 말을 잘 믿는다.

Credulous should not be confused with *credible*. To be *credible* is to be believable. Almost anything, however *incredible*, is *credible* to a *credulous* person.

credulous와 credible을 혼동하지 마라. credible은 '믿을 수 있는'이라는 뜻이다. 아무리 incredible(믿을 수 없는)인 일들도 credulous(잘 속는)인 사람들에게는 거의 모두 credible(믿을 만한)인 것이 된다.

- Larry's implausible story of heroism was not *credible*. Still, *credulous* old Louis believed it.

  래리가 이야기한 믿기 어려운 영웅담은 신뢰할 게 못 되었다. 그러나 남의 말에 잘 속는 루이스 노인은 그 이야기를 믿었다.

A story that cannot be believed is *incredible*. If you don't believe that story someone just told you, you are *incredulous*. If something is *credible*, it may gain *credence* [kríːdəns], which means belief or intellectual acceptance.

믿을 수 없는 이야기는 incredible이라고 표현한다. 누군가가 당신에게 한 이야기를 믿지 않는다면, 당신은 incredulous(의심이 많은)인 사람이다. 만약 어떤 것이 credible이라면, 그것은 '믿음'이나 '지적인 수용'을 의미하는 credence를 얻을 것이다.

- No one could prove Frank's theory, but his standing at the university helped it gain *credence*.

  아무도 프랭크의 이론을 증명할 수 없었다. 그러나 대학에서의 그의 지위가 그의 이론이 신용을 얻는 데 도움이 되었다.

Another similar word is *creditable*, which means worthy of credit or praise.

또 다른 비슷한 단어로, '신용할 만한' 또는 '칭찬받을 만한'이라는 뜻의 creditable이 있다.

- Our record in raising money was very *creditable*; we raised several thousand dollars every year.

  기금 모금에서 우리가 세운 기록은 아주 칭찬받을 만했다. 우리는 매년 수천 달러의 돈을 모았다.

CRITERION [kraitíəriən] n standard; basis for judgment 기준; 판단의 근거

- When Norm judges a meal, he has only one *criterion*: is it edible?

  노엄은 음식을 평가할 때 오로지 한 가지 기준을 사용한다. 그것은 먹을 수 있는 것인가이다.

- In choosing among the linemen, the most important *criterion* was quickness.

  (미식축구의) 라인 맨을 선택하는 데 있어서 가장 중요한 기준은 민첩성이었다.

The plural of *criterion* is *criteria*. You can't have one *criteria*; you can only have one *criterion*. If you have two or more, you have *criteria*. There is no such thing as *criterions* and no such thing as *a criteria*.

criterion의 복수형은 criteria이다. one criteria라는 말은 있을 수 없다. one criterion이 맞는 표현이다. 두 개나 그 이상의 기준을 갖고 있다면, criteria를 갖고 있는 것이다. criterions라는 표현도 a criteria이라는 표현도 있을 수 없다.

CRYPTIC [kríptik] adj mysterious; mystifying   수수께끼 같은, 신비한; 사람을 미혹시키는

- Elaine's remarks were *cryptic*; Jerry was baffled by what she said.

  일레인의 말은 수수께끼 같았다. 그녀가 말하는 것에 제리는 당황했다.

A *cryptic* statement is one in which something important remains hidden.

cryptic statement는 무언가 중요한 내용이 숨겨져 있는 진술을 의미한다.

- The ghost made *cryptic* comments about the *crypt* from which she had just emerged; that is, no one could figure out what the ghost meant.

  유령은 자신이 방금 나타난 지하 납골당에 대하여 수수께끼 같은 말을 했다. 다시 말해서, 아무도 유령이 뜻하는 바를 이해할 수 없었다.

CULINARY [kjúːlənèri] adj relating to cooking or the kitchen   요리나 부엌에 관계된

▶ 발음에 주의할 것.

A cooking school is sometimes called a *culinary* institute.

요리 학교를 때때로 culinary institute라고 부른다.

- Allison pursued his *culinary* interests by attending the *culinary* institute. Her first meal, which was burned beyond recognition, was a *culinary* disaster.

  앨리슨은 요리에 대한 호기심을 충족시키기 위해 요리 학교에 다녔다. 그녀가 처음으로 만든 음식은 알아볼 수도 없이 타 버려서 실패작이 되었다.

CULMINATE [kΛlmənèit] v to climax; to reach full effect
최고조에 달하다; 완전한 결과에 이르다

- Connie's years of practice *culminated* in a great victory at the international juggling championship.

  코니는 수년간에 걸친 연습 덕분에 마침내 세계 저글링 선수권 대회에서 위대한 승리를 했다.

- The masquerade ball was the *culmination* of our fund-raising efforts.

  가면무도회로 우리의 모금 활동은 절정에 이르렀다.

QUICK QUIZ

Match each word in the first column with its definition in the second column. Check your answers in the back of the book.

1. credulous	a. related to cooking
2. credible	b. believable
3. incredible	c. believability
4. incredulous	d. worthy of praise
5. credence	e. eager to believe
6. creditable	f. unbelieving
7. criterion	g. unbelievable
8. cryptic	h. climax
9. culinary	i. standard
10. culminate	j. mysterious

CULPABLE [kʌ́lpəbl] adj **deserving blame; guilty** 비난받을 만한; 유죄의

- The accountant's failure to spot the errors made her *culpable* in the tax-fraud case.
  틀린 부분을 찾아내지 못함으로써 회계사는 세금 사기 사건 연루된 것으로 의심받게 되었다.

- We all felt *culpable* when the homeless old man died in the doorway of our apartment building.
  집도 없이 떠돌던 노인이 우리 아파트 입구에서 죽어 있는 것을 보고 우리는 모두 죄의식을 느꼈다.

A person who is *culpable* (a *culprit*) is one who can be blamed for doing something.
culpable인 사람(a culprit)은 비난받을 만한 일을 한 사람이다.

To decide that a person is not *culpable* after all is to *exculpate* [ékskʌlpèit] that person.
마침내 어떤 사람이 culpable이지 않다고 결론을 내리는 것은 그 사람을 exculpate(죄를 면하게 하다)한다는 뜻이다.

- Lou's confession didn't *exculpate* Bob, because one of the things that Lou confessed was that Bob had helped him do it.
  루가 자백한 것 중에는 밥이 그 일을 하는 것을 도왔다는 내용이 포함되어 있기 때문에, 루의 자백은 밥의 무죄를 증명하지 못했다.

▶ exculpate의 반의어는 inculpate로, 누군가에게 어떤 '죄를 씌우다'라는 뜻이다.

CURSORY [kə́:rsəri] adj **hasty; superficial** 서두르는; 피상적인

- To give a book a *cursory* reading is to skim it quickly without comprehending much.
  cursory reading은 책을 깊이 이해하지 못하고 빨리 대강대강 읽는 것이다.

- The *cursor* on Dave's computer made a *cursory* sweep across the data as he scrolled down the page.

  데이브가 컴퓨터의 화면 내용을 순차적으로 내리자 컴퓨터의 커서는 데이터를 빠르게 획 지나갔다.

To make a *cursory* attempt at learning French is to memorize a couple of easy words and then give up.

프랑스어 공부에 cursory attempt 한다는 것은 쉬운 단어 두어 개를 암기해 보고는 포기해 버리는 식이다.

CURTAIL [kərtéil] v to shorten; to cut short 줄이다; 짧게 하다

- Curt had so much homework to do that night that he curtailed the amount of television he wanted to watch.

  커트는 그날 밤 해야 할 숙제가 너무 많아서 보고 싶던 TV 시청의 양을 줄였다.

To *curtail* a tale is to cut it short.

to curtail a tale은 이야기를 짧게 줄이다라는 뜻이다.

CYNIC [sínik] n one who deeply distrusts human nature; one who believes humans are motivated only by selfishness
인간의 본성을 깊게 불신하는 사람; 인간이 오직 이기심만으로 움직인다고 믿는 사람, 냉소주의자

- When the pop star gave a million dollars to the museum, *cynics* said he was merely trying to buy himself a reputation as a cultured person.

  팝 스타가 박물관에 백만 달러를 기부하자 냉소주의자들은 그가 단지 교양 있는 사람이라는 평판을 사려하고 있을 뿐이라고 비꼬았다.

To be *cynical* is to be extremely suspicious of the motivations of other people.

cynical은 다른 사람의 행동의 동기에 대해서 매우 '의심스러워 하는'의 뜻이다.

Cynicism is general grumpiness and pessimism about human nature.

cynicism(냉소, 냉소주의)은 온통 불만투성이이고 인간의 본성에 대해 비관적인 태도를 의미한다.

QUICK QUIZ

Match each word in the first column with its definition in the second column. Check your answers in the back of the book.

1. culpable	a. free from guilt
2. exculpate	b. shorten
3. cursory	c. one who distrusts humanity
4. curtail	d. hasty
5. cynic	e. guilty

D

DAUNT [dɔːnt] v **to make fearful; to intimidate** **두려워하게 만들다; 위협하다**

- The steepness of the mountain *daunted* the team of amateur climbers, because they hadn't realized what they were in for.

  무엇이 그들을 기다리고 있는지 알지 못했기 때문에 아마추어 등반 팀은 그 산의 험준함에 기가 꺾였다.

- The size of the players on the visiting team was *daunting*; the players on the home team began to perspire nervously.

  원정 팀 선수들의 체격은 위협적이었다. 홈 팀의 선수들은 초조해져서 식은땀을 흘리기 시작했다.

To be *dauntless* or *undaunted* is to be fearless or unintimidated.

dauntless나 undaunted는 '겁이 없는'이나 '두려워하지 않는'의 뜻이다.

- The rescue crew was *undaunted* by the flames and ran into the burning house to look for survivors. The entire crew was *dauntless* in its effort to save the people inside.

  구조대원들은 화염을 겁내지 않고 생존자를 찾기 위해 불길에 휩싸인 집으로 뛰어들었다. 전 대원들은 집 안에 남아 있던 사람들을 구하기 위해 아주 용감하게 행동했다.

DEARTH [dəːrθ] n **lack; scarcity** **부족; 결핍**

- There is no *dearth* of comedy at a convention of clowns.

  익살꾼들이 모인 곳에 유머의 결핍이란 있을 수 없다.

- When there is a *dearth* of food, many people may starve.

  먹을 것이 부족해지면 많은 사람들이 굶어 죽게 될 것이다.

- There was a *dearth* of gaiety at the boring Christmas party.

  그 따분한 크리스마스 파티에서는 기분이 나지 않았다.

DEBACLE [dibáːkl/deibáːkl] n **violent breakdown; sudden overthrow; overwhelming defeat** **격렬한 붕괴; 갑작스러운 멸망; 대패**

- A political debate would become a *debacle* if the candidates began screaming and throwing dinner rolls at each other.

  후보자들이 고함을 치고 서로에게 식탁 위의 빵을 집어 던지기 시작하면 정치 토론은 급격히 붕괴될 것이다.

DEBAUCHERY [dibɔ́:tʃəri] n wild living; excessive intemperance
방종한 삶; 지나친 방종

- *Debauchery* can be expensive; fortunately for Jeff, his wallet matched his appetite for extravagant pleasures. He died a poor, albeit happy, man.

  방탕한 생활은 돈이 많이 들 수도 있다. 다행히도 제프의 지갑은 사치스러운 쾌락을 추구하는 그의 욕구와 맞아떨어질 만큼 두둑했다. 그는 행복하기는 했지만 결국 가난하게 죽었다.

To *debauch* is to seduce or corrupt. Someone who is *debauched* has been seduced or corrupted.

debauch는 나쁜 길로 '유혹하다' 또는 타락시키다'라는 뜻이다. debauched인 사람은 유혹을 당했거나 타락한 것이다.

DEBILITATE [dibílətèit] v to weaken; to cripple 약화시키다; 무능하게 만들다

- The football player's career was ended by a *debilitating* injury to his knee.

  무릎을 못쓰게 만든 부상으로 그 풋볼 선수의 선수 생명은 끝이 났다.

To become *debilitated* is to suffer a *debility*, which is the opposite of an ability.

debilitated는 debility(쇠약)를 겪는 것이다. debility는 ability(능력)의 반의어이다.

- A surgeon who becomes *debilitated* is one who has lost the ability to operate on the *debilities* of other people.

  무능력해진 외과 의사란 다른 사람의 신체적 쇠약을 수술해 주던 능력을 상실한 사람이다.

DECADENT [dékədənt] adj decaying or decayed, especially in terms of morals
특히 도덕적인 면에서 부패시키거나 부패한

A person who engages in *decadent* behavior is a person whose morals have decayed or fallen into ruin.

decadent(퇴폐적인)인 행동에 빠져 있는 사람은 도덕성이 썩었거나 황폐해진 사람이다.

- Carousing in local bars instead of going to class is *decadent*.

  학교에는 가지 않고 동네 술집에서 흥청망청 술을 마셔대는 것은 썩어 빠진 행동이다.

Decadent behavior is often an affectation of bored young people.

decadent behavior(퇴폐적인 행동)는 종종 권태를 느끼는 젊은이들의 가식적인 태도이기도 하다.

▶ 명사형은 decadence(타락, 퇴폐)이다.

DECIMATE [désəmèit] v to kill or destroy a large part of ~ 대부분을 죽이거나 파괴하다

To *decimate* an army is to come close to wiping it out.

군대를 decimate하는 것은 그 군대를 거의 전멸시키는 것이다.

- When locusts attack a crop, they sometimes *decimate* it, leaving very little that's fit for human consumption.

  메뚜기 떼가 농작물을 공격하면, 때로는 인간이 먹을 수 있는 것을 거의 남기지 않고 황폐화시킨다.

- You might say in jest that your family had *decimated* its turkey dinner on Thanksgiving, leaving nothing but a few crumbs and a pile of bones.

  추수 감사절에 가족들이 저녁으로 칠면조 요리를 먹을 때, 농담 삼아 몇몇 부스러기와 수북이 쌓인 뼈다귀 외에는 아무것도 남기지 않고 칠면조를 완전히 해치웠다고 말할 수도 있다.

▶ 명사형은 decimation(다수의 인명을 앗음)이다.

DECOROUS [dékərəs] adj proper; in good taste; orderly 예의 바른; 품위 있는; 단정한

Decorous behavior is good, polite, orderly behavior.

decorous behavior은 '훌륭하고 예의 바르고 단정한 행동'이다.

To be *decorous* is to be sober and tasteful.

decorous는 '진지하고 점잖은'을 의미한다.

• The New Year's Eve crowd was relatively *decorous* until midnight, when they went wild.

새해 전날에 군중들은 자정까지는 비교적 품위를 지켰지만 마침내 자정이 되자 이성을 잃고 열광했다.

To behave *decorously* is to behave with *decorum* [dikɔ́:rəm].

to behave decorously는 '예의 바르게(with decorum) 행동하다'의 뜻이다.

DEDUCE [didjúːs] v to conclude from the evidence; to infer
증거를 가지고 결론을 내리다; 추론하다

To *deduce* something is to conclude it without being told it directly.

deduce는 직접적으로 말을 듣지 않고 그에 대한 결론을 내리다, 즉 '추론하다'의 뜻이다.

• From the footprints on the ground, Clarice *deduced* that the criminal had feet.

땅에 찍힌 발자국을 보고 클라리스는 그것이 범인의 발자국이라는 결론을 내렸다.

• Daffy *deduced* from the shape of its bill that the duck was really a chicken. That the duck was really a chicken was Daffy's *deduction*.

대피는 부리의 모양을 보고 그것이 오리가 아니라 사실은 닭이라는 결론을 내렸다. 그 오리가 사실은 닭이었다는 것이 대피의 추론이었다.

DEFAME [diféim] v to libel or slander; to ruin the good name of
중상하거나 비방하다; 명예를 훼손하다

To *defame* someone is to make accusations that harm the person's reputation.

defame은 어떤 사람의 명예를 손상시키는 비방을 하다'라는 뜻이다.

• The local businessman accused the newspaper of *defaming* him by publishing an article that said his company was poorly managed.

지역 실업가는 그의 회사가 경영난을 겪고 있다는 기사를 실은 신문사를 출판물에 의한 명예 훼손으로 고소했다.

To *defame* is to take away fame, to take away a good name.

defame은 명예나 좋은 평판을 '훼손하다'의 뜻이다.

To suffer such a loss of reputation is to suffer *defamation*.

그런 명예의 실추를 겪는 것은 defamation(명예 훼손)을 당하는 것이다.

• The businessman who believed he had been *defamed* by the newspaper sued the paper's publisher for *defamation*.

그 신문 때문에 명예가 실추됐다고 믿고 있는 그 실업가는 신문사를 명예 훼손죄로 고소했다.

Match each word in the first column with its definition in the second column.
Check your answers in the back of the book.

1. daunt		a.	conclude from evidence
2. dearth		b.	lack
3. debacle		c.	kill a large part of
4. debauchery		d.	libel or slander
5. debilitate		e.	make fearful
6. decadent		f.	decaying or decayed
7. decimate		g.	proper
8. decorous		h.	weaken
9. deduce		i.	violent breakdown
10. defame		j.	wild living

DEFERENCE [défərəns] n submission to another's will; respect; courtesy
다른 사람의 의지에 복종함; 존경; 경의

To show *deference* to another is to place that person's wishes ahead of your own.

다른 사람에게 deference를 표하는 것은 그 사람이 원하는 바를 자신의 바람보다 앞에 두는 것이다.

- **Dean showed *deference* to his grandfather: he let the old man have first dibs on the birthday cake.**

  딘은 할아버지께 경의를 표했다. 그는 할아버지가 먼저 생일 케이크를 드시도록 했다.

- **Danielle stopped texting at the dinner table in *deference* to the wishes of his mother.**

  다니엘 어머니의 바람을 존중하여 저녁을 먹으면서 문자하는 것을 그만두었다.

To show *deference* to another is to *defer* to that person.

다른 사람에게 deference를 표하는 것은 그 사람에게 defer(경의를 표하다)하는 것이기도 하다.

- **Joe was supposed to go first, but he *deferred* to Steve, who had been waiting longer.**

  조는 먼저 가기로 되어 있었지만 더 오래 기다린 스티브에게 양보했다.

To show *deference* is also to be *deferential* [dèfərénʃəl].

deference를 표하는 것은 deferential(공손한)이라고 표현할 수도 있다.

- **Joe was being *deferential* when he allowed Steve to go first.**

  스티브를 먼저 가도록 배려했을 때 조는 경의를 표한 것이었다.

DEFINITIVE [difínətiv] adj conclusive; providing the last word
결정적인; 최종적인 말을 하는

- Walter wrote the *definitive* biography of Keats; nothing more could have been added by another book.

  월터는 (존) 키이츠의 최종적인 전기를 썼다. 다른 책이 나온다고 해도 더 덧붙일 것은 없을 터였다.

- The army completely wiped out the invaders; its victory was *definitive*.

  그 군대는 침략자들을 완전 소탕했다. 그 승리는 결정적이었다.

- No one could find anything to object to in Cindy's *definitive* explanation of how the meteorite had gotten into the bathtub.

  신디는 운석이 어떻게 목욕통으로 떨어지게 되었는가에 대해서 결정적인 설명을 했다. 아무도 그녀의 설명에 이의를 제기할 수 없었다.

DEGENERATE [didʒénərèit] v to break down; to deteriorate 쇠퇴하다; 타락하다

- The discussion quickly *degenerated* into an argument.

  토론은 급속도로 말싸움으로 변질됐다.

- Over the years, the nice old neighborhood had *degenerated* into a terrible slum.

  수년에 걸쳐 깨끗하고 고풍스러운 동네는 끔찍한 빈민가로 변질되었다.

- The fans' behavior *degenerated* as the game went on.

  경기가 지속됨에 따라 팬들의 행동은 점점 악화되었다.

A person whose behavior has *degenerated* can be referred to as a *degenerate* [didʒénərit].

행동이 degenerated된 사람은 degenerate(타락한 사람)라고 표현할 수 있다.

- The mood of the party was spoiled when a drunken *degenerate* wandered in from off the street.

  술에 만취하여 엉망이 된 사람이 거리에서 들어와 돌아다니며 파티의 분위기를 망쳐놓았다.

Degenerate [didʒénərit] can also be an adjective, meaning *degenerated*.

degenerate는 타락한이란 의미의 형용사로도 쓰인다.

- The slum neighborhood was *degenerate*.

  빈민가는 타락했다.

- The fans' *degenerate* behavior prompted the police to make several arrests.

  팬들의 타락한 행동 때문에 경찰은 몇몇 사람을 체포하게 되었다.

▶ 이 단어들의 발음에 주의할 것.

DELETERIOUS [dèlitíəriəs] adj harmful 해로운

- Smoking cigarettes is *deleterious* to your health.

  흡연은 건강에 해롭다.

- Is watching a lot of TV really *deleterious*? Of course not.

  TV를 많이 보는 게 정말 해로운가요? 물론 아닙니다.

DELINEATE [dilínièit] v to describe accurately; to draw in outline
정확하게 묘사하다; 윤곽을 그리다

- After Jack had *delineated* his plan, we had no doubt about what he intended to do.
  잭이 그의 계획을 상세히 설명하고 나자, 우리는 그가 무엇을 하려 하는지 확실히 알았다.

- Sharon's peculiar feelings about her pet gorilla were *delineated* in the newspaper article about her.
  애완용 고릴라에 대한 샤론의 각별한 애정은 그녀에 대한 신문 기사에서 상세히 다루어졌다.

- The portrait artist *delineated* Sarah's features then filled in the shading.
  그 초상화가는 사라의 얼굴의 윤곽선을 먼저 그리고 나서 명암을 넣었다.

▶ 명사형은 delineation(묘사, 서술)이다.

DELUDE [dilú:d] v to deceive 속이다

- The con man *deluded* us into thinking that he would make us rich. Instead, he tricked us into giving him several hundred dollars.
  그 사기꾼은 우리를 속여 그가 우리를 부자로 만들어 줄 것이라고 믿게끔 만들었다. 대신 그는 우리를 속여서 수백 달러를 받아 냈다.

- The *deluded* mental patient believed that he was a chicken sandwich.
  그 망상적 정신병 환자는 자신이 닭고기 샌드위치라고 믿었다.

- Lori is so persuasive that she was able to *delude* Leslie into thinking she was a countess.
  로리는 뛰어난 말솜씨로 레즐리를 속여서 자신이 백작 부인이라고 믿게끔 만들 수 있었다.

To be *deluded* is to suffer from a *delusion*.
to be deluded는 delusion(망상)에 빠지는 것이다.

- That she was a great poet was the *delusion* of the English teacher, who could scarcely write two complete sentences in a row.
  자신이 위대한 시인이라는 것은 영어 선생님의 망상이었다. 그는 연달아서 두 개의 완전한 문장을 좀처럼 쓰지 못하는 사람이었다.

- Todd, the well-known jerk, suffered from the *delusion* that he was a genuinely nice man.
  유명한 얼간이인 토드는 자신이 진짜로 좋은 사람이라는 망상에 빠져 있었다.

DELUGE [délju:dʒ] n a flood; an inundation 홍수; 범람, 쇄도

▶ 발음에 주의할 것.

A *deluge* is a flood, but the word is often used figuratively.
deluge는 '홍수'를 의미한다. 그러나 deluge는 비유적인 의미로 자주 사용된다.

- The $1 million reward for the lost poodle brought in a *deluge* of hot leads. The distraught owner was *deluged* by phone calls all week.
  잃어버린 푸들을 찾기 위해 백만 달러의 현상금을 걸자 최신의 단서를 주겠다는 연락이 쇄도했다. 마음이 산란한 개 주인은 일주일 내내 전화 벨소리에 묻혀 살았다.

DEMAGOGUE [démǝgɑ̀g] n a leader who uses prejudice to get more power
민중 선동가, 더 많은 힘을 갖기 위해 이념을 이용하는 지도자

A *demagogue* is a leader, but not in a good sense of the word. Demagogues manipulate the public to support their aims, but they are little different from a dictators. A *demagogue* is often a despot.

demagogue는 '지도자'를 의미하지만 좋은 의미에서의 지도자가 아니다. 그들은 자신의 목적을 지지하도록 대중을 조종하지만 독재자들과 거의 차이가 없다. demagogue는 흔히 '폭군'이다.

This word can also be spelled *demagog*. The methods a *demagogue* uses are *demagoguery* [démǝgɑ̀gǝri] or *demagogy* [démǝgɑ̀dʒi].

demagogue는 demagog로 표기할 수도 있다. demagogue가 사용하는 방법을 demagoguery(민중 선동) 또는 demagogy라 한다.

DENIZEN [dénǝzǝn] n inhabitant 주민, 거주자

To be a *denizen* of a country is to live there. A citizen of a country is usually also a *denizen*.

어느 나라의 denizen(주민)이 된다는 것은 그곳에 산다는 의미이다. 한 나라의 국민은 일반적으로 그 나라의 denizen(거주자)이기도 하다.

To be a *denizen* of a restaurant is to go there often—so often that people begin to wonder whether you live there.

어떤 레스토랑의 denizen이 된다는 것은 그 레스토랑에 사는 것이 아닌가 하고 다른 사람들이 의구심을 품을 정도로 너무 자주 간다는 의미이다.

Fish are sometimes referred to as "*denizens* of the deep." Don't refer to them this way yourself; the expression is a cliché.

물고기는 때로 "denizens of the deep(심해의 주민들)"라고 불린다. 여러분은 이런 표현을 사용하지 마라. 이것은 진부한 표현이다.

DEPRAVITY [diprǽvǝti] n extreme wickedness or corruption 극단적인 악행이나 부패

• Mrs. Prudinkle wondered whether the *depravity* of her class of eight-year-olds was the result of their watching Saturday morning television.

프루딩클 여사는 그녀가 가르치는 반의 여덟 살짜리 꼬마들의 못된 행동이 토요일 아침에 텔레비전을 시청하기 때문이 아닐까 생각했다.

▸ 형용사형은 depraved[dipréivd](타락한, 부패한)이다.

DEPRECATE [déprikèit] v to express disapproval of 반대나 비난을 표현하다

• To *deprecate* a colleague's work is to risk making yourself unwelcome in your colleague's office.

동료의 일을 비난하는 것은 동료의 사무실에서 환영받지 못하리라는 것을 감수하는 것이다.

"This stinks!" is a *deprecating* remark.

"이거 형편없구만!"이라는 말은 deprecating remark(비하하는 발언)이다.

• The critic's *deprecating* comments about my new novel put me in a bad mood for an entire month.

그 비평가는 나의 새 소설에 대해 비난조의 논평을 했다. 그 일로 나는 한 달 내내 심기가 불편했다.

- To be *self-deprecating* is to belittle one's own efforts, often in the hope that someone else will say, "No, you're wonderful!"

  자기비하는 스스로 자신의 노력을 하찮게 여기는 것이며, 종종 다른 누군가가 "그렇지 않아, 너는 훌륭해!"라고 말해 주기를 바라는 것이다.

A very similar word is *depreciate* [diprí:ʃièit]. To *depreciate* a colleague's work would be to represent it as being of little value.

아주 유사한 단어로 depreciate(평가 절하하다)가 있다. 동료의 작품을 depreciate한다는 말은 그 작품을 가치가 없는 것으로 여긴다는 뜻이다.

▸ depreciate의 또 다른 의미들을 알고 싶으면 appreciate(가치가 오르다)를 참조할 것.

DERIDE [diráid] v to ridicule; to laugh at contemptuously 비웃다; 경멸하며 비웃다

- Gerald *derided* Diana's driving ability after their hair-raising trip down the twisting mountain road.

  머리칼이 곤두설 정도로 무서워하면서 구불구불한 산길을 내려온 후, 제럴드는 다이애나의 운전 실력을 비웃었다.

- Sportswriters *derided* Columbia's football team, which hadn't won a game in many years.

  스포츠 담당 기자들은 수년 동안 한 번도 이긴 적이 없는 콜럼비아 대학의 풋볼 팀을 비웃었다.

- The boss *derided* her secretary mercilessly, so he quit his job. He was someone who could not accept *derision* [diríʒən].

  사장은 그녀의 비서를 무자비하게 조롱했다. 그래서 그는 일을 그만뒀다. 그는 조롱을 참아낼 수 없는 사람이었다.

QUICK QUIZ 31▸

Match each word in the first column with its definition in the second column. Check your answers in the back of the book.

1. deference	a. deteriorate
2. definitive	b. ridicule
3. degenerate	c. describe accurately
4. deleterious	d. respect
5. delineate	e. conclusive
6. delude	f. express disapproval of
7. deluge	g. harmful
8. demagogue	h. inhabitant
9. denizen	i. deceive
10. depravity	j. flood
11. deprecate	k. extreme wickedness
12. deride	l. rabble-rousing leader

DEROGATORY [dirágətɔ̀:ri] adj disapproving; degrading 비난하는; 품위를 떨어뜨리는

Derogatory remarks are negative remarks expressing disapproval. They are nastier than merely critical remarks.

derogatory remarks는 비난의 의미를 담은 부정적인 말들, 즉 '욕설'을 의미한다. 그 말들은 단순한 비판의 말보다 더 불쾌한 표현이다.

- Stephen could never seem to think of anything nice to say about anyone; virtually all of his comments were *derogatory*.

  스티브는 어느 누구에 대해서도 좋은 말을 할 줄 모르는 것 같았다. 사실상 그가 하는 모든 말은 남을 비난하는 것이었다.

DESICCATE [désikèit] v to dry out 완전히 말리다

- The hot wind *desiccated* the few grapes remaining on the vine; after a day or two, they looked like raisins.

  더운 바람이 포도나무에 그나마 조금 남아 있던 포도를 다 말려 버렸다. 하루나 이틀쯤 지나자 포도는 마치 건포도처럼 보였다.

- After a week without water, the *desiccated* plant fell over and died.

  물을 주지 않은 채로 일주일이 지나자 말라 버린 식물은 축 늘어지더니 죽어 버렸다.

Plums become prunes through a process of *desiccation*.

서양자두는 desiccation(건조) 과정을 거쳐 말린 자두가 된다.

DESPONDENT [dispándənt] adj extremely depressed; full of despair
몹시 의기소침한; 절망으로 가득한

- The cook became *despondent* when the wedding cake fell on the floor fifteen minutes before the reception.

  피로연이 열리기 15분 전에 웨딩 케이크가 바닥에 떨어져서 요리사는 낙담했다.

- After the death of his wife, the man was *despondent* for many months.

  아내가 죽은 이후 그 남자는 여러 달 동안 몹시 우울해했다.

- The team fell into *despondency* after losing the state championship game by a single point

  주 선수권 대회 경기에서 일 점 차로 지고 난 후 팀은 의기소침했다.

DESPOT [déspət] n an absolute ruler; an autocrat 절대적인 통치자; 독재자

- Stephen was a *despot*; workers who disagreed with him were fired.

  스티븐은 독재자였다. 그의 의견에 반대하는 직원들은 해고되었다.

- The island kingdom was ruled by a ruthless *despot* who executed suspected rebels at noon each day in the village square.

  그 섬나라 왕국은 무자비한 폭군이 통치하고 있었다. 그는 반역의 혐의가 있는 사람들을 매일 정오에 마을 광장에서 처형했다.

To act like a *despot* is to be despotic[dispátik].

despot(폭군)처럼 행동한다는 것은 despotic(독재적인)이다.

- There was cheering in the street when the country's *despotic* government was overthrown.

  그 나라의 독재정권이 전복되자 거리에는 환호성이 넘쳐흘렀다.

DESTITUTE [déstətʃùːt] adj extremely poor; utterly lacking 매우 가난한; 아주 부족한

Destitute people are people who don't have, or severely lack, money and possessions.

destitute인 사람들은 돈이나 소유 재산이 없거나 심히 부족한 사람들을 의미한다.

To be left *destitute* is to be left without money or property. The word can also be used figuratively. A teacher might accuse her students of being *destitute* of brains or intellectually *destitute*.

to be left destitute는 '돈이나 재산이 하나도 없이 남겨지다'라는 의미이다. 이 단어는 비유적인 의미로도 사용할 수 있다. 선생님은 학생들에게 머리가 destitute(부족한)이라거나 지적으로 destitute(모자란)이라고 꾸짖을 수도 있다.

DESULTORY [désəltɔ̀ːri] adj without a plan or purpose; disconnected; random 목적이나 계획이 없는; 일관성이 없는; 되는 대로의

▶ 발음에 주의할 것.

- Aadi made a few *desultory* attempts to start a garden, but nothing came of them.

  아아디는 계획성도 없이 되는대로 정원 만들기를 시작했다. 그러나 하나도 결실을 거두지 못했다.

- In his *desultory* address, Rizal skipped from one topic to another and never came to the point.

  리잘은 요점을 전혀 짚지 못하고 이 얘기 저 얘기를 오가며 일관성 없이 연설을 했다.

- The discussion at our meeting was *desultory*; no one's comments seemed to bear any relation to anyone else's.

  우리 모임의 토론은 산만했다. 모든 사람의 의견이 서로 연관성이 없이 모두 제각각 달랐다.

DEXTROUS [dékstrəs] adj skillful; adroit 숙련된; 능숙한

Dextrous often, but not always, connotes physical ability. Like *adroit*, it comes from the Latin word for right (as in the direction), because right-handed people were once considered physically and mentally superior.

Dextrous는 항상은 아니지만 자주 육체적인 능력을 포함한다. adroit처럼 라틴 어 right(오른쪽 (방향에서))에서 유래하는데, 이는 오른손잡이 사람들이 육체적으로나 정신적으로 뛰어나다고 여겨졌기 때문이다.

- Though not imposing in stature, Rashid was the most *dextrous* basketball player on the court; he often beat taller competitors with his nimble management of the ball.

  비록 키가 두드러지지는 않았지만 라시드는 코트에서 최고로 능숙한 농구 선수였다. 재빠른 볼 운영으로 그는 그보다 키가 큰 경쟁자도 자주 이겼다.

- Alexandra was determined not to sell the restaurant on eBay; even the most *dextrous* negotiator could not sway her.

  알렉산드라는 이베이에서 레스토랑을 팔지 않기로 결정했다. 가장 능숙한 협상가조차도 그녀의 결정을 바꾸지 못했다.

You may also see this word spelled *dexterous*. *Dexterity* is the noun form. For an antonym, see *gauche*.

이 단어를 dexterous라고 표기할 수도 있다. 명사형은 dexterity(재주)이고, 반대말은 gauche(서투른)이다.

DIALECTICAL [dàiəléktikəl] **adj** relating to discussions; relating to the rules and methods of reasoning; approaching truth in the middle of opposing extremes
토론과 관계있는; 추론의 방법과 규칙에 관련된; 서로 반대되는 극단의 중립에서 진리에 접근해 가는, 변증법적인

The game of Twenty Questions is *dialectical*, in that the participants attempt to narrow down a chosen object by asking a series of ever more specific questions.
스무고개 게임은 변증법적인 게임이다. 게임의 참가자는 이전의 질문보다 더 구체적인 질문을 차례로 해나가면서 정답의 범위를 좁히려고 시도한다.

▶ 명사형은 dialectics(변증법)이다.

DICTUM [díktəm] **n** an authoritative saying; an adage; a maxim; a proverb
권위가 인정되는 말; 금언; 격언; 속담

"No pain, no gain" is a hackneyed *dictum* of sadistic coaches everywhere.
"고통이 없으면 얻는 것도 없다"는 말은 세상 어느 곳에서나 가학적 성향의 운동 코치들이 써먹는 진부한 dictum(격언)이다.

DIDACTIC [dɑidǽktik] **adj** intended to teach; morally instructive; pedantic
가르치기 위한; 도덕적으로 교훈적인; 아는 체하는, 현학적인

- Natalia's seemingly amusing talk had a *didactic* purpose; she was trying to show her listeners the difference between right and wrong.
  나탈리아의 이야기는 표면적으로는 우스갯소리 같지만 교훈적인 의도를 담고 있었다. 그녀는 듣는 사람들에게 옳고 그름의 차이를 알리려고 노력했다.

- The priest's conversation was always *didactic*. He never said anything that wasn't intended to teach a lesson.
  그 신부님의 이야기는 항상 교훈적이었다. 그는 교훈을 가르치려는 의도가 담기지 않은 이야기는 결코 하지 않았다.

- The new novel is painfully *didactic*; the author's aim is always to instruct and never to entertain.
  새로 나온 그 소설은 지겨울 정도로 교훈적이다. 그 작가의 목적은 즐거움을 주기 위한 것이 아니라 항상 교육에 있다.

DIFFIDENT [dífədənt] **adj** timid; lacking in self-confidence 소심한; 자신감이 부족한

Diffident and *confident* are opposites.
diffident(자신 없는)와 confident(자신 있는)는 서로 반의어이다.

- The *diffident* student never made a single comment in class.
  소심한 그 학생은 수업 시간에 결코 발표를 하는 일이 없었다.

- Sebastian's stammer made him *diffident* in conversation and shy in groups of strangers.
  세바스찬은 말을 더듬는 버릇 때문에 낯선 사람들을 보면 수줍어하고 대화를 할 때면 자신 없어했다.

- Carla's *diffidence* led many participants to believe she hadn't been present at the meeting, even though she had.
  칼라의 자신감 없는 태도 때문에 실제로 그녀가 모임에 참석했음에도 불구하고 많은 참가자들은 그녀가 나오지 않았었다고 생각하게 되었다.

DIGRESS [dɑigrés] v to stray from the main subject 본 주제에서 옆길로 빗나가다

Speaking metaphorically, to *digress* is to leave the main highway in order to travel aimlessly on back roads. When a speaker *digresses*, he or she departs from the main topic and tells a story only distantly related to it.

은유적으로 말하지면, digress는 목적 없이 여행하기 위하여 주 고속도로를 떠나 뒷길로 다니는 것이다. 이야기를 하고 있는 사람이 digress하는 것은 본 주제를 벗어나 관계가 별로 없는 이야기를 하는 것이다.

Such a story is called a *digression*. Sometimes a writer's or speaker's *digressions* are more interesting than his or her main points.

위와 같은 이야기를 digression(여담)이라고 한다. 글쓴이나 화자의 여담이 그들이 진짜 말하려고 하는 본론보다 가끔은 더 재미있을 때도 있다.

- After a lengthy *digression*, the lecturer returned to his speech and brought it to a conclusion.

  장황한 여담이 이어진 후, 강사는 본론으로 돌아와 강연의 결론을 내렸다.

DILETTANTE [dílitàːnti] n someone with superficial knowledge of the arts; an amateur; a dabbler
예술에 대해 표피적인 지식을 갖고 있는 사람; 비전문가; 취미 삼아 하는 사람

To be a *dilettante* is to dabble in something rather than doing it in a serious way.

dilettante가 되는 것은 어떤 일을 진지하게 하기보다는 그 일을 취미 삼아 하는 것이다.

- Reginald said he was an artist, but he was merely a *dilettante*; he didn't know a pencil from a paintbrush.

  레지널드는 자신이 화가라고 말했지만, 사실 그는 단지 아마추어일 뿐이었다. 그는 연필과 화필도 구별하지 못했다.

- Antonella dismissed the members of the ladies' sculpture club as nothing more than a bunch of *dilettantes*.

  안토넬라는 아마추어들의 모임에 지나지 않는다는 이유로 여성 조각가 클럽을 해산시켰다.

Match each word in the first column with its definition in the second column.
Check your answers in the back of the book.

1. derogatory		a.	without purpose
2. desiccate		b.	extremely depressed
3. despondent		c.	amateur
4. despot		d.	stray from main subject
5. destitute		e.	extremely poor
6. desultory		f.	timid
7. dextrous		g.	dry out
8. dialectical		h.	disapproving
9. dictum		i.	absolute ruler
10. didactic		j.	intended to teach
11. diffident		k.	relating to discussions
12. digress		l.	authoritative saying
13. dilettante		m.	skillful

DISCERN [disə́:rn] v **to have insight; to see things clearly; to discriminate; to differentiate** 통찰하다; 사물을 분명하게 알다; 식별하다; 구별 짓다

To *discern* something is to perceive it clearly. A writer whose work demonstrates *discernment* is a writer who is a keen observer.

무엇인가를 discern하는 것은 그것을 분명하게 인지하는 것이다. 작품을 통해서 discernment(안목)를 드러내는 작가는 날카로운 관찰력을 가진 작가이다.

- The ill-mannered people at Tisha's party proved that she had little *discernment* when it came to choosing friends.

   티샤의 파티에서 무례하게 행동했던 사람들은 그녀가 친구들을 선택하는 데 있어 분별력이 없다는 사실을 증명했다.

DISCREET [diskrí:t] adj **prudent; judiciously reserved** 신중한; 사리분별이 있는

To make *discreet* inquiries is to ask around without letting the whole world know you're doing it.

to make discreet inquiries는 세상이 다 알도록 떠들썩하게 굴지 않고 신중하게 물어보는 것이다.

- The psychiatrist was very *discreet*; no matter how much we pestered him, he wouldn't gossip about the problems of his famous patients.

   그 정신과 의사는 매우 신중했다. 우리가 많이 괴롭혔음에도 불구하고, 그는 유명한 자신의 환자들의 문제에 대해서 떠들고 다니지 않았다.

He had *discretion* [diskréʃən].

그는 discretion(분별력)이 있는 사람이었다.

To be *indiscreet* is to be imprudent and especially to say or do things you shouldn't.

형용사형 indiscreet는 '경솔한'이란 뜻이며, 특히 하지 말아야 할 말이나 행동을 하는 것을 의미한다.

- It was *indiscreet* of Laura to tell Salima how much she hated Bailey's new hairstyle, because Salima always tells Bailey everything.

  베일리의 새로운 헤어스타일이 혐오스럽다고 살리마에게 얘기한 것은 로라의 경솔한 행동이었다. 왜냐하면 살리마는 항상 모든 것을 베일리에게 말하기 때문이다.

- When Laura told Salima, she committed an *indiscretion*.

  로라가 살리마에게 말을 했다면, 그녀는 무분별한 행동을 저지른 것이다.

DISCRETE [diskríːt] adj unconnected; separate; distinct
연결되지 않은; 분리된; 별개의

Do not confuse *discrete* with *discreet*.

discrete과 discreet을 혼동하지 말 것.

- The twins were identical but their personalities were *discrete*.

  그 쌍둥이들은 똑같이 보였지만 성격은 서로 달랐다.

- The drop in the stock market was not the result of any single force but of many *discrete* trends.

  주가 하락은 어떤 하나의 요인에 의한 결과가 아니라 수많은 개별적인 흐름이 합쳐진 결과였다.

When things are all jumbled up together, they are said to be *indiscrete*, which means not separated or sorted.

모든 것들이 한 덩어리로 뒤범벅되었을 때, 분리되거나 구분되어 있지 않다는 의미로 indiscrete라는 표현을 사용한다.

DISCRIMINATE [diskrímənèit] v to notice or point out the difference between two or more things; to discern; to differentiate
둘이나 그 이상의 사물에서 차이점을 인지하거나 지적하다; 식별하다; 구별 짓다

A person with a refined aesthetic sense is able to *discriminate* subtle differences where a less observant person would see nothing. Such a person is *discriminating*. This kind of *discrimination* is a good thing. To *discriminate* unfairly, though, is to dwell on differences that shouldn't make a difference. It is unfair and illegal to *discriminate* based on ethnicity when selling a house. Such a practice is not *discriminating* (which is good), but *discriminatory* (which is wrong).

관찰력이 뛰어나지 못한 사람들이 아무것도 찾아내지 못하는 곳에서도, 미적 감각이 세련된 사람은 미묘한 차이점을 discriminate할 수 있다. 그와 같은 사람을 discriminating(안목 있는)이라고 한다. 이런 종류의 discrimination(식별력)은 좋은 자질이다. 그러나 부당하게 discriminate하는 것은 차별을 두지 말아야 할 '차이점'을 강조하는 것이다. 집을 판매하는 데 있어서 민족성에 기반을 두고 discriminate하는 것은 부당하고도 불법적인 일이다. 그와 같은 행위는 좋은 의미의 discriminating(안목 있는)이 아니라 나쁜 의미로 discriminatory(차별적인)라고 말할 수 있다.

Indiscriminate means not *discriminating*; in other words, random or haphazard.

indiscriminate는 discriminating이 없다는 의미이다. 다시 말해서, 닥치는 대로의' 또는 '함부로의'라는 의미이다.

DISDAIN [disdéin] n arrogant scorn; contempt 거만하게 경멸함; 멸시

- Bertram viewed the hot dog with *disdain*, believing that to eat such a disgusting food was beneath him.

  버트럼은 핫도그를 경멸했다. 핫도그 같은 혐오식품을 먹는 것은 자신의 품위를 떨어뜨리는 일이라고 믿었다.

- The millionaire looked upon the poor workers with evident *disdain*.

  그 백만장자는 가난한 노동자들을 눈에 보일 정도의 멸시로 무시했다.

Disdain can also be a verb. The millionaire in the previous example could be said to have *disdained* those workers.

disdain은 동사로도 사용한다. 앞의 예문은 The millionaire have disdained those workers.(그 백만장자는 그 노동자들을 멸시했다.)라고도 표현할 수 있다.

▶ 형용사형은 disdainful(무시하는)이다.

DISINTERESTED [disíntərèstid] adj not taking sides; unbiased
어느 편으로 치우치지 않는; 공평한

Disinterested should not be used to mean *uninterested*. If you don't care about knowing something, you are *uninterested*, not *disinterested*.

disinterested는 uninterested(무관심한)의 의미로 사용할 수 없다. 어떤 일에 대해서 알고자 하는 마음이 없을 때는 uninterested라고 하지 disinterested라고 하지 않는다.

- A referee should be *disinterested*. He or she should not be rooting for one of the competing teams.

  심판은 공평해야 한다. 심판은 서로 겨루고 있는 팀 중에서 어느 한 편을 지지해서는 안 되는 것이다.

A *disinterested* observer is one who has no personal stake in or attachment to what is being observed.

disinterested observer는 관찰되고 있는 대상에게 개인적인 이해관계나 애착이 전혀 없는 '공평한 관찰자'를 의미한다.

- Meredith claimed that the accident had been Louie's fault, but several *disinterested* witnesses said that Meredith had actually bashed into his car after jumping the median and driving in the wrong lane for several miles.

  메레디스는 루이의 잘못으로 사고가 일어났다고 주장했다. 그러나 몇 명의 공평한 목격자들은 사실 메레디스가 중앙선을 넘어 잘못된 차선으로 수 마일을 달리다가 루이의 차를 들이받았다고 증언했다.

DISPARAGE [dispǽridʒ] v to belittle; to say uncomplimentary things about, usually in a somewhat indirect way
얕보다; 일반적으로 약간 간접적으로 헐뜯는 말을 하다

- The mayor *disparaged* our efforts to beautify the town square when she said that the flower bed we had planted looked somewhat worse than the bed of weeds it had replaced.

  우리는 도시 광장의 미화 작업에 애를 썼지만, 시장은 우리의 노력을 헐뜯었다. 그는 우리가 심고 가꾼 화단이 교체되기 전의 잡초보다 더 형편없어 보인다고 말했던 것이다.

- My guidance counselor *disparaged* my high school record by telling me that not everybody belongs in college.

  진로 상담 선생님은 누구나 대학에 갈 수 있는 것은 아니라는 말로 나의 고등학교 성적을 깔보았다.

Match each word in the first column with its definition in the second column. Check your answers in the back of the book.

1. discern	a. have insight
2. discreet	b. belittle
3. discrete	c. not separated
4. indiscrete	d. not taking sides
5. discriminate	e. arrogant scorn
6. disdain	f. prudent
7. disinterested	g. unconnected
8. disparage	h. differentiate

DISPARATE [díspərit] adj different; incompatible; unequal
다른; 양립할 수 없는; 같지 않은

▶ 발음에 주의할 것.

- Our interests were *disparate*: Cathy liked to play with dolls, and I liked to throw her dolls out the window.
  우리의 관심사는 제각각 달랐다. 캐시는 인형놀이를 좋아하고, 나는 그녀의 인형을 창문 밖으로 던져 버리기를 좋아했다.

- The *disparate* interest groups were united only by their intense dislike of the candidate.
  제각기 이해관계가 다른 집단들이 단지 그 후보자를 아주 싫어한다는 이유 하나만으로 연합을 결성했다.

- The novel was difficult to read because the plot consisted of dozens of *disparate* threads that never came together.
  그 소설은 합일점이 없는 수십 여 개의 개별적인 이야기들로 구성이 짜여 있어서 읽기가 쉽지 않았다.

▶ 명사형은 disparity[dispǽrəti] (불평등)이다. disparity의 반의어는 parity (동등)이다.

DISSEMINATE [disémənèit] v to spread the seeds of something; to scatter; to make widely known
어떤 것의 씨를 뿌리다; 흩뿌리다; 널리 알려지게 만들다

News is *disseminated* through many media: internet, radio, television, newspapers, magazines, and gossips.
뉴스는 여러 매체, 즉 인터넷, 라디오, 텔레비전, 신문, 잡지, 그리고 소문을 통해서 disseminated된다.

DISSIPATE [dísəpèit] v to thin out, drift away, or dissolve; to cause to thin out, drift away, or dissolve; to waste or squander
없어지다, 떠내려가다, 용해되다; 없어지다, 떠내려가다, 용해되게 만들다; 낭비하다, 탕진하다

- The smoke *dissipated* as soon as we opened the windows.
  우리가 창문을 열자마자 곧 연기는 사라졌다.

- Ilya's anger *dissipated* as the day wore on, and he gradually forgot what had upset him.
  날이 저물면서 자신을 화나게 했던 일도 조금씩 잊혀지고 일리아의 분노도 눈 녹듯 사라졌다.

- The police *dissipated* the riotous crowd by spraying the demonstrators with fire hoses and firing rubber bullets over their heads.
  경찰은 폭동을 일으킨 시위 군중에게 소방 호스로 물을 뿌리고 머리 위로 고무탄을 발사해 시위대를 해산시켰다.

- Alex won the weekly lottery but *dissipated* the entire winnings in one abandoned, fun-filled weekend.
  알렉스는 주마다 하는 복권 추첨에 당첨됐다. 그러나 모든 상금을 주말 동안에 흥청망청 노는 데 다 탕진했다.

We can also say that a person is *dissipated*, by which we mean that he or she indulges in wild living. Alex is *dissipated*.
제멋대로 '방탕한' 생활을 하는 사람을 표현할 때도 dissipated를 쓸 수 있다. 알렉스는 방탕하다.

DISSOLUTION [dìsəlú:ʃən] n the breaking up or dissolving of something into parts; disintegration
해산, 또는 사물을 여러 부분으로 분해하는 것; 분열, 붕괴

- Nothing could prevent the *dissolution* of the famous actor's fan club after he retired to seek a political career.
  피 위 허먼이 정치계에 입문하려고 은퇴하자 그의 팬클럽도 해산이 불가피했다.

A person who is *dissolute* has lived life in the fast lane too long. *Dissolute* and *dissipated* are synonyms in this sense.
dissolute인 사람은 너무나 오랫동안 '방탕한' 삶을 살아온 사람이다. dissolute와 dissipated가 이와 같은 의미로 쓰일 때 서로 같은 뜻이다.

DISTEND [disténd] v to swell; to extend a great deal 부풀다; 대단한 양으로 확장하다

- The tire *distended* alarmingly as the forgetful gas station attendant kept pumping more and more air into it.
  주유소 직원이 깜박하고 타이어에 공기를 계속해서 주입하는 바람에 타이어는 놀랄 만큼 부풀어 올랐다.

- A *distended* belly is one symptom of malnutrition.
  불룩하게 부풀어 오른 배는 영양실조 증상 중의 하나이다.

▶ swelling은 distension과 동의어로, 의미는 '팽창'이다.

DISTINGUISH [distíŋgwiʃ] v to tell apart; to cause to stand out
구별하다; (특색을 나타내) 눈에 띄게 하다

- The rodent expert's eyesight was so acute that she was able to *distinguish* between a shrew and a vole at more than a thousand paces.

  그 설치동물 전문가는 워낙 예리한 시각을 갖고 있어서 천 보 이상 떨어진 거리에서도 뾰족뒤쥐와 들쥐를 구별할 수 있었다.

- I studied and studied but I was never able to *distinguish* between *discrete* and *discreet*.

  나는 정말 열심히 공부하고 또 했지만 discrete(별개의)와 discreet(신중한)를 구별할 수가 없었다.

- His face had no *distinguishing* characteristics; there was nothing about his features that stuck in your memory.

  그의 얼굴은 남과 구별되는 특징이 없었다. 그의 외모는 기억에 남을 만한 부분이 없었다.

- Lou's uneventful career as a dogcatcher was not *distinguished* by adventure or excitement.

  들개 사냥꾼으로서 별다를 것 없이 평탄하게 사는 루의 삶에 모험이나 새로운 자극이 나타나는 일은 전혀 없었다.

DOCILE [dásəl] adj easily taught; obedient; easy to handle
가르치기 쉬운; 순종하는; 다루기 쉬운

▶ 발음에 주의할 것.

- The *docile* students quietly memorized all the lessons their teacher told them.

  그 순종적인 학생들은 선생님이 말하는 모든 내용을 말없이 암기했다.

- The baby raccoons appeared *docile* at first, but they were almost impossible to control.

  미국너구리 새끼들은 처음에는 순종적인 것처럼 보였다. 그러나 그것들은 거의 통제가 불가능했다.

- Mia's *docility*[dɑsíləti] fooled the professor into believing that she was incapable of thinking for herself.

  미아의 유순함 때문에 교수는 그녀가 스스로는 생각할 줄도 모른다고 믿게 되었다.

DOCTRINAIRE [dàktrinέər] adj inflexibly committed to a doctrine or theory without regard to its practicality; dogmatic
실용성 여부는 따지지 않고 교리나 이론을 무조건적으로 헌신하고 옹호하는; 교조적인

A *doctrinaire* supporter of manned space flights to Pluto would be someone who supported such space flights even though it might be shown that such lengthy journeys could never be undertaken.

명왕성으로의 유인 우주 비행에 doctrinaire인 지지자는 그처럼 장기간의 여행이 실제로는 실행될 수 없다는 것이 밝혀진다고 해도 흔들림 없이 그런 우주 비행 계획을 지지할 것이다.

A *doctrinaire* opponent of fluoridation of water would be someone whose opposition could not be shaken by proof that fluoride is good for teeth and not bad for anything else.

수돗물에 불소를 첨가하는 안에 doctrinaire인 반대자는 불소 성분이 치아를 건강하게 도와줄 뿐 다른 부분에는 아무런 해가 없다는 증거에도 불구하고 결코 반대 의견을 철회하지 않을 것이다.

A person with *doctrinaire* views can be called a *doctrinaire*.

doctrinaire인 견해를 갖고 있는 사람을 doctrinaire(공론가)라고 한다.

DOGMATIC [dɔːgmǽtik] adj arrogantly assertive of unproven ideas; stubbornly claiming that something (often a system of beliefs) is beyond dispute

증명되지 않은 견해를 오만할 정도로 고집하는; 무엇인가(흔히 어떤 신념 체계)가 논쟁의 여지가 없이 분명하다고 고집스럽게 주장하는

A *dogma* is a belief. A *dogmatic* person, however, is stubbornly convinced of his or her beliefs.

dogma는 신념이다. 그렇지만 dogmatic(독단적인)인 사람은 고집스럽게 자신의 신념을 확신하는 사람이다.

- Marty is *dogmatic* on the subject of the creation of the world; he sneers at anyone whose views are not identical to his.

  마티는 세상의 창조라는 주제에 대해 독단적인 입장을 갖고 있다. 그는 자신의 생각과 다른 의견을 가진 사람은 누구든지 비웃는다.

- The philosophy professor became increasingly *dogmatic* as she grew older and became more firmly convinced of her strange theories.

  그 철학 교수는 나이가 들어감에 따라 점점 더 독단적이 되어, 자신의 기묘한 이론을 점점 더 굳게 확신하게 되었다.

The opinions or ideas *dogmatically* asserted by a *dogmatic* person are known collectively as *dogma*.

dogmatic인 사람이 dogmatically(고집스럽게) 주장하는 의견이나 이론을 한데 뭉뚱그려 dogma(신조)라 한다.

DOMESTIC [dəméstik] adj having to do with the household or family; not foreign 가족 또는 가정과 관계있는; 외국이 아닌

A home that enjoys *domestic* tranquillity is a happy home.

domestic tranquillity(집안의 평화)를 즐기는 가정이 행복한 가정이다.

A maid is sometimes referred to as *domestic* engineer or simply as a *domestic*.

가정부는 때때로 domestic engineer(관리사)나 간단하게 domestic(가사 도우미)이라고 불리기도 한다.

To be *domestic* is to enjoy being at home or to be skillful at doing things around the house.

domestic은 집에 있는 것을 즐기거나 집안일에 능숙한, 즉 '가정적인'의 뜻이다.

Domestic wine is wine from this country, as opposed to wine imported from, say, France.

domestic wine은 이를테면 프랑스 같은 외국에서 수입된 와인에 대립되는 개념으로 '국내에서 생산된 와인'을 의미한다.

The *domestic* steel industry is the steel industry in this country.

domestic steel industry는 '국내의 철강 산업'을 뜻한다.

A country that enjoys *domestic* tranquillity is a happy country on the homefront.

domestic tranquillity(국내 평화)를 즐기는 나라가 행복한 나라이다.

Match each word in the first column with its definition in the second column. Check your answers in the back of the book.

1. disparate	a. committed to a theory
2. disseminate	b. thin out
3. dissipate	c. of the household
4. dissolution	d. firmly held system of ideas
5. distend	e. easily taught
6. distinguish	f. arrogantly assertive
7. docile	g. swell
8. doctrinaire	h. tell apart
9. dogmatic	i. incompatible
10. dogma	j. spread seeds
11. domestic	k. disintegration

DORMANT [dɔ́ːrmənt] adj inactive; as though asleep; asleep
활동하지 않는; 마치 잠자는 것 같은; 잠자는

Dormant, like *dormitory*, comes from a root meaning sleep.
dormant도 dormitory(기숙사)처럼 잠을 의미하는 어근에서 나온 단어이다.

- Mt. Vesuvius erupted violently and then fell *dormant* for several hundred years.
  베수비오 산은 맹렬하게 폭발한 뒤 수백 년 동안 휴지기에 들어갔다.

Many plants remain *dormant* through the winter; that is, they stop growing until spring.
많은 식물들은 겨울 동안 dormant인 상태로 있게 된다. 다시 말해서, 식물들은 봄이 올 때까지 성장을 멈춘다.

- Frank's interest in playing the piano was *dormant* and quite possibly, dead.
  피아노 연주에 대한 프랭크의 관심은 가라앉은 듯했다. 아마도 완전히 없어졌다.

- The snow fell silently over the *dormant* village, which became snarled in traffic jams the following morning.
  고요한 마을에 눈이 소리 없이 내렸다. 다음날 아침, 마을은 교통 체증으로 혼란에 빠졌다.

▶ 명사형은 dormancy(휴면, 비활동 상태)이다.

DUBIOUS [djúːbiəs] adj full of doubt; uncertain 의심하는; 확신하지 못하는

- I was fairly certain that I would be able to fly if I could merely flap my arms hard enough, but Mary was *dubious*; she said I'd better flap my legs as well.

  팔을 날개처럼 아주 열심히 흔들 수만 있다면, 분명히 날 수 있을 것이라고 나는 확신했다. 그러나 메리는 믿지 않는 듯했다. 그녀는 다리도 퍼덕거리는 게 좋겠다고 말했다.

- We were *dubious* about the team's chance of success and, as it turned out, our *dubiety*[djuːbáiəti] was justified: the team lost.

  우리는 그 팀이 성공할 가망성이 있는지 의심스러웠다. 결국 우리의 의구심은 현실로 드러났다. 그 팀은 패배했다.

Dubious and *doubtful* don't mean exactly the same thing. A *dubious* person is a person who has doubts. A *doubtful* outcome is an outcome that isn't certain to occur.

dubious와 doubtful이 정확하게 같은 의미는 아니다. dubious person은 '의심을 하고 있는 사람'이다(doubtful person은 수상쩍은 사람). doubtful outcome은 '반드시 일어난다고 확신할 수 없는 결과'이다.

- Sam's chances of getting the job were *doubtful* because the employer was *dubious* of his claim that he had been president of the United States while in high school.

  샘이 그 직업을 얻을 가능성은 의심스러웠다. 고등학교 시절에 자신이 미국 대통령이었다는 샘의 주장을 고용주가 믿지 않았기 때문이었다.

Something beyond doubt is *indubitable*. A dogmatic person believes his or her opinions are *indubitable*.

'의심할 나위 없는'은 indubitable이다. 독단적인 사람은 자신의 견해가 의심할 나위 없이 확실하다고 믿는다.

DUPLICITY [djuːplísəti] n the act of being two-faced; double-dealing; deception 이중적인 행동; 표리부동한 언행; 속임수

- Dave, in his *duplicity*, told us he wasn't going to rob the bank and then went right out and robbed it.

  데이브는 표리부동하게도 우리에게는 은행을 털지 않을 것이라고 말하고는 곧장 은행으로 가서 강도질을 했다.

- Liars engage in *duplicity* all the time; they say one thing and do another.

  거짓말쟁이들은 언제나 표리부동한 언행을 한다. 그들은 말과 행동이 다른 사람들이다.

- The *duplicitous* salesman sold the red sports car to someone else even though he had promised to sell it to us.

  이중적인 세일즈맨은 빨간색 스포츠카를 우리에게 팔겠다고 약속했음에도 불구하고 다른 사람에게 팔아 버렸다.

QUICK QUIZ 35

Match each word in the first column with its definition in the second column. Check your answers in the back of the book.

1. dormant   a. uncertainty

2. dubiety   b. double-dealing

3. duplicity   c. inactive

E

EBULLIENT [ibʌ́ljənt] adj **boiling; bubbling with excitement; exuberant**
끓어 넘치는; 흥분으로 들끓는; 기운이 넘치는

▶ 발음에 주의할 것.

A boiling liquid can be called *ebullient*. More often, though, this word describes excited or enthusiastic people.
끓고 있는 액체를 ebullient라고 말할 수 있다. 그러나 이 단어는 흥분 상태이거나 열광적인 사람들을 묘사할 때 더 많이 사용된다.

The roaring crowd in a full stadium before the World Series might be said to be *ebullient*.
월드 시리즈가 시작되기 전 야구장에 가득 들어찬 열광적인 관중들을 ebullient라고 표현할 수 있다.

A person overflowing with enthusiasm might be said to be *ebullient*.
열정이 넘치는 사람도 ebullient라고 말할 수 있을 것이다.

- Cammie was *ebullient* when her fairy godmother said she could use one of her three wishes to wish for three more wishes.
  세 가지 소원 중 한 가지를 사용해 세 가지 소원을 더 빌 수 있다고 요정이 말하자 카미는 흥분되었다.

▶ 명사형은 ebullience(격발)이다.

ECCENTRIC [ikséntrik] adj **not conventional; a little kooky; irregular**
통상적이지 않은; 다소 괴벽스러운; 상도를 벗어난

- The *eccentric* inventor spent all her waking hours fiddling with what she said was a time machine, but it was actually just an old telephone booth.
  그 별난 발명가는 그녀가 타임머신이라고 부르는, 하지만 실제로는 단지 낡은 전화 부스에 불과한 기계를 만드느라 깨어 있는 모든 시간을 허비했다.

- Fred's political views are *eccentric*: he believes that we should have kings instead of presidents and that the government should raise money by holding bake sales.
  프레드의 정치적 견해는 별스럽다. 그는 대통령제보다는 왕정을 해야 하며 정부는 빵 판매장을 열어 돈을 거두어야 한다고 생각한다.

- The rocket followed an *eccentric* course; first it veered in one direction, then it veered in another, then it crashed.
  로켓은 괴상한 궤도를 따르게 되었다. 먼저 한쪽 방향으로 가다가는 다른 방향으로 바꾸었으며, 그러고 나서 곧 추락했다.

▶ 명사형은 eccentricity(기이한 행동)이다.

ECLECTIC [ikléktik] adj choosing the best from many sources; drawn from many sources
많은 자료 중에서 가장 좋은 것을 선택하는; 많은 자료 중에서 끄집어낸

- Adolfo's taste in art was *eclectic*. He liked the Old Masters, the Impressionists, and Walt Disney.
  아돌포의 예술적 취향은 이것저것 폭이 넓었다. 그는 고전적 대가의 작품, 인상파의 작품, 그리고 월트 디즈니의 만화도 좋아했다.

- The *eclectic* menu included dishes from many different countries.
  그 절충적인 메뉴는 많은 나라의 서로 다른 음식을 포함하고 있었다.

- Giulia's *eclectic* reading made her well-rounded.
  폭넓은 독서 덕분에 줄리아는 다방면에 걸친 균형 잡힌 지식을 갖게 되었다.

EDIFY [édəfài] v to enlighten; to instruct, especially in moral or religious matters 계몽하다; 교육하다, 특히 도덕적이거나 종교적인 문제에 관하여

- We found the pastor's sermon on the importance of not eating beans to be most *edifying*.
  콩을 먹지 않는 것의 중요성에 대한 목사님의 설교는 아주 계몽적이었다.

- The teacher's goal was to *edify* her students, not to force a handful of facts down their throats.
  선생님의 목적은 학생들에게 한 줌의 지식을 억지로 집어 넣어주는 데 있는 것이 아니라 그들을 교화하는 데 있었다.

- We would have felt lost at the art show had not the excellent and informative programs been provided for our *edification*.
  우리의 교화를 위해 훌륭하고 유익한 프로그램이 제공되지 않았다면, 우리는 예술 박람회에서 어쩔 줄을 몰랐을 것이다.

EFFACE [iféis] v to erase; to rub away the features of 지우다; 모양을 문질러 없애다

- The inscription on the tombstone had been *effaced* by centuries of weather.
  묘비의 비문은 수세기에 걸친 풍화작용으로 닳아 없어졌다.

- The vandals *effaced* the delicate carving by rubbing it with sandpaper.
  예술품 파괴자들이 그 섬세한 조각품을 사포로 마구 문질러 훼손했다.

- We tried to *efface* the dirty words that had been written on the front of our house, but nothing would remove them.
  우리는 집 앞에 낙서해 놓은 상스러운 말들을 지우려고 했다. 그러나 아무리 해도 낙서들을 지울 수가 없었다.

To be *self-effacing* is to be modest.
self-effacing은 것은 '겸손한'의 뜻이다.

- John is *self-effacing*: when he won an Olympic gold medal, all he said was, "Aw, shucks. I'm just a regular fella."
  존은 겸손하다. 올림픽에서 금메달을 땄을 때 그가 한 말이라곤 "이런, 나는 그저 평범한 남자일 뿐이에요."가 전부였다.

EFFUSION [ifjúːʒən] n a pouring forth 유출, 흘러나옴

- When the child was rescued from the well, there was an intense *effusion* of emotion from the crowd that had gathered around the hole.
  아이가 우물에서 구출되자 그 주변에 몰려 있던 사람들은 열광적으로 감격의 기쁨을 토로했다.

- The madman's writings consisted of a steady *effusion* of nonsense.
  그 미친 남자는 작품에다 한결같이 말도 안 되는 이야기만을 토로해 놓았다.

To be *effusive* is to be highly emotional.
effusive는 '감정이 매우 고양되어 있는'의 뜻이다.

- Anna's *effusive* thanks for our silly little present made us feel somewhat embarrassed, so we decided to move to a different lunch table.
  안나가 우리의 보잘것없는 작은 선물에 지나친 감사를 표시해서 우리는 조금 당황했다. 그래서 우리는 다른 점심 테이블로 옮기기로 결정했다.

EGALITARIAN [igæ̀litɛ́əriən] adj believing in the social and economic equality of all people
모든 사람의 사회적·경제적 평등을 믿는, 인류 평등주의의

- People often lose interest in *egalitarian* measures when such measures interfere with their own interests.
  사람들은 그들 자신의 이해관계와 충돌하는 평등주의의 조치에 대해서는 흔히 흥미를 잃는다.

Egalitarian can also be used as a noun to characterize a person.
egalitarian은 '평등주의자'를 의미하는 명사로도 쓰인다.

- An *egalitarian* advocates *egalitarianism*.
  평등주의자는 평등주의를 옹호한다.

EGOCENTRIC [iːgouséntrik] adj selfish; believing that one is the center of everything 이기적인; 자신이 모든 것의 중심이라고 믿는

- Nellie was so *egocentric* that she could never give anyone else credit for doing anything.
  넬리는 워낙 자기중심적인 인간이라 어떠한 일에 대해서도 남에게 공로를 돌리는 법이 없었다.

- *Egocentric* Lou never read the newspaper unless there was something in it about him.
  루는 자기중심적인 사람이어서 자신에 대한 기사가 실리지 않으면 결코 신문을 보지 않았다.

- It never occurred to the *egocentric* musician that her audiences might like to hear someone else's songs every once in a while.
  그녀의 청중들이 이따금 다른 사람의 노래를 듣고 싶어 할 수도 있다는 생각이 그 자기중심적인 음악가에게는 한 번도 떠오르지 않았다.

- An *egoist* is an *egocentric* person. He or she believes the entire universe exists for his benefit.
  이기주의자란 자기중심적인 사람이다. 그는 온 세상이 자신의 이익을 위해서 존재한다고 믿는다.

An *egotist* is another type of *egocentric*. An *egotist* is an *egoist* who tells everyone how wonderful he is.

egotist는 egocentric인 사람의 또 다른 유형이다. egotist는 모든 사람들에게 자신이 얼마나 잘났는가를 말하고 다니는 egoist(자기중심주의자)이다.

EGREGIOUS [igríːdʒəs] adj extremely bad; flagrant 몹시 나쁜; 악명 높은

Save this word for things that are worse than bad.

단순히 나쁘다는 뜻보다 더 나쁜 것을 말하고자 할 때 이 단어를 사용하라.

- The mother's *egregious* neglect was responsible for her child's accidental cross-country ride on the freight train.

  아이가 대륙 횡단 화물 열차를 타게 된 사고는 아이에게 전혀 신경 쓰지 않은 태만한 엄마에게 책임이 있었다.

- Eric's manners were *egregious*; he ate his mashed potatoes with his fingers and slurped the peas right off his plate.

  에릭의 매너는 아주 끔찍했다. 그는 감자 으깬 것을 손으로 집어먹었을 뿐만 아니라 접시에 입을 대고 소리 내어 콩을 먹었다.

QUICK QUIZ

Match each word in the first column with its definition in the second column. Check your answers in the back of the book.

1. ebullient		a.	pouring forth
2. eccentric		b.	self-obsessed person
3. eclectic		c.	extremely bad
4. edify		d.	not conventional
5. efface		e.	drawn from many sources
6. effusion		f.	bubbling with excitement
7. egalitarian		g.	erase
8. egocentric		h.	selfish
9. egotist		i.	enlighten
10. egregious		j.	believing in social equality

ELICIT [ilísit] v to bring out; to call forth 이끌어 내다; 유도해 내다

- The interviewer skillfully *elicited* our true feelings by asking us questions that got to the heart of the matter.

  인터뷰를 하는 사람은 문제의 핵심을 찌르는 질문을 해서 우리가 진짜 심경을 말하도록 교묘하게 유도했다.

- The defendant tried to *elicit* the sympathy of the jury by appearing at the trial in a wheelchair, but the jury convicted her anyway.

  피고인은 재판정에 휠체어에 앉아 있는 모습으로 나타나 배심원의 동정을 유도하려고 했다. 그러나 그럼에도 불구하고 배심원단은 어쨌든 그녀의 유죄를 선언했다.

▶ illicit(불법의)과 혼동하지 말 것.

ELLIPTICAL [ilíptikəl] adj oval; missing a word or words; obscure
타원형의; 말을 빼먹는(생략법의); 뜻이 모호한

This word has several meanings. Consult a dictionary if you are uncertain.

이 단어는 몇 가지 뜻이 있다. 확실히 알지 못하면 사전을 찾아보라.

- The orbit of the earth is not perfectly round; it is *elliptical*.

  지구의 공전 궤도는 완벽한 원은 아니다. 그것은 타원이다.

An egg may have an *elliptical* shape.

달걀은 elliptical인 형태일 것이다.

An *elliptical* statement is one that is hard or impossible to understand, either because something is missing from it or because the speaker or writer is trying to be hard to understand.

elliptical statement는 이해하기 어렵거나 혹은 이해가 불가능한 진술이다. 그 안에 생략된 내용이 있어서인 경우도 있고, 또 화자나 글쓴이가 일부러 이해하기 어렵게 만들려 하고 있기 때문이기도 하다.

- The announcement from the State Department was purposely *elliptical*—the government didn't really want reporters to know what was going on.

  국무성의 발표문은 고의적으로 모호한 표현을 사용했다. 사실 정부는 현재 진행되고 있는 일을 기자들에게 알리고 싶어 하지 않았다.

ELUSIVE [ilúːsiv] adj hard to pin down; evasive 묶어두기 어려운, 달아나는; 회피하는

To be *elusive* is to *elude*, which means to avoid, evade, or escape.

elusive의 동사형은 elude로, '피하다', '모면하다', '달아나다'의 뜻이다.

- The answer to the problem was *elusive*; every time the mathematician thought she was close, she discovered another error. (Or, one could say that the answer to the problem *eluded* the mathematician.)

  그 문제의 정답을 찾아내는 것은 어려웠다. 정답에 접근했다고 생각이 들 때마다 언제나 그 수학자는 또 다른 실수를 발견했다. (또는 '문제의 정답은 교묘하게 수학자를 피해갔다'라고 표현할 수도 있을 것이다.)

- The *elusive* criminal was next to impossible for the police to catch. (The criminal *eluded* the police.)

  경찰이 교묘하게 법망을 피해 달아나는 그 범죄자를 잡기는 거의 불가능했다. (범죄자는 경찰을 따돌렸다.)

- The team played hard, but victory was *elusive* and they suffered another defeat. (Victory *eluded* the hard-playing team.)

  팀은 열심히 경기에 임했지만 승리는 그들을 외면했다. 그들은 또 한 번 패배의 아픔을 겪었다. (승리는 열심히 뛴 그 팀을 빗겨갔다.)

EMIGRATE [émigrèit] v to leave a country permanently; to expatriate
한 나라를 영원히 떠나다; 외국으로 이주하다

- Pierre *emigrated* from France because he had grown tired of speaking French. Pierre became an *émigré* [émagrè].

  피에르는 프랑스 어를 쓰는 게 지겨워져서 프랑스 밖으로 이민 갔다. 피에르는 이민자가 되었다.

- The Soviet dissidents were persecuted by the secret police, so they sought permission to *emigrate*.

  소련의 반체제 인사들은 비밀경찰의 박해를 받았다. 그래서 그들은 국외 이민 허가를 구했다.

At the heart of this word is the word *migrate*, which means to move from one place or country to another. *Emigrate* adds to migrate the sense of moving *out of* some place in particular.

이 단어의 핵심은 한 장소나 특정 나라에서 다른 곳으로 옮긴다는 뜻의 migrate라는 단어에 있다. emigrate는 특히 어떤 장소 밖으로 옮긴다는 의미를 migrate에 더한다.

On the other end of every *emigration* is an *immigration*, (think of this as "in-migration"). See *immigration*.

모든 종류의 emigration에 대한 반의어는 immigration이다('in-migration'을 생각해 보자). immigration 참고.

- When Solange *emigrated* from France, she *immigrated* to the United States.

  솔란지는 프랑스를 떠나 미국으로 이주해 왔다.

EMINENT [émanant] adj well-known and respected; standing out from all others in quality or accomplishment; outstanding
유명하고 존경받는; 자질이나 업적이 다른 모든 사람들에 앞서는; 현저한

- The visiting poet was so *eminent* that our English teacher asked the poet for his autogragh. Our English teacher thought the poet was *preeminent* in his field.

  우리를 방문 중인 시인은 대단히 유명한 사람이어서 영어 선생님은 사인을 부탁했다. 영어 선생님은 그 시인을 자신의 분야에서 탁월한 사람이라고 생각했다.

- The entire audience fell silent when the *eminent* musician walked onto the stage and picked up her banjo and bongo drums.

  저명한 그 음악가가 무대 위로 걸어 나와 밴조와 봉고 드럼을 집어 들자 청중들은 모두 조용해졌다.

▶ imminent(임박한)와 혼동하지 말 것.

EMPIRICAL [empírikal] adj relying on experience or observation; not merely theoretical 경험이나 관찰에 의존하는; 단지 이론만은 아닌

- The apple-dropping experiment gave the scientists *empirical* evidence that gravity exists.

  사과의 낙하 실험은 과학자들에게 중력의 존재에 대한 경험적 증거를 제시해 주었다.

- Nicky's idea about the moon being made of pizza dough was not *empirical*.

  달이 피자 반죽으로 만들어졌다는 니키의 생각은 경험에 의하지 않은 상상이었다.

- We proved the pie's deliciousness *empirically*, by eating it.

  우리는 그 파이의 맛을 시식을 통해 경험적으로 확인했다.

Match each word in the first column with its definition in the second column.
Check your answers in the back of the book.

1. elicit	a. well-known
2. elliptical	b. bring out
3. elusive	c. hard to pin down
4. emigrate	d. relying on experience
5. immigration	e. move from a country
6. eminent	f. moving into a country
7. empirical	g. obscure

EMULATE [émjulèit] v to strive to equal or excel, usually through imitation
대개 모방을 통해서 동등하거나 뛰어나려고 애쓰다, ~에 필적하다

To *emulate* someone is to try to be just as good as, or better than, him or her.
누군가를 emulate하는 것은 그 사람에 필적하거나 능가하려고 노력하는 것이다.

- The American company *emulated* its successful Japanese competitor but never quite managed to do as well.
  그 미국 회사는 성공을 거둔 경쟁사인 일본계 회사를 뛰어넘으려고 안간힘을 썼다. 그러나 결코 그렇게 잘 되지 않았다.

- Little Joey imitated his athletic older brother in the hope of one day *emulating* his success.
  어린 조이는 언젠가 형의 성공을 능가하겠다는 희망으로 운동선수인 형을 열심히 흉내 냈다.

- I got ahead by *emulating* those who had succeeded before me.
  나보다 먼저 성공한 사람들을 열심히 쫓아가서 나는 선두가 되었다.

ENCROACH [inkróutʃ] v to make gradual or stealthy inroads into; to trespass
서서히 또는 몰래 침입하다; 침해하다

- As the city grew, it *encroached* on the countryside surrounding it.
  도시가 성장함에 따라 점차로 도시 주변의 시골을 잠식해 들어갔다.

- With an *encroaching* sense of dread, I slowly pushed open the blood-spattered door.
  점점 조여 오는 공포감으로, 나는 피범벅이 된 문을 천천히 밀어 열었다.

- My neighbor *encroached* on my yard by building her new stockade fence a few feet on my side of the property line.
  이웃 사람은 마당의 경계선에서 우리 쪽으로 몇 피트 정도 들어온 지점에 새 울타리를 설치해서 우리 마당을 침범했다.

ENDEMIC [endémik] adj native; restricted to a particular region or era; indigenous 토착의; 특정 지역이나 시기에 국한된; 지역 고유의

- You won't find that kind of tree in California; it's *endemic* to our part of the country.

  캘리포니아에서는 그런 종류의 나무는 발견하지 못할 것이다. 그 나무는 우리 고장에만 있는 것이다.

- That peculiar strain of influenza was *endemic* to a small community in South Carolina; there were no cases anywhere else.

  그 특이한 변종의 인플루엔자는 남부 캐롤라이나의 작은 마을에서만 발병하는 것이었다. 다른 곳에서는 발병 사례가 없었다.

- The writer Tom Wolfe coined the term "Me Decade" to describe the egocentricity *endemic* in the 1970s.

  톰 울프라는 작가는 1970년대 특유의 자기중심적 사고방식을 묘사하는 'Me Decade(나'의 시대)'라는 새로운 용어를 만들어 냈다.

ENERVATE [énərvèit] v to reduce the strength or energy of, especially to do so gradually 힘이나 에너지를 감소시키다, 특히 차츰차츰 그렇게 하다

- Sander felt *enervated* by his long ordeal and couldn't make himself get out of bed.

  샌더는 오랜 기간 시련을 겪으면서 기력이 점점 쇠약해져서 혼자서는 침대에서 일어날 수조차 없었다.

- Clinging to a flagpole for a month without food or water *enervated* me, and one day I fell asleep and ended up on the ground.

  한 달 동안이나 음식이나 물도 없이 깃대에 매달려 있던 탓에 나는 기력이 쇠했다. 그러던 어느 날 잠이 들어 그만 바닥에 떨어지고 말았다.

- Life itself seemed to *enervate* the old woman. She grew weaker and paler with every breath she drew.

  삶 자체가 노부인의 기운을 빼앗는 것 같았다. 그녀는 숨을 쉴 때마다 점점 더 약해지고 더 창백해졌다.

ENFRANCHISE [infrǽntʃaiz] v to grant the privileges of citizenship, especially the right to vote 시민으로서의 특권, 특히 선거권을 주다

- In the United States, citizens become *enfranchised* on their eighteenth birthdays. American women were not *enfranchised* until the adoption of the Nineteenth Amendment in 1920, which gave them the right to vote.

  미국에서는 모든 시민에게 열여덟 번째 생일이 되면 투표할 수 있는 권리를 부여한다. 비로소 여성에게 투표할 수 있는 권리를 부여한 1920년의 열아홉 번째 헌법 수정안이 채택될 때까지 미국의 여성들은 참정권이 없었다.

To *disfranchise* (or *disenfranchise*) someone is to take away the privileges of citizenship or take away the right to vote.

누군가를 disfranchise(또는 disenfranchise)하는 것은 시민으로서의 권리나 선거에 참여할 수 있는 권리를 박탈하는 것이다.

- One of the goals of the reform candidate was to *disfranchise* the bodies at the cemetery, which had somehow managed to vote for the crooked mayor.

  개혁파 후보의 당면 목표 중의 하나는 묘지에 누워 있는 시신에게서 시민권을 박탈하는 것이었다. 그 시신들은(죽은 사람을 이용해서 찬성표를 만들어내는) 부정 선거를 저지르는 시장에게 어떻게든 투표해 왔던 사람들이기 때문이었다.

ENGENDER [indʒéndər] v to bring into existence; to create; to cause
발생시키다; 만들어내다; 야기하다

- My winning lottery ticket *engendered* a great deal of envy among my co-workers; they all wished that they had won.

  내가 복권에 당첨되자 동료들은 대단히 부러워했다. 그들은 모두 자신들이 복권에 당첨되었더라면 하고 바랐다.

- Smiles *engender* smiles.

  미소는 미소를 낳는다.

- The bitter lieutenant *engendered* discontent among his troops.

  중위의 혹독함이 부대 내에 불만을 야기했다.

ENIGMA [ənígmə] n a mystery 수수께끼

- Ben is an *enigma*; he never does any homework but he always gets good grades.

  벤은 수수께끼 같은 인물이다. 그는 숙제 한 번 하는 일이 없지만 언제나 좋은 성적을 받는다.

- The wizard spoke in riddles and *enigmas*, and no one could understand what he was saying.

  마법사가 불가사의하고 수수께끼 같은 말을 해서 아무도 그가 말하는 것을 이해할 수가 없었다.

▶ 형용사형은 enigmatic[ènigmǽtik](수수께끼 같은)이다.

- Ben's good grades were *enigmatic*. So was the wizard's speech.

  벤이 좋은 성적을 받았다는 사실은 불가사의했다. 마법사의 말도 마찬가지였다.

ENORMITY [inɔ́:rməti] n extreme evil; a hideous offense; immensity
극도의 사악함; 극악무도한 범죄; 엄청남

- Hitler's soldiers stormed through the village, committing one *enormity* after another.

  히틀러의 병사들은 마을을 습격해서 극악무도한 범죄 행위를 계속해서 저질렀다.

"Hugeness" or "great size" is not the main meaning of *enormity*. When you want to talk about the gigantic size of something, use *immensity* instead.

'광대함'이나 '거대한 크기'는 enormity의 주요 의미가 아니다. 거대한 크기에 관해서 말하고 싶을 때는 immensity를 대신 사용한다.

EPHEMERAL [ifémərəl] adj lasting a very short time
아주 짧은 시간 동안 지속되는, 순식간의

Ephemeral comes from the Greek and means lasting a single day. The word is usually used more loosely to mean lasting a short time.

Ephemeral은 '단 하루만 이어지는'이란 의미의 그리스 어에서 유래한 말이다. 그러나 대개는 좀 더 막연하게 짧은 시간 동안 지속된다는 의미로 사용된다.

Youth and flowers are both *ephemeral*. They're gone before you know it.

젊음과 꽃은 둘 다 ephemeral이라고 표현할 수 있다. 그것들은 당신이 깨닫지 못하는 사이에 사라져 버린다.

Some friendships are *ephemeral*.

어떤 우정은 ephemeral이다.

- The tread on those used tires will probably turn out to be *ephemeral.*

  그 중고 타이어의 지면과 접하는 면은 아마도 얼마 못 갈 것이다.

QUICK QUIZ

Match each word in the first column with its definition in the second column. Check your answers in the back of the book.

1. emulate	a. cause to exist
2. encroach	b. mystery
3. endemic	c. remove voting rights
4. enervate	d. reduce the strength of
5. enfranchise	e. native
6. disfranchise	f. grant voting rights
7. engender	g. strive to equal
8. enigma	h. lasting a very short time
9. enormity	i. extreme evil
10. ephemeral	j. trespass

EPIGRAM [épəgræm] n a brief and usually witty or satirical saying
짧고 재기 넘치거나 풍자적인 말, 경구

People often find it difficult to remember the difference between an *epigram* and these similar-looking words:

사람들은 epigram과 비슷하게 생긴 다음 단어들의 차이점을 기억하는 데 종종 어려움을 겪는다.

epigraph: an apt quotation placed at the beginning of a book or essay

epigraph : 책이나 글의 서두에 놓이는 적절한 인용, 제사, 표제어

epitaph: a commemorative inscription on a grave

epitaph : 묘지에 새기는 죽은 사람을 기념하는 비문

epithet: a term used to characterize the nature of something; sometimes a disparaging term used to describe a person.

epithet : 사물의 성질을 묘사할 때 사용되는 용어. 사람을 멸시하는 느낌으로 묘사할 때 쓰이는 용어, 별명, 통칭

▶ 형용사형은 epigrammatic [èpəgrəmǽtik] (경구적인, 풍자적인)이다.

EPITOME [ipítəmi] n a brief summary that captures the meaning of the whole; the perfect example of something; a paradigm
전체의 의미를 포착하여 짧게 요약한 것, 개요; 완벽한 예; 모범, 전형

▶ 발음에 주의할 것.

- The first paragraph of the new novel is an *epitome* of the entire book; you could read it and understand what the author is trying to get across.

  새로 나온 그 소설의 첫 단락은 책 전체의 개요를 드러낸다. 그것을 읽어 보면 작가가 전달하고자 하는 바를 이해할 수 있을 것이다.

- Luke's freshman year was the *epitome* of a college experience; he made friends, joined a fraternity, and ate too much pizza.

  루크의 1학년 신입생 시절은 그가 경험한 대학 생활의 전부가 다 들어 있었다. 그는 친구들을 사귀고 남학생 클럽에 가입하고 엄청 많은 피자를 먹었다.

- Eating corn dogs and drinking root beer is the *epitome* of the good life, as far as Kara is concerned.

  카라에게 있어서, 옥수수 핫도그를 먹고 저알코올 맥주를 마시는 것은 안락한 생활의 축도인 셈이다.

EQUANIMITY [ì:kwənímət i] n composure; calm 평정, 침착함; 평온함

- The entire apartment building was crumbling, but Rachel faced the disaster with *equanimity*. She ducked out of the way of a falling beam and continued searching for an exit.

  아파트 건물 전체가 힘없이 무너져 내렸지만, 레이첼은 그러한 재난에 침착하게 대처했다. 그녀는 기둥이 무너지는 길을 용케 피해 나와 출구를 계속해서 찾았다.

- John's mother looked at the broken glass on the floor with *equanimity*; at least he didn't hurt himself when he knocked over the vase.

  존의 어머니는 침착하게 마루에 깨진 유리 조각을 보았다. 적어도 존이 꽃병을 깨뜨릴 때 그는 다치지 않았다.

EQUITABLE [ékwətəbl] adj fair 공정한

- King Solomon's decision was certainly *equitable*; each mother would receive half the child.

  솔로몬 왕의 판결은 아주 공정했다. 두 엄마에게 각각 아이의 반씩을 갖도록 했다.

- The pirates distributed the loot *equitably* among themselves, so each one received the same share.

  해적들은 전리품을 서로가 공정하게 나눠 가졌다. 그래서 각각 똑같이 분배받았다.

- The divorce settlement was quite *equitable*. Sheila got the right half of the house and Tom got the left half.

  이혼 협의는 아주 공정했다. 실라가 집의 오른쪽 반을 갖고, 톰이 왼쪽 반을 갖게 되었다.

Equity is fairness; *inequity* is unfairness. *Iniquity* and *inequity* both mean unfair, but *iniquity* implies wickedness as well. By the way, *equity* has a meaning in business.

equity는 '공평함'을, inequity는 '불공정'을 의미한다. iniquity와 inequity는 둘 다 공정하지 못하다는 의미를 갖고 있지만, iniquity는 거기에 덧붙여서 사악하다는 의미가 함축되어 있다. 한편 equity는 비즈니스와 관련되어 쓰인다.

▶ 부록의 '9. Finance(재정)'를 참조할 것.

EQUIVOCAL [ikwívəkəl] adj ambiguous; intentionally confusing; capable of being interpreted in more than one way
모호한; 고의적으로 혼동시키는; 여러 가지 의미로 해석될 수 있는

Ambiguous means unclear. To be *equivocal* is to be intentionally ambiguous.

ambiguous는 '분명하지 않은'이라는 의미이다. equivocal은 '고의적으로 모호한'의 뜻이다.

- Joe's response was *equivocal*; we couldn't tell whether he meant yes or no, which is precisely what Joe wanted.

  조의 대답은 분명치 않았다. 우리는 그가 의미하는 것이 긍정인지 부정인지 알 수가 없었는데, 그것이 바로 조가 바랐던 것이다.

- Dr. Festen's *equivocal* diagnosis made us think that she had no idea what Mrs. Johnson had.

  페스턴 박사가 애매모호한 진단을 내렸기 때문에, 우리는 그녀가 존슨 부인의 병명을 모르고 있다는 생각이 들었다.

To be *equivocal* is to *equivocate*. To *equivocate* is to mislead by saying confusing or ambiguous things.

equivocal의 동사형은 equivocate(얼버무리다)이다. equivocate는 분명치 않거나 혼란을 야기하는 말을 써서 오해하게 만드는 것이다.

- When we asked Harold whether that was his car that was parked in the middle of the hardware store, he *equivocated* and asked, "In which aisle?"

  철물점 중간에 주차되어 있는 차가 그의 것이냐고 우리가 물었을 때, 해롤드는 얼버무리면서 "어느 통로에 있는 것?" 하고 물었다.

ERUDITE [érjudàit] adj scholarly; deeply learned   박식한; 학식이 깊은

- The professor said such *erudite* things that none of us had the slightest idea of what he was saying.

  그 교수는 박식한 것들에 대해 말해서 우리 중에 그가 말하고 있는 것을 조금이라도 아는 사람은 아무도 없었다.

- The *erudite* biologist was viewed by many of her colleagues as a likely winner of the Nobel Prize.

  그 생물학자는 대단히 학식이 깊어서 대다수의 동료들은 그녀를 노벨상 감이라고 여겼다.

To be *erudite* is to possess *erudition* [èrjudíʃən], or extensive knowledge.

erudite는 erudition(학식)이나 광범위한 지식을 가지고 있다는 뜻이다.

- Mr. Fernicola's vast library was an indication of his *erudition*.

  페르니콜라 씨의 방대한 서재는 그의 박식함을 말해 주었다.

▶ 이 두 단어의 발음에 주의할 것.

Match each word in the first column with its definition in the second column.
Check your answers in the back of the book.

1. epigram	a. brief summary
2. epigraph	b. fair
3. epitaph	c. composure
4. epithet	d. intentionally confusing
5. epitome	e. apt quotation
6. equanimity	f. say confusing things
7. equitable	g. inscription on a grave
8. equivocal	h. scholarly
9. equivocate	i. brief, witty saying
10. erudite	j. characterizing term

ESOTERIC [èsətérik] adj **hard to understand; understood by only a select few; peculiar** 난해한; 선택된 소수에게만 이해되는; 특별한

- Chicken wrestling and underwater yodeling were just two of Bob's *esoteric* hobbies.
  닭싸움과 수중 요들송은 특이한 밥의 취미 중 두 가지였다.

- The author's books were so *esoteric* that even her mother didn't buy any of them.
  그 작가의 책들은 너무나 난해해서 그녀의 엄마조차 그녀의 책들을 사지 않았다.

ESPOUSE [ispáuz] v **to support; to advocate** 지지하다; 주장하다

- Some cultures used to *espouse* polygamy, or marriage to more than one woman.
  어떤 문화권은 일부다처제나 한 여성 이상과의 결혼을 주의로 채택했었다.

- Alex *espoused* so many causes that he sometimes had trouble remembering which side he was on.
  알렉스는 너무나 많은 사회 운동을 지지하고 있어서 때로는 자신이 어느 편인지 헷갈려 애를 먹을 때가 있었다.

- The candidate for governor *espoused* a program in which all taxes would be abolished and all the state's revenues would be supplied by income from bingo and horse racing.
  주지사 후보는 모든 세금 제도를 폐지하고 주의 세입은 빙고 게임과 경마에서 들어오는 수입으로 충당하자는 공약을 내걸었다.

ETHEREAL [iθíəriəl] adj heavenly; as light and insubstantial as a gas or ether
천상의; 기체나 에테르같이 가볍고 실체가 없는

- The *ethereal* music we heard turned out to be not angels plucking on their harps but the wind blowing through the slats of the metal awning.

  우리가 들었던 천상의 음악은 천사가 하프를 뜯는 소리가 아니라 바람이 금속 차양의 널을 통해 지나가는 소리로 밝혀졌다.

- The *ethereal* mist on the hillside was delicate and beautiful.

  산허리에 걸친 희뿌연 안개는 섬세하고 아름다웠다.

EUPHEMISM [júːfəmìzm] n a pleasant or inoffensive expression used in place of an unpleasant or offensive one
불쾌감을 주거나 무례한 표현 대신에 사용하는 완곡한 표현

- Aunt Angie, who couldn't bring herself to say the word *death*, said that Uncle George had taken the big bus uptown. "Taking the big bus uptown" was her *euphemism* for dying.

  '죽음'이라는 단어를 결코 사용하지 않는 앤지 숙모는 조지 삼촌이 높은 곳으로 가는 버스를 탔다고 말했다. '높은 곳으로 가는 버스를 타는 것'은 그녀가 죽음을 완곡어법으로 표현한 것이었다.

- The sex-education instructor wasn't very effective. She was so embarrassed by the subject that she could only bring herself to speak *euphemistically* about it.

  강사의 성교육 강의는 별 효과가 없었다. 그녀는 그 주제가 너무 난처해서 단지 완곡한 표현만을 사용했던 것이다.

EVANESCENT [èvənésnt] adj fleeting; vanishing; happening for only the briefest period
덧없는; 사라지는; 아주 짧은 순간에만 발생하는

- Meteors are *evanescent*: they last so briefly that it is hard to tell whether one has actually appeared.

  별똥별은 순간적으로 사라진다. 그것은 너무나 빨리 사라지기 때문에 실제로 나타난 건지 아닌지 구별하기 어렵다.

EXACERBATE [igzǽsərbèit] v to make worse 악화시키다

- Dipping Austin in lye *exacerbated* his skin condition.

  오스틴을 알칼리성 세제에 담가 씻겼더니 그의 피부병이 더 악화되었다.

- The widow's grief was *exacerbated* by the minister's momentary inability to remember her dead husband's name.

  목사가 한순간 죽은 그녀의 남편 이름을 기억하지 못하자 미망인의 슬픔은 더욱 커졌다.

- The fender-bender was *exacerbated* when two more cars plowed into the back of Margaret's car.

  마가렛의 차 뒤로 두 대가 더 추돌 사고를 일으키는 바람에 경미한 접촉 사고는 대형 사고로 바뀌었다.

EXACTING [igzǽktiŋ] adj **extremely demanding; difficult; requiring great skill or care**
극단적으로 무리한 요구를 하는; 어려운; 대단한 기술이나 주의를 요하는

- The *exacting* math teacher subtracted points if you didn't show every step of your work.
  아주 가혹한 수학 선생은 풀이의 모든 과정을 보여주지 않으면 가차 없이 감점 처리했다.

- The surgeon's *exacting* task was to reconnect the patient's severed eyelid.
  외과 의사에게 맡겨진 고난도의 임무는 환자의 손상된 눈꺼풀을 다시 연결하는 것이었다.

EXALT [igzɔ́ːlt] v **to raise high; to glorify** 높이 올리다; 칭찬하다

- The manager decided to *exalt* the lowly batboy by asking him to throw the first pitch in the opening game of the World Series.
  감독은 월드 시리즈 첫 경기의 시구로 팀의 잡일을 보는 소년을 지명해서 그의 지위를 올려 주기로 결정했다.

The adjective *exalted* is used frequently.
형용사형인 exalted는 자주 사용된다.

- Being queen of England is an *exalted* occupation.
  영국의 여왕이라는 것은 고귀한 자리이다.

- Diamante felt *exalted* when he woke up to discover that his great-uncle had left him $100 million.
  어느 날 깨어나서 종조부가 1억 달러를 남겨 주었다는 사실을 알게 되었을 때, 디아망테는 신바람이 났다.

- Cleaning out a septic tank is not an *exalted* task.
  오수 정화조를 청소하는 일은 고상한 업무는 아니다.

▶ 후에 나오는 exult(의기양양하다)라는 단어와 혼동하지 않도록 주의할 것.

EXASPERATE [igzǽspərèit] v **to annoy thoroughly; to make very angry; to try the patience of**
대단히 화나게 하다; 매우 화나게 하다; ~의 인내심을 시험하다

- The child's insistence on hopping backward on one foot *exasperated* her mother, who was in a hurry.
  아이는 한 발로 껑충껑충 뛰면서 뒤로 가려고 고집을 부려서 황급히 서두르고 있던 엄마를 화나게 만들었다.

- The algebra class's refusal to answer any questions was extremely *exasperating* to the substitute teacher.
  대수학 시간의 학생들이 어떤 질문에도 대답하기를 거부해서 그 대리 교사는 무척이나 화가 났다.

EXEMPLIFY [igzémpləfài] v **to illustrate by example; to serve as a good example** 예를 들어 설명하다; 좋은 예가 되다

- Fred participated in every class discussion and typed all of his papers. His teacher thought Fred *exemplified* the model student; Fred's classmates thought he was sycophantic.
  프레드는 학급 회의에 매번 참여했으며 숙제도 모두 타이프를 쳐서 제출했다. 선생님은 프레드가 모범적인 학생의 본보기라고 생각했다. 프레드의 같은 반 친구들은 그를 아첨꾼이라고 생각했다.

An *exemplar*[igzémplər] is an ideal model or a paradigm. *Exemplary*[igzémpləri] means outstanding or worthy of imitation.

exemplar는 '이상적인 본보기'나 '전형'이라는 뜻이다. 형용사형 exemplary는 '뛰어난' 또는 '본받을 만한'이라는 의미이다.

EXHAUSTIVE [igzɔ́:stiv] adj thorough; rigorous; complete; painstaking
철저한; 엄밀한; 완전한; 수고를 아끼지 않는

- Before you use a parachute, you should examine it *exhaustively* for defects. Once you jump, your decision is irrevocable.

  낙하산을 사용하기 전에 결함이 없는지 속속들이 검사를 해 봐야 한다. 일단 뛰어내리고 나면 결과는 돌이킬 수 없다.

EXHORT [igzɔ́:rt] v to urge strongly; to give a serious warning to
강력하게 권하다; 심각하게 경고하다

- The coach used her bullhorn to *exhort* us to try harder.

  코치는 확성기를 사용하여 우리에게 더 열심히 노력하라고 재촉했다.

- The fearful forest ranger *exhorted* us not to go into the cave, but we did so anyway and became lost in the center of the earth.

  무시무시한 산림 경비원이 우리에게 동굴 속으로 들어가지 말라고 경고했지만, 우리는 어쨌든 들어가 보았고 땅속에서 길을 잃었다.

▶ 형용사형은 hortatory[hɔ́:rtətɔ̀:ri] (충고의, 권고적인)이다.

QUICK QUIZ

Match each word in the first column with its definition in the second column. Check your answers in the back of the book.

1. esoteric	a. peculiar
2. espouse	b. make worse
3. ethereal	c. extremely demanding
4. euphemism	d. raise high
5. evanescent	e. inoffensive substitute term
6. exacerbate	f. urge strongly
7. exacting	g. annoy thoroughly
8. exalt	h. heavenly
9. exasperate	i. advocate
10. exemplify	j. fleeting
11. exhaustive	k. illustrate by example
12. exhort	l. thorough

EXIGENCY [éksədʒənsi] n an emergency; an urgency 비상사태; 긴급 사태

- An academic *exigency*: You haven't opened a book all term and the final is tomorrow morning.

  학업의 위기는 학기 내내 책 한 번 펼쳐 보지 않았는데, 기말 시험이 내일 아침일 때이다.

▸ 형용사형은 exigent(위급한, 급박한)이다.

EXISTENTIAL [ègzisténʃəl] adj having to do with existence; having to do with the body of thought called existentialism, which basically holds that human beings are responsible for their own actions

존재에 관한; 실존주의라 불리는 일단의 사상에 관한, 실존주의란 인간은 자기 자신의 행동에 책임을 져야 한다는 내용을 기본으로 하는 사상이다.

This word is overused but under-understood by virtually all of the people who use it. Unless you have a very good reason for throwing it around, you should probably avoid it.

이 단어를 남용하는 경향이 있다. 그러나 사실 이 단어를 사용하는 사람들 모두 그 뜻을 제대로 이해하고 있지는 않다. 이 단어를 사용해야 할 아주 적합한 상황이 아니라면 아마도 피하는 것이 좋을 것이다.

EXONERATE [igzánərèit] v to free completely from blame; to exculpate 책임을 완전히 면제해 주다; 무죄로 하다

- The defendant, who had always claimed he wasn't guilty, expected to be *exonerated* by the testimony of his best friend.

  항상 자신이 무죄라고 주장했던 피고인은 가장 친한 친구의 증언으로 혐의가 벗겨지기를 기대했다.

- Our dog was *exonerated* when we discovered that it was in fact the cat that had eaten all the doughnuts.

  도넛을 몽땅 먹어 치운 놈이 사실은 고양이였다는 사실이 밝혀지면서 우리 집 개의 무죄가 입증되었다.

EXPATRIATE [ekspéitrièit] v to throw (someone) out of his or her native land; to move away from one's native land; to emigrate 조국에서 추방하다; 조국을 떠나 외국으로 이주하다; 이민하다

- The rebels were *expatriated* by the nervous general, who feared that they would cause trouble if they were allowed to remain in the country.

  소심한 장군은 반란군을 국외로 추방했다. 그는 반란군을 그대로 국내에 있게 하면, 말썽을 일으킬 것이라고 두려워했다.

- Hugo was fed up with his native country, so he *expatriated* to America. In doing so, Hugo became an *expatriate* [ekspéitriət].

  휴고는 자신의 고국에 싫증이 나서 미국으로 이민을 갔다. 그렇게 해서 휴고는 국외 거주자가 되었다.

To *repatriate* [ri:péitrièit] is to return to one's native citizenship; that is, to become a *repatriate* [ri:péitriət].

repatriate은 '고국의 시민으로 돌아가다'의 의미이다. 다시 말해서, repatriate(귀국자)이 된다는 뜻이다.

EXPEDIENT [ikspíːdiənt] adj providing an immediate advantage; serving one's immediate self-interest; practical
즉시 편의를 제공하는; 즉각적인 이익을 주는; 실용적인

- Because the basement had nearly filled with water, the plumber felt it would be *expedient* to clear out the drain.

  지하실에 물이 거의 가득 들어찼기 때문에, 배관공은 빨리 배수로를 뚫어 주는 게 상책이라고 생각했다.

- The candidate's position in favor of higher pay for teachers was an *expedient* one adopted for the national teachers' convention and abandoned shortly afterward.

  그 후보가 교사들의 임금 인상안을 찬성하는 입장을 취한 것은 전국 교사 대회에 대비해 전략적 방편으로 채택한 것이었고 얼마 안 있어 그는 자신의 입장을 포기했다.

▶ expedient는 '방책'이라는 뜻의 명사로도 쓰인다.

- The car repairman did not have his tool kit handy, so he used chewing gum as an *expedient* to patch a hole.

  차량 정비사는 주변에 쓸 만한 도구들을 가지고 있지 않았다. 그래서 그는 임시방편으로 구멍을 메우기 위해 껌을 사용했다.

The noun *expedience* or *expediency* is practicality or being especially suited to a particular goal.

명사형은 expedience 또는 expediency로, '실용성' 또는 '특정 목적에 특히 적합함'의 뜻이다.

EXPEDITE [ékspədàit] v to speed up or ease the progress of
더 신속하게 하다, ~의 과정을 빠르게 진척시키다

- The post office *expedited* mail delivery by hiring more letter carriers.

  우체국은 집배원을 더 많이 고용해서 우편물 배달을 더 신속하게 했다.

- The lawyer *expedited* the progress of our case through the courts by bribing a few judges.

  변호사는 몇몇 판사에게 뇌물을 주는 방법으로 우리 재판 진행을 진척시켰다.

- Our wait for a table was *expedited* by a waiter who mistook Angela for a movie star.

  식당에서 안젤라를 영화배우로 착각한 웨이터 덕분에 우리는 기다리지 않고 빨리 자리를 얻었다.

EXPLICIT [iksplísit] adj clearly and directly expressed
분명하고도 직접적으로 표현된, 명백한

- The sexually *explicit* movie received an X rating.

  그 영화는 노골적인 성애 영화라서 X 등급을 받았다.

- The machine's instructions were *explicit*—they told us exactly what to do.

  기계 설명서는 분명했다. 무엇을 해야 할지 정확하게 일러 주었다.

- No one *explicitly* asked us to set the barn on fire, but we got the impression that that was what we were supposed to do.

  아무도 우리에게 헛간에 불을 지르라고 드러내 놓고 당부하지는 않았지만, 우리는 그게 바로 우리가 할 일이라는 인상을 받았다.

Implicit means indirectly expressed or implied.

implicit는 '간접적으로 표현된' 또는 '암시된'이라는 의미이다.

- Gerry's dissatisfaction with our work was *implicit* in his expression, although he never criticized us directly.

  게리는 결코 우리를 직접적으로 비난하지는 않았지만, 그의 표현에는 우리가 한 일에 대한 불만이 함축되어 있었다.

EXTOL [ikstóul] v to praise highly; to laud 격찬하다; 칭송하다

- The millionaire *extolled* the citizen who returned her gold watch but the only reward was a heartfelt handshake.

  백만장자는 자신의 금시계를 돌려준 시민을 매우 칭찬하고 보답으로 고작 그와 진심에서 우러난 악수를 했다.

EXTRANEOUS [ikstréiniəs] adj unnecessary; irrelevant; extra
불필요한; 관계없는; 여분의

- Extra ice cream would never be *extraneous*, unless everyone had already eaten so much that no one wanted any more.

  모든 사람들이 이미 아이스크림을 충분히 많이 먹어서 아무도 더 먹고 싶어하지 않는 상황이 아니라면, 여분의 아이스크림은 불필요한 것이 아니다.

- The book's feeble plot was buried in a lot of *extraneous* material about a talking dog.

  그 책의 허술한 구성은 말하는 개에 대한 수많은 불필요한 소재 속에 묻혔다.

- The salad contained several *extraneous* ingredients, including hair, sand, and a single dead fly.

  샐러드에는 죽은 파리 한 마리를 비롯해서 머리카락과 모래 등 몇 가지 불필요한 성분들이 들어 있었다.

To be *extraneous* is to be *extra* and always with the sense of being unnecessary.

extraneous는 extra의 의미인데, 여기에는 언제나 불필요하다는 의미를 가지고 있다.

EXTRAPOLATE [ikstrǽpəlèit] v to project or deduce from something known;
to infer 알려진 사실로부터 추정하거나 추론하다; 추측하다

- George's estimates were *extrapolated* from last year's data; he simply took all the old numbers and doubled them.

  조지가 내린 견적은 지난해의 데이터에서 추정한 것이었다. 그는 단순히 이전의 숫자들을 빌려와 두 배로 계산한 것이다.

- Emeril came up with a probable recipe by *extrapolating* from the taste of the cookies he had eaten at the store.

  에머릴은 가게에서 먹었던 쿠키의 맛에서 추론하여 그럴듯한 요리법을 만들어냈다.

- By *extrapolating* from a handful of pottery fragments, the archaeologists formed a possible picture of the ancient civilization.

  부서진 도자기 조각들로부터 추정하여, 고고학자들은 그럴싸한 고대 문명의 모습을 만들어 냈다.

To *extrapolate*, a scientist uses the facts he or she has to project to facts outside; to *interpolate* [intə́ːrpəlèit], the scientist tries to fill the gaps within data.

extrapolate(추론하다)하기 위해서 과학자는 알고 있는 사실들을 이용하여 외부 사실들에 투사하며, interpolate(삽입하다)하기 위해서 자신이 가지고 있는 자료들로 공백을 메우려 한다.

EXTRICATE [ékstrəkèit] v to free from difficulty 곤경에서 벗어나게 하다

- It took two and a half days to *extricate* the little girl from the abandoned well into which she had fallen.
  버려진 우물에 빠진 어린 소녀를 구하는 데 이틀하고도 반나절이나 걸렸다.

- Yoshi had to pretend to be sick to *extricate* himself from the blind date with the ventriloquist who brought her puppet on the date with her.
  데이트에 인형을 가지고 오는 복화술사와의 소개팅에서 벗어나기 위해 요시는 아픈 척해야만 했다.

- Monica had no trouble driving her car into the ditch, but she needed a tow truck to *extricate* it.
  모니카는 별 어려움 없이 차를 몰아 도랑 속으로 들어갔지만, 거기에서 벗어나기 위해서는 견인 트럭이 필요했다.

Something that is permanently stuck is *inextricable* [inékstrəkəbl].
영구히 헤어날 수 없는 것을 inextricable(불가분한)이라고 표현한다.

EXTROVERT [ékstrəvə̀ːrt] n an open, outgoing person; a person whose attention is focused on others rather than on himself or herself
개방적이고 사교적인 사람, 외향적인 사람; 자신보다는 남에게 더 많이 관심을 두고 있는 사람

- Maria was quite an *extrovert*; she walked boldly into the roomful of strange adults and struck up many friendly conversations.
  마리아는 상당히 외향적이었다. 그녀는 낯선 어른들로 가득한 방에 대담하게 걸어 들어가 상냥하게 많은 대화를 시작했다.

- Damian was an *extrovert* in the sense that he was always more interested in other people's business than in his own.
  자신의 일보다는 항상 남의 일에 더 많이 관심을 갖는다는 의미에서 볼 때, 다미안은 외향적인 사람이었다.

An *introvert* [íntrəvə̀ːrt] is a person whose attention is directed inward and who is concerned with little outside himself or herself.
introvert는 관심이 자신의 내부에만 머물러 있고 자기 외부에는 관심을 거의 드러내지 않는 내성적인 사람이다.

- Ryan was an *introvert*; he spent virtually all his time in his room, writing in his diary and talking to himself. An *introvert* is usually introspective.
  라이언은 내성적인 사람이었다. 그는 거의 대부분의 시간을 자신의 방안에서 일기를 쓰거나 자기 자신과 대화하면서 보냈다. 내성적인 사람은 대개 자기 성찰적인 성향을 갖고 있다.

EXULT [igzʌ́lt] v to rejoice, to celebrate 기뻐하다; 축제 기분에 젖다

- The women's team *exulted* in its victory over the men's team at the badminton finals. They were *exultant*.
  여성 팀은 배드민턴 결승전에서 남성 팀을 누르고 승리하여 무척 기뻤다. 그들은 의기양양했다.

Match each word in the first column with its definition in the second column.
Check your answers in the back of the book.

1. exigency	a. free from blame
2. existential	b. clearly expressed
3. exonerate	c. indirectly expressed
4. expatriate	d. having to do with existence
5. expedient	e. outgoing person
6. expedite	f. speed up
7. explicit	g. infer
8. implicit	h. free from difficulty
9. extol	i. immediately advantageous
10. extraneous	j. unnecessary
11. extrapolate	k. inwardly directed person
12. extricate	l. throw out of native land
13. extrovert	m. emergency
14. introvert	n. rejoice
15. exult	o. praise highly

F

FABRICATION [fæ̀brikéiʃən] n **a lie; something made up** 거짓말; 조작된 것

- My story about being the prince of Wales was a *fabrication*. I'm really the king of Denmark.

  내가 영국의 황태자라는 얘기는 거짓말이었다. 나는 실제로는 덴마크의 왕이다.

- The suspected murderer's alibi turned out to be an elaborate *fabrication*; in other words, he was lying when he said that he hadn't killed the victim.

  살인 용의자의 알리바이는 정교하게 조작된 것임이 드러났다. 다시 말해서 피해자를 죽이지 않았다는 그의 말은 거짓말이었다.

▶ fabrication의 동사형은 fabricate이다.

FACETIOUS [fəsí:ʃəs] adj **humorous; not serious; clumsily humorous**
우스운; 진지하지 않은; 우스꽝스러운

- David was sent to the principal's office for making a *facetious* remark about the intelligence of the French teacher.

  프랑스 어 선생님의 지능에 관한 우스갯소리를 해서 데이비드는 교장실로 불려갔다.

- Our proposal about shipping our town's garbage to the moon was *facetious*, but the first selectman took it seriously.

  마을의 쓰레기를 달로 운반하자는 우리의 제안은 그저 웃자고 한 소리였다. 그러나 도시 행정 위원장은 그 안을 진지하게 받아들였다.

FACILE [fǽsil] adj **fluent; skillful in a superficial way; easy**
유창한; 표면적으로는 능숙한; 쉬운

▶ 발음에 주의할 것.

To say that a writer's style is *facile* is to say both that it is skillful and that it would be better if the writer exerted himself or herself more. The word *facile* almost always contains this sense of superficiality.

작가의 문체가 facile이라는 말은, 솜씨가 뛰어나다는 뜻과 작가가 좀 더 노력한다면 훨씬 더 좋아질 것이라는 뜻 두 가지를 모두 말하는 것이다. facile이란 단어는 거의 언제나 이처럼 '표면적인'이라는 의미를 담고 있다.

- Paolo's poems were *facile* rather than truly accomplished; if you read them closely, you soon realized they were filled with clichés.

  파올로의 시들은 조예가 깊다기보다는 쉽게 만들어진 것이었다. 자세히 읽어 보면, 진부한 표현으로 가득하다는 것을 금방 알 수 있을 것이다.

- The CEO of the company was a *facile* speaker. She could speak engagingly on almost any topic with very little preparation. She spoke with great *facility*.

  그 회사의 CEO는 달변가였다. 그녀는 준비가 거의 없이도 어떤 주제에 대해서든 남의 마음을 끌 수 있게 말할 수 있었다. 그녀는 대단히 유창한 달변가였다.

FACTION [fǽkʃən] n **a group, usually a small part of a larger group, united around some cause; disagreement within an organization**
파벌, 대개 어떤 목적을 위해서 모인 큰 그룹 내의 소규모 모임; 조직 내의 분쟁, 내분

- At the Republican National Convention, the candidate's *faction* spent much of its time shouting at the other candidate's *faction*.

  공화당 전당대회에서 그 후보 파는 다른 쪽 후보 파에 소리만 질러대느라 많은 시간을 허비했다.

- The faculty was relatively happy, but there was a *faction* that called for higher pay.

  교직원들은 비교적 만족했다. 그러나 임금 인상을 요구하는 집단도 있었다.

- When the controversial topic of the fund drive came up, the committee descended into bitterness and *faction*. It was a *factious* topic.

  기금 모금에 관해 논란의 여지가 있는 주제가 제기되자, 위원회는 내분과 상호 비방으로 이어졌다. 그것은 내분을 낳는 주제였다.

FARCICAL [fάːrsikəl] adj **absurd; ludicrous** **터무니없는; 우스꽝스러운**

- The serious play quickly turned *farcical* when the leading man's belt broke and his pants fell to his ankles.

  주인공의 허리띠가 끊어져 바지가 발목까지 흘러내리자 심각하던 연극은 우스꽝스럽게 변해 버렸다.

- The formerly secret documents detailed the CIA's *farcical* attempt to discredit the dictator by sprinkling his shoes with a powder that was supposed to make his beard fall out.

  과거의 비밀문서에는 신발에 파우더를 뿌려놓아 수염을 떨어지게 함으로써 그 독재자를 웃음거리로 만들려고 했던 CIA의 터무니없는 작전에 대해서 자세히 적혀 있다.

Farcical means like a *farce*, which is a mockery or a ridiculous satire.

farcical은 '익살극(farce) 같은'이라는 의미로, 조롱거리나 우스꽝스러운 풍자극 같다는 뜻이다.

FASTIDIOUS [fæstídiəs] adj **meticulous; demanding; finicky**
지나치게 세심한; 요구사항이 많은; 까다로운

- Mrs. O'Hara was a *fastidious* housekeeper; she cleaned up our crumbs almost before they hit the floor.

  오하라 여사는 지나치게 세심한 주부였다. 그녀는 빵 부스러기가 마룻바닥에 떨어지기가 무섭게 깨끗이 치웠다.

- Jeb was so *fastidious* in his work habits that he needed neither a wastebasket nor an eraser.

  제브는 쓰레기통도 지우개도 필요 없을 만큼 작업 습관이 지나치게 세심했다.

- The *fastidious* secretary was nearly driven mad by her boss, who used the floor as a file cabinet and her desk as a pantry.

  지나치게 깔끔했던 비서는 사장 때문에 거의 미칠 지경이었다. 사장은 마룻바닥에 서류를 아무렇게나 쌓아두고 책상을 식품 저장실처럼 사용했다.

FATALIST [féitəlist]   n someone who believes that future events are already determined and that humans are powerless to change them
미래의 일은 이미 결정되어 있고 인간은 그것을 바꿀 힘이 없다고 믿는 사람, 운명론자

- The old man was a *fatalist* about his illness, believing there was no sense in worrying about something he could not control.
  자신이 통제할 수 없는 일에 대해서 걱정하는 것은 의미 없는 일이라고 믿으면서 노인은 자신의 병을 운명이라고 받아들였다.

- Carmen was such a *fatalist* that she never wore a seat belt; she said that if she were meant to die in a car accident, there was nothing she could do to prevent it.
  카르멘은 결코 안전벨트를 매지 않는 철저한 운명론자였다. 그녀는 자신이 교통사고로 죽을 운명이라면 그것을 막을 수 있는 방법은 아무것도 없다고 말했다.

Fatalist is closely related to the word *fate*. A *fatalist* is someone who believes that *fate* determines everything.
fatalist는 fate(운명)라는 단어와 밀접한 관련이 있다. fatalist는 fate(운명)가 모든 것을 결정한다고 믿는 '운명론자'이다.

▶ 형용사형은 fatalistic(운명론적인)이다.

FATUOUS [fǽtʃuəs] adj foolish; silly; idiotic   바보 같은; 어리석은; 천치 같은

- Pauline is so pretty that her suitors are often driven to *fatuous* acts of devotion. They are *infatuated* with her.
  폴라인이 너무나 예쁘기 때문에 구혼자들은 종종 바보처럼 헌신적인 행동을 한다. 그들은 그녀에게 넋이 나가 있다.

FAUNA [fɔ́:nə] n animals   동물들

- We saw little evidence of *fauna* on our walk through the woods. We did, however, see plenty of *flora*, or plants.
  숲 속을 걷고 있는 동안에 우리는 동물들의 흔적을 거의 보지 못했다. 반면에 식물은 많이 보았다.

The phrase *flora* and *fauna* means plants and animals. The terms are used particularly in describing what lives in a particular region or environment.
flora와 fauna라는 말은 식물군과 동물군을 의미한다. 이 용어들은 특히 특정 지역이나 환경에서 사는 것들을 지칭할 때 사용된다.

Arctic *flora* are very different from tropical *flora*.
극지방의 flora는 적도 지방의 flora와 매우 다르다.

- In Jim's yard, the *flora* consists mostly of weeds.
  짐의 마당에는 식물이라고 해 봐야 거의 잡초뿐이다.

It's easy to remember which of these words means what. Just Just replace *flora* and *fauna* with *flowers* and *fawns*.
이들 단어가 각각 무엇을 의미하는지를 암기하는 것은 쉽다. 그저 flora와 fauna 자리에 flowers(꽃들)와 fawns(새끼 사슴들)로 교체하라.

FECUND [fí:kənd/fékənd] adj fertile; productive 비옥한; 다산의, 생산적인

- The *fecund* mother rabbit gave birth to hundreds and hundreds of little rabbits.

  다산성인 어미 토끼들은 수백 마리의 새끼를 낳고 또 낳았다.

- The child's imagination was so *fecund* that dozens of stories hopped out of him like a bunch of baby rabbits.

  그 아이의 상상력은 대단히 풍부해서 아주 많은 새끼 토끼처럼 수많은 이야기가 퐁퐁 솟아 나왔다.

- Our compost heap became increasingly *fecund* as it decomposed.

  퇴비 더미는 썩어가면서 점점 비옥해졌다.

▸ 명사형은 fecundity[fikʌ́ndəti] (생산력, 다산, 비옥)이다.

QUICK QUIZ

Match each word in the first column with its definition in the second column. Check your answers in the back of the book.

I. fabrication	a. plants
2. facetious	b. fertile
3. facile	c. absurd
4. faction	d. one who believes in fate
5. farcical	e. humorous
6. fastidious	f. animals
7. fatalist	g. superficially skillful
8. fatuous	h. group with a cause
9. fauna	i. lie
I0. flora	j. meticulous
I I. fecund	k. foolish

FELICITY [filísəti] n happiness; skillfulness, especially at expressing things; adeptness 행복; 능숙한 솜씨, 특히 표현 방법에 있어; 숙련

- Love was not all *felicity* for Judy and Steve; they argued all the time. In fact their relationship was characterized by *infelicity*.

  주디와 스티브의 사랑은 행복한 것만은 아니었다. 그들은 내내 싸웠다. 사실 그들 관계의 특징은 불행 그 자체라고 할 수 있었다.

- Shakespeare wrote with great *felicity*. His works are filled with *felicitous* expressions.

  셰익스피어는 대단히 솜씨 있게 글을 썼다. 그의 작품은 적절한 표현으로 가득하다.

FERVOR [fə́:rvər] n great warmth or earnestness; ardor; zeal
대단한 열의나 진지함; 열정; 열중, 열의

- Avid baseball fans frequently display their *fervor* for the game by throwing food at bad players.

  광적인 야구팬들은 실력 없는 선수들에게 음식물을 집어던져 경기에 대한 자신들의 열정을 보이는 경우가 종종 있다.

FETTER [fétər] v to restrain; to hamper 제한하다, 억제하다; 방해하다

- In her pursuit of an Olympic gold medal, the runner was *fettered* by multiple injuries.

  그 달리기 선수는 올림픽에서 금메달을 따기를 원했지만, 다양한 부상으로 인해 메달을 따지 못했다.

To be *unfettered* is to be unrestrained or free of hindrances.

unfettered는 '제약이 없거나 방해받지 않는'의 뜻이다.

- After the dictator was deposed, the novelist produced a fictional account of the dictatorship that was *unfettered* by the strict rules of censorship.

  독재자가 물러난 후 소설가는 엄격한 검열의 족쇄에서 벗어나 독재 정권에 대한 소설을 썼다.

A *fetter* is literally a chain (attached to the foot) that is used to restrain a criminal or, for that matter, an innocent person. A figurative *fetter* can be anything that hampers or restrains someone.

fetter는 말 그대로 원래 범죄자이든 아니면 무고한 사람이든 간에 구속하기 위해 사용했던 발에 감는 '족쇄'를 의미한다. 비유적인 의미로 쓰인 fetter는 누군가를 방해하거나 속박하는 모든 것을 의미할 수 있다.

- The housewife's young children were the *fetters* that prevented her from pursuing a second master's degree.

  두 번째 석사 학위를 받으려는 주부에게는 어린 자식들이 족쇄가 되었다.

FIDELITY [fidéləti] n faithfulness; loyalty 성실; 충성심

- The motto of the United States Marine Corps is *semper fidelis*, which is Latin for always loyal.

  미 해병의 좌우명은 변함없는 충성을 의미하는 라틴 어인 semper fidelis(항상 충실한)이다.

A *high-fidelity* record player is one that is very faithful in reproducing the original sound of whatever was recorded.

high-fidelity record player란 어떤 소리가 녹음되더라도 원음을 아주 충실하게 재생할 수 있는 오디오를 의미한다.

- The crusader's life was marked by *fidelity* to the cause of justice.

  그 개혁 운동가의 삶은 정의를 위한 투쟁으로 점철되어 있었다.

- The soldiers couldn't shoot straight, but their *fidelity* to the cause of freedom was never in question.

  군인들은 총조차 똑바로 쏠 수 없었지만, 자유를 향한 충성심은 결코 의문의 여지가 없었다.

Infidelity means faithlessness or disloyalty. Marital *infidelity* is another way of saying adultery.

infidelity는 '배신', '불충'을 의미한다. 부부 간의 infidelity는 간통이라는 말의 또 다른 표현이다.

- Early phonograph records were marked by *infidelity* to the original.

  초기의 축음기는 원음을 제대로 재생하지 못했다.

FIGURATIVE [fígjurətiv] adj **based on figures of speech; expressing something in terms usually used for something else; metaphorical**

말의 상징에 기초한; 일반적으로 다른 사물을 일컫는 용어로 표현하는; 은유의

- When the mayor said that the housing market had sprouted wings, she was speaking *figuratively*. The housing market hadn't really sprouted wings; it had merely risen so rapidly that it had almost seemed to fly.

  시장은 비유적인 표현을 사용해 주택 시장이 날개를 달았다고 말했다. 주택 시장이 실제로 날개를 달 수는 없다. 주택 시장의 성장 속도가 아주 빨라서 거의 날아가는 것 같았다는 의미이다.

To say that the autumn hillside was a blaze of color is to use the word *blaze* in a *figurative* sense. The hillside wasn't really on fire, but the colors of the leaves made it appear (somewhat) as though it were.

가을 언덕이 색채의 불꽃이었다'고 하는 것은 '불꽃'라는 단어를 figurative인 의미로 사용한 것이다. 산등성이에 실제로 불이 난 것은 아니고 나뭇잎의 색깔이 마치 불붙는 것처럼 보였던 것이다.

A *figurative* meaning of a word is one that is not *literal*. A *literal* statement is one in which every word means exactly what it says. If the housing market had *literally* sprouted wings, genuine wings would somehow have popped out of it.

단어의 figurative인 의미란 literal(문자 그대로)이 아닌 것이다. literal statement는 모든 단어들이 바로 글자 그대로의 의미를 갖고 있는 표현이다. 주택 시장이 literally(문자 그대로) 날개가 생겼다면 진짜 날개가 불쑥 튀어나와야 했을 것이다.

People very, very often confuse these words, using one when they really mean the other.

사람들은 매우 자주 이런 단어들을 혼동하며, 진짜 말하고 싶은 것에 이 표현을 쓴다.

- Desmond could *literally* eat money if he chewed up and swallowed a dollar bill. Desmond's car eats money only *figuratively*, in the sense that it is very expensive to operate.

  만약 데스몬드가 1달러짜리 지폐를 씹어 삼킨다면, 그는 글자 그대로 돈을 먹을 수도 있는 것이다. 데스몬드의 차가 돈을 먹는다는 것은 자동차 운영비가 매우 비싸게 든다는 의미를 단지 비유적으로 표현한 것뿐이다.

FINESSE [finés] n **skillful maneuvering; subtlety; craftiness**

교묘한 처리; 교묘함; 교활함, 술책, 책략

- The doctor sewed up the wound with *finesse*, making stitches so small one could scarcely see them.

  의사는 사람들이 거의 알아볼 수 없을 정도로 작은 바느질로 상처를 아주 정교하게 꿰맸다.

- The boxer moved with such *finesse* that his opponent never knew what hit him.

  그 권투 선수는 아주 교묘하게 움직여서 상대편 선수는 무엇이 자신을 때리는지도 알지 못했다.

FLAGRANT [fléigrənt] adj **glaringly bad; notorious; scandalous**

지독히 나쁜; 악명 높은; 명예롭지 못한

An example of a *flagrant* theft would be stealing a car from the parking lot of a police station. A *flagrant* spelling error is a very noticeable one.

flagrant인 절도 행각이란, 예를 들자면 경찰서 뒷마당에서 차를 훔치는 일 같은 것이다. flagrant인 철자법 실수란 아주 눈에 띄는 실수를 말한다.

▶ blatant(야단스러운)를 참조할 것. 이 두 단어는 자주 혼동된다.

FLAUNT [flɔːnt] v to show off; to display ostentatiously
과시하다; 여봐란 듯이 내보이다

- The brand-new millionaire annoyed all his friends by driving around his old neighborhood to *flaunt* his new Rolls-Royce.

  신흥 백만장자는 이전에 살던 곳에 자신의 새 롤스로이스를 과시라도 하듯이 몰고 와서 친구들을 화나게 했다.

- Colleen *flaunted* her engagement ring, shoving it in the face of almost anyone who came near her.

  콜린은 가까이 있는 거의 모든 사람들의 면전에 대고 약혼반지를 내밀어 자랑했다.

This word is very often confused with *flout*.

flaunt는 flout(모욕하다)와 흔히 혼동된다.

FLOUT [flɑut] v to disregard something out of disrespect
경멸하듯 무시하다, 멸시하다

- A driver *flouts* the traffic laws by driving through red lights and knocking down pedestrians.

  운전자가 교통 법규를 무시하고 적색등에서 달리다가 보행자를 치는 사고를 낸다.

To *flaunt* success is to make certain everyone knows that you are successful. To *flout* success is to be contemptuous of success or to act as though it means nothing at all.

성공을 flaunt(과시하다)한다는 말은 자신의 성공을 모든 사람들이 알 수 있게 만드는 것이다. 성공을 flout하는 것은 성공을 경멸하거나 또는 성공이 아무 의미도 없다는 것처럼 행동하는 것이다.

FOIBLE [fɔ́ibl] n a minor character flaw   사소한 성격적 결함, 약점

- Patti's *foibles* included a tendency to prefer dogs to people.

  사람보다 개를 더 좋아하는 성향은 패티의 결점 중의 하나였다.

- The delegates to the state convention ignored the candidates' positions on the major issues and concentrated on their *foibles*.

  주 전당 대회에 파견된 대표들은 주요 쟁점에 관한 후보자들의 견해는 무시하고 그들의 약점에만 관심을 쏟았다.

FOMENT [foumént] v to stir up; to instigate   자극하다; 선동하다

- The bad news from abroad *fomented* pessimism among professional investors.

  외국으로부터 들어온 나쁜 소식이 전문 투자자들 사이에 비관론을 조장했다.

- The radicals spread several rumors in an effort to *foment* rebellion among the peasants.

  급진파는 농민 폭동을 선동하기 위해 몇 개의 헛소문들을 퍼뜨렸다.

QUICK QUIZ

Match each word in the first column with its definition in the second column.
Check your answers in the back of the book.

1. felicity		a.	loyalty
2. fervor		b.	stir up
3. fetter		c.	restrain
4. fidelity		d.	meaning exactly what it says
5. figurative		e.	minor character flaw
6. literal		f.	show off
7. finesse		g.	based on figures of speech
8. flagrant		h.	to disregard contemptuously
9. flaunt		i.	skillful maneuvering
10. flout		j.	happiness
11. foible		k.	glaringly bad
12. foment		l.	zeal

FORBEAR [fɔ́ːrbɛ̀ər] v to refrain from; to abstain 삼가다; 억제하다

- Stephen told me I could become a millionaire if I joined him in his business, but his lack of integrity makes me nervous so I decided to *forbear*.

  스티븐은 내가 그의 사업에 동참하면 백만장자가 될 수 있을 거라고 말했다. 그러나 나는 그의 진실함이 부족해서 불안했기 때문에 결국 동업을 자제하기로 했다.

- Grace *forbore* to punch me in the nose, even though I told her that I thought she was a sniveling idiot.

  내가 그레이스를 코나 훌쩍이는 바보 천치로 생각한다고 본인에게 직접 말했음에도 불구하고 그녀는 내 얼굴에 주먹을 날리지 않았다.

▶ 명사형은 forbearance(관용)이다.

A *forebear* [fɔ́ːrbɛ̀ər]—sometimes also spelled *forbear*—is an ancestor.

forebear(때론 forbear로 표기되기도 한다)는 조상'이라는 뜻이다.

FOREGO [fɔːrgóu] v to do without; to forbear ~없이 살다; 삼가다

- We had some of the chocolate cake, some of the chocolate mousse, and some of the chocolate cream pie. But we were worried about our weight, so we decided to *forego* the chocolate-covered potato chips. That is, we *forewent* them.

  우리는 약간의 초콜릿 케이크와 초콜릿 무스와 초콜릿 크림 파이를 먹었다. 그러나 몸무게가 걱정이 돼서, 우리는 초콜릿을 바른 포테이토칩은 자제하기로 결심했다. 다시 말해서, 우리는 포테이토칩을 먹지 않고 버텼다.

▶ forgo라고 쓰기도 한다.

FORSAKE [fərséik] v to abandon; to renounce; to relinquish
버리다; 포기하다; 내주다, 넘기다

- We urged Buddy to *forsake* his life with the alien beings and return to his job at the drugstore.

  우리는 버디에게 외계인들과 사는 생활은 이제 그만두고 약국에서의 그의 일로 돌아오라고 권했다.

- All the guru's followers had *forsaken* her, so she became a real estate developer and turned her temple into an apartment building.

  그 스승의 추종자들이 모두 그녀를 버리고 떠나자 그녀는 부동산 개발업자가 되어 자신의 사원을 아파트로 바꾸었다.

FORTUITOUS [fɔːrtjúːətəs] adj accidental; occurring by chance
우연한; 우연히 일어나는

- The program's outcome was not the result of any plan but was entirely *fortuitous*.

  프로그램의 결과는 계획된 것이 아니라 전적으로 우연에 의한 것이었다.

- The object was so perfectly formed that its creation could not have been *fortuitous*.

  그 물체는 너무나 완벽한 모습을 하고 있어서 결코 우연에 의해 만들어진 것일 수가 없었다.

FOUNDER [fáundər] v to fail; to collapse; to sink   실패하다; 붕괴하다; 가라앉다

- The candidate's campaign for the presidency *foundered* when it was revealed that she had once been married to a drug addict.

  그녀가 한때 마약 중독자와 결혼한 적이 있다는 사실이 드러나자 그 후보자의 대통령 선거전은 실패로 끝났다.

- Zeke successfully struggled through the first part of the course but *foundered* when the final examination was given.

  지크는 그 과목의 앞부분을 고군분투하며 용케도 끝마쳤다. 그러나 기말시험에서는 실패하고 말았다.

- The ship *foundered* shortly after it hit the iceberg.

  빙산에 부딪힌 후 얼마 안 가 배는 가라앉았다.

Be careful not to confuse this word with *flounder*, which means to move clumsily or in confusion.

이 단어를 flounder와 혼동하지 않도록 주의하라. flounder는 '허우적거리다' 또는 '당황하여 허둥대다'의 의미이다.

- Our field hockey team *floundered* helplessly around the field while the opposing team scored goal after goal.

  상대팀이 계속해서 점수를 올리는 동안 우리 필드하키 팀은 속수무책으로 허둥대며 운동장을 돌아다녔다.

- The witness began to *flounder* as the attorney fired question after question.

  검사가 연달아 질문을 해대자 목격자는 당황하여 허둥대기 시작했다.

If you want to remember the difference between the two words, think that when a person *flounders*, he is flopping around like a *flounder*.

두 단어 사이의 차이를 암기하기를 원한다면 '사람'이 flounder(당황하다)할 때 flounder(도다리)처럼 퍼덕거린다'라고 생각하라.

FRATERNAL [frətə́:rnl] adj like brothers 형제 같은

- The *fraternal* feelings of the group were strengthened by the monthly fishing trips.
  그 모임은 매달 낚시 여행을 하면서 형제애가 깊어졌다.

- A *fraternity* is an organization of men who have bound themselves together in a relationship analogous to that of real brothers.
  남학생 사교 클럽이란 진짜 형제들과 비슷한 관계로 서로를 단결시킨 남자들의 조직체이다.

FRENETIC [frənétik] adj frantic; frenzied 광란의; 열광한

- There was a lot of *frenetic* activity in the office, but nothing ever seemed to get accomplished.
  사무실에서는 열성적인 많은 활동이 있었지만, 지금까지 제대로 완성된 일은 아무것도 없는 것처럼 보였다.

- The bird's *frenetic* attempt to free itself from the thorn bush only made the situation worse.
  새는 가시덤불을 빠져나가려고 미친 듯이 몸부림쳤지만 상황을 더 안 좋게 할 뿐이었다.

FRUGAL [frú:gəl] adj economical; penny-pinching 절약하는; 인색하게 구는

- Laura was so *frugal* that she even tried to bargain with the checkout girl at the discount store.
  로라는 워낙 아끼는 편이라 심지어 할인 매장의 계산원에게 깎아 달라고 흥정을 하기도 했다.

- We were as *frugal* as we could be, but we still ended up several thousand dollars in debt.
  우리는 할 수 있는 한 최선을 다해 절약을 했지만, 그럼에도 수천 달러의 빚을 지고 말았다.

- Hannah's *frugality* annoyed her husband, who loved spending money on tech gadgets.
  기술 기기들에 돈 쓰는 것을 너무 좋아하는 한나의 남편은 아내의 구두쇠 노릇에 화가 났다.

FURTIVE [fə́:rtiv] adj secretive; sly 은밀한; 교활한

- Cal wiggled his ears while the countess was talking to him in a *furtive* attempt to catch our attention.
  백작 부인이 칼에게 얘기하는 동안 칼은 우리의 주의를 끌려는 은밀한 시도로 자신의 귀를 흔들었다.

- The burglars were *furtive*, but not *furtive* enough; the alert policeman grabbed them as they carried the TV through the Rubestein's back door.
  밤도둑들은 은밀하게 행동했지만 완벽하지는 못했다. 그들은 루베스테인 씨네 뒷문으로 TV를 내가다가 순찰 중인 경찰에게 붙잡혔다.

FUTILE [fjú:tl] adj useless; hopeless 쓸모없는; 가망 없는

- A D+ average and no extracurricular interests to speak of meant that applying to Harvard was *futile*, but Lucinda hoped against hope.
  특별한 과외 활동도 하지 않았으며 성적도 평점 D+밖에 되지 않는다는 것은 하버드대에 지원해 봐야 가망 없다는 것이었다. 그러나 루신다는 될 법하지도 않은 일에 희망을 걸었다.

▸ 명사형은 futility[fjuːtíləti] (공허, 헛됨)이다.

- **Lucinda doesn't know what a *futility* it is.**
  루신다는 그것이 얼마나 쓸데없는 일인지 알지 못한다.

QUICK QUIZ

Match each word in the first column with its definition in the second column.
Check your answers in the back of the book.

1. forbear	a. economical
2. forebear	b. ancestor
3. forgo	c. move in confusion
4. forsake	d. do without
5. fortuitous	e. refrain from
6. founder	f. sink
7. flounder	g. secretive
8. frenetic	h. accidental
9. frugal	i. abandon
10. furtive	j. frantic

G

GARRULOUS [gǽrələs] adj **talkative; chatty** 말 많은; 수다스러운

- Gabriella is gregarious and *garrulous*; she loves to hang out with the gang and gab.
  가브리엘라는 사교적이고 수다스럽다. 그녀는 사람들과 어울려서 수다를 떠는 것을 좋아한다.

GAUCHE [gouʃ] adj **unskillful; awkward; maladroit** 미숙한; 서투른; 솜씨 없는

Remember *dextrous*? Well, *gauche* is pretty much the exact opposite. It is the French word for left—the connection is that left-handed people were once thought to be clumsy (this was clearly before the invention of left-handed scissors) and perverse, even evil. These days, *gauche* tends to describe social, rather than physical, ineptness.

dextrous(능숙한)를 기억하는가? gauche는 정확하게 그 반대말이다. 'left(왼쪽)'를 의미하는 프랑스 어에서 온 말로, 어설프다거나(왼손잡이용 가위가 발명되기 전) 뜻대로 안 되거나 심지어 사악하다고 여겨졌던 왼손잡이들과 관계가 있다. 요즘에는 gauche를 육체적이라기보다는 사회적인 서투름을 묘사할 때 사용하는 경향이 있다.

- Smadar had a poor sense of comic timing, and her *gauche* attempts to mock her left-handed friends soon left her with none.
  스마다르는 유머적인 타이밍 감각이 형편없었다. 왼손잡이 친구들을 조롱하는 서투른 시도들로 그녀에게는 친구가 남지 않았다.

GENRE [ʒáːnrə] n **a type or category, especially of art or writing** 유형이나 범주, 특히 예술이나 문학 분야에서

The novel is one literary *genre*. Poetry is another.
소설은 하나의 문학 genre이다. 시는 또 다른 genre이다.

- Daoyen displayed a great talent for a particular *genre*: the bawdy limerick.
  다오옌은 특이한 장르인 음란한 오행시 분야에서 뛰어난 재능을 보였다.

GENTEEL [dʒentíːl] adj **refined; polite; aristocratic; affecting refinement** 품위 있는; 예의 바른; 귀족적인; 고상한 척하는

- The ladies at the ball were too *genteel* to accept our invitation to the wrestling match.
  무도회장의 숙녀분들은 고상한 척하느라 레슬링 경기를 보러 가자는 우리의 제안을 받아들일 수 없었다.

▶ 명사형은 gentility(고상함, 품위)이다.

GESTICULATE [dʒestíkjulèit] v **to make gestures, especially when speaking or in place of speaking**
특히 말할 때나 말 대신에 제스처를 사용하다

- Massimo *gesticulated* wildly on the other side of the theater in an attempt to get our attention.
  마시모는 우리의 주의를 끌려고 극장 반대편에서 요란하게 제스처를 보냈다.

- The after-dinner speaker *gesticulated* in such a strange way that the audience paid more attention to her hands than to her words.
  식후 연설을 한 사람은 아주 이상한 제스처를 사용하며 얘기를 해서 청중들은 그녀의 말보다는 제스처에 더 주목했다.

▶ 명사형은 gesticulation(손짓, 몸짓)이다.

GLUT [glʌt] n **surplus; an overabundance** 과다; 남아돌아갈 만큼의 양

- The international oil shortage turned into an international oil *glut* with surprising speed.
  국제적 원유 부족난은 놀랄 만한 속도로 국제간 원유 공급 과잉으로 돌아섰다.

- We had a *glut* of contributions but a *dearth*, or scarcity, of volunteers; it seemed that people would rather give their money than their time.
  우리는 넘칠 정도로 많은 기부금을 받았다. 그러나 자원봉사자는 매우 부족했다. 사람들은 시간을 들이기보다는 돈을 기부하려는 것 같았다.

GRANDILOQUENT [grændíləkwənt] adj **pompous; using a lot of big, fancy words in an attempt to sound impressive**
과장하는; 깊은 인상을 남기기 위해 과장하거나 터무니없는 말을 하는

- The governor's speech was *grandiloquent* rather than eloquent; there were some six-dollar words and some impressive phrases, but she really had nothing to say.
  주지사의 연설은 웅변적이라기보다는 과장이 심했다. 장황한 말과 인상적인 문구들도 있었지만 실제로 말하고자 하는 내용이 하나도 담겨 있지 않았다.

- The new minister's *grandiloquence* got him in trouble with deacons, who wanted him to be more restrained in his sermons.
  신임 목사는 과장된 어법 때문에 집사들과 충돌이 생겼다. 집사들은 목사가 설교를 좀 더 차분하게 하기를 원했다.

GRANDIOSE [grǽndiòus] adj **absurdly exaggerated** 불합리하게 과장된, 웅대한

- The scientist's *grandiose* plan was to build a huge shopping center on the surface of the moon.
  그 과학자의 웅대한 계획은 달 표면에 거대한 쇼핑센터를 건립하는 것이었다.

- Their house was genuinely impressive, although there were a few *grandiose* touches: a fireplace the size of a garage, a kitchen with four ovens, and a computerized media center in every room.
  조금 과장된 면이 있긴 했지만, 그들의 집은 정말 인상적이었다. 차고만 한 크기의 벽난로에, 부엌에는 오븐이 네 개나 있었으며, 모든 방마다 컴퓨터 설비를 갖춘 통신 장치가 있었다.

▸ 명사형은 grandiosity [ɡrӕndiásəti] (웅장함, 과장)이다.

GRATUITOUS [ɡrətjúːətəs] adj given freely (said of something bad); unjustified; unprovoked; uncalled for
(나쁜 의미로) 무료로 주어지는; 정당성이 없는; 이유 없는; 불필요한

- The scathing review of the movie contained several *gratuitous* remarks about the love life of the director.

  그 영화에 대한 무자비한 논평에는 감독의 연애 생활에 대한 근거 없는 이야기들도 들어 있었다.

- Their attack against us was *gratuitous*; we had never done anything to offend them.

  우리에 대한 그들의 공격은 정당하지 못했다. 우리는 결코 그들의 감정을 상하게 한 적이 없었다.

Gratuitous is often misunderstood because it is confused with gratuity. A *gratuity* is a tip, like the one you leave in a restaurant. A *gratuity* is a nice thing. *Gratuitous*, however, is not nice. Don't confuse these words.

gratuitous는 gratuity(선물, 보수, 팁)와 혼동하기 쉬워서 자주 잘못 이해된다. gratuity는 사람들이 레스토랑에서 주는 것 같은 팁을 의미한다. gratuity는 좋은 것이지만 gratuitous는 좋지 않은 것이다. 이 단어들을 혼동하지 마라.

GRAVITY [ɡrӕvəti] n seriousness 심각함

- The newsanchor's nervous giggling was entirely inappropriate, given the *gravity* of the situation.

  심각한 상황에서 뉴스 앵커가 신경에 거슬리는 웃음소리로 킬킬대는 것은 정말이지 부적절한 행동이었다.

- No one realized the *gravity* of Myron's drug addiction until it was much too late to help him.

  너무 늦어서 어쩔 수 없게 될 때까지, 마이런의 약물중독의 심각성을 아무도 알지 못했다.

Gravity is the force that makes apples fall down instead of up, and the word also carries a different sort of weightiness.

gravity는 사과를 위가 아닌 아래로 떨어뜨리는 힘으로, 다른 종류의 무거움을 이동시키는 단어이다.

At the heart of the word *gravity* is the word *grave*, which means serious.

gravity라는 단어의 핵심은 '심각한'이라는 뜻의 grave에 있다.

GREGARIOUS [ɡriɡέəriəs] adj sociable; enjoying the company of others
사교적인; 다른 사람과의 교류를 즐기는

- Dirk was too *gregarious* to enjoy the fifteen years he spent in solitary confinement.

  더크는 남들과 어울리기를 좋아하는 사람이라서 혼자 고립되어 보내야 하는 15년 세월은 견디기가 힘이 들었다.

- Kylie wasn't very *gregarious*; she went to the party, but she spent most of her time hiding in the closet.

  카일리는 그다지 사교적이지 못한 사람이었다. 그녀는 파티에 갔지만 대부분의 시간을 화장실 안에 숨어서 보냈다.

In biology, *gregarious* is used to describe animals that live in groups. Bees, which live together in large colonies, are said to be *gregarious* insects.

생물학에서 gregarious는 군집을 이루어 사는 동물을 묘사할 때 쓰인다. 큰 집단을 이루어 생활하는 꿀벌을 gregarious insects(군생 곤충)라고 한다.

GUILE [gaıl] n cunning; duplicity; artfulness 교활함; 사기; 간특함

- José used *guile*, not intelligence, to win the spelling bee; he cheated.

  호세는 철자법 대회에서 우승하기 위해 실력이 아니라 교활한 방법을 썼다. 그는 부정행위를 했던 것이다.

- Stuart was shocked by the *guile* of the automobile mechanic, who had poked a hole in his radiator and then told him that it had sprung a leak.

  자동차 정비사는 일부러 구멍을 내고는 라디에이터가 샌다고 스튜어트에게 말했다. 스튜어트는 그의 교활함에 충격을 받았다.

To be *guileless* is to be innocent or naive. *Guileless* and *artless* are synonyms.

guileless는 '악의 없는' 또는 '순진한'이라는 뜻이다. guileless와 artless(꾸밈없는)는 동의어이다.

The word *beguile* also means to deceive, but in a charming and not always bad way.

beguile라는 단어 역시 '속이다'라는 뜻이지만, '매료시키다'라는 의미도 있어서 항상 나쁜 의미로만 사용되는 것은 아니다.

- Clarence found Mary's beauty so *beguiling* that he did anything she asked of him.

  클라렌스는 메리의 아름다움에 너무나 매료돼서 그녀가 부탁하는 것은 무엇이든 들어주었다.

QUICK QUIZ

Match each word in the first column with its definition in the second column. Check your answers in the back of the book.

1. furtile	a. chatty
2. garrulous	b. surplus
3. gauche	c. cunning
4. genre	d. unjustified
5. genteel	e. seriousness
6. gesticulate	f. make gestures
7. glut	g. hopeless
8. grandiloquent	h. refined
9. grandiose	i. sociable
10. gratuitous	j. pompous
11. gravity	k. absurdly exaggerated
12. gregarious	l. type of art
13. guile	m. awkward

H

HACKNEYED [hǽknid] adj **overused; trite; stale**
너무 흔하게 사용되는; 진부한; 신선하지 못한

- Michael's book was full of clichés and *hackneyed* phrases.
  마이클의 책은 진부한 표현과 낡아빠진 문구로 가득했다.

- The intelligent design issue had been discussed so much as to become *hackneyed*.
  지적 설계에 관한 주제는 진부해질 만큼 많이 논의되어 왔다.

"As cold as ice" is a *hackneyed* expression.
"얼음처럼 차갑다"라는 문구는 hackneyed expression(진부한 표현)이다.

HAPLESS [hǽplis] adj **unlucky** 불운한

- Joe's *hapless* search for fun led him from one disappointment to another.
  조는 즐거운 일을 찾았지만 불행히도 실망의 연속이었다.

- Beatriz led a *hapless* existence that made all her friends' lives seem fortunate by comparison.
  비트리즈는 상대적으로 친구들의 삶이 운이 좋은 것처럼 보이게 만들 정도로 불운한 삶을 살았다.

HARBINGER [háːrbindʒər] n **a forerunner; a signal of** 전조; 조짐

▶ 발음에 주의할 것.

Warm weather is the *harbinger* of spring.
따뜻한 날씨는 봄의 harbinger이다.

- A cloud of bad breath and body odor, which preceded him by several yards everywhere he went, was Harold's *harbinger*.
  어느 곳을 가든지 몇 야드 정도 앞서서 나타나는 불쾌한 입 냄새와 나쁜 체취는 헤롤드의 등장을 알리는 신호였다.

HEDONISM [híːdənìzm] n the pursuit of pleasure as a way of life
삶의 한 방식으로 쾌락을 추구하는 것, 쾌락주의

A *hedonist* practices *hedonism* twenty-four hours a day.
hedonist(쾌락주의자)는 하루 24시간 내내 hedonism(쾌락주의)을 실천한다.

- Yoshi's life of *hedonism* came to an end when his lottery winnings ran out; his massaging armchair and wide-screen TV were repossessed, he had to eat macaroni and cheese instead of champagne and lobster, and he could no longer pay to have models fan him with palm fronds and feed him grapes.

  요시의 쾌락주의 삶은 그의 복권 상금이 바닥났을 때 끝났다. 그의 마사지 의자와 와이드 스크린 TV는 반환되었고, 샴페인과 로브스터 대신 마카로니와 치즈를 먹어야만 했다. 그는 더 이상 모델들이 그에게 종려나무 잎으로 부채질해 주거나 포도를 먹여 주도록 할 비용이 없었다.

HEGEMONY [hidʒémǝni] n leadership, especially of one nation over another
주도권, 특히 한 국가의 다른 국가에 대한

▸ 발음에 주의할 것.

- America once held an unchallenged nuclear *hegemony*.
  미국은 한때 핵에 관하여 절대적인 주도권을 잡고 있었다.

- Japan and Germany vie for *hegemony* in the foreign-car market.
  일본과 독일은 외제 차 시장에서 주도권 싸움을 하고 있다.

HERESY [hérǝsi] n any belief that is strongly opposed to established beliefs
기존의 신념에 강력하게 대립하는 다른 신념

Galileo was tried for the *heresy* of suggesting that the sun did not revolve around Earth. He was almost convicted of being a *heretic*[héritik], but he recanted his *heretical*[hǝrétikǝl] view.
갈릴레오는 태양이 지구의 주위를 도는 것이 아니라는 heresy를 주장했기 때문에 이단으로 몰려 재판을 받았다. 그는 heretic(이단자)으로 거의 유죄 판결을 받을 뻔했지만 스스로 자신의 heretical(이단의) 견해를 철회했다.

HERMETIC [hǝːrmétik] adj impervious to external influence; airtight
외부 영향을 받지 않는; 밀폐된

- The president led a *hermetic* existence in the White House, as her advisers attempted to seal her off from the outside world.
  참모진들이 대통령을 바깥 세계와 완전히 격리시키려 했기 때문에 대통령은 백악관 내에서 외부와 단절된 생활을 했다.

- The old men felt vulnerable and unwanted outside the *hermetic* security of their club.
  안전하고 외부와 단절되어 있는 그들만의 클럽을 벗어나면, 노인들은 스스로를 상처받기 쉽고 쓸모없는 것처럼 느꼈다.

- The poisonous substance was sealed *hermetically* inside a glass cylinder.
  유독 물질은 유리 실린더 안에 완전히 밀봉되어 있었다.

HEYDAY [héidèi] n golden age; prime 황금기; 전성기

- In his *heyday*, Vernon was a world-class athlete; today he's just Vernon.

  전성기 때 버논은 세계적인 선수였다. 오늘날 그는 그저 버논이라는 사람일 뿐이다.

- The *heyday* of the British Navy ended a long, long time ago.

  영국 해군의 전성기는 아주 오래 전에 끝이 났다.

HIATUS [haiéitəs] n a break or interruption, often from work
작업 도중의 휴식이나 일시적 중지

▸ 발음에 주의할 것.

- Spencer looked forward to spring break as a welcome *hiatus* from the rigors of campus parties.

  학교 파티의 고됨을 피해서 휴식을 얻기 위해 스펜서는 봄방학을 애타게 기다렸다.

HIERARCHY [háiərà:rki] n an organization based on rank or degree; pecking
order 지위나 등급에 기반을 둔 조직체계; 사회의 서열

- Kendra was very low in the State Department *hierarchy*. In fact, her phone number wasn't even listed in the State Department directory.

  켄드라는 국무성의 지위 체계에서 말단이었다. 사실상 그녀의 전화번호는 국무성 전화번호부에 나와 있지도 않았다.

- There appeared to be no *hierarchy* in the newly discovered tribe; there were no leaders and, for that matter, no followers.

  최근에 발견된 부족 내에는 계급 체계가 없는 것 같았다. 지도자도 부하들도 없었다.

▸ 형용사형은 hierarchical[hàiərá:rkikəl] (계급에 따른)이다.

HISTRIONIC [hìstriánik] adj overly dramatic; theatrical 지나치게 연극적인; 연극의

- Adele's *histrionic* request for a raise embarrassed everyone in the office. She gesticulated wildly, jumped up and down, pulled out handfuls of hair, threw herself to the ground, and groaned in agony.

  임금 인상을 요구하는 아델의 극적인 행동은 사무실의 모든 사람들을 놀라게 했다. 그녀는 거친 손짓을 하며 팔딱팔딱 뛰어다니다가 머리칼을 쥐어뜯더니 바닥에 쓰러져 고통에 찬 신음소리를 냈다.

- The chairman's *histrionic* presentation persuaded no one.

  의장의 극적인 발표는 아무도 설득하지 못했다.

- The young actor's *histrionics* made everyone in the audience squirm.

  신출내기 배우의 연극은 모든 관객들을 어색하게 만들었다.

Histrionic behavior is referred to as *histrionics*.

'연극 같은 행동'을 histrionics라 한다.

HOMILY [hámǝli] n a sermon 설교

- The football coach often began practice with a lengthy *homily* on the virtues of clean living.

  풋볼 팀 코치는 종종 깨끗한 삶의 미덕에 관한 장황한 설교로 훈련을 시작하곤 했다.

HOMOGENEOUS [hòumǝdʒíːniǝs] adj uniform; made entirely of one thing
균일한; 완전히 하나의 것으로 만들어진

- The kindergarten class was extremely *homogeneous*: all the children had blond hair and blue eyes.

  그 유치원은 극도로 균일적이었다. 모든 아이들은 금발머리에 푸른 눈을 하고 있었다.

Homogenized [hǝmádʒǝnáizd] milk is milk in which the cream, which usually floats on top, has been permanently mixed with the rest of the milk. (Skim milk is milk from which the layer of cream has been skimmed off.) When milk is *homogenized*, it becomes a *homogeneous* substance—that is, it's the same throughout, or uniform.

homogenized milk(균질 우유)란 우유 표면에 뜨는 우유 지방분이 나머지 부분과 완전히 섞여 있는 우유를 의미한다. (skim milk(탈지 우유)는 우유에서 이 지방분을 걷어낸 우유이다.) 우유가 homogenized(균질화)되면 homogeneous(균등질의)인 물질이 된다. 다시 말해서, 우유 전체가 완전히 동일하거나 일정하다는 의미이다.

To be *heterogeneous* [hètǝrǝdʒíːniǝs] is to be mixed or varied.

heterogeneous는 '혼합된' 또는 '다양화된'의 뜻이다.

- On Halloween the children amassed a *heterogeneous* collection of candy, chewing gum, popcorn, and cookies.

  아이들은 핼러윈 날에 사탕과 껌과 팝콘과 쿠키를 다양하게 모았다.

▸ 명사형은 각각 homogeneity [hòumǝdʒǝníːǝti] (동종성, 균질성)와 heterogeneity [hètǝroudʒǝníːǝti] (이종, 이질성)이다.

HUSBANDRY [hΛzbǝndri] n thrifty management of resources; livestock
farming 자산의 알뜰한 관리; 목축

Husbandry is the practice of conserving money or resources. To *husband* is to economize.

husbandry는 '돈이나 자원을 보존하는 일'이다. 동사 husband는 '절약하다'라는 뜻이다.

- Everyone *husbanded* oil and electricity during the energy crisis of the 1970s.

  1970년대의 에너지 위기 당시, 모든 사람들은 석유와 전기를 아껴 사용했다.

HYPERBOLE [hɑipǝ́ːrbǝli] n an exaggeration used as a figure of speech;
exaggeration 수사법으로 사용되는 과장법; 과장된 표현

▸ 발음에 주의할 것.

- When Joe said "I'm so hungry I could eat a horse," he was using *hyperbole* to convey the extent of his hunger.

  "너무 배가 고파 말이라도 먹을 수 있겠다."라고 조가 말했을 때 그는 배고픔의 정도를 알리기 위해 과장법을 사용한 것이었다.

- The candidate was guilty of *hyperbole*; all the facts in her speech were exaggerated.

  그 후보자는 과장된 표현에 관한 한 유죄였다. 그녀의 연설에 나오는 사실들은 모두 과장된 것이었다.

HYPOTHETICAL [hàipəθétikəl] adj uncertain; unproven 불확실한; 증명되지 않은

- There were several *hypothetical* explanations for the strange phenomenon, but no one could say for certain what had caused it.

  이상 현상에 대한 몇 개의 가설이 있었다. 그러나 아무도 이상 현상의 원인에 대해 확실하게 말할 수 있는 사람이 없었다.

A *hypothetical* explanation is a *hypothesis* [haipáθisis], the plural of which is *hypotheses* [haipáθisìːz].

hypothesis는 가설(hypothetical explanation)을 뜻한다. 복수형은 hypotheses이다.

QUICK QUIZ

Match each word in the first column with its definition in the second column.
Check your answers in the back of the book.

1. hackneyed	a. leadership
2. hapless	b. uniform
3. harbinger	c. airtight
4. hedonism	d. forerunner
5. hegemony	e. pecking order
6. heresy	f. overused, trite
7. hermetic	g. exaggeration
8. heyday	h. golden age
9. hiatus	i. varied
10. hierarchy	j. unlucky
11. histrionic	k. uncertain; unproven
12. homily	l. overly dramatic
13. homogeneous	m. break
14. heterogeneous	n. sermon
15. husbandry	o. thrifty management of resources
16. hyperbole	p. lifelong pursuit of pleasure
17. hypothetical	q. strongly contrary belief

I

ICONOCLAST [aikánəklæ̀st] n one who attacks popular beliefs or institutions
우상이나 관습을 공격하는 사람

Iconoclast comes from Greek words meaning image breaker. The original *iconoclasts* were opponents of the use of *icons*, or sacred images, in certain Christian churches. Today the word is used to refer to someone who attacks popular figures and ideas—a person to whom "nothing is sacred."

iconoclast는 '성상을 깨뜨리는 사람'이란 뜻의 그리스 어에서 유래한 단어이다. iconoclasts는 원래 특정의 기독교 교회에서 '성상이나 icon(우상)의 사용을 반대하던 사람들'이었다. 오늘날 이 단어는 우상과 관습을 공격하는 사람, 즉 '성스러운 것은 없다고 생각하는 사람'을 가리키는 말로 쓰인다.

- The popular columnist was an inveterate *iconoclast*, avidly attacking public figures no matter what their party affiliations.

  그 칼럼니스트는 인기는 있었지만, 정파에 관계없이 공인들을 열심히 공격하는 상습적인 우상 파괴자였다.

- To study and go to class is to be an *iconoclast* on that particular campus, which has a reputation for being the biggest party school in the country.

  수업 시간에 들어가 공부하는 것이, 국내에서는 최대 규모의 정당 학교로 유명한 그 특정 대학에서는 곧 인습 타파자가 되는 것이다.

- Herbert's *iconoclastic* [aikànəklǽstik] views were not popular with the older members of the board.

  구습을 타파하자는 허버트의 견해는 평의회의 나이 든 의원들에게는 인기가 없었다.

IDEOLOGY [àidiálədʒi / ìdiálədʒi] n a system of social or political ideas
사회적, 정치적 사상 체계

Conservatism and liberalism are competing *ideologies*.

보수주의와 자유주의는 대립적인 ideologies(사상들)이다.

- The candidate never managed to communicate his *ideology* to the voters, so few people were able to grasp what he stood for.

  그 후보자는 결코 자신의 이데올로기를 유권자들에게 제대로 전달하지 못했다. 그래서 그가 표방하고 있는 노선을 아는 사람들이 거의 없었다.

- The senator's tax proposal had more to do with *ideology* than with common sense; her plan, though consistent with her principles, was clearly impractical.

  그 상원 의원의 조세 법안은 일반의 상식보다는 이데올로기와 더 많은 관련이 있었다. 비록 원칙을 고수하고 있기는 하지만, 그녀의 계획안은 명백하게 비실용적이었다.

A dogmatic person attached to an *ideology* is an *ideologue* [áidiəlɔ̀:g]. An *ideologue* is doctrinaire.

ideology를 고수하는 독단적인 사람을 ideologue라고 하며, 뜻은 '꽁론가'이다.

IDIOSYNCRASY [ìdiəsíŋkrəsi] n a peculiarity; an eccentricity 특징; 기벽

- Eating green beans drenched in ketchup for breakfast was one of Jordana's *idiosyncrasies*.

  아침 식사로 케첩에 담근 강낭콩을 먹는 것은 조르다나의 별난 습관 중의 하나였다.

- The doctor's interest was aroused by an *idiosyncrasy* in Bill's skull: there seemed to be a coin slot in the back of his head.

  의사는 빌의 두개골에서 발견된 특이한 현상에 흥미를 느꼈다. 그의 머리 뒷부분에는 자동판매기의 동전 넣는 구멍 같은 홈이 있는 것 같았다.

A person who has an *idiosyncrasy* is said to be *idiosyncratic* [ìdiousinkrǽtik].

idiosyncrasy(기벽)를 지닌 사람을 가리킬 때 idiosyncratic(기이한, 특유한)이라는 말을 쓴다.

- Tara's driving was somewhat *idiosyncratic*; she sometimes seemed to prefer the sidewalk to the street.

  타라는 다소 기이하게 운전을 했다. 때때로 그녀는 도로보다는 인도를 더 좋아하는 것 같았다.

IDYLLIC [aidílik] adj charming in a rustic way; naturally peaceful
매력적인 전원풍의; 자연 그대로 평온한

- They built their house on an *idyllic* spot. There was a babbling brook in back and an unbroken view of wooded hills in front.

  그들은 전원에 집을 지었다. 뒤로는 시냇물이 졸졸 흘렀고, 앞으로는 관목이 우거진 야산의 풍경이 그대로 들어왔다.

- Our vacation in the country was *idyllic*; we went for long walks down winding dirt roads and didn't watch television all week.

  우리는 시골에서 목가적으로 휴가를 보냈다. 우리는 오랫동안 구불구불하게 굽은 비포장도로를 걸어 내려가기도 하고, 일주일 내내 텔레비전도 보지 않았다.

An *idyllic* time or place could also be called an *idyll* [áidəl].

목가적인 시간이나 장소는 idyll(전원)이라고도 부른다.

IGNOMINY [ígnəmìni] n deep disgrace 심각한 불명예

▶ 발음에 주의할 것.

- After the big scandal, the formerly high-flying investment banker fell into a life of shame and *ignominy*.

  엄청난 스캔들이 터지고 난 후, 지금까지 야심만만하던 투자 은행가는 치욕과 불명예의 나락으로 떨어졌다.

- The *ignominy* of losing the spelling bee was too much for Arnold, who decided to give up spelling altogether.

  아놀드는 철자법 대회에서 패배하자 너무나 깊은 수치심을 느꼈다. 그래서 그는 철자법 공부 자체를 포기하기로 했다.

Something that is deeply disgraceful is *ignominious* [ìgnəmíniəs].

매우 불명예스러운 것을 ignominious(수치스러운)라고 표현한다.

- Lola's plagiarizing of Nabokov's work was an *ignominious* act that got her suspended from school for two days.

  나보코프의 작업을 로라가 표절한 것은 경멸할 만한 일로, 그 일로 그녀는 학교에서 이틀 동안 정학 당했다.

ILLICIT [ilísit] adj illegal; not permitted 불법의; 허가 받지 않은

Criminals engage in *illicit* activities.

범죄자란 illicit(불법적인)인 활동에 종사하는 사람이다.

Don't confuse this word with *elicit*, listed previously.

이 단어를 앞서 나온 elicit(이끌어내다)라는 단어와 혼동하지 말 것.

- The police interviewed hundreds of witnesses, trying to *elicit* clues that might help them stop an *illicit* business.

  경찰은 불법적인 사업을 막는 데 도움이 될 만한 단서를 얻기 위해 수백 명의 목격자를 조사했다.

IMMIGRATE [íməgrèit] v to move permanently to a new country 새로운 나라로 영원히 이주하다

It's easy to confuse this word with *emigrate*. To avoid this, just remember that *emigrate* means exit, and *immigrate* means come *in*.

이 단어를 emigrate와 혼동하기 쉬운데, 이를 피하기 위해서 그냥 emigrate는 나가다, immigrate는 '들어오다'라는 의미가 있음을 기억하라.

- Edwin *immigrated* to Canada, thinking the move would give his two-year-old daughter a better shot at attending the University of Toronto preschool.

  에드윈은 이사를 가는 것이 그의 두 살 난 딸이 토론토 대학 유치원에 입학하는 것에 더 유리하다고 생각해서 캐나다로 이주했다.

▶ 명사형은 immigration(이주, 이민)이다.

IMMINENT [ímənənt] adj just about to happen 곧 일어날 것 같은, 임박한

- The pink glow in the east made it clear that sunrise was *imminent*.

  동쪽에 번진 분홍빛은 일출이 곧 있을 것임을 분명하게 보여주었다.

- Patrice had a strange feeling that disaster was *imminent*, and then her bathroom ceiling collapsed.

  파트리스는 재앙이 임박했다는 이상한 감정이 들었다. 곧이어 욕실의 천장이 무너졌다.

▶ 앞서 나온 eminent(저명한, 탁월한)와 혼동하지 말 것.

IMMUTABLE [imjú:təbl] adj unchangeable 불변의

- Jerry's mother had only one *immutable* rule: no dancing on the dinner table.

  제리의 어머니는 변하지 않는 단 한 가지 규칙을 가지고 있었다. 식탁 위에서 춤추지 않기.

- The statue of the former principal looked down on the students with an *immutable* scowl.

  전임 교장의 동상은 변함없이 찌푸린 얼굴로 학생들을 굽어보고 있었다.

Something that is changeable is said to be *mutable*.

바뀔 수 있는 것은 mutable이라고 한다.

- The *mutable* shoreline shifted continually as the tides moved sand first in one direction and then in another.

  잘 변하는 해안선은 조류가 밀려와 모래를 이리저리 이동시켜 끊임없이 모양을 바꿨다.

- Sonrisa's moods were *mutable*; one minute she was kind and gentle, the next minute she was screaming with anger.

  손리사의 기분은 변화무쌍했다. 어느 순간에는 친절하고 예의 바르다가 다음 순간에는 갑자기 화를 내며 소리를 질렀다.

Both *immutable* and *mutable* are based on a Latin root meaning change. So are *mutation* and *mutant*.

immutable과 mutable은 '변화'를 의미하는 라틴 어에 뿌리를 두고 있다. mutation(돌연변이)과 mutant(돌연변이의)도 마찬가지이다.

IMPARTIAL [impá:rʃəl] adj fair; not favoring one side or the other; unbiased
공정한; 어느 한쪽으로 치우치지 않는; 편견이 없는

- Jurors are supposed to be *impartial* rather than *partial*; they aren't supposed to make up their minds until they've heard all the evidence.

  배심원은 편파적이지 않고 공정해야 한다. 그들은 모든 증언을 다 듣고 난 후에 비로소 결정을 내려야 한다.

- Beverly tried to be an *impartial* judge at the beauty contest, but in the end she couldn't help selecting her own daughter to be the new Honeybee Queen.

  비벌리는 미인 대회에서 공정한 심사를 하려고 애썼다. 그러나 결국엔 그녀도 자신의 딸을 새로운 허니비 퀸으로 선정하지 않을 수 없었다.

▶ 명사형은 impartiality[impà:rʃiǽləti] (공명정대)이다.

IMPECCABLE [impékəbl] . adj flawless; entirely without sin
흠이 없는; 전적으로 무죄인

- The children's behavior was *impeccable*; they didn't pour dye into the swimming pool.

  아이들의 행동은 나무랄 데가 없었다. 아이들은 수영장에 물감을 풀어놓는 일 따위는 하지 않았다.

- Hal's clothes were always *impeccable*; even the wrinkles were perfectly creased.

  할의 의상은 언제나 나무랄 데가 없었다. 주름마저도 완벽하게 잡혀 있었다.

By the way, *peccable* means liable to sin. And while we're at it, a *peccadillo* is a minor sin.

한편 peccable은 '죄를 짓기 쉬운'이라는 뜻이다. 그리고 말이 나온 김에 덧붙이자면 peccadillo는 '가벼운 죄'를 의미한다.

IMPERIAL [impíəriəl] adj like an emperor or an empire 황제나 제국 같은, 제국의

Imperial, *emperor*, and *empire* are all derived from the same root. England's *imperial* days are over, now that the British Empire has broken apart.

imperial, emperor(황제), empire(제국)는 모두 같은 어원에서 유래한 단어들이다. 영국의 imperial 시대가 무너졌으므로 이제 영국의 제국 시대는 끝났다.

- The palace was decorated with *imperial* splendor.

  궁전은 제국의 호화로움으로 꾸며져 있었다.

- George's *imperial* manner was inappropriate because he was nothing more exalted than the local dogcatcher.

  조지의 황실 매너는 가당찮은 것이었다. 그는 지방의 들개 사냥꾼에 지나지 않았다.

A similar word is *imperious* [impíəriəs], which means bossy and, usually, arrogant.

비슷한 단어인 imperious는 대개 '거만한', '으스대는'이라는 뜻이다.

- The director's *imperious* style rubbed everyone the wrong way. She always seemed to be giving orders, and she never listened to what anyone said.

  거만한 스타일인 감독은 모든 사람들을 화나게 했다. 그녀는 명령만 내리는 것 같았고 남의 말은 전혀 듣지 않았다.

QUICK QUIZ

Match each word in the first column with its definition in the second column. Check your answers in the back of the book.

1. iconoclast		a.	peculiarity
2. ideology		b.	naturally peaceful
3. idiosyncrasy		c.	like an emperor
4. idyllic		d.	flawless
5. ignominy		e.	attacker of popular beliefs
6. illicit		f.	just about to happen
7. imminent		g.	fair
8. immutable		h.	system of social ideas
9. impartial		i.	bossy
10. impeccable		j.	deep disgrace
11. imperial		k.	unchangeable
12. imperious		l.	illegal

IMPERVIOUS [impə́:rviəs] adj **not allowing anything to pass through; impenetrable** 통과를 허락하지 않는; 꿰뚫을 수 없는

- A raincoat, if it is any good, is *impervious* to water. It is made of an *impervious* material.

  좋은 제품이라면 우비는 물이 스며들지 않는다. 우비는 방수 천으로 만들어진다.

- David was *impervious* to criticism—he did what he wanted to do no matter what anyone said.

  데이비드는 비평에 무감각했다. 그는 남들이 뭐라고 하든 자기가 하고 싶은 일을 했다.

IMPETUOUS [impétʃuəs] adj **impulsive; extremely impatient**
충동적인; 지독히 참을성이 없는

- *Impetuous* Dick always seemed to be running off to buy a new car, even if he had just bought one the month before.

  바로 한 달 전에 새 차를 구입했다고 하더라도 딕은 연달아 새 차를 또 구입하려 들 만큼 충동적인 것 같았다.

- Samantha was so *impetuous* that she never took more than a few seconds to make up her mind.

  사만다는 어떤 일을 결정하는 데 단 몇 초도 걸리지 않을 만큼 충동적이었다.

IMPLEMENT [ímpləmənt] v **to carry out** 수행하다

- Leo developed a plan for shortening the grass in his yard, but he was unable to *implement* it because he didn't have a lawn mower.

  레오는 마당의 잔디를 깎아야겠다는 생각이 들었다. 그러나 그에게는 잔디 깎는 기계가 없었기 때문에 계획을 실천할 수가 없었다.

- The government was better at creating new laws than it was at *implementing* them.

  정부는 법을 실행하기보다는 새 법안을 만드는 데 더 능했다.

IMPOTENT [ímpətənt] adj **powerless; helpless; unable to perform**
힘이 없는; 무기력한; 무언가를 할 수 없는

▶ 발음에 주의할 것.

Impotent means not *potent*—not powerful.

impotent는 potent하지 않은, 즉 '힘이 없는'의 의미이다.

- Joe and Olga made a few *impotent* efforts to turn aside the steamroller, but it squished their vegetable garden anyway.

  조와 올가는 스팀롤러를 돌려놓으려고 힘에 부치는 노력을 했지만 결국엔 채소밭만 망쳐놓았다.

- We felt *impotent* in the face of their overpowering opposition to our plan.

  우리가 세운 계획이 강력한 반대에 부딪혔기 때문에 우리는 기운을 잃었다.

Omnipotent [ɑmnípətənt] means all powerful.

omnipotent는 '절대적인 힘이 있는'의 뜻이다.

- After winning a dozen games in a row, the football team began to feel *omnipotent*.

  연속으로 수십 번의 경기에서 승리하고 난 후에 풋볼 팀은 무엇이든지 할 수 있다는 절대적인 힘을 느끼기 시작했다.

IMPUGN [impjúːn] v **to attack, especially to attack the truth or integrity of something** 공격하다, 특히 무엇인가의 진실성이나 정직성을 공격하다

- The critic *impugned* the originality of Jacob's novel, claiming that long stretches of it had been lifted from the work of someone else.

  비평가는 제이콥의 소설에 대하여 독창성에 관한 이의를 제기했다. 그는 제이콥의 소설 중 상당 부분이 다른 사람의 작품에서 온 것이라고 주장했다.

- Fred said I was *impugning* his honesty when I called him a dirty liar, but I told him he had no honesty to *impugn*. This just seemed to make him angrier.

  프레드를 더러운 거짓말쟁이라고 부르자, 그는 내가 자신의 정직성을 공격했다고 말했다. 그러나 그에게는 공격할 정직성조차 없다고 나는 잘라 말했다. 이 말이 그를 더 화나게 만든 것 같았다.

INANE [inéin] adj silly; senseless 어리석은; 지각없는

- Their plan to make an indoor swimming pool by flooding their basement was *inane*.

  지하실에 물을 채워 실내 수영장을 만든다는 그들의 계획은 어리석다.

- Mel made a few *inane* comments about the importance of chewing only on the left side of one's mouth and then he passed out beneath the table.

  멜은 입안에서 왼쪽으로만 씹는 것이 중요하다는 것에 대해 쓸데없는 이야기를 몇 마디 하고는 식탁 밑에서 취해 떨어졌다.

▶ 명사형은 inanity[inǽnəti] (어리석은 짓)이다.

INAUGURATE [inɔ́:gjurèit] v to begin officially; to induct formally into office 공식적으로 시작하다; 정식으로 취임시키다

- The mayor *inaugurated* the new no-smoking policy and then celebrated by lighting up a big cigar.

  시장은 공식적으로 새로운 금연 정책을 시작하면서 기념으로 커다란 시가를 피워 물었다.

- The team's loss *inaugurated* an era of defeat that lasted for several years.

  그 팀의 패배는 수년간 이어지는 패배의 시대를 여는 서막이었다.

To *inaugurate* a U. S. president is to make him or her take the oath of office and then give him or her the keys to the White House.

미국 대통령을 inaugurate하는 것은 당선자가 대통령 선서를 하고 백악관의 열쇠를 받는 것이다.

QUICK QUIZ 48

Match each word in the first column with its definition in the second column. Check your answers in the back of the book.

1. impervious	a.	begin officially
2. impetuous	b.	carry out
3. implement	c.	powerless
4. impotent	d.	impenetrable
5. impugn	e.	silly
6. inane	f.	attack the truth of
7. inaugurate	g.	impulsive

INCANDESCENT [ìnkəndésnt] adj brilliant; giving off heat or light
빛나는; 열이나 빛을 발산하는

An *incandescent* light bulb is one containing a wire or filament that gives off light when it is heated. An *incandescent* person is one who gives off light or energy in a figurative sense.

incandescent light bulb란 열을 내면서 빛을 발산하는 철사나 필라멘트가 들어 있는 '백열전구'를 말한다. 비유적인 의미로 빛이나 에너지를 발산하는 사람을 가리킬 때 incandescent person이라 한다.

- Jan's ideas were so *incandescent* that simply being near her made you feel as though you understood the subject for the first time.

  잔의 아이디어는 무척 빛나서 단순히 잔의 근처에 있기만 해도 마치 그 문제에 관하여 처음으로 이해한 듯한 느낌을 갖게 했다.

INCANTATION [ìnkæntéiʃən] n a chant; the repetition of statements or phrases in a way reminiscent of a chant
노래, 주문; 타령조로 말하는 어구나 문장의 반복

- Much to our delight, the wizard's *incantation* eventually caused the small stone to turn into a sleek black BMW.

  정말 기쁘게도 마법사의 주문으로 마침내 작은 돌은 윤기 나는 검은색 BMW로 변했다.

- The students quickly became deaf to the principal's *incantations* about the importance of school spirit.

  학생들은 학교 정신의 중요성에 관한 교장의 타령을 금세 새겨듣지 않게 되었다.

INCENSE [inséns] v to make very angry 매우 화나게 하다

- Jeremy was *incensed* when I told him that even though he was stupid and loathsome, he would always be my best friend.

  나는 제레미에게 그의 어리석은 성격이 지겹기는 하지만 그래도 언제나 가장 좋은 친구라고 말해 주었다. 그러자 그는 나의 말에 화를 냈다.

- My comment about the lovely painting of a tree *incensed* the artist, who said it was actually a portrait of her mother.

  나무 한 그루를 그린 멋진 그림에 대해서 나는 호평을 했지만, 그 말이 화가를 화나게 만들었다. 그녀의 말에 의하면 사실 그 그림은 자신의 어머니의 초상화였던 것이다.

INCESSANT [insésnt] adj unceasing 끊임없는

- I will go deaf and lose my mind if your children don't stop the *incessant* bickering.

  당신의 아이들이 끊임없는 말다툼을 멈추지 않는다면 나는 귀머거리가 되고 미치게 될 것입니다.

- The noise from the city street was *incessant*; there always seemed to be a fire engine or a police car screaming by.

  도심의 도로에서 들려오는 소음은 끝이 없었다. 항상 소방차나 경찰차가 비명을 지르며 지나가는 것 같았다.

▶ 명사형은 cessation(중지)이다.

INCIPIENT [insípiənt] adj beginning; emerging 시작하는; 초기의

- Sitting in class, Henrietta detected an *incipient* tingle of boredom that told her she would soon be asleep.

  교실에 앉아 있으면서, 헨리에타는 곧 잠에 빠질 것임을 알려주는 권태의 초기 증상을 탐지했다.

- Support for the plan was *incipient*, and the planners hoped it would soon grow and spread.

  그 계획안에 대한 지지가 시작되었다. 입안자들은 그 지지가 곧 발전을 거듭해 널리 확산되기를 바랐다.

The *inception* of something is its start or formal beginning.

inception은 어떤 것의 '시작'이나 공식적인 '개시'를 의미한다.

INCISIVE [insáisiv] adj cutting right to the heart of the matter
문제의 핵심을 바로 찌르는, 날카로운

When a surgeon cuts into you, he or she makes an *incision*. To be *incisive* is to be as sharp as a scalpel in a figurative sense.

외과 의사가 수술을 하려면 incision(절개)를 해야 한다. incisive는 비유적인 의미로 수술용 메스만큼 '날카로운', '예리한'이라는 의미이다.

- After hours of debate, Luisa offered a few *incisive* comments that made it immediately clear to everyone how dumb the original idea had been.

  몇 시간의 논쟁 끝에 루이자는 상당히 날카로운 결론을 내렸다. 그녀의 말을 듣자마자 곧 사람들은 처음의 생각이 얼마나 어리석었는지 분명히 알게 되었다.

- Lloyd's essays were always *incisive*; he never wasted any words, and his reasoning was always sharp and persuasive.

  로이드의 수필은 언제나 날카로웠다. 그는 단어를 함부로 사용하는 법이 없었으며, 논법은 항상 예리하고 설득력이 있었다.

INCONGRUOUS [inkáŋgruəs] adj not harmonious; not consistent;
not appropriate; not fitting in
조화되지 않은; 일치하지 않는; 적절하지 않은; 맞지 않는

- The ultramodern kitchen seemed *incongruous* in the restored 18th-century farmhouse. It was an *incongruity* [ìnkɑŋgrúəti].

  복원된 18세기 농가에 초현대식 부엌이 있는 것은 어울리지 않았다. 그것은 부조화의 전형이었다.

- Bill's membership in the motorcycle gang was *incongruous* with his mild personality and his career as a management consultant.

  빌이 폭주족의 일원이라는 사실은 그의 온화한 성품으로 보나 경영 컨설턴트라는 직업으로 보나 어울리지가 않았다.

INCORRIGIBLE [inkɔ́ːridʒəbl] adj incapable of being reformed
교정시킬 수 없는, 제멋대로 구는

- The convict was an *incorrigible* criminal; as soon as he got out of prison, he said, he was going to rob another doughnut store.

  피고인은 상습범이었다. 그는 감옥에서 나오자마자 또 다른 도넛 가게를 털러 갈 것이라고 말했다.

- Bill is *incorrigible*—he eats three bags of potato chips every day even though he knows that eating two would be better for him.

  빌은 개선의 여지가 없다. 그는 두 봉지만 먹는 것이 자신에게 좋다는 것을 잘 알고 있으면서도 날마다 포테이토칩을 세 봉지씩이나 먹어 치운다.

- The ever-cheerful Annie is an *incorrigible* optimist.

  언제나 즐거운 애니는 바뀔 수 없는 낙관론자이다.

Think of *incorrigible* as incorrectable. The word *corrigible* is rarely seen or used these days.

incorrigible을 incorrectable(교정 불가능한)로 생각해라. corrigible이라는 단어는 오늘날에는 거의 보이지도 않고 잘 쓰이지도 않는다.

INCREMENT [ínkrəmənt] n an increase; one in a series of increases
증가; 일련의 증가한 것, 이득, 증가량

- Bernard received a small *increment* in his salary each year, even though he did less and less work with every day that passed.

  날이 갈수록 일은 점점 더 적게 했음에도 불구하고 버나드의 급료는 매년 조금씩 증가했다.

- This year's fund-raising total represented an *increment* of 1 percent over last year's. This year's total represented an *incremental* change from last year's.

  올해의 총 기금 모금액은 지난해보다 1퍼센트의 증가량을 보였다. 올해 기금의 합계가 지난해와 비교해 증가했다는 뜻이다.

- Viola built up her savings account *incrementally*, one dollar at a time.

  비올라는 한 번에 1달러씩 그녀의 예금을 늘려 나갔다.

INDIFFERENT [indífərənt] adj not caring one way or the other; apathetic; mediocre 어떤 일에 관심을 두지 않는; 냉담한; 그저 그런

- Pedro was *indifferent* about politics; he didn't care who was elected to office so long as no one passed a law against Monday Night Football.

  페드로는 정치에 무관심했다. 그는 Monday Night Football이라는 프로그램을 반대하는 법안을 통과시키는 사람만 아니라면 누가 선출되어도 상관없었다.

- Henry's *indifference* was extremely annoying to Melissa, who loved to argue but found it difficult to do so with people who had no opinions.

  헨리의 무관심에 멜리사는 화가 났다. 그녀는 논쟁하기를 무척 좋아했지만, 아무런 의견도 없는 사람과 논쟁을 할 수는 없다는 것을 깨달았다.

- We planted a big garden but the results were *indifferent*—only about half of the flowers came up.

  우리는 넓은 정원에 꽃을 심었다. 하지만 결과는 별로 신통치 않았다. 겨우 반 정도만이 꽃을 피웠다.

- The painter did an *indifferent* job, but it was good enough for Susan, who was *indifferent* about painting.

  화가는 대단찮은 그림을 그렸지만, 그림에 문외한인 수잔에게는 충분히 괜찮은 작품이었다.

Match each word in the first column with its definition in the second column.
Check your answers in the back of the book.

1. incandescent		a.	increase
2. incantation		b.	make very angry
3. incense		c.	beginning
4. incessant		d.	chant
5. incipient		e.	not harmonious
6. incisive		f.	incapable of being reformed
7. incongruous		g.	not caring ; mediocre
8. incorrigible		h.	cutting right to the heart
9. increment		i.	unceasing
10. indifferent		j.	brilliant

INDIGENOUS [indídʒənəs] adj native; originating in that area 토착의; 그 지역 원산의

- Fast-food restaurants are *indigenous* to America, where they were invented.
  패스트푸드 식당은 미국이 원산지이다. 그것은 미국에서 처음 시작되었다.

- The grocer said the corn had been locally grown, but it didn't appear to be *indigenous*.
  점원은 그 옥수수가 그 지역에서 자란 것이라고 말했지만, 그 지역 고유의 것으로는 보이지 않았다.

- The botanist said that the small cactus was *indigenous* but that the large one had been introduced to the region by Spanish explorers.
  작은 선인장은 재래종이지만, 큰 것은 스페인 정복자에 의해 이 지역에 전래된 것이라고 식물학자는 설명했다.

INDIGENT [índidʒənt] adj poor 가난한

- The *indigent* family had little to eat, nothing to spend, and virtually nothing to wear.
  그 빈곤 가정에는 먹을 것도 거의 없었으며, 쓸 돈은 전혀 없었고, 입을 옷도 거의 없었다.

- Rusty had once been a lawyer but now was *indigent*; he spent most of his time sleeping on a bench in the park.
  러스티는 한때 변호사였지만 이제는 빈털터리였다. 그는 공원 벤치에 누워 잠을 자면서 대부분의 시간을 보냈다.

▶ 위에 나온 indigenous(토착의)와 혼동하지 말 것.

INDIGNANT [indígnənt] adj angry, especially as a result of something unjust or unworthy; insulted
성난, 특히 공정치 못한 일이나 가치 없는 일의 결과로; 모욕감을 느끼는

- Ted became *indignant* when the policewoman accused him of stealing the nuclear weapon.

  테드는 핵무기를 훔쳤다는 죄목으로 여자 경관이 기소하자 무척 화가 났다.

- Isabel was *indignant* when we told her all the nasty things that Blake had said about her over the public address system.

  이자벨은 우리가 블레이크가 확성기에 대고 공개적으로 이사벨에 관하여 늘어놓았던 추잡한 말들을 모두 그녀에게 전해 주자 몹시 화를 냈다.

INDOLENT [índələnt] adj lazy 게으른

- The *indolent* teenagers slept late, moped around, and never looked for summer jobs.

  나태한 십대들은 늦게까지 자고 할 일 없이 거리를 배회하면서도, 여름 방학에 할 만한 일자리를 찾으려 하지 않았다.

- Inheriting a lot of money enabled Rodney to do what he loved most: pursue a life of *indolence*.

  로드니는 상속받은 돈 덕분에 그가 가장 하고 싶어 하던 일을 할 수 있게 되었다. 나태한 생활의 영위가 바로 그것이다.

INDULGENT [indʌ́ldʒənt] adj lenient; yielding to desire 관대한; 요구를 다 들어주는

- The nice mom was *indulgent* of her children, letting them have all the candy, cookies, and ice cream that they wanted, even for breakfast.

  마음씨 좋은 엄마는 관대해서 아이들이 원하는 것을 다 들어주었다. 사탕이나 과자, 아이스크림 등을 원하는 대로, 심지어 아침 식탁에서도 먹을 수 있도록 허락했다.

- Our *indulgent* teacher never punished us for not turning in our homework. He didn't want us to turn into ascetic automatons.

  관대한 우리 선생님은 숙제를 제출하지 않았다고 해서 우리에게 벌을 주지는 않으셨다. 선생님은 우리가 고행하는 로봇 같은 사람이 되기를 바라지는 않으셨다.

Someone who is *self-indulgent* yields to his or her every desire.

self-indulgent인 사람은 자신의 모든 욕구에 굴복하는 사람이다.

INEFFABLE [inéfəbl] adj incapable of being expressed or described
이루 말할 수 없는

- The simple beauty of nature is often so *ineffable* that it brings tears to our eyes.

  자연의 소박한 아름다움은 종종 눈물이 날 만큼 말로 다 표현할 수 없다.

The word *effable*—expressible—is rarely used.

'표현할 수 있는'이라는 뜻의 effable은 거의 사용되지 않는 단어이다.

INEPT [inépt] adj clumsy; incompetent; gauche 서투른; 무능한; 세련되지 못한

- Joshua is an *inept* dancer; he is as likely to stomp on his partner's foot as he is to step on it.

  조슈아는 춤 솜씨가 형편없다. 마치 파트너의 발 위가 스텝을 찍어야 하는 곳이라도 되는 듯 파트너의 발을 밟을 것 같다.

- Julia's *inept* attempt at humor drew only groans from the audience.

  관객을 웃겨 보려는 줄리아의 어색한 시도는 단지 비웃음만 샀다.

To be *inept* is to be characterized by *ineptitude*, which is the opposite of aptitude.

inept는 aptitude(재능, 적성)의 반대말인 ineptitude(기량 부족)의 특징을 지닌, 즉 '솜씨 없는'이란 뜻이다.

- The woodworking class's *ineptitude* was broad and deep; there was little that they were able to do and nothing that they were able to do well.

  목공반의 어리석음은 넓고도 깊었다. 그들이 할 수 있는 일은 거의 없었고 잘할 수 있는 일이란 아예 없었다.

The opposite of *inept* is *adept* [ədépt]. *Adept* and *adroit* are synonyms.

inept의 반의어는 adept(숙달한)이다. adept와 adroit(노련한)는 동의어이다.

INERT [inə́:rt] adj inactive; sluggish; not reacting chemically
활동적이지 못한; 게으른; 화학적인 반응이 없는

- The baseball team seemed strangely *inert*; it was as though they had lost the will to play.

  야구팀은 이상하게도 활동이 둔했다. 그들은 경기를 할 의욕도 잃어버린 것 같았다.

- Having colds made the children *inert* and reluctant to get out of bed.

  감기 때문에 아이들은 기운이 없어서인지 침대 밖으로 나오려 하지 않았다.

- Helium is an *inert* gas: it doesn't burn, it doesn't explode, and it doesn't kill you if you inhale it.

  헬륨은 불활성 기체이다. 타지도 않고 폭발하지도 않으며 들이마신다고 해도 사람을 죽일 만큼 치명적이지 않다.

To be *inert* is to be characterized by *inertia*. As it is most commonly used, *inertia* means lack of get-up-and-go, or an inability or unwillingness to move.

inert는 inertia에 의해 특징지어지는, '활발하지 못한'이라는 뜻이다. 흔히 쓰이는 것처럼 inertia는 적극성이 부족하거나 움직일 수 있는 힘이나 의지가 없는 것을 의미한다.

In physics, *inertia* refers to an object's tendency to continue doing what it's doing (either moving or staying still) unless it's acted on by something else.

물리학에서의 inertia는 외부의 힘이 작용하지 않는다면 움직이던 물체는 계속 움직이려 하고 정지해 있던 물체는 계속 정지하려는 경향(관성)을 의미한다.

INEXORABLE [inéksərəbl] adj relentless; inevitable; unavoidable
냉정한; 필연의; 피할 수 없는

▶ 발음에 주의할 것.

- The *inexorable* waves pounded the shore, as they have always pounded it and as they always will pound it.

  무정한 파도만이 해안을 때렸다. 과거에도 항상 그랬던 것처럼 또 앞으로도 언제나 그러할 것처럼.

- Eliot drove his father's car slowly but *inexorably* through the grocery store, wrecking aisle after aisle despite the manager's anguished pleading.

  엘리어트는 아버지의 차를 천천히 운전했다. 그러나 지배인의 간곡한 부탁에도 불구하고 무정하게 통로마다 충돌 사고를 내며 식품점을 돌아다녔다.

- *Inexorable* death finds everyone sooner or later.

  피할 수 없는 죽음은 일찍 오는가 늦게 오는가의 문제일 뿐 누구에게나 찾아오는 것이다.

INFAMOUS [ínfəməs] adj shamefully wicked; having an extremely bad reputation; disgraceful
무서울 정도로 사악한; 지독히 악명 높은; 불명예스러운

▶ 발음에 주의할 것.

To be *infamous* is to be *famous* for being evil or bad. An *infamous* cheater is one whose cheating is well known.

infamous는 '사악함'이나 나쁜 것으로 유명한'이라는 뜻이다. infamous cheater는 '사기 행각으로 악명 높은 사람'이다.

- Deep within the prison was the *infamous* torture chamber, where hooded guards tickled their prisoners with feathers until they confessed.

  감옥 깊은 곳에 악명 높은 고문실이 있었다. 그곳에서는 두건을 쓴 간수들이 깃털을 가지고 죄수들이 자백할 때까지 간지럼을 태웠다.

Infamy is the state of being *infamous*.

infamy(악명, 오명)는 '불명예스러운 상태'이다.

- The former Nazi lived the rest of his life in *infamy* after the court convicted him of war crimes and atrocities.

  전 나치 당원은 전쟁 범죄와 잔혹한 행위에 대하여 법정에서 유죄를 받은 후 남은 생애를 불명예스럽게 살았다.

- President Roosevelt said that the date of the Japanese attack on Pearl Harbor would "live in *infamy*."

  루즈벨트 대통령은 일본이 진주만을 공격했던 날은 치욕스럽게 기억될 것이라고 말했다.

INFATUATED [infǽtʃuèitid] adj foolish; foolishly passionate or attracted; made foolish; foolishly in love
바보 같은; 바보 같을 정도로 열정적이거나 푹 빠져 있는; 바보가 되어 버린; 어리석도록 사랑에 빠진

To be *infatuated* is to be *fatuous* or foolish.

infatuated는 '얼빠진' 또는 '바보 같은'이라는 의미이다.

- I was so *infatuated* with Polly that I drooled and gurgled whenever she was near.

  나는 폴리가 근처에만 있으면 침이 나와 목으로 꿀꺽 넘어갈 정도로 그녀에게 바보같이 푹 빠져 있었다.

- The *infatuated* candidate thought so highly of himself that he had the walls of his house covered with his campaign posters.

  그 후보자는 집의 벽을 자신의 선거 포스터로 도배를 할 만큼 바보같이 자신을 과대평가하고 있었다.

- My ride in Corinne's racing car *infatuated* me; I knew immediately that I would have to have a racing car, too.

  코린의 경주용 자동차를 타 보고 나는 완전히 반해 버렸다. 곧바로 나도 경주용 자동차를 가져야겠다는 생각이 들었다.

Match each word in the first column with its definition in the second column. Check your answers in the back of the book.

1. indigenous	a. native
2. indigent	b. inactive
3. indignant	c. lazy
4. indolent	d. foolish
5. indulgent	e. shamefully wicked
6. ineffable	f. poor
7. inept	g. relentless
8. inert	h. angry
9. inexorable	i. clumsy
10. infamous	j. lenient
11. infatuated	k. inexpressible

INFER [infə́ːr] v to conclude; to deduce 결론짓다; 추론하다

- Raizel said she loved the brownies, but I *inferred* from the size of the piece left on her plate that she had actually despised them.

  레이즐은 브라우니를 좋아한다고 말했다. 하지만 접시에 남아 있는 양을 보고서 나는 그녀가 사실은 그것들을 싫어한다는 결론을 내렸다.

- She hadn't heard the score, but the silence in the locker room led her to *infer* that we had lost.

  그녀는 경기의 득점 상황을 듣지는 못했지만, 조용한 탈의실의 분위기를 보고서 우리가 경기에 졌다는 것을 눈치챘다.

Infer is often confused with *imply*. To *imply* something is to hint at it, suggest it, or state it indirectly. To *infer* something is to figure out what it is without being told directly.

infer는 imply(함축하다, 암시하다)와 자주 혼동된다. imply는 무언가를 내비치다, 암시하다, 간접적으로 설명하다'라는 뜻이다. 반면에 infer는 직접적으로 듣지 않고도 무엇인지 알아내다'라는 뜻이다.

▶ 명사형은 inference(추론, 결론)이다.

INFINITESIMAL [ìnfinətésəməl] adj very, very, very small; infinitely small
아주, 아주, 아주 작은; 무한히 작은

▶ 발음에 주의할 것.

Infinitesimal does not mean huge, as some people incorrectly believe.

infinitesimal은 몇몇 사람들이 잘못 생각하는 것처럼 거대한'이라는 의미가 아니다.

- An *infinitesimal* bug of some kind crawled into Heather's ear and bit her in a place she couldn't scratch.

  아주 작은 종류의 벌레가 헤더의 귀 안으로 기어들어 갔다. 그러고는 손이 닿지 않는 깊숙한 곳을 깨물었다.

- Our chances of winning were *infinitesimal*, but we played our hearts out anyway.

  우리가 우승할 가능성은 거의 없었다. 그러나 우리는 어쨌든 최선을 다해 경기에 임했다.

INGENUOUS [indʒénjuəs] adj frank; without deception; simple; artless; charmingly naive
솔직한; 속이지 않는; 순수한; 꾸밈이 없는; 소박해서 마음이 끌리는

- Young children are *ingenuous*. They don't know much about the ways of the world, and certainly not enough to deceive anyone.

  어린아이는 순수하다. 아이는 세상의 질서에 대해 많은 것을 알지 못하고, 적어도 남을 속일 만큼 아는 것이 없다는 사실만은 확실하다.

- An *ingenue* [æ̀nʒənú:] is a somewhat naive young woman; generally a stock character in film or literature.

  ingenue는 다소 순수한 여성, 일반적으로 영화나 문학 속의 전형적인 인물을 일컫는다.

Disingenuous means crafty or artful.

disingenuous는 '교활한'이나 '약삭빠른'이라는 뜻이다.

- The movie producer was being *disingenuous* when he said, "I don't care about making money on this movie. I just want every man, woman, and child in the country to see it."

  영화 제작자는 "나는 이 영화로 돈을 벌 수 있을지는 신경 쓰지 않아요. 그저 이 나라의 모든 남자와 여자와 아이들이 이 영화를 보기를 바랄 뿐이에요."라고 말하는 교활함을 보였다.

INHERENT [inhíərənt] adj part of the essential nature of something; intrinsic
본질적 천성의 한 부분; 고유의

▶ 발음에 주의할 것.

Wetness is an *inherent* quality of water. (You could also say that wetness is *inherent* in water.)

습기는 물의 inherent quality(본질적인 성질)이다. (또한 '습기는 물에 inherent(본질적인)이다'라고도 표현할 수 있다.)

- There is an *inherent* strength in steel that cardboard lacks.

  마분지에는 부족한 본질적인 강도가 철에는 있다.

- The man's *inherent* fatness, jolliness, and beardedness made it easy for him to play the part of Santa Claus.

  그 남자는 원래 비만 체질인 데다 명랑하고 수염까지 길러서 산타클로스 역할에 딱 들어맞았다.

INJUNCTION [indʒʌ́ŋkʃən] n **a command or order, especially a court order**
명령이나 지시, 특히 법원의 명령

- Wendy's neighbors got a court *injunction* prohibiting her from playing her radio.
  웬디의 이웃들은 그녀가 라디오를 틀어놓지 못하도록 하는 법원의 명령을 얻어냈다.

- Herbert, lighting up, disobeyed his doctor's *injunction* to stop smoking.
  허버트는 담배에 불을 붙이며 금연을 하라는 의사의 지시를 어겼다.

INNATE [inéit] adj **existing since birth; inborn; inherent**
출생과 함께 가지고 있는; 타고난; 선천적인

- Joseph's kindness was *innate*; it was part of his natural character.
  조셉의 친절함은 타고난 것이었다. 그것은 그의 본성의 일부분이었다.

- Fiona has an apparently *innate* ability to throw a football. You just can't teach someone to throw a ball as well as she can.
  피오나는 축구공을 던지는 데 확실히 천부적인 재능이 있다. 여러분은 누구를 가르쳐도 피오나만큼 잘 던질 수는 없을 것이다.

- There's nothing *innate* about good manners; all children have to be taught to say "please" and "thank you."
  좋은 매너란 절대 타고나는 것이 아니다. 모든 아이들은 "부탁합니다."와 "고맙습니다."라고 말하는 법을 배워야만 한다.

INNOCUOUS [inákjuəs] adj **harmless; banal** 해롭지 않은; 평범한

Innocuous is closely related, in both origin and meaning, to *innocent*.
innocuous는 innocent(순결한)와 어원이나 의미에 있어서 밀접한 관련이 있다.

- The speaker's voice was loud but his words were *innocuous*; there was nothing to get excited about.
  연사의 목소리는 컸지만, 내용은 평범했다. 흥분할 만한 내용은 아무것도 없었다.

- Meredith took offense at Bruce's *innocuous* comment about the saltiness of her soup.
  메러디스는 수프가 짜다는 브루스의 별것 아닌 말에 화를 냈다.

INORDINATE [inɔ́:rdənət] adj **excessive; unreasonable** 과도한; 불합리한

- The math teacher paid an *inordinate* amount of attention to the grammar rather than algebra.
  수학 선생은 대수학보다 문법에 지나친 관심을 보였다.

- The limousine was *inordinately* large, even for a limousine; there was room for more than a dozen passengers.
  아무리 리무진이라고는 하지만 그 차는 지나치게 거대했다. 열두 명이 타고도 남을 만큼 실내가 넓었다.

- Romeo's love for Juliet was perhaps a bit *inordinate*, given the outcome of their relationship.
  로미오의 줄리엣에 대한 사랑은 그 결과를 놓고 볼 때 다소 지나친 감이 있는 것 같았다.

INSATIABLE [inséiʃəbl] adj hard or impossible to satisfy; greedy; avaricious
만족시키기 어렵거나 불가능한; 욕심 많은; 탐욕스러운

- Peter had an *insatiable* appetite for chocolate macadamia ice cream; he could never get enough. Not even a gallon of chocolate macadamia was enough to *sate* [seit] or *satiate* [séiʃièit] his craving.

  피터는 초콜릿 마카다미아 아이스크림을 계속 탐했다. 그는 결코 만족을 몰랐다. 1갤런의 초콜릿 마카다미아도 그의 탐욕을 만족시킬 수는 없었을 것이다.

- Peter's addiction never reached *satiety* [sətáiəti/séiʃiəti].

  피터의 탐닉은 절대 포만감을 느끼지 못했다.

▶ 이 단어들의 발음에 주의할 것.

Q U I C K   Q U I Z

Match each word in the first column with its definition in the second column. Check your answers in the back of the book.

1. infer	a. hard or impossible to satisfy
2. imply	b. part of the nature of
3. infinitesimal	c. hint at
4. ingenuous	d. artless
5. inherent	e. inborn
6. injunction	f. conclude
7. innate	g. excessive
8. innocuous	h. harmless
9. inordinate	i. infinitely small
10. insatiable	j. court order

INSIDIOUS [insídiəs] adj treacherous; sneaky 배반하는; 속이는, 몰래 하는

- Winter was *insidious*; it crept in under the doors and through cracks in the windows.

  겨울은 모르는 사이에 다가왔다. 문 밑의 틈으로, 창문의 깨진 틈을 통해서 살며시 기어 들어왔다.

- Cancer, which can spread rapidly from a small cluster of cells, is an *insidious* disease.

  암은 작은 세포 조직에서부터 급속도로 확산되는 잠행성 질병이다.

INSINUATE [insínjuèit] v to hint; to creep in 넌지시 알리다; 살며시 스며들다

- When I told her that I hadn't done any laundry in a month, Valerie *insinuated* that I was a slob.

  내가 한 달 동안 빨래를 한 번도 하지 않았다고 말을 하니까 발레리는 나보고 굼벵이라고 넌지시 말했다.

- He didn't ask us outright to leave; he merely *insinuated*, through his tone and his gestures, that it was time for us to go.

  그는 우리가 떠나 달라고 드러내 놓고 부탁하지는 않았다. 단지 그는 말투와 행동으로 우리가 떠날 때가 되었음을 암시해 주었다.

- Jessica *insinuated* her way into the conversation by moving her chair closer and closer to where we were sitting.

  제시카는 우리가 앉아 있는 곳으로 의자를 점점 더 가까이 끌어당겨 슬며시 대화에 끼어들었다.

▶ 명사형은 insinuation(암시)이다.

INSIPID [insípid] adj dull; bland; banal 무미건조한; 재미없는; 평범한

- Barney's jokes were so *insipid* that no one in the room managed to force out so much as a chuckle.

  바니의 농담이 너무나 재미가 없었기 때문에 방 안에 있던 어느 누구에게서도 킥킥 웃는 웃음조차 나오지 않았다.

- We were bored to death at the party; it was full of *insipid* people making *insipid* conversation.

  우리는 파티가 지겨워 죽을 지경이었다. 파티에는 무미건조한 대화를 나누는 재미없는 사람들만이 가득했다.

- The thin soup was so *insipid* that all the spices in the world could not have made it interesting.

  멀건 수프는 워낙 맛이 없어서 세상의 어떠한 양념을 넣는다 해도 그 맛을 개선할 수 없었을 것이다.

INSOLENT [ínsələnt] adj arrogant; insulting 오만한; 무례한

- The ill-mannered four-year-old was so *insolent* that his parents had a hard time finding a babysitter.

  네 살배기 꼬마가 워낙 무례하고 버릇이 없어서 부모가 아이 보는 사람을 찾는 데 고생할 정도였다.

- The *insolent* sales clerk clearly didn't like answering customers' questions.

  무례한 점원은 확실히 고객의 질문들에 대답하는 것을 좋아하지 않았다.

INSTIGATE [ínstəgèit] v to provoke; to stir up 유발하다; 선동하다

- The strike was *instigated* by the ambitious union president, who wanted to get her name into the newspapers.

  자신의 이름을 신문에 내고 싶어하는 야심만만한 노조 조합장이 그 파업을 선동했다.

- The CIA tried unsuccessfully to *instigate* rebellion in the tiny country by distributing pamphlets that, as it turned out, were printed in the wrong language.

  CIA는 그 작은 나라에 팸플릿을 뿌려 반란을 조장하다가 실패했다. 알려진 바에 따르면, 팸플릿은 잘못된 언어로 적혀 있었다고 한다.

INSULAR [ínsələr] adj like an island; isolated 섬 같은; 고립된

The Latin word for island is *insula*. From it we get the words *peninsula* ("almost an island"), *insulate* (insulation makes a house an island of heat), and *insular*, among others.

island(섬)'에 대한 라틴 어는 insula이다. insula에서 peninsula(반도로 대부분이 바다로 둘러싸여 섬 같은, 예를 들면 한반도), insulate(고립된 집은 열섬 현상이 있게 된다), insular 같은 단어가 생긴 것이다.

- The *insular* little community had very little contact with the world around it.
  그 작은 섬마을은 외부 세상과의 연계가 거의 없었다.

Something that is *insular* has *insularity*.

insular인 것은 insularity(섬나라 근성)가 있는 것이다.

- The *insularity* of the little community was so complete that it was impossible to buy a big-city newspaper there.
  작은 마을은 섬나라 근성이 아주 심해서 대도시의 신문을 구할 수 없을 정도로 완벽하게 고립되어 있었다.

INSURGENT [insə́:rdʒənt] n a rebel; someone who revolts against a government 반역자; 정부에 대항하여 반란을 일으키는 사람

- The heavily armed *insurgents* rushed into the presidential palace, but they paused to taste the fresh blueberry pie on the dinner table and were captured by the president's bodyguards.
  중무장한 반란군이 대통령궁으로 돌진했다. 그러나 반란군은 식탁 위에 놓인 신선한 블루베리 파이를 먹기 위하여 잠시 멈추었다가 대통령 경호원들에게 붙잡혔다.

▶ insurgent는 형용사로도 쓰인다.

- A rebellion is an *insurgent* activity.
  반란은 반역적인 행동이다.

Insurgency is another word for rebellion; so is *insurrection*.

insurgency, rebellion, insurrection은 '폭동'이나 '반란'을 의미하는 동의어이다.

INTEGRAL [íntigrəl] adj essential 본질적인, 필수의

- A solid offense was an *integral* part of our football team; so was a strong defense.
  충실한 공격은 우리 풋볼 팀의 필수 조건이었다. 철저한 수비도 마찬가지였다.

- Dave was *integral* to the organization; it could never have gotten along without him.
  데이브는 그 조직에서 없어서는 안 될 사람이었다. 조직은 데이브 없이는 잘 굴러가지 않았을 것이다.

INTEGRATE [íntəgreit] v to combine two or more things into a whole
두 개나 그 이상을 하나로 통합하다

This word is related to *segregate*, *aggregate*, and *congregate*, all of which describe joining or separating. It has the same root as *integer*, which means a whole number.

이 단어는 segregate(분리하다), aggregate(모으다), congregate(집합하다)와 관련이 있다. 이 단어들은 모두 결합하거나 분리하는 것을 묘사한다. '정수'라는 의미인 integer라는 동일한 어원을 가지고 있다.

- Marisol's school offered an *integrated* history and language curriculum so that students learned Roman history and Latin in the same classroom.

  마리솔의 학교는 통합된 역사와 언어 교과 과정을 가지고 있어서 학생들은 같은 교실에서 로마 역사와 라틴 어를 배웠다.

The noun form is *integration*, which often refers to the end of racial segregation.

명사형은 integration인데, 이 단어는 종종 인종 차별의 철폐를 의미한다.

INTRACTABLE [intrǽktəbl] adj uncontrollable; stubborn; disobedient
통제할 수 없는; 고집스러운; 순종하지 않는

- The *intractable* child was a torment to his nursery school teacher.

  고집이 센 그 아이는 유아원 선생님의 골칫거리였다.

- Lavanya was *intractable* in her opposition to pay increases for the library employees; she swore she would never vote to give them a raise.

  라바니아는 도서관 직원에 대한 임금을 인상하자는 안에 고집스럽게 반대했다. 그녀는 결코 임금 인상안에 찬성하지 않겠다고 다짐했다.

- The disease was *intractable*. None of the dozens of medicines the doctor tried had the slightest effect on it.

  그 병은 고치기 어려운 난치병이었다. 의사는 수십 가지 처방을 했지만 어느 것도 효과가 없었다.

▶ intractable의 반의어는 tractable(다루기 쉬운)이다.

INTRANSIGENT [intrǽnsədʒənt] adj uncompromising; stubborn   비타협적인; 완고한

- Vijay was an *intransigent* hard-liner, and he didn't care how many people he offended with his views.

  비자이는 비타협적인 강경파였다. 그는 자신의 견해가 얼마나 많은 사람을 불쾌하게 만드는가에는 신경 쓰지 않았다.

- The jury was unanimous except for one *intransigent* member, who didn't believe that anyone should ever be forced to go to jail.

  어느 한 사람도 억지로 감옥에 가면 안 된다고, 비타협적인 한 사람을 제외하고는, 배심원은 모두 의견의 일치를 보았다.

▶ 명사형은 intransigence(비타협적인 태도)이다.

Match each word in the first column with its definition in the second column. Check your answers in the back of the book.

1. insidious		a.	hint
2. insinuate		b.	uncontrollable
3. insipid		c.	treacherous
4. insolent		d.	essential
5. instigate		e.	provoke
6. insular		f.	like an island
7. insurgent		g.	rebel
8. integral		h.	dull
9. integrate		i.	uncompromising
10. intractable		j.	arrogant
11. intransigent		k.	combine

INTRINSIC [intrínsik] adj **part of the essential nature of something; inherent**
본질적인 천성의 일부분인; 고유의

- Larry's *intrinsic* boldness was always getting him into trouble.
  래리는 타고난 대담함 때문에 항상 문제를 일으켰다.

- There was an *intrinsic* problem with Owen's alibi: it was a lie.
  오웬의 알리바이는 본질적으로 문제가 있었다. 알리바이는 거짓이었다.

▸ 반의어는 extrinsic(비본질적인, 외부로부터의)이다.

INTROSPECTIVE [ìntrəspéktiv] adj **tending to think about oneself; examining one's feelings**
자신에 대하여 생각하는 경향이 있는, 내성적인; 자신의 감정을 고찰하는, 자기반성의

- The *introspective* six-year-old never had much to say to other people but always seemed to be turning something over in her mind.
  내성적인 여섯 살짜리 소녀는 다른 사람들에게 말을 많이 하지 않았다. 대신에 항상 속으로만 무언가를 곰곰이 생각하는 것 같았다.

- Randy's *introspective* examination of his motives led him to conclude that he must have been at fault in the breakup of his marriage.
  랜디는 자신의 행동을 성찰한 결과, 결혼 생활 파탄의 책임은 자신에게 있었다는 결론을 내렸다.

▸ 앞서 나온 extrovert(외향적인 사람)를 참조할 것.

INUNDATE [ínʌndèit] v to flood; to cover completely with water; to overwhelm
범람하다; 물로 완전히 덮다, 가라앉히다; 압도하다, 쇄도하다

- The tiny island kingdom was *inundated* by the tidal wave. Fortunately, no one died from the deluge.

  작은 섬 왕국은 해일이 덮쳐 물에 잠겼다. 다행히도 침수로 인해 죽은 사람은 아무도 없었다.

- The mother was *inundated* with telegrams and gifts after she gave birth to octuplets.

  엄마는 여덟 쌍둥이를 낳은 후 쇄도하는 전보와 선물에 파묻혔다.

INVECTIVE [invéktiv] n insulting or abusive speech 모욕적인 말이나 독설

- The critic's searing review was filled with bitterness and *invective*.

  그 비평가의 신랄한 평론에는 비난과 독설이 난무했다.

- Herman wasn't much of an orator, but he was brilliant at *invective*.

  허먼은 말이 많은 연설가는 아니었지만 독설에는 뛰어났다.

INVETERATE [invétərət] adj habitual; firm in habit; deeply rooted
습관적인; 상습적인; 뿌리 깊은

- Erica was such an *inveterate* liar on the golf course that when she finally made a hole-in-one, she marked it on her score card as a zero.

  에리카는 골프를 치는 중에 워낙 상습적으로 거짓말을 하곤 했는데, 마침내 홀인원을 하자 점수 카드에 00이라고 기입할 정도였다.

- Larry's practice of spitting into the fireplace became *inveterate* despite his wife's protestations.

  아내의 숱한 항의가 있었음에도 불구하고 래리의 벽난로에 침 뱉는 행동은 고질적인 습관이 되었다.

IRASCIBLE [iræsəbl] adj easily angered or provoked; irritable
쉽게 화를 내거나 흥분하는; 화를 잘 내는, 민감한

A grouch is *irascible*.
잘 토라지는 사람을 irascible이라고 표현할 수 있다.

- The CEO was so *irascible* that her employees were afraid to talk to her for fear she might hurl paperweights at them.

  최고 경영자는 너무나 화를 잘 내는 사람이라, 직원들은 그녀가 문진이라도 집어던질까 봐 무서워서 그녀와 이야기하기를 꺼렸다.

IRONIC [airánik] adj meaning the opposite of what you seem to say; using words to mean something other than what they seem to mean
말하고 있는 것과는 반대 내용을 의미하는; 뜻과는 다른 의미를 담고 있는 단어를 사용하는

- Eddie was being *ironic* when he said he loved Peter like a brother; in truth, he hated him.

  에디는 반어적인 의미로 피터를 형제처럼 사랑한다고 말했다. 사실 에디는 피터를 미워했다.

- Credulous Carol never realized that the speaker was being *ironic* as she discussed a plan to put a nuclear-missile silo in every backyard in America.

  남의 말을 잘 믿는 캐롤은 연설자가 미국의 모든 집 뒷마당마다 핵미사일 발사대를 설치할 거라는 내용의 연설이 반어적으로 표현되었다는 것을 깨닫지 못했다.

IRREVOCABLE [irévəkəbl] adj irreversible 철회할 수 없는

▸ 발음에 주의할 것.

To *revoke* [rivóuk] is to take back. Something *irrevocable* cannot be taken back.

revoke는 '철회하다'라는 뜻이다. irrevocable은 '되돌릴 수 없는'이라는 의미이다.

- My decision not to wear a Tarzan costume and ride on a float in the Macy's Thanksgiving Day Parade is *irrevocable*; there is absolutely nothing you could do or say to make me change my mind.

  나는 메이시스 백화점의 추수감사절 행진에 타잔 의상을 입고 뗏목을 타는 역할을 하지 않겠다는 결정을 철회할 수 없다. 네가 어떤 말이나 행동을 한다고 해도 내 마음은 절대로 바뀌지 않을 것이다.

- After his friend pointed out that the tattoo was spelled incorrectly, Tom realized that his decision to get a tattoo was *irrevocable*.

  그의 친구가 문신의 철자가 부정확하다고 지적한 후에야, 톰은 문신을 받기로 한 결정을 철회할 수 없다는 것을 깨달았다.

Something that can be reversed is *revocable* [révəkəbl].

revocable은 '취소할 수 있는'이다.

ITINERANT [aitínərənt] adj moving from place to place
이곳저곳을 돌아다니는, 순회하는

- The life of a traveling salesman is an *itinerant* one.

  이곳저곳을 돌아다니는 외판원 생활은 순회하는 삶이다.

- The *itinerant* junk dealer passes through our neighborhood every month or so, pulling his wagon of odds and ends.

  여기저기 돌아다니는 고물장수는 왜건에 잡동사니를 잔뜩 싣고서 대략 매달 한 번씩 우리 동네를 다녀간다.

- The international banker's *itinerant* lifestyle began to seem less glamorous to her after her first child was born.

  첫아이가 태어난 후 은행원은 세계를 돌아다니며 일하는 자신의 생활 방식이 덜 매력적으로 보이기 시작했다.

A closely related word is *itinerary*, which is the planned route or schedule of a trip.

밀접한 관련이 있는 단어로 itinerary가 있다. 이 단어는 '여행 스케줄'이나 '예정된 경로'를 의미한다.

- The tour guide handed the travelers an *itinerary* of the tour bus route so they would know what to expect throughout the day.

  그 투어 가이드는 여행객들에게 그들이 하루 동안 무엇을 할지 알 수 있도록 투어 버스 노선 일정표를 나눠 줬다.

Match each word in the first column with its definition in the second column. Check your answers in the back of the book.

1.	intrinsic	a.	irreversible
2.	introspective	b.	insulting speech
3.	inundate	c.	planned trip route
4.	invective	d.	flood
5.	inveterate	e.	inherent
6.	irascible	f.	examining one's feelings
7.	ironic	g.	meaning other than what's said
8.	irrevocable	h.	moving from place to place
9.	itinerant	i.	irritable
10.	itinerary	j.	habitual

J

JUDICIOUS [dʒuːdíʃəs] adj **exercising sound judgment** 현명한 판단을 하는

- The judge was far from *judicious*; he told the jury that he thought the defendant looked guilty and said that anyone who would wear a red bow tie into a courtroom deserved to be sent to jail.

  판사는 결코 현명한 판단을 하는 사람이 아니었다. 그는 배심원에게 피고인이 유죄인 것 같다는 자신의 생각을 전했을 뿐만 아니라 법정에 빨간 나비넥타이를 매고 온 사람은 모두 감옥으로 보내야 한다고 말했다.

- The firefighters made *judicious* use of flame-retardant foam on the bush fire before it spread to nearby homes.

  덤불에 붙은 불이 인근 주택들에 번지기 전에 소방관들은 현명하게 화염을 억제하는 포말을 사용했다.

- The mother of twin boys *judiciously* used an electron microscope and a laser to divide the ice cream into equal parts.

  쌍둥이 사내아이들의 엄마는 아이스크림을 똑같이 나누어 주기 위해 현명하게도 전자 현미경과 레이저를 이용했다.

The word *judicial* is obviously closely related, but there is a critically important difference in meaning between it and *judicious*. A judge is *judicial* simply by virtue of being a judge; *judicial* means having to do with judges, judgment, or justice. But a judge is *judicious* only if he or she exercises sound judgment.

judicial(사법의)은 judicious와 확실히 밀접한 관련이 있는 단어이다. 그러나 의미상 결정적으로 judicious와 중요한 차이가 있다. 판사는 단순히 판사임으로 인해서 judicial이라 할 수 있는데, 여기서 judicial은 법관, 재판, 사법권과 관련이 있는'이라는 의미이다. 그러나 judicious는 판사가 현명한 판결을 내릴 때에만 사용할 수 있다.

JUXTAPOSE [dʒʌkstəpòuz] v **to place side by side** 나란히 놓다

- Comedy and tragedy were *juxtaposed* in the play, which was alternately funny and sad.

  그 연극에는 희극과 비극이 나란히 배치되어 있어서 번갈아 가며 웃겼다 울렸다 했다.

- *Juxtaposing* the genuine painting and the counterfeit made it much easier to tell which was which.

  진품과 위조된 그림을 나란히 배치해 두어서 어느 것이 진짜인지, 어느 것이 가짜인지 더 쉽게 알 수 있었다.

▶ 명사형은 juxtaposition[dʒʌkstəpəzíʃən] (병렬)이다.

K

KINETIC [kinétik] adj **having to do with motion; lively; active**
움직임과 관련된; 활발한; 활동적인

Kinetic energy is energy associated with motion. A speeding bullet has a lot of *kinetic* energy.

kinetic energy(운동 에너지)는 움직임과 관련된 에너지이다. 빠른 속도로 날고 있는 총알은 다량의 kinetic energy를 갖고 있다.

Kinetic art is art with things in it that move. A mobile is an example of *kinetic* art.

Kinetic art(키네틱 아트)는 예술 작품 안에 움직이는 어떤 요소가 들어 있는 것이다. 모빌은 Kinetic art의 한 예이다.

A *kinetic* personality is a lively, active, moving personality.

kinetic personality는 생동감 있고 활동적이며 직접 움직이기 좋아하는 성격을 뜻한다.

L

LABYRINTH [lǽbərinθ] n a maze; something like a maze   미로; 미로 같은 것

- Each of the fifty floors in the office building was a *labyrinth* of dark corridors and narrow passageways.

  50층짜리 업무용 건물은 층마다 어두운 복도와 좁은 통로로 되어 있어 미로 같았다.

- The bill took many months to pass through the *labyrinth* of congressional approval.

  그 법안이 미로 같은 국회의 승인 절차를 통과하는 데 여러 달이 걸렸다.

▶ 형용사형은 labyrinthine[læbərínθən/læbərínθɑin]으로, '미로의', '복잡한'의 뜻이다.

- Before beginning construction on the new house, the contractor had to weave his way through the *labyrinthine* bureaucracy in order to obtain a building permit.

  새 집을 짓는 공사를 착수하기 전에 도급업자는 건축 허가를 얻기 위해서 관료 조직의 미로와도 같은 복잡한 절차를 거쳐야 했다.

LACONIC [ləkánik] adj using few words, especially to the point of seeming rude   말을 적게 사용하는, 특히 무례하게 보일 정도로

- The manager's *laconic* dismissal letter left the fired employees feeling angry and hurt.

  사장이 내린 간단한 해고 통지서는 해당 직원들에게 마음의 상처를 입히고 분노케 했다.

- When she went backstage, June discovered why the popular rock musician was so *laconic* in public: her voice was high and squeaky.

  무대 뒤로 가서야 준은 인기 있는 록 가수가 왜 그토록 대중 앞에서 말이 없었는지 알게 되었다. 그녀의 목소리는 톤이 높아 새된 소리가 났다.

LAMENT [ləmént] v to mourn   애도하다

- From the balcony of the bullet-pocked hotel, the foreign correspondents could hear hundreds of women and children *lamenting* the fallen soldiers.

  외국의 특파원들은 총알구멍이 나 있는 호텔의 발코니에서 수백 명의 여자와 어린이들이 전사한 군인들을 애도하는 소리를 들을 수 있었다.

- As the snowstorm gained in intensity, Stan *lamented* his decision that morning to dress in shorts and a T-shirt.

  눈보라가 강해지자 스탄은 반바지에 티셔츠만 입고 나온 아침의 결정을 깊이 후회했다.

Lamentable [læməntəbl] or [ləméntəbl] means regrettable.

lamentable은 '유감스러운', '후회되는'이라는 의미이다.

▶ 위 단어의 두 가지 발음에 주의할 것.

LAMPOON [læmpúːn] v to satirize; to mock, to parody
풍자하다; 흉내 내서 조롱하다, 흉내 내서 풍자하다

- The irreverent students mercilessly *lampooned* their Latin teacher's lisp in a skit at the school talent show.

  학생들은 학교 장기자랑에서 불손하게도 라틴 어 선생님의 혀 짧은소리를 가차 없이 흉내 냈다.

- *The Harvard Lampoon*, the nation's oldest humor magazine, has *lampooned* just about everything there is to *lampoon*.

  미국에서 가장 오래된 유머 잡지인 The Harvard Lampoon은 112년의 역사 속에서 풍자할 만한 것은 모두 풍자했다.

LANGUISH [lǽŋgwiʃ] v to become weak, listless, or depressed
약해지거나 활기가 없어지고 기분이 가라앉다

- The formerly eager and vigorous accountant *languished* in her tedious job at the international conglomerate.

  전에는 열정적이고 활기가 넘쳤던 그 회계사는 국제적 복합 기업에서 지루한 업무를 맡으면서 생기가 없어졌다.

- The longer Jill remained unemployed, the more she *languished* and the less likely it became that she would find another job.

  질은 실직 상태가 오래 지속될수록 점점 더 가라앉아서 다른 직장을 구할 것 같지 않게 되었다.

▶ 형용사형은 languid(힘없는, 나른한)이다.

- The child seemed so *languid* that his father thought he was sick and called the doctor. It turned out that the little boy had simply had an overdose of television.

  아이가 너무나 기운이 없는 듯 보여서 아버지는 아이가 아픈 것이 아닌가 싶어 의사를 불렀다. 그러나 단순히 아이가 텔레비전을 너무 많이 봤기 때문인 것으로 밝혀졌다.

LARGESS [lɑːrdʒés] n generous giving of gifts (or the gifts themselves); generosity; philanthropy
아낌없이 주는 선물(혹은 선물 그 자체); 관대한 자선; 자선 행위

▶ 발음에 주의할 것.

- Sam was marginally literate at best. Only the *largess* of his uncle got Sam into the Ivy League school.

  샘은 기껏해야 조금 읽고 쓸 줄 아는 게 고작이었다. 단지 삼촌의 기부금 덕분에 아이비리그 대학에 들어갈 수 있었다.

▶ largesse로 표기하기도 한다.

LATENT [léitnt] adj present but not visible or apparent; potential
눈으로 볼 수 있거나 확실하지는 않지만 존재하는; 잠재적인

- At four, Maria was a *latent* shopaholic; she learned to read by browsing the descriptions in clothing catalogs.

  네 살인 마리아는 잠재적인 쇼핑 중독자였다. 그녀는 옷 카탈로그에 있는 설명을 보면서 읽는 것을 배웠다.

A photographic image is *latent* in a piece of exposed film; it's there, but you can't see it until the film is developed.

사진에 나타나는 상은 노출된 필름에 latent이다. 상은 분명 거기에 있지만, 필름이 현상되기 전에는 볼 수 없다.

LAUD [lɔːd] v to praise; to applaud; to extol; to celebrate
칭찬하다; 환호하다; 격찬하다; 찬양하다

- The bank manager *lauded* the hero who trapped the escaping robber. The local newspaper published a *laudatory* editorial on this intrepid individual.

  은행장은 도주하던 강도를 잡은 영웅을 극구 칭찬했다. 지역 신문도 이 용감한 인물에 대해 격찬하는 사설을 실었다.

▶ 형용사형은 laudatory(칭찬하는)이다.

Giving several million dollars to charity is a *laudable* act of philanthropy. *Laudable* means praiseworthy.

수백만 달러를 자선 단체에 기부하는 것은 laudable인 박애적 행위이다. laudable은 '칭찬받을 만한'이란 뜻이다.

LEGACY [légəsi] n something handed down from the past; a bequest
과거로부터 물려받은 것; 유산

- The *legacy* of the corrupt administration was chaos, bankruptcy, and despair.

  부패한 정부로부터 물려받은 것은 혼란과 파산과 절망뿐이었다.

- A shoebox full of baseball cards was the dead man's only *legacy*.

  야구 카드가 가득 들어 있는 신발 상자가 망자의 유일한 유품이었다.

- To be a *legacy* at a college sorority is to be the daughter of a former sorority member.

  대학 내 여학생 클럽에서 legacy라는 것은 전 회원의 딸을 가리키는 말이다.

LETHARGY [léθərdʒi] n sluggishness; laziness; drowsiness; indifference
게으름; 나태함; 나른함; 무관심

- After a busy week of sports, homework, and work, the student relished the *lethargy* of Saturday morning.

  운동, 숙제, 볼일 등으로 바빴던 한 주가 지나고 그 학생은 나른한 토요일 아침을 즐겼다.

- The *lethargy* of the staff caused what should have been a quick errand to expand into a full day's work.

  직원의 게으름 때문에 벌써 끝났어야 할 일이 하루 종일 지연되었다.

To be filled with *lethargy* is to be *lethargic*.

lethargy로 가득한 상태를 lethargic(무기력한)이라고 한다.

- The *lethargic* [ləθá:rdʒik] teenagers took all summer to paint the Hendersons' garage.

  게으른 10대 아이들이 헨더슨네 차고를 새로 페인트칠하는 데 여름 내내 걸렸다.

LEVITY [lévəti] n lightness; frivolity; unseriousness 가벼움; 경솔함; 경박스러움

To *levitate* something is to make it so light that it floats up into the air. *Levity* comes from the same root and has to do with a different kind of lightness.

levitate는 '대상이 너무 가벼워서 공중에 뜰 정도로 만들다'라는 뜻이다. levity는 어원은 같지만 다른 종류의 가벼움과 관계가 있다.

- The speaker's *levity* was not appreciated by the convention of funeral directors, who felt that a convention of funeral directors was no place to tell jokes.

  장례식 관계자들은 그들의 회의가 농담하기에는 적절치 못한 곳이라고 생각하기 때문에 발표자의 농담은 인정받지 못했다.

- The judge's attempt to inject some *levity* into the dreary court proceedings (by setting off a few firecrackers in the jury box) was entirely successful.

  판사는 따분한 재판이 진행되는 도중 긴장을 해소하는 약간의 가벼운 장난(배심원석에 폭죽을 조금 터뜨리는 것)을 했는데, 그것은 아주 성공적이었다.

QUICK QUIZ

Match each word in the first column with its definition in the second column. Check your answers in the back of the book.

1. judicious   a. sluggishness
2. juxtapose   b. lightness
3. kinetic   c. using few words
4. labyrinth   d. maze
5. laconic   e. place side by side
6. lament   f. present but not visible
7. lampoon   g. bequest
8. languish   h. active
9. latent   i. become weak
10. laud   j. satirize
11. legacy   k. mourn
12. lethargy   l. praise
13. levity   m. exercising sound judgment

LIBEL [láibəl] n a written or published falsehood that injures the reputation of, or defames, someone
명예를 손상시키는 허위 사실을 쓰거나 출판하는 것, 문서 비방

- The executive said that the newspaper had committed *libel* when it called him a stinking, no-good, corrupt, incompetent, overpaid, lying, worthless moron. He claimed that the newspaper had *libeled* him, and that its description of him had been *libelous*. At the trial, the jury disagreed, saying that the newspaper's description of the executive had been substantially accurate.

  이사는 그 신문이 자신의 명예를 훼손했다고 말했다. 그가 저질이며 고약하고 부패했으며 무능력하면서 월급만 많이 받고 거짓말쟁이에다 가치 없는 얼간이라고 신문은 썼던 것이다. 그는 신문이 자신의 명예를 훼손했다고 주장했다. 재판에서 배심원은 그에 대한 신문 기사가 대체로 사실이라고 인정하면서 그의 말에 동의하지 않았다.

Don't confuse this word with *liable*, which has an entirely different meaning.

이 단어를 전혀 다른 의미를 갖고 있는 liable(~하기 쉬운)과 혼동하지 말 것.

Slander is just like *libel* except that it is spoken instead of written.

글이 아니라 말로 하는 것이라는 점만 제외하면 slander는 libel과 같은 뜻이다.

To *slander* someone is to say something untrue that injures that person's reputation.

slander는 어떤 사람의 명예를 훼손하는 허위 사실을 말하다. 즉 '중상모략하다'의 뜻이다.

LITIGATE [lítəgèit] v to try in court; to engage in legal proceedings
제소하다; 법적 소송에 들어가다

- His lawyer thought a lawsuit would be fruitless, but the client wanted to *litigate*. He was feeling *litigious* [litídʒəs]; that is, he was feeling in a mood to go to court.

  그의 변호사는 소송이 성과 없이 끝날 것이라고 생각했다. 하지만 의뢰인은 소송하기를 원했다. 그는 소송이 꼭 필요하다고 생각했다. 다시 말해서 그는 법정까지 반드시 가야 할 상황이라고 느끼고 있었던 것이다.

- When the company was unable to recover its money outside of court, its only option was to *litigate*.

  법정 밖에서는 돈을 되찾을 수 없게 되자 회사의 남은 유일한 선택은 소송을 거는 것뿐이었다.

To *litigate* is to engage in *litigation*; a court hearing is an example of *litigation*.

litigate는 litigation(소송)에 참여하다'의 뜻이다. 법정 청문회는 litigation의 일종이다.

▶ litigious(소송을 일삼는)의 발음에 주의할 것.

LOQUACIOUS [loukwéiʃəs] adj talking a lot or too much 말을 너무 많이 하는

- The child was surprisingly *loquacious* for one so small.

  아이는 그렇게 적은 나이에도 놀라울 정도로 말이 많았다.

- Mary is so *loquacious* that Belinda can sometimes put down the telephone receiver and run a load of laundry while Mary is talking.

  메리는 워낙 말이 많아서 벨린다는 때때로 그녀가 얘기하는 동안에 수화기를 내려놓고 빨래를 할 수 있을 정도이다.

A *loquacious* person is one who is characterized by *loquaciousness* or *loquacity* [loukwǽsəti].

loquacious인 사람은 loquaciousness나 loquacity(수다스러움)의 특징을 가진 사람이다.

- The English teacher's *loquacity* in class left little time for any of the students to speak, which was fine with most of them.

  수업 시간에 영어 선생님이 워낙 말이 많았던 탓에 학생들이 발표할 시간은 거의 남아 있지 않았다. 대부분의 학생들은 그런 상황을 좋아했다.

LUCID [lú:sid] adj clear; easy to understand 명쾌한; 이해하기 쉬운

- The professor's explanation of the theory of relativity was so astonishingly *lucid* that even I could understand it.

  상대성 이론에 관한 교수의 설명은 나도 이해할 수 있을 정도로 놀랍도록 명쾌했다.

- Hubert's remarks were few but *lucid*: he explained the complicated issue with just a handful of well-chosen words.

  허버트의 설명은 짧지만 명쾌했다. 그는 복잡한 문제를 몇 개의 적절한 단어로 쉽게 설명했다.

- The extremely old man was *lucid* right up until the moment he died; his body had given out but his mind was still going strong.

  그 사람은 나이가 아주 많았지만 죽는 순간까지도 명석했다. 그의 몸은 쇠약했지만 정신만은 여전히 튼튼했다.

To *elucidate* something is to make it clear, to explain it.

elucidate는 어떤 것을 '명확히 하다', '자세하게 설명하다'라는 뜻이다.

LUGUBRIOUS [lugjú:briəs] adj exaggeratedly mournful 지나치게 슬퍼하는

▶ 발음에 주의할 것.

To be mournful is to be sad and sorrowful. To be *lugubrious* is to make a big show of being sad and sorrowful.

mournful은 '슬퍼서 비탄에 잠긴'의 의미이고, lugubrious는 '슬픔과 비탄에 잠긴 것을 과장해서 보이는'의 의미이다.

- Harry's *lugubrious* eulogy at the funeral of his dog eventually made everyone start giggling.

  개의 장례식에서 해리의 과장된 애도사 때문에 사람들은 낄낄거리기 시작했다.

- The valedictorian suddenly turned *lugubrious* and began sobbing and tearing her hair at the thought of graduating from high school.

  졸업생 대표는 고등학교를 졸업한다는 생각에 갑자기 슬픔이 복받쳐 머리를 뜯으며 흐느끼기 시작했다.

LUMINOUS [lú:mənəs] adj giving off light; glowing; bright 빛을 내는; 빛나는; 밝은

- The moon was a *luminous* disk in the cloudy nighttime sky.

  달은 구름 낀 밤하늘에서 밝은 빛을 내는 둥근 원반이었다.

- The snow on the ground appeared eerily *luminous* at night—it seemed to glow.

  밤이 되면 땅 위의 눈은 기괴한 빛을 발하는 듯했다. 마치 반짝이는 것 같았다.

- The dial on my watch is *luminous*; it casts a green glow in the dark.

  내 시계의 바늘은 야광이다. 그것은 어둠 속에서 녹색의 빛을 발한다.

Match each word in the first column with its definition in the second column. Check your answers in the back of the book.

1. libel   a. giving off light

2. slander   b. try in court

3. litigate   c. exaggeratedly mournful

4. loquacious   d. easy to understand

5. lucid   e. written injurious falsehood

6. lugubrious   f. spoken injurious falsehood

7. luminous   g. talking a lot

M

MACHINATION [mæ̀kənéiʃən] n **scheming activity for an evil purpose**
나쁜 목적을 위한 활동을 계획하는 것, 음모

▶ 발음에 주의할 것.

This word is almost always used in the plural—*machinations*—in which form it means the same thing.
이 단어는 거의 언제나 복수형인 machinations로 사용되며, 뜻은 같다.

- The ruthless *machinations* of the mobsters left a trail of blood and bodies.
  잔혹한 음모를 세운 폭력배들은 피와 시체의 흔적을 남겼다.

- The *machinations* of the conspirators were aimed at nothing less than the overthrow of the government.
  음모가들의 계획은 바로 정부 전복을 목표로 했다.

This word is often used imprecisely to mean something like "machinelike activity." It should not be used in this way.
machination은 막연하게 기계 같은 행위라는 뜻으로 잘못 쓰이는 경우가 많은데, 이런 식으로 쓰면 안 된다.

MAGNANIMOUS [mægnǽnəməs] adj **forgiving; unresentful; noble in spirit; generous**
관대히 용서하는; 관대한; 영혼이 고결한; 아량 있는

- The boxer was *magnanimous* in defeat, telling the sports reporters that his opponent had simply been too talented for him to beat.
  권투 선수는 패배에도 관대했다. 그는 상대 선수가 워낙 뛰어나서 자신이 질 수밖에 없었다고 스포츠 기자들에게 말했다.

- Mrs. Jones *magnanimously* offered the little boy a cookie when he came over to confess that he had accidentally broken her window while playing baseball.
  존슨 부인은 야구를 하다가 유리창을 깨뜨린 소년이 사실을 고백하러 찾아왔을 때 넓은 아량으로 어린 소년에게 과자까지 주었다.

▶ 명사형은 magnanimity [mæ̀gnəníməti] (아량, 관대함)이다.

- The *magnanimity* of the conquering general was much appreciated by the defeated soldiers.
  적군을 함락시킨 장군은 관대함을 베풀어서 패전국 병사들로부터 많은 감사를 받았다.

MAGNATE [mǽgneit] n a rich, powerful, or very successful businessperson
돈 많고 권력 있는, 또는 아주 성공한 사업가

- John D. Rockefeller was a *magnate* who was never too cheap to give a shoeshine boy a dime for his troubles.

  존 D. 록펠러는 거물이었다. 문제를 일으켰다는 이유로 구두닦이 소년에게 수고비도 주지 않는 그런 사람이 절대 아니었다.

MALAISE [mæléiz] n a feeling of depression, uneasiness, or queasiness
의기소침이나 불안, 또는 불쾌함

- *Malaise* descended on the calculus class when the teacher announced a quiz.

  미적분학 시간에 선생님이 시험을 보겠다고 하자 불안감이 교실을 엄습했다.

MALFEASANCE [mǽlfi:zns] n an illegal act, especially by a public official
불법적 행위, 특히 공무원이 행하는

- President Ford officially pardoned former president Nixon before the latter could be convicted of any *malfeasance*.

  포드 대통령은 닉슨 전 대통령이 부정부패로 유죄 판결을 받기 전에 공식적으로 그를 사면했다.

MALIGNANT [məlígnənt] adj causing harm   손해를 야기하는

Many words that start with *mal-* connote evil or harm, just as words that begin with *ben-* generally have good connotations. *Malignant* and *benign* are often used to describe tumors or physical conditions that are either life-threatening or not.

mal-로 시작하는 많은 단어들이 악이나 해의 의미를 내포한다. 반면 ben-으로 시작하는 단어들은 일반적으로 좋은 의미를 갖고 있다. malignant(악성의)와 benign(양성의)은 종종 종양이나 신체적 상태가 생명에 위협적인지 아닌지를 나타낼 때 사용한다.

- Lina has had recurring tumors since the operation; we're just glad that none of them have proved *malignant*.

  리나는 수술 후에 다시 종양이 생겼다. 다행히도 그것들 중 어느 것도 악성은 아닌 것으로 밝혀졌다.

MALINGER [məlíŋgər] v to pretend to be sick to avoid doing work
일하기 싫어 아픈 척하다, 꾀병 부리다

- Indolent Leon always *malingered* when it was his turn to clean up the house.

  게으른 레온은 자신이 집 안을 청소할 차례가 되면 항상 꾀병을 부렸다.

- Angie is artful and she always manages to *malinger* before a big exam.

  교활한 앤지는 항상 큰 시험 전에는 꾀병을 부린다.

MALLEABLE [mǽliəbl] adj easy to shape or bend   모양을 만들거나 구부리기 쉬운

- Modeling clay is very *malleable*. So is Stuart. We can make him do whatever we want him to do.

  만들기용 찰흙은 변형이 아주 쉽다. 스튜어트도 찰흙처럼 그렇다. 우리가 원하는 것은 무엇이나 하도록 그를 조종할 수 있다.

MANDATE [mǽndeit] n **a command or authorization to do something; the will of the voters as expressed by the results of an election**
명령, 또는 뭔가를 할 수 있는 권한; 선거의 결과로 표현된 유권자들의 의지, 권한의 위임

- Our *mandate* from the executive committee was to find the answer to the problem as quickly as possible.
  이사회에서 내려온 지시는 가능한 한 빨리 문제의 해결책을 찾으라는 것이었다.

- The newly elected president felt that the landslide vote had given her a *mandate* to do whatever she wanted to do.
  새로 선출된 대통령은 투표에서 압도적인 승리를 하게 되자 원하는 것은 무엇이나 할 수 있는 권한을 자신에게 부여하는 것으로 생각했다.

Mandate can also be a verb. To *mandate* something is to command or require it.
mandate는 동사로도 쓰이며, 어떤 것을 명령하다, '요구하다'의 뜻이다.

A closely related word is *mandatory*, which means required or obligatory.
밀접한 관련이 있는 단어로 '필수적인', '강제적인'이라는 뜻의 mandatory가 있다.

MANIFEST [mǽnəfèst] adj **visible; evident** 분명한; 명백한

- Daryl's anger at us was *manifest*: you could see it in his expression and hear it in his voice.
  대릴은 우리에게 화를 내고 있음이 분명했다. 표정에서도 알 수 있고 그의 목소리를 들어 봐도 알 수 있었다.

There is *manifest* danger in riding a pogo stick along the edge of a cliff.
절벽 끝을 따라서 a pogo stick(주. 우리나라의 스카이 콩콩 같은 놀이기구)을 타는 것은 manifest(명백한)인 위험이다.

Manifest can also be a verb, in which case it means to show, to make visible, or to make evident.
manifest는 동사로도 쓰이며, '보여주다', '보이게 하다', '분명히 하다'의 의미이다.

- Lee has been sick for a very long time, but it was only recently that he began to *manifest* symptoms.
  리는 아주 오랫동안 앓고 있었지만, 뚜렷한 증상이 드러난 것은 겨우 최근의 일이었다.

- Rebecca *manifested* alarm when we told her that the end of her ponytail was dipped into the bucket of paint.
  우리가 레베카의 묶은 머리끝이 페인트 통에 빠졌다고 하자, 그녀는 분명히 놀랐다.

▶ 명사형은 manifestation(조짐, 징후)이다.

- A lack of comfort and luxury is the most obvious *manifestation* of poverty.
  안락함과 향락의 결핍은 명백히 가난함의 징후이다.

MANIFESTO [mǽnəféstou] n **a public declaration of beliefs or principles, usually political ones**
신념이나 원칙에 관한 공식적인 선언서, 대개 정치적인 선언(성명서)

The *Communist Manifesto* was a document that spelled out Karl Marx's critique of capitalistic society.
the Communist Manifesto(공산당 선언)는 칼 마르크스가 자본주의 사회에 대한 비판을 제시한 성명서였다.

- Jim's article about the election was less a piece of reporting than a *manifesto* of his political views.

  선거에 대한 짐의 기사는 취재 기사라기보다는 자신의 정치적 견해를 담은 성명서의 성격이 더 많았다.

MARSHAL [máːrʃəl] v **to arrange in order; to gather together for the purpose of doing something** 순서대로 정렬하다; 목적을 가지고 한데 모으다

- The statistician *marshaled* her facts numerous times before making her presentation.

  통계학자는 발표를 하기 전에 수 차례 사실부터 늘어놓았다.

- The general *marshaled* his troops in anticipation of making an attack on the enemy fortress.

  적의 요새를 공격하기 위한 준비로 장군은 미리 군대를 정렬시켰다.

- We *marshaled* half a dozen local groups in opposition to the city council's plan to bulldoze our neighborhood.

  우리 동네를 불도저로 밀어 버리려는 시의회의 계획에 반대해서, 우리는 여섯 개의 지역 단체를 하나로 결집했다.

MARTIAL [máːrʃəl] adj **warlike; having to do with combat** 전쟁의; 전투와 관련된

Martial is often confused with *marital* [mǽritəl], which means having to do with marriage. Marriages are sometimes *martial*, but don't confuse these words.

martial은 '결혼의', '부부의'라는 뜻인 marital과 자주 혼동된다. 결혼 생활이 때때로 martial(전쟁의)이긴 하지만, 두 단어를 혼동하지는 말 것.

Karate and judo are often referred to as *martial* arts.

가라테와 유도를 종종 martial art(격투기, 무술)라고 한다.

- The parade of soldiers was *martial* in tone; the soldiers carried rifles and were followed by a formation of tanks.

  군인들의 행진은 호전적이었다. 그들은 라이플총을 소지하고 있었으며 탱크의 대열이 뒤를 따르고 있었다.

- The school principal declared *martial* law when food riots erupted in the cafeteria.

  카페테리아에 음식 소동이 일어나자 교장은 계엄령을 선포했다.

MARTYR [máːrtər] n **someone who gives up his or her life in pursuit of a cause, especially a religious one; one who suffers for a cause; one who makes a show of suffering in order to arouse sympathy**
이상을 추구하기 위해 자신의 삶을 포기한 사람, 특히 종교적 이상을 위해(순교자); 소명 때문에 고통 받는 사람(희생자); 공감을 불러일으키기 위해 고통 받는 모습을 보이는 사람(수난자)

Many of the saints were also *martyrs*; they were executed, often gruesomely, for refusing to renounce their religious beliefs.

성인들의 대부분은 또한 martyrs(순교자들)이기도 했다. 그들은 자신들의 종교적 신념을 부인하기를 거부했다는 이유로 종종 처참하게 처형당했다.

- Jacob is a *martyr* to his job; he would stay at his desk 24 hours a day if his wife and the janitor would let him.

  제이콥은 자신의 일에 목숨을 거는 사람이다. 아내와 사무실 관리인만 허락한다면, 그는 하루 24시간이라도 사무실 책상을 지키고 있을 사람이다.

- Eloise played the *martyr* during hay-fever season, trudging wearily from room to room with a jumbo box of Kleenex in each hand.

  엘로이즈는 때만 되면 건열(주: 열병의 일종)에 시달렸다. 양손에 화장지를 들고 이 방 저 방으로 녹초가 되어 몸을 끌고 다녔다.

MATRICULATE [mətríkjulèit] v to enroll, especially at a college
입학하다, 특히 대학에

- Benny told everyone he was going to Harvard, but he actually *matriculated* to the local junior college.

  베니는 모든 사람들에게 하버드에 갈 거라고 떠들어댔지만, 정작 지방의 전문대에 입학했다.

QUICK QUIZ

Match each word in the first column with its definition in the second column. Check your answers in the back of the book.

1. machination	a. forgiving
2. magnanimous	b. easy to shape
3. magnate	c. depression
4. malaise	d. command to do something
5. malevolent	e. scheming evil activity
6. malfeasance	f. public declaration
7. malignant	g. pretend to be sick
8. malinger	h. visible
9. malleable	i. one who dies for a cause
10. mandate	j. arrange in order
11. manifest	k. illegal act
12. manifesto	l. enroll
13. marshal	m. warlike
14. martial	n. rich businessperson
15. martyr	o. harmful
16. matriculate	p. wishing to do evil

MAUDLIN [mɔ́ːdlin] adj silly and overly sentimental   어리석고 지나치게 감상적인

- The high school reunion grew more and more *maudlin* as the participants shared more and more memories.

  참가자들이 점점 더 기억을 공유하면서 고등학교 동창회는 더욱 더 감상적이 되어 갔다.

- Magdalen had a *maudlin* concern for the worms in her yard; she would bang a gong before walking in the grass in order to give them a chance to get out of her way.

  마그달렌은 정원의 벌레들에게조차 지나치게 연민을 가지고 신경을 썼다. 그녀는 잔디를 걷기 전에 벌레들이 비켜갈 수 있도록 종을 쳐서 미리 소리를 내곤 했다.

MAVERICK [mǽvərik] v a nonconformist; a rebel   동조하지 않는 사람; 반역자

The word *maverick* originated in the Old West. It is derived from the name of Samuel A. Maverick, a Texas banker who once accepted a herd of cattle in payment of a debt. Maverick was a banker, not a rancher. He failed to confine or brand his calves, which habitually wandered into his neighbors' pastures. Local ranchers got in the habit of referring to any unbranded calf as a *maverick*. The word is now used for anyone who has refused to be "branded"—who has refused to conform.

maverick이라는 단어는 서부 시대에 처음 생긴 단어로, 사무엘 A. 매버릭이라는 사람의 이름에서 유래한 말이다. 이 사람은 채무를 변제받기 위해 수십 마리의 소를 대신 받기도 했던 텍사스의 은행가였다. 그는 목장주가 아니라 은행가였으므로 송아지에게 낙인을 찍거나 가두는 일을 잘 못했다. 그래서 그의 소들은 시도 때도 없이 이웃 목장을 돌아다녔다. 그 이후로 근처의 목장주들은 낙인이 찍히지 않은 소를 maverick이라고 부르게 되었다. 이 단어는 오늘날 '낙인 찍혀' 한데 묶이는 것을 거부하는 사람, 즉 '규칙이나 관습에 순응하지 않는 사람'이라는 뜻으로 쓰인다.

- The political scientist was an intellectual *maverick*; most of her theories had no followers except herself.

  그 정치학자는 지적인계의 이단아였다. 그녀의 이론은 대부분 그녀 자신을 제외하곤 지지하는 사람이 없었다.

Maverick can also be an adjective.

maverick은 형용사이기도 하다.

- The *maverick* police officer got in trouble with the department for using illegal means to track down criminals.

  독불장군인 경찰관은 범인을 추적하는 과정에서 비합법적인 방법을 사용했다는 이유로 부서에서 문제를 일으켰다.

MAXIM [mǽksim] n a fundamental principle; an old saying
기본이 되는 원칙, 좌우명; 격언

- We always tried to live our lives according to the *maxim* that it is better to give than to receive.

  우리는 항상 받는 것보다는 주는 것이 더 낫다'라는 좌우명을 지키며 살려고 노력했다.

- No one in the entire world is entirely certain of the differences in meaning among the words *maxim*, *adage*, *proverb*, and *aphorism*.

  격언, 금언, 속담, 경구의 의미상 차이점을 확실하게 아는 사람은 전 세계에 아무도 없다.

MEDIATE [míːdièit] v to help settle differences 의견 차이를 조절하기 위해 돕다, 중재하다

- The United Nations representative tried to *mediate* between the warring countries, but the soldiers just kept shooting at one another.

  유엔 대표부는 전쟁 중인 나라들을 중재하기 위해 애썼다. 그러나 군인들은 오로지 서로를 향해 계속해서 총을 쏘아댈 뿐이었다.

- Joe carried messages back and forth between the divorcing husband and wife in the hope of *mediating* their differences.

  이혼하려는 부부를 중재하기 위해 조는 둘 사이를 왔다 갔다 하며 서로의 의견을 조율했다.

To *mediate* is to engage in *mediation*. When two opposing groups, such as a trade union and the management of a company, try to settle their differences through *mediation*, they call in a *mediator* to listen to their cases and to make an equitable decision.

mediate의 명사형은 mediation(중재)이다. 노동조합과 회사의 경영진 같은 두 단체가 mediation을 통해서 서로의 의견을 조율하려 할 때 그들은 자신들의 입장을 잘 들어주고 적절한 합의를 끌어낼 수 있는 mediator(중재자)를 요청한다.

MELLIFLUOUS [melífluəs] adj sweetly flowing 달콤하게 흐르는, 감미로운

Mellifluous comes from Greek words meaning, roughly, "honey flowing." We use the word almost exclusively to describe voices, music, or sounds that flow sweetly, like honey.

mellifluous는 대략 'honey flowing(꿀이 흘러넘치는)'이라는 뜻의 그리스 어에서 유래한 단어이다. 우리는 이 단어를 꿀처럼 감미로운 목소리, 음악, 소리를 묘사할 때에만 제한적으로 사용한다.

- Melanie's clarinet playing was *mellifluous*; the notes flowed smoothly and beautifully.

  멜라니의 클라리넷 연주는 감미로웠다. 부드럽고 아름다운 선율이 물결쳤다.

MENDACIOUS [mendéiʃəs] adj lying; dishonest 거짓말하는; 정직하지 못한

Thieves are naturally *mendacious*. If you ask them what they are doing, they will automatically answer, "Nothing."

도둑들은 천성적으로 mendacious이다. 무엇을 하고 있냐고 물어보면, 그들은 자동적으로 "아무것도 안 해요."라고 대답할 것이다.

- The jury saw through the *mendacious* witness and convicted the defendant.

  배심원은 정직하지 못한 증인을 꿰뚫어보고서 피고인의 유죄를 확정했다.

To be *mendacious* is to engage in *mendacity*, or lying. I have no flaws, except occasional *mendacity*. Don't confuse this word with *mendicant*, listed below.

mendacious의 명사형은 mendacity(거짓된 행동, 허위)이다. 가끔의 mendacity를 빼면 나는 결점이 없는 사람이다. 바로 다음에 나오는 mendicant(동냥아치)와 이 단어를 혼동하지 말 것.

MENDICANT [méndəkənt] n a beggar 거지

- The presence of thousands of *mendicants* in every urban area is a sad commentary on our national priorities.

  모든 도시들마다 수천 명의 거지가 있다는 사실은 우리나라의 정책의 우선순위에 있어서 슬픈 현실이다.

MENTOR [méntɔːr] n a teacher, tutor, counselor, or coach; especially in business, an experienced person who shows an inexperienced person the ropes
선생님, 교사, 조언자, 또는 코치; 특히 사업에 있어서 신참에게 비결을 가르쳐주는 경험 많은 사람

Mentor is too big a word to apply to just any teacher. A student might have many teachers but only one *mentor*—the person who taught him or her what was really important.
mentor는 평범한 선생에게 적용하기에는 너무 뜻이 큰 단어이다. 한 학생에게는 여러 명의 선생님이 있을 수 있지만, 오직 한 분의 mentor만 있을 수 있다. mentor는 그 학생에게 정말로 중요한 것을 가르쳐 준 사람이다.

- Chris's *mentor* in the pole vault was a former track star who used to hang out by the gym and give the students pointers.
  크리스의 장대높이뛰기 코치는 전 육상 스타로 체육관 옆에 살면서 학생들을 지도했었다.

- Young men and women in business often talk about the importance of having a *mentor*—usually an older person at the same company who takes an interest in them and helps them get ahead by showing them the ropes.
  젊은 직장인들은 선배를 갖는다는 것의 중요성에 관해 자주 이야기한다. 여기서의 선배란 신참들에게 관심을 갖고, 비법을 가르쳐주며 잘 해나갈 수 있도록 도와주는 같은 직장 내의 나이 많고 경험이 풍부한 사람을 일컫는다.

MERCENARY [mə́ːrsəneri] n a hired soldier; someone who will do anything for money 고용된 군인, 용병; 돈을 위해서라면 무슨 일이든 하는 사람

If an army can't find enough volunteers or draftees, it will sometimes hire *mercenaries*. The magazine *Soldier of Fortune* is aimed at *mercenaries* and would-be *mercenaries*; it even runs classified advertisements by soldiers looking for someone to fight.
군대는 충분한 지원자나 징집자를 확보하지 못하면 때로는 mercenaries(용병들)를 고용하기도 한다. Soldier of Fortune이라는 잡지는 mercenaries(용병들)와 그것이 되고자 하는 사람들을 겨냥하여 발행된다. 이 잡지에는 심지어 싸울 대상을 찾고 있는 군인들의 광고란이 별도로 마련되어 있을 정도이다.

You don't have to be a soldier to be a *mercenary*. Someone who does something strictly for the money is often called a *mercenary*.
mercenary가 반드시 '용병'만을 의미하는 것은 아니다. 오직 '돈을 위해서 일을 하는 사람'도 종종 mercenary라고 불린다.

- Our business contains a few dedicated workers and many, many *mercenaries*, who want to make a quick buck and then get out.
  우리 회사에는 헌신적인 직원은 소수이고 오직 돈을 목적으로 일하는 사람들만 아주 많이 있다. 그들은 빨리 돈을 벌어 회사를 떠날 생각만 하는 사람들이다.

- Larry's motives in writing the screenplay for the trashy movie were strictly *mercenary*—he needed the money.
  래리가 쓰레기 같은 영화의 시나리오를 집필하게 된 것은 순전히 돈 때문이었다. 그는 정말로 돈이 필요했던 것이다.

▸ mercenary는 형용사로도 사용된다.

210

MERCURIAL [mərkjúəriəl] adj emotionally unpredictable; rapidly changing in mood
감정 변화를 예측하기 어려운, 변덕스러운; 기분이 급작스럽게 바뀌는

A person with a *mercurial* personality is one who changes rapidly and unpredictably between one mood and another.

mercurial(변덕스러운)인 성격을 가진 사람은 예측할 수 없을 정도로 급속히 기분이 바뀌는 사람이다.

* *Mercurial* Helen was crying one minute, laughing the next.

변덕스러운 헬렌은 금방 울었다가 다음 순간에 웃고 있었다.

METAMORPHOSIS [mètəmɔ́:rfəsis] n a magical change in form; a striking or sudden change
마법 같은 형태의 변화; 두드러진, 또는 갑작스러운 변화

* When the magician passed her wand over Eileen's head, she underwent a bizarre *metamorphosis*: she turned into a hamster.

마법사의 지팡이가 에일린의 머리 위를 스치고 지나가자 그녀에게 기괴한 변화가 일어났다. 에일린이 햄스터로 변해 버린 것이다.

* Damon's *metamorphosis* from college student to Hollywood superstar was so sudden that it seemed a bit unreal.

데이몬의 대학생에서 할리우드 슈퍼스타로의 변신은 너무 갑작스럽게 일어나서 약간 비현실적인 것처럼 보였다.

▶ 동사형은 metamorphose(변하다)이다.

QUICK QUIZ

Match each word in the first column with its definition in the second column. Check your answers in the back of the book.

1. maudlin	a. teacher
2. maverick	b. fundamental principle
3. maxim	c. lying
4. mediate	d. help settle differences
5. mellifluous	e. sweetly flowing
6. mendacious	f. nonconformist
7. mendicant	g. emotionally unpredictable
8. mentor	h. magical change in form
9. mercenary	i. overly sentimental
10. mercurial	j. hired soldier
11. metamorphosis	k. beggar

MICROCOSM [máikrəkàzm] n the world in miniature 축소된 세계

The *cosmos* is the heavens, *cosmopolitan* means worldly, and a *microcosm* is a miniature version of the world. All three words are related.

cosmos는 '천체', cosmopolitan은 '세상의', microcosm은 '세상의 축소판'이다. 이들 세 단어는 서로 관련이 있다.

- Our community, which holds so many different communities, institutions, businesses, and types of people, is a *microcosm* of the larger world.

  우리 사회는 많은 다양한 공동체, 사회 제도, 사업체와 다양한 사람들이 유지하고 있는데 이는 커다란 세상의 축소판이다.

The opposite of *microcosm* is a *macrocosm* [mǽkrəkàzm]. A *macrocosm* is a large-scale representation of something, or the universe at large.

microcosm의 반의어는 macrocosm(거대 모형, 대우주)이다.

MILIEU [miljú] n environment; surroundings 환경; 주위 상황

- A caring and involved community is the proper *milieu* for raising a family.

  애정과 포용이 있는 사회 분위기는 가족을 성장시키기 위한 적절한 환경이다.

- The farmer on vacation in the big city felt out of his *milieu*.

  대도시에서 휴가 중인 농부는 자신의 환경을 벗어난 듯한 느낌이 들었다.

MINUSCULE [mínəskjù:l] adj very tiny 매우 작은

Be careful with the spelling of this word. People tend to spell it "miniscule." Think of *minus*.

이 단어의 철자법에 주의하라. miniscule이라고 잘못 쓰는 경향이 있다. minus를 생각하면 된다.

- Hank's salary was *minuscule*, but the benefits were pretty good: he got to sit next to the refrigerator and eat all day long.

  행크의 급료는 너무 작았다. 그러나 부수적인 이득이 꽤 괜찮았다. 그는 냉장고 옆자리에 앉게 되어서 하루 종일 먹을 수 있었다.

Minute [mainjú:t] is a synonym for *minuscule*. The small details of something are the *minutiae* [minjú:ʃiì:].

minute와 minuscule은 서로 동의어이다. 아주 작고 상세한 것은 minutiae라 한다.

MISANTHROPIC [mìsənθrápik] adj hating mankind 인간을 증오하는, 염세적인

A *misogynist* [misádʒənist] hates women. A *misanthropic* person doesn't make distinctions; he or she hates everyone. The opposite of a *misanthrope* [mísənθròup] is a *philanthropist* [filǽnθrəpist]. Curiously, there is no word for someone who hates men only.

misogynist는 '여성 혐오자'이다. misanthropic person은 남녀를 구별하지 않고 모든 인류를 다 혐오하는 사람이다. misanthrope의 반의어는 philanthropist(박애주의자)이다. 이상하게도 오로지 남성만을 혐오하는 사람을 가리키는 단어는 존재하지 않는다.

MITIGATE [mítəgèit] v to moderate the effect of something
영향력을 완화하다, 누그러뜨리다

- The sense of imminent disaster was *mitigated* by the guide's calm behavior and easy smile.

  안내원의 침착한 행동과 편안한 미소가 임박한 재난에 대한 불안감을 덜어 주었다.

- The effects of the disease were *mitigated* by the experimental drug treatment.

  실험적인 약물치료 덕분에 질병의 영향은 완화되었다.

- Nothing Joel said could *mitigate* the enormity of forgetting his mother-in-law's birthday.

  장모의 생일을 잊어버리는 실수를 범한 조엘은 무슨 말을 해도 자신의 과오를 만회할 수 없었다.

Unmitigated means absolute, unmoderated, or not made less intense or severe.

unmitigated는 '절대적인', '완화할 수 없는', '호되거나 엄격한 것을 덜하게 할 수 없는'이란 뜻이다.

MOLLIFY [málə̀fài] v to soften; to soothe; to pacify
부드럽게 하다; 누그러뜨리다; 달래다

- Lucy *mollified* the angry police officer by kissing his hand.

  루시는 경찰관의 손에 키스를 해서 그의 화를 달랬다.

- My father was not *mollified* by my promise never to crash his car into a brick wall again.

  다시는 아버지의 차를 담벼락에다 박지 않겠다고 약속했지만, 아버지의 화는 가라앉지 않았다.

- The babysitter was unable to *mollify* the cranky child, who cried all night.

  보모는 밤새 울면서 떼를 쓰는 아이를 달랠 수가 없었다.

MONOLITHIC [mànəlíθik] adj massive, solid, uniform, and unyielding
거대하고 강하며 균일하고 단단한

A *monolith* is a huge stone shaft or column. Many other things can be said to be *monolithic*.

monolith는 거대한 돌기둥을 의미한다. 다른 많은 것들도 monolithic(단일체의)이라는 표현을 쓴다.

A huge corporation is often said to be *monolithic*, especially if it is enormous and powerful and all its parts are dedicated to the same purpose.

거대 기업체, 특히 그 기업이 크고 세력이 있으며 모든 부문별 사업이 같은 목적을 지향하고 있다면 종종 monolithic이라고 표현한다.

If the opposition to a plan were said to be *monolithic*, it would probably consist of a large group of people who all felt the same way.

어떤 계획안에 대한 반대 세력을 monolithic이라고 한다면, 그것은 아마도 같은 뜻을 가진 사람들이 큰 집단을 이루고 있을 것이다.

MORIBUND [mɔ́:rəbʌ̀nd] adj dying 죽어 가는

- The steel industry in this country was *moribund* a few years ago, but now it seems to be reviving somewhat.

  이 나라의 철강 산업은 몇 년 전까지는 빈사 상태였다. 그러나 지금은 다소나마 되살아나고 있는 듯하다.

- The senator's political ideas were *moribund*; no one thinks that way anymore.

  그 상원 의원의 정치적 이념은 소멸됐다. 더 이상 아무도 그런 식으로 생각하지 않는다.

A dying creature could be said to be *moribund*, too, although this word is usually used in connection with things that die only figuratively.

moribund는 비록 대개 비유적인 의미로 소멸하고 있는 것에 사용되지만, 죽어 가는 생명체를 표현할 때도 moribund라고 표현할 수 있다.

MOROSE [məróus] adj gloomy; sullen 우울한; 음침한

- Louise was always so *morose* about everything that she was never any fun to be with.

  루이스는 매사에 언제나 우울해서 같이 있어 보면 결코 즐겁지가 않았다.

- New Yorkers always seemed *morose* to the writer who lived in the country; she thought they seemed beaten down by the city.

  시골에 살고 있는 저자가 보기에 뉴욕에 사는 사람들은 언제나 우울한 것 같았다. 그들은 도시에 두들겨 맞아 나가떨어진 사람들처럼 보였다.

MORTIFY [mɔ́ːrtəfài] v to humiliate 굴욕감을 주다, 욕보이다

- I was *mortified* when my father asked my girlfriend whether she thought I was a dumb, pathetic wimp.

  아버지는 내 여자 친구에게 나를 멍청하고 불쌍한 겁쟁이라고 생각지 않느냐고 물어보았을 때 나는 자존심이 상했다.

- We had a *mortifying* experience at the opera; when Stanley's cell phone rang, the entire orchestra stopped playing and stared at him for several minutes.

  오페라 공연장에서 우리는 창피한 일을 경험했다. 스탠리의 휴대폰이 울리자 전 오케스트라 단원이 연주를 멈추고 몇 분 동안 그를 노려보았던 것이다.

MUNDANE [mʌndéin] adj ordinary; pretty boring; not heavenly and eternal
보통의; 꽤 지루한; 천상과 영원의 모습이 아니라 세속적인

- My day was filled with *mundane* chores: I mowed the lawn, did the laundry, and fed the dog.

  나의 일상은 지루한 잡일로 가득했다. 나는 잔디를 깎고, 세탁을 하고, 개 먹이를 주는 일을 했다.

- Dee's job was so *mundane* she sometimes had trouble remembering whether she was at work or asleep.

  디의 일은 워낙 지루해서 때때로 그녀 스스로도 자신이 졸고 있는 것인지 일을 하고 있는 것인지 헷갈릴 때가 있었다.

- The monk's thoughts were far removed from *mundane* concerns; he was contemplating all the fun he was going to have in heaven.

  그 스님의 사상은 일상적인 관심사에서 너무 멀리 벗어나 있었다. 그는 천상에서 누릴 즐거움에 대해서만 생각하고 있었다.

MUNIFICENT [mjuːnífəsnt] adj very generous; lavish 매우 관대한; 아낌없이 주는

- The *munificent* millionaire gave lots of money to any charity that came to her with a request.

  매우 관대한 백만장자는 기부금을 요청하러 온 자선 단체마다 많은 돈을 주었다.

- Mrs. Bigelow was a *munificent* hostess; there was so much wonderful food and wine at her dinner parties that the guests had to rest between courses. She was known for her *munificence*.

  비겔로우 부인은 인심이 후한 안주인이었다. 그녀의 디너파티에는 훌륭한 음식과 와인이 많이 준비되어 있어서 손님들은 요리가 나오는 사이사이에 (충분히 먹으려면) 휴식을 취해야만 했다. 그녀는 인심이 후하기로 유명했다.

MYOPIA [mɑióupiə] n nearsightedness; lack of foresight 근시; 선견지명이 부족함

Myopia is the fancy medical name for the inability to see clearly at a distance. It's also a word used in connection with people who lack other kinds of visual acuity.

myopia는 먼 거리에서는 사물을 또렷하게 보지 못하는 근시를 일컫는 복잡한 의학 용어이다. 또한 다른 의미로 예리한 시각이 부족한 사람들과 관련지어 사용되기도 한다.

- The president suffered from economic *myopia*; he was unable to see the consequences of his fiscal policies.

  대통령은 경제에 대한 식견 부족으로 고통받고 있었다. 그는 자신의 재정 정책의 결과도 알 수가 없었다.

- The workers' dissatisfaction was inflamed by management's *myopia* on the subject of wages.

  임금 문제에 관한 경영진의 근시안적인 생각 때문에 노동자들의 불만에 불이 붙었다.

To suffer myopia is to be *myopic* [mɑiápik]. Some people who wear glasses are *myopic*. So are the people who can't see the consequences of their actions.

myopic은 '근시의'라는 뜻이다. 안경을 착용한 사람들 중 일부는 myopic이다. 자신들의 행동의 결과를 예측할 수 없는 사람들도 myopic이라고 할 수 있다.

MYRIAD [míriəd] n a huge number 아주 큰 수

▶ 발음에 주의할 것.

- A country sky on a clear night is filled with a *myriad* of stars.

  맑은 날 시골의 밤하늘에는 무수히 많은 별들이 가득하다.

- There are *myriad* reasons why I don't like school.

  내가 학교를 싫어하는 이유는 무수히 많다.

This word can also be used as an adjective. *Myriad* stars is a lot of stars. The teenager was weighted down by the *myriad* anxieties of adolescence.

myriad는 형용사로도 쓰인다. myriad stars는 '무수한 별'을 뜻한다. 사춘기의 수많은 불안감이 10대를 짓누르고 있었다.

Match each word in the first column with its definition in the second column. Check your answers in the back of the book.

1. microcosm		a.	a huge number
2. milieu		b.	moderate the effect of
3. minuscule		c.	massive and unyielding
4. misanthropic		d.	humiliate
5. mitigate		e.	ordinary
6. mollify		f.	soften
7. monolithic		g.	nearsightedness
8. moribund		h.	very tiny
9. morose		i.	gloomy
10. mortify		j.	environment
11. mundane		k.	very generous
12. munificent		l.	dying
13. myopia		m.	world in miniature
14. myriad		n.	hating mankind

N

NARCISSISM [nάːrsəsìzm] n **excessive love of one's body or oneself**
자신의 육체나 자아에 대한 지나친 사랑

- In Greek mythology, Narcissus was a boy who fell in love with his own reflection. To engage in *narcissism* is to be like Narcissus.

  그리스 신화에 보면, 나르시스는 물에 비친 자신의 그림자와 사랑에 빠진 소년이었다. 나르시시즘에 빠진다는 것은 신화의 나르시스처럼 행동하는 것이다.

- Throwing a kiss to your reflection in the mirror is an act of *narcissism*—so is filling your living room with all your bowling trophies or telling everyone how smart and good-looking you are. You are a *narcissist* [nάːrsəisist].

  거울에 비친 자신의 반영에 키스를 보내는 것은 나르시시즘의 행동이다. 볼링 시합에서 받은 트로피를 거실에 몽땅 걸어놓거나 만나는 모든 사람에게 자신을 근사하고 잘 생겼다고 떠드는 것도 마찬가지로 자기애가 강한 행동이다. 당신이 그러하다면, 바로 나르시시스트이다.

Someone who suffers from *narcissism* is said to be *narcissistic* [nάːrsəsístik].

narcissism(나르시시즘)을 겪고 있는 사람을 narcissistic(자애적인)이라고 표현한다.

- The selfish students were bound up in *narcissistic* concerns and gave no thought to other people.

  이기적인 학생들은 자기 자신을 위한 일에만 관심을 쏟고 다른 사람들을 전혀 배려하지 않았다.

NEBULOUS [nébjuləs] adj **vague; hazy; indistinct 막연한; 어렴풋한; 희미한**

- Oscar's views are so *nebulous* that no one can figure out what he thinks about anything.

  오스카의 견해는 너무나 막연해서 아무도 그의 생각을 이해할 수 없다.

- The community's boundaries are somewhat *nebulous*; where they are depends on whom you ask.

  그 사회의 경계는 다소 모호하다. 그것은 누구에게 물어보는가에 달려 있다.

- Molly's expensive new hairdo was a sort of *nebulous* mass of wisps, waves, and hair spray.

  몰리의 새 헤어스타일은 값만 비쌀 뿐 그저 머리카락 한 줌과 웨이브와 헤어스프레이를 적당히 섞어 놓은 것에 불과했다.

A *nebula* [nébjələ] is an interstellar cloud, the plural of which is *nebulae* [nébjəlài].

nebula는 '성운(星雲)'으로, 복수형은 nebulae[nébjəlài]이다.

NEFARIOUS [nifέəriəs] adj evil; flagrantly wicked 사악한; 극악한

- The radicals' *nefarious* plot was to destroy New York by filling the reservoir with strawberry Jell-O.

  급진주의자들의 사악한 음모는 Jell-O라는 딸기 젤리를 저수지에 집어넣어 뉴욕을 파괴하는 것이었다.

- The convicted murderer had committed myriad *nefarious* acts.

  수많은 극악한 범죄를 저질렀던 살인자는 유죄가 확정되었다.

NEOLOGISM [niálədʒìzm] n a new word or phrase; a new usage of a word
새로운 단어 또는 관용구; 신조어

Pedants don't like *neologisms*. They like the words we already have. But at one time every word was a *neologism*. Someone somewhere had to be the first to use it.

학자인 척하는 사람은 neologisms(신조어들)를 좋아하지 않는다. 그들은 기존의 사용하던 단어를 좋아한다. 그러나 지금 쓰이는 모든 단어도 처음에는 neologism(신조어)였다. 어느 곳에서 누군가는 그 단어를 최초로 사용하는 사람이 되어야만 했다.

NEPOTISM [népətìzm] n showing favoritism to friends or family in business or politics
정치나 사업에 있어 가족 또는 친구에게 편애를 보임(친족 등용, 족벌주의)

- Clarence had no business acumen, so he was counting on *nepotism* when he married the boss's daughter.

  클라렌스는 사업적 통찰력이 부족했다. 그가 사장의 딸과 결혼한 것은 친족 등용에 의존하려는 것이었다.

NIHILISM [náiəlìzm] n the belief that there are no values or morals in the universe 세상에는 도덕이나 가치가 없다는 신념(허무주의)

▶ 발음에 주의할 것.

- A *nihilist* does not believe in any objective standards of right or wrong.

  허무주의자는 옳고 그름의 어떠한 객관적인 기준도 믿지 않는다.

NOMINAL [námənl] adj in name only; insignificant; A-OK (during rocket launches)
단지 이름뿐인; 대수롭지 않은; 더할 나위 없이 좋은(로켓 발사 중에)

- Bert was the *nominal* chair of the committee, but Sue was the one who ran things.

  버트가 위원회의 의장이라는 것은 이름뿐이었고, 모든 것을 운영하는 실질적인 의장은 수였다.

- The cost was *nominal* in comparison with the enormous value of what you received.

  네가 얻은 막대한 가치에 비하면 그깟 희생은 대수롭지 않았다.

- "All systems are *nominal*," said the NASA engineer as the space shuttle successfully headed into orbit.

  우주선이 성공적으로 궤도에 진입하자 NASA의 엔지니어는 "모든 시스템은 더할 나위 없이 좋다."라고 말했다.

NOSTALGIA [nɑstǽldʒə] n sentimental longing for the past; homesickness
과거에 대한 감상적인 동경; 향수병

- A wave of *nostalgia* overcame me when the song came on the radio; hearing it took me right back to 1997.

  그 노래가 라디오에서 흘러나왔을 때, 향수의 물결이 나를 덮쳤다. 그 노래는 나를 곧장 1997년으로 되돌려 놓았다.

- Some people who don't remember what the decade was really like feel a misplaced *nostalgia* for the 1950s.

  1950년대의 그 10년 동안이 실제로 어떠했는지를 기억하지 못하는 사람들은 1950년대에 대해 당치 않은 향수를 느낀다.

▶ 형용사형은 nostalgic(향수에 잠긴)이다.

- As we talked about the fun we'd had together in junior high school, we all began to feel a little *nostalgic*.

  중학교 시절 우리가 함께 했던 놀이에 대해서 이야기하면서 우리 모두는 조금씩 향수에 젖어 들었다.

NOTORIOUS [noutɔ́:riəs] adj famous for something bad 나쁜 것으로 유명한

A well-known actor is famous; a well-known criminal is *notorious*.

잘 알려진 배우는 유명하다. 잘 알려진 범죄자는 notorious(악명이 높은)하다.

- No one wanted to play poker with Jeremy because he was a *notorious* cheater.

  제레미는 악명 높은 사기꾼이었기 때문에 그와 포커 게임을 하려는 사람은 아무도 없었다.

- Rana's practical jokes were *notorious*; people always kept their distance when she came into the room.

  라나의 장난은 악명이 높았다. 그녀가 방에 들어서면 사람들은 항상 멀찍이 떨어져 있었다.

▶ 명사형은 notoriety[nòutəráiəti](악명, 악평)이다.

- Jesse's *notoriety* as a bank robber made it difficult for him to find a job in banking.

  제시는 은행 강도로 악명이 높았기 때문에 은행 관련 업무에서 직업을 찾기가 어려웠다.

NOVEL [nɑ́vəl] adj new; original 새로운; 독창적인

- Ray had a *novel* approach to homework: he did the work before the teacher assigned it.

  레이는 숙제에 대해 새로운 접근을 시도했다. 그는 선생님이 숙제를 내 주기 전에 이미 해 버리는 방법을 택했다.

- There was nothing *novel* about the author's latest novel; the characters were old, and the plot was borrowed.

  저자의 최근 소설에는 새로운 것이 아무것도 없었다. 인물들은 구태의연하고 구성은 어디선가 빌린 것이었다.

NOXIOUS [nάkʃəs] adj harmful; offensive 유해한; 불쾌한

- Smoking is a *noxious* habit in every sense.
  흡연은 모든 의미에서 나쁜 습관이다.

- Poison ivy is a *noxious* weed.
  덩굴 옻나무는 독초이다.

- The mothers' committee believed that rock 'n' roll music exerted a *noxious* influence on their children.
  어머니회는 로큰롤 음악이 아이들에게 나쁜 영향을 끼친다고 믿었다.

NUANCE [njúːɑːns] n a subtle difference or distinction 미세한 차이 또는 구별

- The artist's best work explored the *nuance* between darkness and deep shadow.
  그 화가의 최고의 작품은 어둠과 깊은 그늘의 미세한 차이를 탐구했다.

- Harry was incapable of *nuance*; everything for him was either black or white.
  해리는 미세한 차이를 알 수 없었다. 그에게 있어 모든 것은 검은색 아니면 흰색이었다.

In certain Chinese dialects, the difference between one word and its opposite is sometimes nothing more than a *nuance* of inflection.
어떤 중국 방언에는 단어와 그 단어의 반대말 사이에 억양의 nuance(미묘한 차이)만 있는 경우가 가끔 있다.

QUICK QUIZ

Match each word in the first column with its definition in the second column.
Check your answers in the back of the book.

1. narcissism	a. excessive love of self
2. nebulous	b. in name only
3. nefarious	c. harmful
4. neologism	d. original
5. nepotism	e. evil
6. nihilism	f. subtle difference
7. nominal	g. famous for something bad
8. nostalgia	h. vague
9. notorious	i. longing for the past
10. novel	j. favoritism
11. noxious	k. belief in the absence of all values and morals
12. nuance	l. new word

O

OBDURATE [ɑ́bdʒurət] adj **stubborn and insensitive** 완고하고 무감각한

▶ 발음에 주의할 것.

Obdurate contains one of the same roots as *durable* and *endurance*; each word conveys a different sense of hardness.

obdurate는 durable(오래 견디는)과 endurance(내구성)와 같은 어근을 갖고 있다. 각 단어는 각기 다른 의미에서의 단단함을 뜻한다.

- The committee's *obdurate* refusal to listen to our plan was heartbreaking to us bacause we had spent ten years coming up with it.

  위원회가 우리의 계획안을 듣기를 완강하게 거부해서 우리는 애가 달았다. 우리는 그 안을 마련하기 위해 10년을 보냈던 것이다.

- The child begged and begged to have the bubble-gum machine installed in his bedroom, but his parents were *obdurate* in their insistence that it should go in the kitchen.

  아이는 자기 방에 풍선껌 기계를 설치해 달라고 조르고 또 졸랐지만, 아이의 부모는 기계는 주방으로 가야 한다는 주장을 굽히지 않았다.

OBFUSCATE [ɑbfΛ́skeit] v **to darken; to confuse; to make confusing**
어둡게 하다; 혼란시키다; 혼란스럽게 만들다

- The spokesman's attempt to explain what the president had meant merely *obfuscated* the issue further. People had hoped the spokesman would elucidate the issue.

  대변인은 대통령의 의중을 설명하려 했지만 단지 논점만 더 흐리게 할 뿐이었다. 사람들은 대변인이 그 문제를 해명해 줄 것을 원했었다.

- Too much gin had *obfuscated* the old man's senses.

  진토닉을 너무 마셔서 노인의 이성이 마비되었다.

- The professor's inept lecture gradually *obfuscated* a subject that had been crystal clear to us before.

  교수의 서투른 강의 때문에 전에는 명료했던 주제가 점차로 혼란스러워졌다.

To *obfuscate* something is to engage in *obfuscation*.

obfuscate는 뭔가를 obfuscation(혼미) 상태로 만드는 것이다.

- Lester called himself a used-car salesman, but his real job was *obfuscation*: he sold cars by confusing his customers.

  레스터는 자신을 중고차 세일즈맨이라고 불렀지만, 그의 진짜 직업은 바람잡이였다. 그는 소비자를 혼란하게 해서 차를 팔았다.

OBLIQUE [əblíːk] adj indirect; at an angle 간접적인; 비스듬한

In geometry, lines are said to be *oblique* if they are neither parallel nor perpendicular to one another. The word has a related meaning outside of mathematics. An *oblique* statement is one that does not directly address the topic at hand, that approaches it as if from an angle.

기하학에서는 두 개의 선이 평행하지도 직각으로 만나지도 않을 때 oblique(사선의)라고 한다. 이 단어는 수학 이외의 분야에서도 연관된 뜻을 갖고 있다. oblique statement란 마치 사선처럼 비스듬히 주제에 접근하여 말하고자 하는 바를 간접적으로 설명하는 진술이다.

An allusion could be said to be an *oblique* reference.

암시를 oblique reference(간접적인 언급)라고 할 수 있다.

An *oblique* argument is one that does not directly confront its true subject.

oblique argument란 직접적으로 진짜 주제를 다루지 않는 논의이다.

To insult someone *obliquely* is to do so indirectly.

to insult someone obliquely는 누군가를 '간접적으로' 모욕하는 것이다.

- **Essence sprinkled her student council speech with *oblique* references to the principal's new toupee. The principal is so dense that he never figured out what was going on, but the rest of us were rolling on the floor.**

  에슨스는 학생 회의 시간에 교장의 새 가발에 대해서 간접적으로 언급하면서 떠들어댔다. 교장은 워낙 둔한 사람이라 무슨 일이 일어나고 있는지 알지 못했다. 그러나 우리들은 배꼽을 잡고 웃었다.

OBLIVION [əblíviən] n total forgetfulness; the state of being forgotten 완전한 잊음(망각); 잊힌 상태

- **A few of the young actors would find fame, but most were headed for *oblivion*.**

  젊은 배우 중 몇몇은 명성을 얻곤 했지만 대부분은 잊혀져갔다.

- **After tossing and turning with anxiety for most of the night, Marisol finally found the *oblivion* of sleep.**

  마리솔은 걱정 때문에 거의 밤새 엎치락뒤치락하다가 겨우 망각의 잠에 들 수 있었다.

To be *oblivious* is to be forgetful or unaware.

oblivious는 '잊어버린' 또는 '의식하지 못하는'이란 뜻이다.

- **Old age had made the retired professor *oblivious* of all his old theories.**

  퇴직한 교수는 노령이 되어 자신의 옛날 이론들을 몽땅 잊어버렸다.

- **The workers stomped in and out of the room, but the happy child, playing on the floor, was *oblivious* of all distraction.**

  일하는 사람들이 구둣발 소리를 내며 방을 드나들었지만, 마루에서 놀고 있는 행복한 아이는 이 모든 소동을 모르는 듯했다.

It is also acceptable to say "oblivious to" rather than "oblivious of."

oblivious of 외에 oblivious to라고 말하는 것도 가능하다.

OBSCURE [əbskjúər] adj unknown; hard to understand; dark
알려지지 않은; 이해하기 힘든; 어두운

- The comedy nightclub was filled with *obscure* comedians who stole one another's jokes and seldom got any laughs.

  그 코미디 나이트클럽에는 무명의 코미디언이 많이 있었다. 그들은 서로의 우스갯소리를 도용해 보지만 거의 아무도 웃지 않았다.

- The artist was so *obscure* that even her parents had trouble remembering her name.

  그 예술가는 워낙 무명이어서 심지어 부모조차도 그녀의 이름을 기억하기가 힘들 정도였다.

- The noted scholar's dissertation was terribly *obscure*; it had to be translated from English into English before anyone could make head or tail of it.

  저명한 그 학자의 학술 논문은 끔찍할 정도로 어려웠다. 논문의 내용이 무엇인지 알 수 있으려면 먼저 영어를 (이해하기 쉬운) 영어로 번역해야만 했다.

- Some contemporary poets apparently believe that the only way to be great is to be *obscure*.

  몇몇 현대 시인들은 위대한 시를 쓰는 유일한 방법은 어렵게 쓰는 것이라고 믿고 있다.

- The details of the forest grew *obscure* as night fell.

  숲의 자세한 모습은 밤이 깊어지자 더 희미해졌다.

The state of being *obscure* in any of its senses is called obscurity.

어떤 의미에서든 obscure인 상태를 obscurity(모호함)이라고 한다.

OBSEQUIOUS [əbsí:kwiəs] adj fawning; subservient; sucking up to
아양 떠는; 아첨하는, 비굴한; 알랑거리는

- Ann's assistant was so *obsequious* that she could never tell what he really thought about anything.

  앤의 조수는 워낙 아첨꾼이라 그녀는 조수의 실제 생각을 결코 알아낼 수가 없었다.

- My *obsequious* friend seemed to live only to make me happy and never wanted to do anything if I said I didn't want to do it.

  아첨꾼인 내 친구는 오직 나를 즐겁게 해 주기 위해 사는 것 같았다. 그는 내가 싫다고 말하는 일은 결코 하지 않았다.

OBTUSE [əbtjú:s] adj insensitive; blockheaded 둔감한; 멍청한

- Karen was so *obtuse* that she didn't realize for several days that Caleb had asked her to marry him.

  카렌은 워낙 둔감해서 케일럽이 자기에게 프러포즈했다는 사실을 며칠 동안이나 깨닫지 못했다.

- The *obtuse* student couldn't seem to grasp the difference between addition and subtraction.

  멍청한 그 학생은 덧셈과 뺄셈의 차이점도 이해하지 못하는 듯했다.

OFFICIOUS [əfíʃəs] adj annoyingly eager to help or advise
성가실 정도로 도와주거나 충고하려 하는, 참견하기 좋아하는

▸ 발음에 주의할 것.

- The *officious* officer could never resist sticking his nose into other people's business.
  주제넘은 경찰관은 남의 일에 쓸데없이 참견하는 것을 그만둘 수가 없었다.

- The *officious* salesperson refused to leave us alone, so we finally left without buying anything.
  참견하기 좋아하는 판매원은 우리를 그냥 내버려두지 않았다. 그래서 우리는 아무것도 사지 않고 나와 버렸다.

ONEROUS [ánərəs/óunərəs] adj burdensome; oppressive
부담이 되는, 귀찮은; 압박하는

- We were given the *onerous* task of cleaning up the fairgrounds after the carnival.
  우리는 축제가 끝난 자리를 청소하는 귀찮은 일을 맡게 되었다.

- The job had long hours, but the work wasn't *onerous*. Bill spent most of his time sitting with his feet on the desk.
  그 직업은 긴 시간을 근무해야 하지만 일 자체는 부담스럽지 않았다. 그래서 빌은 대부분의 시간을 빈둥거리며 보냈다.

OPAQUE [oupéik] adj impossible to see through; impossible to understand
불투명한; 이해할 수 없는

- The windows in the movie star's house were made not of glass but of some *opaque* material intended to keep her fans from spying on her.
  영화배우의 집 창문은 팬들이 그녀를 엿보는 것을 막으려고 유리가 아니라 안을 들여다볼 수 없는 재료로 만들어졌다.

- We tried to figure out what Horace was thinking, but his expression was *opaque*: it revealed nothing.
  우리는 호레이스의 생각을 이해하려 애썼지만, 그의 표현은 분명치가 않았다. 그것으로 아무것도 드러나지 않았다.

- Jerry's mind, assuming he had one, was *opaque*.
  제리에게 생각이라는 것이 있다고 해도, 어떤지 알 수가 없었다.

- The statement was *opaque*; no one could make anything of it.
  설명은 불분명했다. 그것을 조금이라도 이해하는 사람은 아무도 없었다.

▸ 명사형은 opacity[oupǽsəti] (불투명함)이다.

OPULENT [ápjulənt] adj luxurious   화려한, 쾌락을 추구하는, 풍부한

- Everything in the *opulent* palace was made of gold—except the toilet-paper holder, which was made of platinum.
  호화로운 그 궁전에는 모든 것들이 금으로 만들어졌다. 단 화장실 휴지걸이만 예외였는데, 그것은 백금이었다.

- The investment banker had grown so accustomed to an *opulent* lifestyle that he had trouble adjusting to the federal penitentiary.
  그 투자 은행가는 풍족한 생활에 너무 익숙해진 탓으로 연방 교도소에 적응하는 데 애를 먹었다.

Opulence is often ostentatious.
opulence(부유함)는 종종 의도적으로 과시된다.

ORTHODOX [ɔ́ːrθədɑ̀ks] adj conventional; adhering to established principles or doctrines, especially in religion; by the book
인습적인; 특히 종교에 있어 확립된 원칙이나 교리를 고집하는; 책에 따르는

- The doctor's treatment for Lou's cold was entirely *orthodox*: plenty of liquids, aspirin, and rest.
  루의 감기에 대한 의사의 처방은 아주 전통적이었다. 다량의 물약과 아스피린, 그리고 충분한 휴식이다.

- Austin's views were *orthodox*; there was nothing shocking about any of them.
  오스틴의 견해는 진부했다. 그중에 놀랄 만한 것은 아무것도 없었다.

The body of what is *orthodox* is called *orthodoxy*.
orthodox인 것의 본체를 orthodoxy(정설)라 한다.

- The teacher's lectures were characterized by strict adherence to orthodoxy.
  선생님 강의의 특징은 정설을 엄격하게 고수하는 것이었다.

To be unconventional is to be *unorthodox*.
'관습을 따르지 않는'은 unorthodox이다.

- "Swiss cheese" is an *unorthodox* explanation for the composition of the moon.
  "스위스 치즈"는 달의 성분에 대한 비정통적인 설명이다.

OSTENSIBLE [ɑsténsəbl] adj apparent (but misleading); professed
외견상의(그러나 현혹시키는); 표명된

- Blake's *ostensible* mission was to repair a broken telephone, but his real goal was to eavesdrop on the boss's conversation.
  블레이크의 임무는 외견상으로 고장 난 전화를 수리하는 것이었지만 그의 진짜 목적은 그 보스의 대화를 엿듣는 것이었다.

- Tracee's *ostensible* kindness to squirrels belied her deep hatred of them.
  트레이시 겉으로 다람쥐에게 친절함을 베풀어 다람쥐에 대한 혐오를 감추었다.

OSTENTATIOUS [ɑ̀stəntéiʃəs] adj excessively conspicuous; showy
지나치게 드러내는; 드러내는

- The designer's use of expensive materials was *ostentatious*; every piece of furniture was covered with silk or velvet, and every piece of hardware was made of silver or gold.
  디자이너는 남들에게 자랑하려고 값비싼 재료들을 사용했다. 모든 가구는 실크나 벨벳으로 덮어놓았고, 모든 금속 기구는 은이나 금을 사용해서 만들었다.

- The donor was *ostentatious* in making his gift to the hospital. He held a big press conference to announce it and then walked through the wards to give patients an opportunity to thank him personally.
  기증자는 병원에 기부금을 낸 데 대해서 자랑삼아 드러냈다. 그는 대형 기자 회견을 열어 그 사실을 발표하고, 그러고 나서 환자들이 개인적으로 감사의 표시를 할 수 있도록 병동으로 걸어 들어갔다.

- The young lawyer had *ostentatiously* hung her Harvard diploma on the door to her office.

  신출내기 변호사는 사무실 문에다 여봐란듯이 하버드 대학의 졸업장을 걸어놓았다.

To be *ostentatious* is to engage in *ostentation*.

ostentatious는 ostentation(겉치레)를 '과시하는'의 뜻이다.

- Lamar wore solid-gold shoes to the party; I was shocked by his *ostentation*.

  라마르는 파티에 순금으로 된 신발을 신고 나타났다. 나는 그의 허영심에 충격을 받았다.

QUICK QUIZ

Match each word in the first column with its definition in the second column. Check your answers in the back of the book.

1. obdurate	a. forgetfulness
2. obfuscate	b. hard to understand
3. oblique	c. stubborn
4. oblivion	d. insensitive
5. obscure	e. burdensome
6. obsequious	f. luxurious
7. obtuse	g. indirect
8. officious	h. misleadingly apparent
9. onerous	i. showing off
10. opaque	j. impossible to see through
11. opulent	k. confuse
12. orthodox	l. fawning
13. ostensible	m. conventional
14. ostentatious	n. annoyingly helpful

P

PACIFY [pǽsəfài] v **to calm someone down; to placate** 누군가를 달래다; 진정시키다

A parent gives a baby a *pacifier* to *pacify* him or her. A *pacifist* is someone who does not believe in war.
부모는 아이를 pacify(달래다)하기 위해 pacifier(고무젖꼭지)를 준다. pacifist(평화론자)는 전쟁의 효용을 믿지 않는 사람들이다.

PAINSTAKING [péinstèikiŋ] adj **extremely careful; taking pains**
매우 조심스러운; 수고로운, 애쓰는

▸ *Painstaking* = pains-taking = taking pains

- The jeweler was *painstaking* in his effort not to ruin the $50 million diamond necklace.
  보석상은 5천만 달러짜리 다이아몬드 목걸이를 망가뜨리지 않기 위해 매우 조심했다.

PALLIATE [pǽlièit] v **to relieve or alleviate something without getting rid of the problem; to assuage; to mitigate**
문제점을 완전히 제거하지 않고 완화시키다; 덜어 주다; 누그러뜨리다

- You take aspirin in the hope that it will *palliate* your headache.
  여러분은 두통을 덜기 위해 아스피린을 복용한다.

Aspirin is a *palliative* [pǽlièitiv].
아스피린은 palliative(완화제)이다.

PALPABLE [pǽlpəbl] adj **capable of being touched; obvious; tangible**
만져서 알 수 있는; 명백한; 확실한

- The tumor was *palpable*; the doctor could feel it her his finger.
  종양이 분명했다. 의사는 손으로도 그것을 느낄 수 있었다.

- Harry's disappointment at being rejected by every college in America was *palpable*; it was so obvious that you could almost reach out and touch it.
  미국 내의 모든 대학에 불합격했기 때문에 해리의 실망은 불을 보듯 뻔했다. 해리의 실망은 너무나 명백해서 누구라도 손으로 만지는 듯 느낄 수 있었다.

- There was *palpable* danger in flying the kite in a thunderstorm.
  폭풍우와 번개가 치는 날 연을 날리는 것이 위험하다는 것은 너무도 명백하다.

▸ palpable의 반의어는 impalpable(만지거나 느낄 수 없는)이다.

PALTRY [pɔ́:ltri] adj insignificant; worthless　대수롭지 않은, 하찮은; 가치 없는

- The lawyer's efforts on our behalf were *paltry*; they didn't add up to anything.
  우리의 대리인으로서 변호사의 수고는 보잘것없었다. 요컨대 그의 수고는 아무것도 아니었다.

- The *paltry* fee he paid us was scarcely large enough to cover our expenses.
  그가 우리에게 지불한 얼마 안 되는 수수료는 겨우 우리가 들인 비용을 상쇄할 수 있을 정도였다.

PANACEA [pæ̀nəsí:ə] n something that cures everything　만병통치약

▸ 발음에 주의할 것.

- The administration seemed to believe that a tax cut would be a *panacea* for the country's economic ills.
  정부는 세금 삭감이 국가의 경제적 병폐를 치유할 만병통치약이라고 믿는 것 같았다.

- Granny believed that her "rheumatiz medicine" was a *panacea*. No matter what you were sick with, that was what she prescribed.
  할머니는 자신의 '류머티즘 약'이 만병통치약이라고 믿었다. 어떤 병이 걸리더라도 그녀가 권하는 것은 바로 그 약이었다.

PARADIGM [pǽrədàim] n a model or example　모범 또는 예

▸ 발음에 주의할 것.

- Hufstader is the best teacher in the whole world; his classroom should be the *paradigm* for all classrooms.
  후프슈터더 씨는 세상에서 가장 훌륭한 선생님이다. 그의 학급은 모든 학급의 귀감이다.

- In selecting her wardrobe, messy Ana apparently used a scarecrow as her *paradigm*.
  옷을 고를 때, 지저분한 아나는 분명히 허수아비를 자신의 모델로 사용했을 것이다.

A *paradigm* is *paradigmatic* [pæ̀rədigmǽtik].
paradigm은 paradigmatic(전형적인)이다.

- Virtually all the cars the company produced were based on a single, *paradigmatic* design.
  사실상 그 회사가 생산한 모든 차는 한 가지의 전형적인 디자인에 기초한 것이었다.

PARADOX [pǽrədàks] n a true statement or phenomenon that nonetheless seems to contradict itself; an untrue statement or phenomenon that nonetheless seems logical
모순되어 보이지만 옳은 말이나 현상; 논리적인 것 같지만 사실은 틀린 말이나 현상, 역설

- Mr. Cooper is a political *paradox*; he's a staunch Republican who votes only for Democrats.
  쿠퍼 씨는 정치적 패러독스이다. 그는 골수 공화당원이지만 오로지 민주당에만 투표한다.

- One of Xeno's *paradoxes* seems to prove the impossibility of an arrow's ever reaching its target: if the arrow first moves half the distance to the target, then half the remaining distance, then half the remaining distance, and so on, it can never arrive.

  제노의 역설 중 하나는 날아가는 화살은 결코 과녁에 다다를 수 없다는 것을 증명하는 것처럼 보인다. 만약 화살이 과녁까지 반을 날아간다면, 다음에는 반이 남아 있다. 그러고 나서 또 반을 날아간다면, 또 그것의 반이 남아 있게 된다. 계속해도 마찬가지. 화살은 결코 과녁에 도달할 수 없다.

A *paradox* is *paradoxical*.

paradox(역설)은 paradoxical(역설적인)이다.

- Pasquale's dislike of ice cream was *paradoxical* considering that he worked as an ice-cream taster.

  아이스크림 감별사로 일하는 것을 고려하면, 파스콸이 아이스크림을 싫어하는 것은 역설적이었다.

PAROCHIAL [pəróukiəl] adj **narrow or confined in point of view; provincial**
관점의 폭이 좁은 또는 제한된; 지방의, 편협한

- The townspeople's concerns were entirely *parochial*; they worried only about what happened in their town and not about the larger world around it.

  마을 사람들의 관심사는 아주 폭이 제한되어 있었다. 그들은 오로지 마을 안에서 발생하는 일에만 관심을 쏟고, 더 큰 세계에 대해서는 신경 쓰지 않았다.

- The journalist's *parochial* point of view prevented her from becoming a nationally known figure.

  그 기자는 편협한 관점을 가지고 있어서 전국적인 유명 인사가 될 수 없었다.

A lot of people think a *parochial* school is a religious school. Traditionally, a *parochial* school is just the school of the parish or neighborhood. In other contexts *parochial* has negative connotations.

많은 사람들은 parochial school(천주교구 부설 학교)을 종교적인 학교라고 생각한다. 전통적으로 parochial school은 교구 내에 있거나 또는 근처에 있다. 다른 문맥에서는 parochial은 부정적인 의미를 내포하고 있다.

PARODY [pǽrədi] n **a satirical imitation**   풍자적인 모방, 패러디

- At the talent show the girls sang a terrible *parody* of a Beatles song called "I Want to Hold Your Foot."

  연예 오락 쇼에서 소녀들은 비틀즈의 노래를 'I Want to Hold Your Foot(원제목은 foot이 아니라 hand)'로 끔찍하게 패러디해서 불렀다.

Some *parodies* are unintentional and not very funny.

어떤 parodies(패러디들)에는 고의성도 없고 재미도 없다.

- The unhappy student accused Mr. Benson of being not a teacher but a *parody* of one.

  불만스러운 학생들은 벤슨 씨가 선생님이 아니라 선생 흉내만 내고 있다고 비난했다.

Parody can also be a verb. To *parody* something is to make a *parody* of it. A *parody* is *parodic* [pərɔ́dik].

parody는 '풍자하다'라는 뜻의 동사로도 쓰인다. 형용사형은 parodic(풍자적인)이다.

PARSIMONIOUS [pàːrsəmóuniəs] adj stingy 인색한, 극도로 절약하는

- The widow was so *parsimonious* that she hung used teabags out to dry on her clothesline so that she would be able to use them again.

  미망인은 한 번 사용한 차 봉지를 다시 사용하기 위해 빨래줄에 널어서 말릴 정도로 아주 절약하며 살았다.

- We tried to be *parsimonious*, but without success. After just a few days at the resort we realized we had spent all the money we had set aside for our entire month-long vacation.

  우리는 아껴 쓰려고 노력했지만, 실패하고 말았다. 휴양지에서 단 며칠 만에 우리는 한 달간의 휴가를 위해 비축해 두었던 돈을 몽땅 써 버렸다는 사실을 깨달았다.

▶ 명사형은 parsimony(절약)이다.

PARTISAN [páːrtizən] n one who supports a particular person, cause, or idea
특정한 사람이나 대의명분 또는 이념을 지지하는 사람

- Henry's plan to give himself the award had no *partisan* except himself.

  자신을 수상자로 하려던 헨리의 계획은 자신을 제외하고는 동조자가 아무도 없었다.

- I am the *partisan* of any candidate who promises not to make promises.

  공약을 위한 공약을 내걸지 않는 후보라면 누구라도 나는 그의 지지자이다.

- The mountain village was attacked by *partisans* of the rebel chieftain.

  그 산골 마을은 반란군 지도자의 지지자들에게 습격당했다.

Partisan can also be used as an adjective meaning biased, as in *partisan* politics. An issue that everyone agrees on regardless of the party he or she belongs to is a *nonpartisan* issue. *Bipartisan* means supported by two (bi) parties.

partisan은 'partisan politics(당파 정치)'에서처럼 '편견을 가진'이란 의미의 형용사로도 쓰인다. 자신이 속한 정당에 관계없이 모든 사람들이 동의하는 안건을 nonpartisan issue(초당파적 사안)라고 한다. bipartisan은 '두 개의 당파로부터 지지를 받는'이라는 의미이다.

- Both the Republican and Democratic senators voted to give themselves a raise. The motion had *bipartisan* support.

  민주당과 공화당의 상원 의원들은 모두 자신들의 세비 인상에 찬성 투표했다. 그 발의는 양당의 지지를 받았다.

Match each word in the first column with its definition in the second column.
Check your answers in the back of the book.

1. pacify	a. obvious
2. painstaking	b. model
3. palliate	c. supporter of a cause
4. palpable	d. narrow in point of view
5. paltry	e. contradictory truth
6. panacea	f. stingy
7. paradigm	g. calm someone down
8. paradox	h. cure for everything
9. parochial	i. insignificant
10. parody	j. extremely careful
11. parsimonious	k. satirical imitation
12. partisan	l. alleviate

PATENT [pǽtnt] adj obvious 명백한

- To say that the earth is flat is a *patent* absurdity because the world is obviously spherical.

  지구가 평평하다고 말하는 것은 명백한 잘못이다. 지구는 분명히 둥글게 생겼기 때문이다.

- It was *patently* foolish of Lee to think that she could sail across the Pacific Ocean in a washtub.

  세탁용 대야를 타고 태평양을 횡단할 수 있을 것이라는 리의 생각은 명백히 어리석었다.

PATERNAL [pətə́:rnl] adj fatherly; fatherlike 아버지의; 아버지다운

- Rich is *paternal* toward his niece.

  리치는 조카딸에게 아버지와 같다.

Maternal [mətə́:rnəl] means motherly or momlike.

maternal은 어머니의 또는 어머니 같은을 의미한다.

PATHOLOGY [pəθάlədʒi] n the science of diseases 질병에 관한 학문, 병리학

Pathology is the science or study of diseases, but not necessarily in the medical sense. *Pathological* means relating to *pathology*, but it also means arising from a disease. So if we say Brad is an inveterate, incorrigible, *pathological*[pæ̀θəláʤikəl] liar, we are saying that Brad's lying is a sickness.

pathology(병리학)는 질병에 관한 학문이지만 반드시 의학적 의미로만 사용하는 것은 아니다. pathological은 '병리학적인'을 의미하지만, '병으로부터 야기된'이라는 뜻도 있다. 만약 "브래드는 상습적이고 구제할 수 없는 pathological(병적인)인 거짓말쟁이다."라고 말한다면, 그것은 브래드의 거짓말 습관이 병이라는 뜻이다.

PATRIARCH [péitriɑ̀ːrk] n the male head of a family or tribe
가족이나 부족의 우두머리 남성, 가장, 족장

- The *patriarch* of the Murphy family, Jacob V. Murphy, made millions selling cobra fillets and established the Murphy family's empire in the snake meat business.

  머피 가족의 가장 제이콥 V. 머피는 100만 개의 코브라 필릿(뼈 없는 살 토막)을 만들어 팔아서 뱀 고기 사업에 머피 가족 제국을 만들었다.

▶ 형용사형은 patriarchal[pèitriɑ́ːrkəl] (가부장제의)이다.

- In the *patriarchal* country of Spambulia, the ruling monarch can never be a woman, though the current king is such a numbskull that his sister runs things behind the scenes.

  스팜블리아 가부장제의 부족에서는 비록 현재 왕이 얼간이어서 그의 누나가 섭정하고 있다고 해도 절대 지배자는 여자가 될 수 없다.

A female head of a family is a *matriarch*, and such a family would be described as *matriarchal*.

여자 가장'은 matriarch이고, 이런 가족은 matriarchal(모계 중심의)이라고 표현한다.

- Spambulia is considering becoming a *matriarchy*[méitriɑ̀ːrki].

  스팜블리아는 가모장제가 되고 있다고 여겨진다.

PATRICIAN [pətríʃən] n a person of noble birth; an aristocrat
귀족으로 태어난 사람; 귀족

- Mr. Perno was a *patrician*, and he was never truly happy unless his place at the dinner table was set with at least half a dozen forks.

  페르노 씨는 귀족이었다. 그는 저녁 식사를 할 때 그의 자리에 최소한 여섯 개의 포크가 마련돼 있지 않으면 결코 만족하지 않았다.

▶ patrician은 형용사로도 쓰인다.

- Polo is a *patrician* sport.

  폴로는 귀족적인 스포츠이다.

- The noisy crowd on the luxury ocean liner was *patrician* in dress but not in behavior; rioters were wearing tuxedos and gowns but throwing deck chairs into the ocean.

  호화로운 쾌속 유람선 위에서 떠들고 있는 사람들은 옷은 정장을 갖춰 입은 귀족이었지만 행동은 그렇지 못했다. 폭도들은 턱시도와 드레스를 입고 있었지만 갑판 의자를 바다에 함부로 버리고 있었다.

PATRONIZE [péitrənàiz] v to treat as an inferior; to condescend to
아랫사람으로 다루다, 선심 쓰는 척 도와주다; 자신을 낮추다

- Our guide at the art gallery was extremely *patronizing*, treating us as though we wouldn't be able to distinguish a painting from a piece of sidewalk without her help.

  가이드는 화랑에서 우리를 그녀의 도움 없이는 길거리 그림과 작품도 구별할 수 없는 사람들인 것처럼 다루면서 선심이라도 쓰는 듯이 오만하게 굴었다.

- We felt *patronized* by the waiter at the fancy restaurant; he ignored all our efforts to attract his attention and then pretended not to understand our accents.

  우리는 멋진 레스토랑에서 웨이터에게 무시당하고 있다고 느꼈다. 웨이터는 그의 주의를 끌려는 우리의 노력을 모두 무시했을 뿐만 아니라 나중에는 우리의 발음을 알아듣지 못하는 척했다.

Patronize also means to frequent or be a regular customer of. To *patronize* a restaurant is to eat there often, not to treat it as an inferior.

patronize는 '자주 가다' 또는 '정기적인 손님(단골)이 되다'라는 뜻도 있다. to patronize a restaurant는 식당을 열등한 것으로 다룬다는 뜻이 아니라 '식당에 자주 식사하러 가다'라는 뜻이다.

PAUCITY [pɔ́:səti] n scarcity 소수, 부족

- There was a *paucity* of fresh vegetables at the supermarket, so we had to buy frozen ones.

  슈퍼마켓에는 신선한 채소가 거의 없어서 우리는 할 수 없이 냉동된 것을 사야만 했다.

- The plan was defeated by a *paucity* of support.

  그 계획은 지원 부족으로 수포로 돌아갔다.

- There is no *paucity* of water in the ocean.

  바다에서 물 부족이란 있을 수 없다.

PECCADILLO [pèkədílou] n a minor offense 가벼운 범죄, 위반

- The smiling defendant acted as though first-degree murder were a mere *peccadillo* rather than a hideous crime.

  피고인은 실실 웃으며, 일급 살인이 끔찍한 범죄가 아니라 단순한 과오라도 되는 듯이 행동했다.

- The reporters sometimes seemed more interested in the candidates' sexual *peccadillos* than in their inane programs and proposals.

  기자들은 간혹 후보자들의 빈말뿐인 공약이나 계획보다도 그들의 성추문에 더 흥미를 보이는 것 같았다.

PEDANTIC [pədǽntik] adj boringly scholarly or academic
지루할 정도로 학구적인 또는 학문적인

- The discussion quickly turned *pedantic* as each participant tried to sound more learned than all the others.

  각 참가자들이 다른 사람보다 더 박식하게 보이려고 애썼기 때문에 토론은 급속도로 학구적으로 바뀌었다.

- The professor's interpretation of the poem was *pedantic* and empty of genuine feeling.

  그 시에 관한 교수의 해석은 학문적이었지만 순수한 느낌은 빠져 있었다.

A *pedantic* person is called a *pedant*[pédənt]. A *pedant* is fond of *pedantry*[pédəntri].

pedantic인 사람을 pedant(학자티를 내는 사람, 공론가)라고 부른다. pedant는 pedantry(탁상공론)를 좋아한다.

PEDESTRIAN [pədéstriən] adj unimaginative; banal
상상력이 없는; 평범한, 진부한

A *pedestrian* is someone walking, but to be *pedestrian* is to be something else altogether.

pedestrian을 명사로 쓰면 '보행자'라는 의미이지만, 형용사 pedestrian은 전적으로 다른 뜻이 된다.

- Mary Anne said the young artist's work was brilliant, but I found it to be *pedestrian*; I've seen better paintings in kindergarten classrooms.

  메리 앤은 그 신인 화가의 작품이 훌륭하다고 말했지만 내가 보기엔 그저 평범했다. 나는 유치원 교실에서도 그보다 더 나은 그림들을 본 적이 있었다.

- The menu was *pedestrian*; I had encountered each of the dishes dozens of times before.

  메뉴는 단조로웠다. 나는 전에도 수십 번이나 똑같은 음식을 먹었었다.

PEJORATIVE [pidʒɔ́:rətiv] adj negative; disparaging 부정적인; 얕보는, 멸시하는

"Hi, stupid" is a *pejorative* greeting. "Loudmouth" is a nickname with a *pejorative* connotation.

'Hi, stupid!(야, 멍청이야!)'는 pejorative(멸시적인)인 인사이다. Loudmouth(떠버리)'는 pejorative(부정적인)인 의미를 함축한 별명이다.

- Abe's description of the college as "a pretty good school" was unintentionally *pejorative*.

  에이브는 그 대학을 '비교적 괜찮은 학교'라고 묘사했는데 이는 고의는 아니지만 멸시의 의미가 담겨 있었다.

PENCHANT [péntʃənt] n a strong taste or liking for something; a predilection
강한 기호 또는 애호; 편애

- Dogs have a *penchant* for chasing cats and mail carriers.

  개는 고양이나 우체부를 쫓아다니는 것을 아주 좋아한다.

PENITENT [pénətənt] adj sorry; repentant; contrite 후회하는; 참회하는; 죄를 뉘우치는

- Julie was *penitent* when Kanye explained how much pain she had caused him.

  칸예가 줄리 때문에 얼마나 고통스러웠는지를 설명하자 그녀는 후회했다.

- The two boys tried to sound *penitent* at the police station, but they weren't really sorry that they had herded the sheep into Mr. Ingersoll's house. They were impenitent.

  경찰서에서 두 소년은 죄를 뉘우치는 것처럼 보이려고 했지만, 잉게솔 씨의 집에 양떼를 풀어놓은 사실에 대해 정말로 미안해하고 있는 것은 아니었다. 그들은 참회하고 있지 않았다.

PENSIVE [pénsiv] adj thoughtful and sad 시름에 젖은 그리고 슬픈

- Norton became suddenly *pensive* when Jack mentioned his dead father.

  잭이 돌아가신 아버지의 얘기를 하자 노턴은 갑자기 슬퍼졌다.

Match each word in the first column with its definition in the second column.
Check your answers in the back of the book.

1. patent		a.	male head of a family
2. paternal		b.	minor offense
3. pathology		c.	unimaginative
4. patriarch		d.	thoughtful and sad
5. patrician		e.	boringly scholarly
6. patronize		f.	science of diseases
7. paucity		g.	treat as an inferior
8. peccadillo		h.	negative
9. pedantic		i.	obvious
10. pedestrian		j.	aristocrat
11. pejorative		k.	scarcity
12. penchant		l.	fatherly
13. penitent		m.	sorry
14. pensive		n.	strong liking

PEREMPTORY [pərémptəri] adj final; categorical; dictatorial
최종적인; 무조건적인; 절대적인; 독재적인

▶ 발음에 주의할 것.

Someone who is *peremptory* says or does something without giving anyone a chance to dispute it.

peremptory(독단적인)인 사람은 다른 사람에게 반론의 기회를 주지 않고 말하거나 행동한다.

- Asher's father *peremptorily* banished him to his room.

  애셔의 아버지는 독단적으로 그를 그의 방으로 쫓았다.

PERENNIAL [pəréniəl] adj continual; happening again and again or year after
year 계속적인; 반복해서 또는 해마다 발생하는

- Mr. Lorenzo is a *perennial* favorite of students at the high school because he always gives everyone an A.

  로렌조 선생님은 고등학교에서 항상 누구에게나 A학점을 주기 때문에 학생들에게 늘 인기가 있다.

- Milton was a *perennial* candidate for governor; every four years he printed up another batch of his campaign bumper stickers.

  밀턴은 여러 해 계속해서 주지사 후보로 나섰다. 4년마다 그는 또 한 묶음의 캠페인 차량용 스티커를 인쇄했다.

Flowers called *perennials* are flowers that bloom year after year without being replanted.

perennials(다년생 화초)는 해마다 다시 심지 않아도 매년 계속해서 꽃을 피운다.

Biennial[baiéniəl] and *centennial*[senténiəl] are related words. *Biennial* means happening once every two years (biannual means happening twice a year). *Centennial* means happening once every century.

biennial과 centennial은 관련이 있는 단어다. biennial은 '2년마다 한 번씩' 발생하는 것이다(biannual은 '1년에 두 번씩'을 의미). centennial은 '1세기마다 한 번씩' 일어나는 것을 의미한다.

PERFIDY [pə́:rfədi] v treachery 배반, 불성실

- It was the criminals' natural *perfidy* that finally did them in, as each one became an informant on the other.

  구성원 각자가 나머지 사람들에 관한 정보를 제공하는 밀고자가 되었기 때문에, 궁극적으로 그 범죄 집단을 망하게 한 것은 그들 사이에 자연적으로 형성된 배신감이었다.

- I was appalled at Al's *perfidy*. He had sworn to me that he was my best friend, but then he asked my girlfriend to the prom.

  나는 알의 배신에 소름이 끼쳤다. 그는 가장 친한 친구가 되겠다고 내게 맹세해 놓고는 곧이어 댄스파티에 같이 가자고 내 여자친구를 꼬셨다.

▶ 형용사형은 perfidious[pərfídiəs](불성실한)이다.

PERFUNCTORY [pərfʌ́ŋktəri] adj unenthusiastic; careless
열의가 없는, 마지못해 하는; 아무렇게나 하는

- John made a couple of *perfunctory* attempts at answering the questions on the test, but then he put down his pencil, laid down his head, and slept until the end of the period.

  존은 마지못해 시험 시간에 두 번이나 답을 쓰려고 시도했었지만, 곧 연필을 내려놓고 머리도 떨구고는 시험 시간이 끝날 때까지 잠이나 잤다.

- Sandra's lawn mowing was *perfunctory* at best: she skipped all the difficult parts and didn't rake up any of the clippings.

  산드라는 기껏해야 억지로 잔디를 깎았을 뿐이다. 그녀는 어려운 부분은 모두 빼놓고 깎았을 뿐 아니라 베어 놓은 풀을 긁어 모아놓지도 않았다.

PERIPATETIC [pèrəpətétik] adj wandering; traveling continually; itinerant
돌아다니는; 계속해서 여행하는; 순회하는

- Groupies are a *peripatetic* bunch, traveling from concert to concert to follow their favorite rock stars.

  소녀팬들은 자신들이 좋아하는 록가수의 뒤를 쫓아서 콘서트마다 돌아다니는 무리들이다.

PERIPHERY [pərífəri] n the outside edge of something
어떤 것의 바깥 테두리, 둘레, 표면

- José never got involved in any of our activities; he was always at the *periphery*.

  호세는 우리의 활동에 조금도 관여하지 않았다. 그는 항상 주변에만 있었다.

- The professional finger painter enjoyed her position at the *periphery* of the art world.

  손가락 끝으로 그림을 그리는 지두화법의 전문가인 그녀는 미술계에서 자신의 위치가 주변부에만 머물러 있다는 사실을 즐겼다.

To be at the *periphery* is to be *peripheral* [pərífərəl]. A *peripheral* interest is a secondary or side interest.

형용사형은 '주변에 있는', '주변적인'이라는 의미의 peripheral이다. peripheral interest란 '이차적인 또는 부수적인 관심'을 말한다.

Your *peripheral* vision is your ability to see to the right and left while looking straight ahead.

peripheral vision이란 직선으로 앞을 보면서도 좌우를 다 볼 수 있는 능력, 즉 '주변 시야'를 말한다.

PERJURY [pə́ːrdʒəri] n lying under oath   법정에서의 선서 하에서의 거짓말, 위증

- The defendant was acquitted of bribery but convicted of *perjury* because he had lied on the witness stand during his trial.

  피고는 뇌물 수수 혐의 부분에 대해서는 무죄를 인정받았지만 위증죄에 대해서는 유죄였다. 그가 재판이 진행되는 동안 목격자 진술에서 거짓말을 했기 때문이었다.

To commit *perjury* is to *perjure* oneself.

'perjury(위증죄)를 범하다'는 to perjure oneself라고 한다.

- The former cabinet official *perjured* herself when she said that she had not committed *perjury* during her trial for bribery.

  전직 장관은 뇌물 수수 혐의에 대한 재판이 진행되는 중에 자신은 위증죄를 범하지 않았다고 말함으로써 거짓 증언했다.

PERMEATE [pə́ːrmièit] v to spread or seep through; to penetrate
스며들다 또는 퍼지다; 스며들다, 침투하다, 통과하다

- A horrible smell quickly *permeated* the room after Jock lit a cigarette.

  잭이 담배에 불을 붙이자 방 안에 고약한 냄새가 급속도로 퍼졌다.

- Corruption had *permeated* the company; every single one of its executives belonged in jail.

  그 회사에는 부패가 만연했다. 이사란 이사는 모두 감옥에 수감되었다.

Something that can be *permeated* is said to be *permeable*. A *permeable* raincoat is one that lets water seep through.

'침투할 수 있는'은 permeable이라고 말한다. permeable raincoat란 방수가 되지 않고 물이 그대로 스며드는 우비이다.

PERNICIOUS [pərníʃəs] adj deadly; extremely evil 치명적인; 매우 사악한, 흉악한

- The drug dealers conducted their *pernicious* business on every street corner in the city.

  마약업자들은 도시 안의 모든 길 구석구석에서 흉악한 그들의 사업을 펼쳤다.

- Lung cancer is a *pernicious* disease.

  폐암은 치명적인 병이다.

PERQUISITE [pə́ːrkwəzit] v a privilege that goes along with a job; a "perk"
직무에 따라오는 특권, 부수입, 팁; 구어에서는 "perk"

- Free access to a photocopier is a *perquisite* of most office jobs.

  사진 복사기를 자유롭게 이용할 수 있는 권리는 대부분의 관리직에 주어지는 특권이다.

- The big corporate lawyer's *perquisites* included a chauffeured limousine, a luxurious apartment in the city, and all the chocolate ice cream she could eat.

  큰 회사의 변호사는 운전기사가 딸린 리무진과 도시에 있는 호화 아파트, 그리고 원하는 대로 먹을 수 있는 초콜릿 아이스크림을 부수적으로 받았다.

A *perquisite* should not be confused with a *prerequisite* [prìrékwizit], which is a necessity.

perquisite을 prerequisite과 혼동하지 마라. prerequisite는 '필요', '필수품'이라는 뜻이다.

- Health and happiness are two *prerequisites* of a good life.

  건강과 행복은 좋은 삶을 영위하기 위한 두 가지 필수 조건이다.

- A college degree is a *prerequisite* for many high-paying jobs.

  보수가 많은 직업을 선택하기 위해서는 대학 학위가 필수다.

PERTINENT [pə́ːrtənənt] adj relevant; dealing with the matter at hand
관련된; 당면 문제를 다루는, 적절한

- The suspect said that he was just borrowing the jewelry for a costume ball. The cop said he did not think that was *pertinent*.

  용의자는 가장무도회에 참가하기 위해 단지 그 보석을 빌렸을 뿐이라고 진술했다. 경찰은 그 진술이 적절하다고 생각하지 않는다고 말했다.

▶ impertinent는 '무례한'이라는 뜻이다.

PERTURB [pərtə́ːrb] v to disturb greatly 심하게 혼란시키다

- Ivan's mother was *perturbed* by his aberrant behavior at the dinner table. Ivan's father was not bothered. Nothing bothered Ivan, Sr. He was *imperturbable*.

  이반의 어머니는 저녁 식사 때 이반의 비정상적인 행동 때문에 혼란스러웠다. 이반의 아버지는 신경 쓰지 않았다. 그를 신경 쓰이게 할 수 있는 것은 아무것도 없었다. 그는 침착한 사람이었다.

PERUSE [pərú:z] v to read carefully 주의하여 읽다, 정독하다

This word is misused more often than it is used correctly. To *peruse* something is not to skim it or read it quickly. To *peruse* something is to study it or read it with great care.

이 단어는 제대로 쓰이는 경우보다 잘못 사용되는 경우가 더 많다. peruse는 어떤 것을 대충 건너뛰며 읽거나 빠르게 읽는 것이 아니라 아주 주의 깊게 공부하거나 읽는 것을 말한다.

- The lawyer *perused* the contract for many hours, looking for a loophole that would enable her client to back out of the deal.

  변호사는 의뢰인이 그 계약을 해지할 수 있도록 허점을 찾기 위해 여러 시간에 걸쳐 계약서를 꼼꼼히 읽었다.

▶ 명사형은 perusal(정독)이다.

- My *perusal* of the ancient texts brought me no closer to my goal of discovering the meaning of life.

  나는 삶의 의미를 발견하고자 하는 목적을 가지고 고대의 원전을 정독했지만 별로 도움이 되지 않았다.

QUICK QUIZ

Match each word in the first column with its definition in the second column. Check your answers in the back of the book.

1. peremptory	a.	outside edge of something
2. perennial	b.	unenthusiastic
3. perfidy	c.	penetrate
4. perfunctory	d.	lying under oath
5. peripatetic	e.	job-related privilege
6. periphery	f.	continual
7. perjury	g.	disturb greatly
8. permeate	h.	necessity
9. pernicious	i.	read carefully
10. perquisite	j.	treachery
11. prerequisite	k.	final
12. pertinent	l.	wandering
13. perturb	m.	relevant
14. peruse	n.	deadly

PERVADE [pəːrvéid] v to spread throughout 널리 퍼지다

- A terrible smell *pervaded* the apartment building after the sewer main exploded.

  하수도 본관이 폭발한 후에 끔찍한 악취가 아파트 건물 전체에 퍼졌다.

- On examination day, the classroom was *pervaded* by a sense of imminent doom.

  시험 날 교실에는 곧 닥쳐올 불길한 운명의 그림자가 퍼져 있었다.

▶ 형용사형은 pervasive(만연하는)이다.

- There was a *pervasive* feeling of despair on Wall Street on the day the Dow-Jones industrial average fell more than 500 points.

  다우존스 주가지수가 평균 500포인트 이상 떨어진 날, 월스트리트 증권가에는 절망감이 확산되었다.

- There was a *pervasive* odor of mold in the house, and we soon discovered why: the basement was filled with the stuff .

  집 안에는 곰팡이 냄새가 퍼져 있었다. 우리는 곧 그 원인을 발견했다. 지하실에 곰팡이가 잔뜩 있었던 것이다.

PETULANT [pétʃulənt] adj rude; cranky; ill-tempered 거친, 버릇없는; 괴팍한; 성질 급한

- Gloria became *petulant* when we suggested that she leave her pet cheetah at home when she came to spend the weekend; she said that we had insulted her cheetah and that an insult to her cheetah was an insult to her.

  우리와 주말을 보내기 위해 올 때는 애완용 치타는 집에 두고 오는 게 어떠냐고 제안하자 글로리아는 성깔을 부렸다. 우리가 자기의 치타를 모욕했으며, 치타에 대한 모욕은 곧 자신에 대한 모욕이라고 그녀는 말했다.

- The *petulant* waiter slammed down our water glasses and spilled a tureen of soup onto Roger's kilt.

  성격이 괴팍한 웨이터는 물컵을 거칠게 내려놓은 뒤 수프 한 그릇을 로저의 킬트에다 엎질렀다.

▶ 명사형은 petulance(심술 사나움, 성마름)이다.

PHILANTHROPY [filǽnθrəpi] n love of mankind, especially by doing good deeds 인간에 대한 사랑, 특히 선행을 통해서 하는 사랑

- His gift of one billion dollars to the local orphanage was the finest act of *philanthropy* I've ever seen.

  그가 지역 고아원에 10억 달러를 기부한 것은 내가 지금까지 보아 온 자선 활동에서 가장 고귀한 행위이다.

A charity is a *philanthropic*[fil ənθrápik] institution. An altruist is someone who cares about other people. A *philanthropist*[filǽnθrəpist] is actively doing things to help, usually by giving time or money.

자선 단체란 philanthropic(박애주의의)인 기관이다. 이타적인 사람이란 다른 사람들을 걱정하는 사람이다. philanthropist(박애주의자)는 대체로 시간이나 돈을 투자해서 남을 돕는 일을 활발하게 한다.

PHILISTINE [fíləstìːn] n a smugly ignorant person with no appreciation of intellectual or artistic matters
지적이거나 예술적인 것을 제대로 볼 줄 모르면서 잘난 체하는 무식한 사람, 교양 없는 사람, 속물

- The novelist dismissed her critics as *philistines*, saying they wouldn't recognize a good book if it crawled up and bit them on the nose. The critics, in reply, dismissed the novelist as a *philistine* who wouldn't recognize a good book if it crawled up and rolled itself into her typewriter.

  그 소설가는 비평가들을 무식한 놈들이라고 경멸했다. 비평가들이란 좋은 책이 제 발로 걸어와 코를 깨물어도 그 진가를 알아보지 못한다고 소설가는 말했다. 비평가들은 답변에서 그 소설가는 좋은 책이 제 발로 걸어와 스스로 타자기에 걸려도 좋은 책을 알아보지 못하는 무식한 놈이라고 반격했다.

▶ philistine은 '속물의', '교양 없는'이라는 뜻의 형용사로도 쓰인다.

PIOUS [páiəs] adj reverent or devout; outwardly (and sometimes falsely) reverent or devout; hypocritical
경건한, 독실한; 외견상(그리고 때론 거짓으로) 경건한, 독실한; 위선적인

▶ 발음에 주의할 것.

This is a sometimes confusing word with meanings that are very nearly opposite each other.
이 단어는 거의 반대되는 의미를 동시에 갖고 있어서 가끔 혼동하게 된다.

Pious Presbyterians go to church every Sunday and say their prayers every night before bed. *Pious* in this sense means something like religiously dutiful.
pious인 장로교인들은 매주 일요일마다 교회에 가고, 매일 밤 잠자리에 들기 전에 기도를 한다. 이 경우 pious는 '종교적으로 충실한'이라는 의미이다.

Pious can also be used to describe behavior or feelings that aren't religious at all but are quite hypocritical.
pious는 신앙심이 전혀 없으면서 아주 위선적으로 '독실한 척하는' 행동이나 감정을 묘사할 때도 사용된다.

- The adulterous minister's sermon on marital fidelity was filled with *pious* disregard for his own sins.

  혼외정사를 일삼는 목사가 자신의 정절은 무시한 채 부부 정절에 관하여 설교를 하는 것은 위선적이었다.

The state of being *pious* is *piety* [páiəti]. The opposite of *pious* is *impious* [ímpiəs].
'독실하고 경건한 상태'를 의미하는 명사형은 piety이고, pious의 반대말은 impious [ímpiəs] (불경한)이다.

PIVOTAL [pívətl] adj crucial 중대한, 중추의

Pivotal is the adjective form of the verb to *pivot*. To *pivot* is to turn on a single point or shaft. A basketball player *pivots* when he or she turns while leaving one foot planted in the same place on the floor.
pivotal은 pivot의 형용사형이다. pivot을 동사로 쓰면 하나의 점이나 축을 기준으로 '돌다', '회전하다'라는 뜻이다. 농구 선수는 한 지점에서 방향을 바꿀 때 경기장 바닥에 한 발은 붙인 채로 pivot한다.

A *pivotal* comment is a comment that turns a discussion. It is an important comment.
pivotal comment는 토론의 방향을 트는 언급을 뜻하는 것으로써 매우 중요한 의견을 일컫는다.

A *pivotal* member of a committee is a crucial or important member of a committee.
pivotal member of a committee는 '위원회에서 결정적인 역할을 하는 사람'이나 '위원회에서 중요한 사람'을 일컫는다.

- Sofia's contribution was *pivotal*; without it, we would have failed.
  소피아의 공헌이 결정적이었다. 그녀의 도움이 없었다면 우리는 실패했을 것이다.

PLACATE [pléikeit] v to pacify; to appease; to soothe
진정시키다; 누그러뜨리다; 달래다

- The tribe *placated* the angry volcano by tossing a few teenagers into the raging crater.
  그 부족은 분출하려는 화산의 분화구에 몇몇의 십대 아이들을 던져 넣는 방법으로 성난 화산을 진정시켰다.

- The beleaguered general tried to *placate* his fierce attacker by sending him a pleasant flower arrangement. His implacable enemy decided to attack anyway.
  포위당한 장군은 사나운 공격자에게 멋진 꽃꽂이를 보내서 그를 달래려고 했다. 무자비한 적은 어쨌든 공격하기로 결정했다.

PLAINTIVE [pléintiv] adj expressing sadness or sorrow 슬픔 또는 비애를 나타내는

- The lead singer's *plaintive* love song expressed his sorrow at being abandoned by his girlfriend for the lead guitarist.
  리드 싱어의 애처로운 사랑 노래는 리드 기타리스트에게 여자 친구를 빼앗긴 슬픔을 표현한 것이었다.

- The chilly autumn weather made the little bird's song seem *plaintive*.
  냉랭한 가을 날씨가 그 작은 새의 노랫소리를 애처롭게 했다.

You could also say that there was *plaintiveness* in that bird's song.
그 새의 노래에는 plaintiveness(애처로움)가 있었다고 표현할 수도 있다.

Don't confuse *plaintive* with *plaintiff*. A *plaintiff* is a person who takes someone to court—who makes a legal complaint.
plaintive를 plaintiff와 혼동하지 마라. plaintiff는 소송을 하기 위하여 누군가를 법정에 세우는 사람, 즉 '고소인'을 의미한다.

PLATITUDE [plǽtitʃùːd] n a dull or trite remark; a cliché
단조롭고 진부한 표현; 판에 박은 문구

- The principal thinks he is a great orator, but his loud, boring speech was full of *platitudes*.
  교장은 자신이 대단한 달변가라고 생각한다. 그러나 그의 시끄럽고 지루하기만 한 연설은 진부한 표현으로 가득했다.

- Instead of giving us any real insight into the situation, the lecturer threw *platitudes* at us for the entire period. It was a *platitudinous* speech.
  상황에 대한 진정한 통찰력을 제시해 주는 대신, 강사는 우리에게 강연 내내 진부한 내용만을 강의했다. 쓸데없는 말만 늘어놓은 강의였다.

PLEBEIAN [plibíːən] adj common; vulgar; low-class 보통의; 저속한; 낮은 계급의

▶ 발음에 주의할 것.

▶ 반의어는 aristocratic(귀족적인)이다.

- Sarah refused to eat frozen dinners, saying they were too *plebeian* for her discriminating palate.
  사라는 자신의 뛰어난 미각에 냉동 음식은 너무나 저속하다고 말하면서 그 음식들을 거부했다.

PLETHORA [pléθərə] n an excess 과잉

▶ 발음에 주의할 것.

- We ate a *plethora* of candy on Halloween and a *plethora* of turkey on Thanksgiving.
  우리는 할러윈에 너무나 많은 양의 사탕을, 추수감사절에 과다한 양의 칠면조를 먹었다.

- Letting the air force use our backyard as a bombing range created a *plethora* of problems.
  우리 뒷마당을 공군의 폭격 실험장으로 이용할 수 있도록 허용한 것은 너무나 많은 문제를 야기했다.

POIGNANT [pɔ́injənt] adj painfully emotional; extremely moving; sharp or astute 마음에 사무치는; 매우 감동시키는; 날카로운 또는 기민한

The words *poignant* and *pointed* are very closely related, and they share much of the same range of meaning.
poignant와 pointed(날카로운)라는 단어는 매우 밀접한 관련이 있다. 두 단어는 같은 뜻을 많이 갖고 있다.

A *poignant* scene is one that is so emotional or moving that it is almost painful to watch.
poignant scene이란 너무나 감성적이거나 감동적이어서 보기만 해도 가슴이 아려오는 장면을 말한다.

- All the reporters stopped taking notes as they watched the old woman's *poignant* reunion with her daughter, whom she hadn't seen in 45 years.
  모든 기자들이 고령의 할머니가 45년간이나 만나지 못했던 딸과 재회하는 감동적인 장면을 보느라 기사를 작성하는 것을 중단했다.

Poignant can also mean pointed in the sense of sharp or astute.
poignant는 '날카로운' 또는 '예리한'이라는 의미로서 pointed(날카로운)와 같은 의미이기도 한다.

A *poignant* comment might be one that shows great insight.
poignant comment는 대단한 통찰력을 보여주는 말이라고 할 수 있다.

▶ 명사형은 poignancy(날카로움, 신랄)이다.

Match each word in the first column with its definition in the second column.
Check your answers in the back of the book.

1. pervade	a. painfully emotional
2. petulant	b. spread throughout
3. philanthropy	c. pacify
4. philistine	d. smugly ignorant person
5. pious	e. excess
6. pivotal	f. expressing sadness
7. placate	g. reverent
8. plaintive	h. trite remark
9. platitude	i. rude
10. plebeian	j. crucial
11. plethora	k. love for mankind
12. poignant	l. low class

POLARIZE [póulərὰiz] v **to break up into opposing factions or groupings**
적대적인 파벌이나 그룹으로 분열시키다

- The issue of what kind of sand to put in the sandbox *polarized* the nursery school class; some students would accept nothing but wet, while others wanted only dry.
  어린이 모래 놀이 통에 어떤 종류의 모래를 넣을 것인가 하는 문제로 어린이집의 교실은 양분되었다. 어떤 아이들은 젖은 모래만을 고집했고 반면에 다른 아이들은 오로지 마른 모래만을 원했다.

- The increasingly acrimonious debate between the two candidates *polarized* the political party.
  두 후보자들 간의 논쟁이 점점 더 치열해지면서, 그 정당은 파벌을 좇아 분열되었다.

POLEMIC [pəlémik] n **a powerful argument often made to attack or refute a controversial issue**
논란 중인 의견을 반박하거나 공격하기 위해 자주 행해지는 강력한 주장

- The book was a convincing *polemic* that revealed the fraud at the heart of the large corporation.
  그 책은 대형 회사의 핵심 부서에서 사기 행위가 드러났다는 설득력 있는 주장을 펼쳤다.

- Instead of the traditional Groundhog Day address, the state senator delivered a *polemic* against the sales tax.
  주 상원 의원은 전통적인 성촉절(2월 2일) 인사말 대신에 판매세에 강하게 반대하는 주장을 펼쳤다.

▶ 형용사형은 polemical(결론)이다.

PONDEROUS [pándərəs] adj so large as to be clumsy; massive; dull
다루기 힘들 정도로 큰; 육중한; 지루한

- The wedding cake was a *ponderous* blob of icing and jelly beans.
  웨딩 케이크는 당의를 입히고 젤리 알을 얹은 아주 커다란 것이었다.

- The chairman, as usual, gave a *ponderous* speech that left half her listeners snoring in their plates.
  의장이 평소처럼 지루한 연설을 해서 청중들의 반은 자신들의 좌석에서 코를 골며 잠이 들었다.

PORTENT [pɔ́:rtent] n an omen; a sign of something coming in the future
전조; 미래에 다가올 일의 신호

- The distant rumbling we heard this morning was a *portent* of the thunderstorm that hit our area this afternoon.
  오늘 아침에 멀리서 들려오던 우르르 소리는 오늘 오후에 우리 지역을 강타한 폭풍우를 동반한 번개의 전조였다.

- Stock market investors looked for *portents* in their complicated charts and graphs; they hoped that the market's past behavior would give them clues as to what would happen in the future.
  주식 시장의 투자가들은 복잡한 도표와 그래프에 나타나는 징후들을 찾았다. 그들은 과거의 주식 시장 흐름이 앞으로 전개될 시장 동향에 대한 실마리들을 줄 것이라고 생각했다.

Portentous [pɔːrténtəs] is the adjective form of *portent*, meaning ominous or filled with *portent*. But it is very often used to mean pompous, or self-consciously serious or ominous sounding. It can also mean amazing or prodigious.
portentous는 portent의 형용사형으로, 나쁜 징조의 또는 portent(불길한 조짐)로 가득한이란 뜻이다. 그러나 이 단어는 아주 빈번하게 '점잔 빼는', '의식적으로 심각한 체하는', '불길하게 들리는'의 뜻으로도 사용된다. 또한 '놀라운', '경이로운'을 의미하기도 한다.

A *portentous* speech is not one that you would enjoy listening to.
portentous speech란 '귀 기울여 듣고 싶지 않은 말'을 일컫는다.

A *portentous* announcement might be one that tried to create an inappropriate sense of alarm in those listening to it.
portentous announcement란 그것을 듣는 사람들에게 적절치 못한 공포심을 유발하려는 발표문이 될 것이다.

Portentous can also mean amazing or astonishing. A *portentous* sunset might be a remarkably glorious one rather than an ominous or menacing one.
portentous는 또한 '굉장한', '놀라운'이란 뜻도 있다. portentous sunset은 불길하다거나 위협적인 것이라기보다는 놀랄 만치 찬란한 것일 것이다.

POSTULATE [pástʃulèit] n something accepted as true without proof; an axiom
증명 없이 사실로 인정한 것(가정); 자명한 이치, 원리

A *postulate* is taken to be true because it is convenient to do so.
postulate란 그렇게 하는 것이 편리하다는 이유로 사실로 받아들이는 것이다.

- We might be able to prove a *postulate* if we had the time, but not now. A theorem is something that is proven using *postulates*.
  만약 시간이 있다면 우리는 어떤 가정을 증명할 수도 있을 것이다. 그러나 지금은 아니다. 공리란 전제된 가정을 이용해서 증명된 것을 말한다.

▶ postulate[pástʃəlit]는 동사로 쓰이기도 한다.

- **Sherlock Holmes rarely *postulated* things, waiting for evidence before he made up his mind.**
  셜록 홈즈는 결론을 내리기 전에 증거를 기다리기만 할 뿐 사건을 미리 가정하는 방법은 거의 쓰지 않았다.

PRAGMATIC [prægmǽtik] adj practical; down to earth; based on experience rather than theory
실용적인; 현실적인; 이론보다는 경험에 근거한

A *pragmatic* person is one who deals with things as they are rather than as they might be or should be.
pragmatic person이란 매사를 그럴 것이라는 가정이나 그래야만 한다는 당위보다는 실제 현실에 맞게 처리하는 사람이다.

- **Erecting a gigantic dome of gold over our house would have been the ideal solution to fix the leak in our roof, but the small size of our bank account forced us to be *pragmatic*; we patched the hole with a dab of tar instead.**
  우리 집 전체를 덮을 수 있는 금으로 만든 거대한 돔을 건설하는 것은 지붕의 누수를 고칠 수 있는 이상적인 해결책이 될 수도 있었다. 그러나 형편없는 은행 잔고 덕분에 우리는 현실적이 될 수밖에 없었다. 대신에 우리는 소량의 타르로 지붕의 구멍을 때웠다.

Pragmatism[prǽgmətìzm] is the belief or philosophy that the value or truth of something can be measured by its practical consequences.
pragmatism이란 사물의 가치나 진실이 실리적인 중요성에 의해서 판단될 수 있다는 신념이나 철학, 즉 '실용주의'를 말한다.

PRECEDENT [présədnt] n an earlier example or model of something
전례 또는 어떤 것의 전형, 모범

Precedent is a noun form of the verb to *precede*, or go before. To set a *precedent* is to do something that sets an example for what may follow.
precedent는 '앞서 가다'라는 뜻의 동사인 precede의 명사형이다. to set a precedent는 '후에 따라 할 만한 본보기가 될 일을 하다'라는 뜻이다.

- **Last year's million-dollar prom set a *precedent* that the current student council hopes will not be followed in the future. That is, the student council hopes that future proms won't cost a million dollars.**
  지난해의 백만 달러짜리 댄스파티는 현 학생회가 앞으로는 절대 따라하지 않기를 희망하는 선례를 남겼다. 다시 말해서 학생회는 앞으로의 댄스파티에는 비용을 백만 달러나 들이지 않기를 바라고 있다.

To be *unprecedented* is to have no *precedent*, to be something entirely new.
unprecedented는 '전례가 없는', '완전히 새로운'이라는 뜻이다.

- **Urvashi's consumption of 500 hot dogs was *unprecedented*; no one had ever eaten so many hot dogs before.**
  우르바시가 핫도그를 500개나 먹어 치운 것은 전례가 없는 일이었다. 지금까지 그렇게 많은 핫도그를 먹은 사람은 아무도 없었다.

PRECEPT [príːsept] n a rule to live by; a principle establishing a certain kind of action or behavior; a maxim

삶에 따르는 규칙(좌우명); 어떤 종류의 행동이나 태도를 결정하는 원리 원칙; 격언

- "Love thy neighbor" is a *precept* we have sometimes found difficult to follow; our neighbor is a noisy oaf who painted his house electric blue and who throws his empty beer cans into our yard.

  '네 이웃을 사랑하라.'라는 가르침은 그대로 따르기가 쉽지 않다는 것을 때때로 발견하게 된다. 우리의 이웃은 집을 온통 자극적인 강청색으로 칠을 했을 뿐만 아니라 빈 맥주 깡통을 우리 집 마당으로 집어던지는 시끄러운 얼간이이기 때문이다.

PRECIPITATE [prisípətèit] v to cause to happen abruptly

갑자기 일을 발생하게 만들다(몰아대다)

- A panic among investors *precipitated* last Monday's crisis in the stock market.

  투자자들 사이의 공포감이 지난 월요일 주식 시장의 위기를 촉진시켰다.

- The police were afraid that arresting the angry protestors might *precipitate* a riot.

  항의 농성자를 체포하는 것으로 폭동이 촉발되지 않을까 경찰은 걱정하고 있었다.

Precipitate [prisípitit] can also be an adjective, meaning unwisely hasty or rash. A *precipitate* decision is one made without enough thought beforehand.

precipitate는 '경솔한', '무모한'이라는 뜻의 형용사로도 쓰인다. precipitate decision이란 미리 충분히 숙고하지 않고 내린 '경솔한 결정'이라는 뜻이다.

- The school counselor, we thought, was *precipitate* when she had the tenth grader committed to a mental hospital for saying that homework was boring.

  우리가 보기엔 그 학교 상담사는 현명하지 못하고 분별력이 없었다. 그녀는 10학년 학생이 숙제가 지겹다고 말한 것을 가지고 정신 병원에 보내 버렸던 것이다.

PRECIPITOUS [prisípətəs] adj steep 가파른, 경사가 급한

Precipitous means like a precipice, or cliff. It and *precipitate* are closely related, as you probably guessed. But they don't mean the same thing, even though *precipitous* is often used loosely to mean the same thing as *precipitate*.

precipitous는 '낭떠러지 같은' 또는 '절벽 같은'이라는 뜻이다. 아마 눈치챘겠지만, 이 단어와 precipitate(느닷없는)는 밀접한 관련이 있다. 그러나 종종 precipitous가 막연히 precipitate와 같은 의미로 쓰이더라도, 원래 두 단어는 같은 의미는 아니다.

A mountain can be *precipitous*, meaning either that it is steep or that it comprises lots of steep cliffs.

경사가 급하거나 또는 여러 개의 가파른 절벽으로 구성되어 있다는 의미에서, 산에 대하여 precipitous라는 표현을 쓸 수 있다.

Precipitous can also be used to signify things that are only figuratively steep. For example, you could say that someone had stumbled down a *precipitous* slope into drug addiction.

precipitous는 단지 비유적인 의미로 경사가 급한 것을 표현하기 위해서 사용되기도 한다. 예를 들면, '누군가 마약 중독에 이르는 급경사 길을 비틀거리며 걸어 내려갔다.'는 표현을 쓸 수도 있다.

Match each word in the first column with its definition in the second column. Check your answers in the back of the book.

1. polarize	a. massive and clumsy
2. polemic	b. rule to live by
3. ponderous	c. practical
4. portent	d. powerful refutation
5. portentous	e. steep
6. postulate	f. cause to happen abruptly
7. pragmatic	g. cause opposing positions
8. precedent	h. ominous
9. precept	i. earlier example
10. precipitate	j. omen
11. precipitous	k. axiom

PRECLUDE [priklúːd] v **to prevent something from ever happening**
어떤 일이 일어나지 않게 하다, 방해하다

- Ann feared that her abysmal academic career might *preclude* her becoming a brain surgeon.
  대학에서의 지독히도 나쁜 경력 때문에 앤은 뇌 수술 전문 외과 의사가 될 수 없을까 봐 두려워하고 있었다.

PRECURSOR [prikə́ːrsər] n **forerunner; something that goes before and anticipates or paves the way for whatever it is that follows**
선구자; 앞서 나와서 미리 예견해 주는 것, 또는 뒤이어 오는 것을 위해 (쉽게 일이 진행될 수 있도록) 길을 닦아놓는 것

- The arrival of a million-dollar check in the mail might be the *precursor* of a brand-new car.
  우편으로 도착한 백만 달러짜리 수표는 당연히 새 차를 사게 될 전조일 것이다.

- A sore throat is often the *precursor* of a cold.
  목의 통증은 종종 감기의 전조이다.

- Hard work on the practice field might be the *precursor* of success on the playing field.
  훈련장에서의 고된 연습은 실전에서의 성공의 선구가 될 것이다.

PREDILECTION [prèdəlékʃən] n a natural preference for something
어떤 것에 대한 자연스러운 애호, 편애

- The impatient judge had a *predilection* for well-prepared lawyers who said what they meant and didn't waste her time.

  성격 급한 그 판사는 해야 할 말을 정확히 해서 판사의 시간을 많이 빼앗지 않는 철저히 준비된 변호사들을 편애했다.

- Joe's *predilection* for saturated fats has added roughly a foot to his waistline in the past twenty years.

  조는 포화 지방(동물성 지방)을 좋아해서 지난 20년 동안에 허리둘레가 대략 1피트 정도 늘어나게 되었다.

PREEMINENT [pri:émənənt] adj better than anyone else; outstanding; supreme
다른 어느 누구보다도 뛰어난; 현저한; 최고의

- The nation's *preeminent* harpsichordist would be the best harpsichordist in the nation.

  그 나라의 뛰어난 하프시코디스트는 그 나라에서 최고의 하프시코디스트일 것이다.
  (주: 하프시코드는 16, 17세기에 쓰인 건반 악기로 피아노의 전신이라고 할 수 있다.)

- The Nobel Prize-winning physicist was *preeminent* in his field but he was still a lousy teacher.

  노벨상을 수상한 그 물리학자는 자신의 분야에서는 최고였지만 여전히 별 볼 일 없는 선생이었다.

▶ eminent(저명한)를 참조할 것.

PREEMPT [pri:émpt] v to seize something by prior right
우선권에 의해 무언가를 잡거나 획득하다

When television show A *preempts* television show B, television show A is shown at the time usually reserved for television show B. The word *preempt* implies that television show A is more important than television show B and thus has a greater right to the time slot.

A라는 텔레비전 프로그램이 B라는 프로그램에 대하여 우선권을 획득하면, 일반적으로 B라는 프로그램이 예약된 시간대에 A 프로그램이 방영된다. preempt라는 단어는 A 프로그램이 B 프로그램보다 더 중요하기 때문에 결국 같은 시간대에서 더 큰 권리를 갖게 된다는 의미를 내포하고 있다.

A *preemptive* action is one that is undertaken in order to prevent some other action from being undertaken.

preemptive action은 다른 행위가 시작되는 것을 막기 위해서 먼저 착수하는 '선제 조치'이다.

- When the air force launched a *preemptive* strike against the missile base, the air force was attacking the missiles in order to prevent the missiles from attacking the air force.

  공군이 미사일 기지에 대한 선제공격을 시작했다면, (적의) 미사일이 공군을 공격하는 것을 막기 위해 먼저 미사일 기지를 공격한다는 것이다.

PREMISE [prémis] n an assumption; the basis for a conclusion
가정; 결론을 내기 위한 기초, 전제

- In deciding to eat all the ice cream in the freezer, my *premise* was that if I didn't do it, you would.

  냉장고의 아이스크림을 모두 먹어 버리기로 결정했을 때, 내 전제 조건은 내가 먹지 않는다면 네가 먹어 버릴 것이라는 것이었다.

- Based on the *premise* that two wrongs don't make a right, I forgave him for insulting me rather than calling him a nasty name.

  잘못을 두 번 한다고 해서 일이 바로잡아지지는 않는다는 전제에 의거하여 나를 모욕한 것에 대해 그를 욕하는 대신 용서했다.

PREPOSSESS [prì:pəzés] v to preoccupy; to influence beforehand or prejudice; to make a good impression on beforehand

마음을 빼앗다; 미리 영향을 미치다 또는 선입견을 갖게 하다; 미리 좋은 인상을 주다

This word has several common meanings. Be careful.

이 단어는 몇 개의 일반적인 뜻이 있으니 주의하라.

When a person is *prepossessed* by an idea, he or she can't get it out of his or her mind.

사람이 어떤 생각에 prepossessed(사로잡히다)되어 있을 때는 마음속에서 그 생각을 몰아낼 수가 없다.

- My dream of producing energy from old chewing-gum wrappers *prepossessed* me, and I lost my job, my home, my wife, and my children.

  나는 사용하고 버린 껌 포장지로 에너지를 생산해 내려는 꿈에 사로잡혀 있었다. 그래서 나는 직장과 가정과 아내와 아이들을 잃게 되었다.

- Experience had *prepossessed* Larry's mother not to believe him when he said that someone else had broken the window. Larry had broken it every other time, so she assumed that he had broken it this time.

  이전의 경험이 래리의 엄마에게 선입견을 갖게 해서 다른 아이가 유리창을 깨뜨렸다고 말을 해도 래리의 엄마는 그를 믿지 않았다. 래리는 그 전에도 여러 번 유리창을 깨뜨린 적이 있어서 이번에도 래리가 유리창을 깨뜨렸을 것이라고 추측했던 것이다.

- The new girl in the class was extremely *prepossessing*. The minute she walked into the room, her classmates rushed over to introduce themselves.

  그 학급에 새로 전학 온 여학생은 아주 매력적이었다. 그녀가 교실에 들어서자마자 반 아이들이 자신들을 소개하기 위해 앞다투어 몰려들었다.

Unprepossessing means unimpressive, but the word is only mildly negative.

unprepossessing은 '인상적이지 않은'이라는 뜻이지만 약간 부정적인 의미를 담고 있다.

- The quaint farmhouse had an *unprepossessing* exterior, but a beautiful interior. Who would have imagined?

  그 기묘한 농가의 겉모양은 매력이 없었지만 내부는 아름다웠다. 누가 상상이나 할 수 있었겠는가?

PREROGATIVE [prirágətiv] n a right or privilege connected exclusively with a position, a person, a class, a nation, or some other group or classification

지위, 사람, 계급, 국가, 그 밖의 그룹이나 계층 등과 관련된 권리나 특권

- Giving traffic tickets to people he didn't like was one of the *prerogatives* of Junior's job as a policeman.

  자신이 싫어하는 사람들에게 교통위반 딱지를 발부하는 것이 경찰관으로서 하위 임무의 특권 중 하나였다.

- Sentencing people to death is a *prerogative* of many kings and queens.

  사람들에게 사형을 선고할 수 있는 것은 많은 왕과 여왕의 특권이다.

- Big mansions and fancy cars are among the *prerogatives* of wealth.

  대저택과 멋진 차들은 부자만이 누릴 수 있는 특권이다.

PREVAIL [privéil] v to triumph; to overcome rivals; (with on, upon, or with) to persuade
승리하다; 경쟁자를 이기다; (on, upon, with 등과 함께 쓰여) 설득하다

When justice *prevails*, it means that good defeats evil.
정의가 prevail(승리하다)하면 그것은 '선이 악을 물리치다'라는 의미이다.

- The prosecutor *prevailed* in the murder trial; the defendant was found guilty.
  검사는 살인자를 감옥으로 보내는 데 성공했다. 피고는 유죄였다.

- My mother *prevailed* on me to make my bed. She told me she would punish me if I didn't, so I did.
  엄마는 나에게 이불을 개라고 설득했다. 내가 이불을 개지 않는다면 혼낼 것이라고 엄마는 말했다. 그래서 나는 이불을 갰다.

The adjective *prevailing* means most frequent or predominant. The *prevailing* opinion on a topic is the one that most people hold. If the *prevailing* winds are out of the north, then the wind is out of the north most of the time. A *prevailing* theory is the one most widely held at the time. It is *prevalent* [prévələnt].
형용사 prevailing은 '가장 빈번한' 또는 '우세한'의 의미이다. 어떤 주제에 대해서 prevailing opinion이란 대부분의 사람들이 생각하고 있는 '지배적인 의견'이라는 뜻이다. 만약 prevailing winds(우세한 바람, 항풍)가 북쪽에서 불어오는 것이라면, 그 바람은 거의 언제나 일정하게 북쪽에서 불어온다. prevailing theory란 일정한 시기에 가장 폭넓게 지지받고 있는 '유력한 이론'을 일컬으며, 그것은 prevalent(유력한)라고 표현할 수 있다.

PRISTINE [prísti:n] adj original; unspoiled; pure   원래의; 오염되지 않은; 순수한

An antique in *pristine* condition is one that hasn't been tampered with over the years. It's still in its original condition.
pristine condition(최초의 상태)을 간직한 골동품이란 만들어진 이래로 손을 댄 흔적이 전혀 없는 것을 말한다. 그것은 여전히 원래의 상태에 있는 것이다.

A *pristine* mountain stream is a stream that hasn't been polluted.
pristine mountain stream은 전혀 오염되지 않은 '계곡'이다.

PRODIGAL [prádigəl] adj wastefully extravagant   흥청망청 마구 낭비하는

- The chef was *prodigal* with her employer's money, spending thousands of dollars on ingredients for what was supposed to be a simple meal.
  그 주방장은 고용주의 돈을 가지고 낭비가 심해서, 간단한 음식으로 생각되는 것에도 재료비로 수천 달러를 써 버렸다.

- The young artist was *prodigal* with his talents: he wasted time and energy on greeting cards that might have been devoted to serious paintings.
  젊은 화가는 자신의 재능을 함부로 사용했다. 그는 진정한 그림을 그리는 데 바쳤어야 할 시간과 정력을 축하 카드나 그리면서 소모하고 있었다.

- The *prodigal* gambler soon found that she couldn't afford even a two-dollar bet.
  방탕한 노름꾼은 단돈 2달러도 배팅할 여유가 없다는 사실을 곧 깨닫게 되었다.

▶ 명사형은 prodigality(낭비, 헤픔)이다.

Match each word in the first column with its definition in the second column.
Check your answers in the back of the book.

1. preclude	a. outstanding
2. precursor	b. triumph
3. predilection	c. seize by prior right
4. preeminent	d. wastefully extravagant
5. preempt	e. unspoiled
6. premise	f. natural preference
7. prepossess	g. preoccupy
8. prerogative	h. right or privilege
9. prevail	i. assumption
10. pristine	j. forerunner
11. prodigal	k. prevent

PRODIGIOUS [prədídʒəs] adj extraordinary; enormous 비상한; 거대한

- To fill the Grand Canyon with ping-pong balls would be a *prodigious* undertaking; it would be both extraordinary and enormous.

  그랜드 캐니언을 탁구공으로 가득 채운다는 것은 엄청난 일이 될 것이다. 그 일은 특이하고도 거창한 일일 것이다.

- The little boy caught a *prodigious* fish—it was ten times his size and might more easily have caught him had their situations been reversed.

  작은 소년이 거대한 물고기를 낚았다. 그 물고기는 소년보다 10배나 커서 입장이 거꾸로 되었더라면 물고기가 소년을 더 쉽게 잡았을 것이다.

▶ prodigy(영재)를 참조할 것.

PRODIGY [prádədʒi] n an extremely talented child; an extraordinary accomplishment or occurrence
대단한 재능을 가진 아이, 신동; 놀라운 업적 또는 사건, 일

- The three-year-old *prodigy* could play all of Beethoven and most of Brahms on her harmonica.

  세 살짜리 신동은 자신의 하모니카로 베토벤의 모든 곡과 브람스의 대부분의 곡을 연주할 수 있었다.

- Barry was a mathematical *prodigy*; he had calculated *pi* to 100 decimal places almost before he could walk.

  배리는 수학의 천재였다. 그는 걸음마를 배우기도 전에 파이(π)를 소수점 100자릿수까지 계산했었다.

- Josephine's tower of dominoes and Popsicle sticks was a *prodigy* of engineering.

  조세핀이 도미노 패와 아이스크림 막대기로 만든 탑은 공학의 불가사의였다.

PROFANE [prəféin] adj not having to do with religion; irreverent; blasphemous
종교와 관계가 없는(세속적인); 불손한; 불경스러운

Profane is the opposite of sacred. Worshiping the almighty dollar is *profane*. *Profane* can also mean disrespectful of religion. Cursing in class would be *profane*.

profane은 'sacred(성스러운)'의 반의어이다. 황금만능주의를 신봉하는 것은 profane(세속적인)이다. profane이라는 단어에는 '종교를 경멸하는'이라는 의미도 있다. 수업 시간에 악담하는 것은 profane(불손한)일 것이다.

Sticking out your tongue in church would be a *profane* gesture.

예배 중에 혀를 내미는 것은 profane(불경스러운)인 몸짓이 될 것이다.

▶ profane은 동사로도 쓰인다.

- You *profaned* the classroom by cursing in it.

  너는 수업 중에 욕을 해서 교실을 모독했다.

- Nick *profaned* his priceless Egyptian statue by using it as a doorstop.

  닉은 불경스럽게도 값을 매길 수 없을 정도로 귀중한 이집트의 조각상을 문을 고정하는 버팀 쇠로 잘못 사용했다.

▶ 명사형은 profanity [prəfǽnəti] (신성 모독, 불경)이다.

Spray painting the hallways at school would be an act of *profanity*.

학교 복도에 분무칠하는 것은 profanity(모독)의 행위가 될 것이다.

PROFESS [prəfés] v to declare; to declare falsely or pretend
공언하다; 거짓으로 선언하다, ~인 체하다

- Jason *professed* to have taught himself calculus.

  제이슨은 스스로 수학공부를 하겠다고 공언했다.

- No one in our town was fooled by the candidate's *professed* love for llama farmers; everyone knew she was just trying to win votes from the pro-llama faction.

  라마 축산업자들에게 애정을 갖고 있는 척하는 그 후보에게 속아 넘어가는 사람이 우리 마을에는 아무도 없었다. 그녀가 단지 라마 축산업을 옹호하는 파벌로부터 표를 얻기 위해 그럴 뿐이라는 것을 모든 사람들은 알고 있었다.

PROFICIENT [prəfíʃənt] adj thoroughly competent; skillful; good
(at something) 완전하게 능력을 갖춘; 숙련된; (어떤 일에) 능한

- Lillian was a *proficient* cabinetmaker. She could make a cabinet that would make you sit back and say, "Now, there's a cabinet."

  릴리안은 능숙한 가구 제작자였다. 그녀는 당신이 깊숙이 앉아 "음, 진짜 가구가 여기 있군."이라고 말할 수 있을 만큼 좋은 가구를 만들 수 있었다.

- I fiddled around at the piano for many years but never became *proficient* at playing.

  나는 피아노 앞에서 빈둥거리며 여러 해를 보냈지만 연주하는 데는 결코 능숙해지지 못했다.

- Lucy was merely competent, but Molly was *proficient* at plucking canaries.

  루시는 단지 할 수 있을 뿐이었지만, 몰리는 카나리아 털 뽑는 데는 선수였다.

Proficiency is the state of being *proficient*.

proficiency는 '능숙한 상태'이다.

PROFLIGATE [prɑ́fligət] adj **extravagantly wasteful and, usually, wildly immoral**
지나치게 낭비하는, 일반적으로 심하게 비도덕적인

- The fraternity members were a *profligate* bunch; they held all-night parties on weeknights and nearly burned down their fraternity house with their shenanigans every weekend.

  그 남학생 사교 클럽의 회원들은 난봉꾼 패거리들이었다. 그들은 평일 밤에는 밤새도록 파티를 벌였고, 주말이 되면 언제나 그들의 모임 장소는 허튼소리의 열기에 휩싸였다.

- The young heir was *profligate* with her fortune, spending millions on champagne and racehorses.

  젊은 상속인은 술과 경마에 수백만 달러를 탕진하면서 유산을 흥청망청 낭비했다.

PROFOUND [prəfáund] adj **deep (in several senses)** (여러 가지 의미에서) 깊은

Profound understanding is deep understanding.

profound understanding은 깊이 있는 이해를 말한다.

To say something *profound* is to say something deeply intelligent or discerning.

to say something profound는 매우 지적이거나 통찰력 있는 말을 하다라는 뜻이다.

Profound respect is deep respect. *Profound* horror is deep horror.

profound respect는 깊은 존경심을 말한다. profound horror는 극심한 공포이다.

▸ 명사형은 profundity [prəfʌ́ndəti] (깊이, 심오함)이다.

PROFUSE [prəfjúːs] adj **flowing; extravagant** 넘치도록 많은; 낭비하는

- When we gave Marian our house, our car, and all our clothes, her gratitude was *profuse*.

  우리의 집, 차, 그리고 우리 옷의 전부를 마리안에게 주었을 때 그녀는 과분할 정도로 고마워했다.

- My teacher said I had done a good job, but his praise was far from *profuse*. I got the feeling he hadn't really liked my epic poem about two dinosaurs who fall in love just before they become extinct.

  선생님은 내가 좋은 작품을 썼다고 말했지만 결코 아낌없는 칭찬은 아니었다. 나는 선생님께서 멸종 직전에 사랑에 빠진 두 마리 공룡에 관한 나의 서사시를 실제로는 좋아하지 않는다는 느낌을 받았다.

- The grieving widow's tears were *profuse*. She had tears in *profusion*.

  몹시 슬퍼하던 미망인의 눈에 눈물이 넘쳐흘렀다. 그녀는 아주 많이 울었다.

PROLETARIAT [pròulitɛ́əriət] n **the industrial working class** 산업 노동자 계급

The *proletariat* is the laboring class—blue-collar workers or people who roll up their shirtsleeves to do an honest day's work.

proletariat(프롤레타리아)은 육체노동자들이나 정직한 그날의 노동을 위해 소매를 말아 올리는 노동 계급이다.

PROLIFERATE [prəlífərèit] v **to spread or grow rapidly** 빠르게 퍼지거나 자라다

- Honey bees *proliferated* when we filled our yard with flowering plants.
  정원에 화초들을 가득 심어 놓으니까 꿀벌들이 급격히 증가했다.

- Coughs and colds *proliferate* when groups of children are cooped up together during the winter.
  겨울 동안 아이들 집단을 함께 모아 놓으면 기침과 감기가 급속히 퍼진다.

- The police didn't know what to make of the *proliferation* of counterfeit money in the north end of town.
  경찰은 도시의 북쪽 끝에서 위조 화폐가 급속히 확산되는 이유가 무엇인지 알지 못했다.

PROLIFIC [prəlífik] adj **abundantly productive; fruitful or fertile**
생산력이 풍부한; 수확이 많은, 비옥한

A *prolific* writer is a writer who writes a lot of books. A *prolific* artist is an artist who paints a lot of pictures.
prolific writer는 다작을 하는 작가이다. prolific artist는 '그림을 많이 그려내는 화가'이다.

- The old man had been extraordinarily *prolific*; he had thirty children and more than one hundred grandchildren.
  그 노인은 자식을 엄청나게 많이 낳았다. 노인에게는 서른 명의 자식과 백 명이 넘는 손자들이 있었다.

QUICK QUIZ 67▶

Match each word in the first column with its definition in the second column. Check your answers in the back of the book.

1. prodigious	a. declare
2. prodigy	b. irreverent
3. profane	c. abundantly productive
4. profess	d. flowing
5. proficient	e. extremely talented child
6. profligate	f. extraordinary
7. profound	g. spread rapidly
8. profuse	h. deep
9. proletariat	i. thoroughly competent
10. proliferate	j. extravagantly wasteful
11. prolific	k. industrial working class

PROMULGATE [prámǝlgèit] v to proclaim; to publicly or formally declare something
선언하다; 공개적으로 또는 정식으로 무엇을 공표하다

- The principal *promulgated* a new dress code over the loudspeaker system: red, green, yellow, and blue were the only permissible artificial hair colors.

  교장은 확성기에 대고 새로운 복장 규범을 선포했다. 머리를 인위적으로 염색할 수 있는 색깔로 빨강, 초록, 노랑, 파랑만이 유일하게 허용되었다.

PROPENSITY [prǝpénsǝti] n a natural inclination or tendency; a predilection
타고난 기호 또는 경향; 편애

- Jessie has a *propensity* for saying stupid things: every time she opens her mouth, something stupid comes out.

  제시는 어리석은 말만 하는 경향이 있다. 그녀가 입을 열면 언제나 바보 같은 이야기가 튀어나온다.

- Edwin's *propensity* to sit around all day doing nothing came into conflict with his mother's *propensity* to kick him out of the house.

  하루 종일 아무것도 하지 않고 빈둥거리기를 좋아하는 에드윈의 성향과 그를 집 밖으로 내보내고 싶어하는 엄마의 성향이 충돌하게 되었다.

PROPITIOUS [prǝpíʃǝs] adj marked by favorable signs or conditions
호의적인 표시나 상황을 나타내는

- Rush hour is not a *propitious* time to drive into the city.

  출퇴근 시간은 시내에 차를 몰고 들어가기에는 좋은 시간이 아니다.

- The early negotiations between the union and the company had been so *propitious* that no one was surprised when a new contract was announced well before the strike deadline.

  노동조합과 회사 간의 초기 협상이 워낙 호의적이었기 때문에, 파업 개시 시한 훨씬 전에 새로운 합의안이 발표되었을 때 놀라는 사람은 아무도 없었다.

PROPONENT [prǝpóunǝnt] n an advocate; a supporter of a position
주창자; 입장의 지지자, 대변인

Proponent and *opponent* are antonyms.

proponent(지지자)와 opponent(반대자)는 서로 반의어이다.

- The *proponents* of a tax increase will probably not be re-elected next fall.

  세금 인상을 지지하는 사람들은 아마도 다음 가을 선거에는 재선되지 못할 것이다.

PROPRIETARY [prəpráiətèri] adj characteristic of an owner of property; constituting property
재산 소유자에게 특징적인; 재산을 이루는

To take a *proprietary* interest in something is to act as though you own it.
어떤 것에 proprietary interest(독점적인 관심)를 갖는 것은 마치 그것을 소유하고 있는 것처럼 행동하는 것이다.

- George felt *proprietary* about the chocolate cookie recipe; he had invented it himself.
  조지는 초콜릿 쿠키 요리법에 대해 독점 의식을 갖고 있었다. 그 자신이 그 요리법을 만들어냈던 것이다.

- The company's design for musical toilet paper is *proprietary*. The company owns it, and outsiders are not allowed to examine it.
  음악 소리가 나는 화장실 휴지에 관한 설계도는 그 회사의 소유이다. 그 회사가 소유권을 갖고 있기 때문에 외부 사람들은 볼 수 없다.

A *proprietor* [prəpráiətər] is an owner.
proprietor는 '소유주'를 의미한다.

PROPRIETY [prəpráiəti] n properness; good manners   적절함; 예의 바름

- The old lady viewed the little girl's failure to curtsy as a flagrant breach of *propriety*. She did not approve of or countenance such *improprieties*.
  여성의 전통 인사법도 제대로 하지 못하는 소녀를 보고, 노부인은 그녀를 아주 버릇없는 아이라고 생각했다. 부인은 소녀의 무례를 용서하지도 모른 척하지도 않았다.

- *Propriety* prevented the young man from trashing the town in celebration of his unexpected acceptance by the college of his choice.
  청년은 지원한 대학으로부터 기대하지도 않았던 입학 허가서를 받고 합격을 축하하는 파티를 열었지만, 예의를 지키느라 마을을 소란스럽게 하지는 않았다.

Propriety derives from *proper*, not *property*, and should not be confused with *proprietary*.
propriety는 property(재산)가 아니라 proper(적절한)에서 파생한 단어로, proprietary(소유주의)와 혼동하지 않도록 주의한다.

PROSAIC [prouzéiik] adj dull; unimaginative; like prose (as opposed to poetry)
지루한; 상상력이 빈곤한; 산문 같은(시적인 것에 반대된다는 의미로)

- Her description of the battle was so *prosaic* that it was hard for her listeners to believe that any of the soldiers had even been wounded, much less blown to smithereens.
  그녀가 그 전투를 너무나 무미건조하게 설명했기 때문에 청중들은 그 전투에서 산산조각이 나서 날아간 것은 고사하고 부상당한 병사가 있었다는 사실조차 믿기 어려웠다.

- The little boy's ambitions were all *prosaic*: he wanted to be an accountant, an auditor, or a claims adjuster.
  소년의 꿈은 모두 상상력이 빈곤한 것들뿐이었다. 소년은 회계사나 회계 감사원, 아니면 보험 지급액 산정 계원이 되고 싶어 했다.

PROSCRIBE [prouskráib] v to outlaw; to prohibit 법률의 보호 밖에 두다; 금지하다

- Spitting on the sidewalk and shooting at road signs were both *proscribed* activities under the new administration.
  인도에 침을 뱉거나 도로 표지판에 총을 쏘는 행위는 새로운 정부 하에서는 모두 법에 저촉되는 행동이었다.

- The young doctor *proscribed* smoking in the waiting room of his office.
  신참 의사는 진료 대기실에서의 흡연을 금지시켰다.

The act of *proscribing* is *proscription*; an individual act of *proscribing* is also a *proscription*.
명사형은 proscription(금지)이다. (법과 기관에 의하지 않은) 사적인 제재도 역시 proscription이다.

PROSELYTIZE [prásəlitàiz] v to convert (someone) from one religion or doctrine to another; to recruit converts to a religion or doctrine
종교나 주의, 신조 등을 전향시키다; 종교나 주의, 신조의 전향자를 모집하다, 전도하다

- The former Methodist had been *proselytized* by a Lutheran deacon.
  이전에 감리교 신자였던 그 사람은 루터파의 한 집사에 의해 개종한 사람이었다.

- The airport terminal was filled with *proselytizers* from a dozen different sects, cults, and religions. They were attempting to *proselytize* the passengers walking through the terminal.
  수십여 개의 종파와 이교와 그밖에 다른 종교의 전도사들이 공항 터미널에 가득했다. 그들은 터미널을 오가는 승객들을 대상으로 포교 활동을 하고 있었다.

PROTAGONIST [proutǽgənist] n the leading character in a novel, play, or other work; a leader or champion
소설이나 연극, 기타 작품 속의 주역; 지도자 또는 우승자

- Martin Luther King Jr. was a *protagonist* in the long and continuing struggle for racial equality.
  마틴 루터 킹 2세는 인종 간의 평등을 향한 길고도 끊임없는 투쟁의 지도자였다.

- The *protagonist* of the movie was an eleven-year-old boy who saved his hometown from destruction by eating all the doughnuts that the mad scientist had been using to fuel his nuclear reactor.
  영화의 주인공은 고향을 파멸의 위기에서 구해낸 열한 살짜리 소년이었다. 소년은 미친 과학자가 원자로의 연료로 사용하고 있던 도넛들을 몽땅 먹어 치움으로써 고향을 구해낼 수 있었다.

- The mad scientist was the boy's chief *antagonist*. An *antagonist* is an opponent or adversary.
  미친 과학자는 소년의 주요한 상대역이었다. 여기서 antagonist는 '적대적으로 대립하는 인물'이나 '상대역'을 의미한다.

PROTRACT [proutrǽkt] v to prolong 연장하다

- The trial was so *protracted* that one of the jurors died of old age.
  어느 배심원은 노환으로 사망했을 정도로 그 재판은 오래 끌며 진행되었다.

- The commencement speaker promised not to *protract* her remarks, but then she spoke for two solid hours. It was a *protracted* speech.

  졸업식의 연사는 오래 끌지 않기로 약속을 했지만 정확히 두 시간이나 연설을 했다. 그야말로 질질 끈 연설이었다.

PROVIDENT [právədənt] adj **preparing for the future; providing for the future; frugal** 선견지명의; 미래에 대비하는; 검소한, 절약하는

- We were *provident* with our limited food supplies, knowing that the winter ahead would be long and cold.

  다가올 겨울이 길고 추울 것이라는 사실을 알고 있었기 때문에 우리는 식량 공급을 제한해서 앞일에 대비했다.

- The *provident* father had long ago set aside money for the college education of each of his children.

  선견지명이 있는 아버지는 자식들의 대학 교육을 위해 오래 전부터 저축을 하고 있었다.

To be *improvident* is to fail to provide for the future.

반의어 improvident는 '미래에 대비하지 않는'의 뜻이다.

- It was *improvident* of the grasshopper not to store any food for the winter, unlike his acquaintance the *provident* ant.

  항상 미래를 준비하는 이웃의 개미와는 달리 베짱이는 앞일을 전혀 생각하지 않고 다가올 겨울에 대비한 식량을 하나도 모아놓지 않았다.

QUICK QUIZ 68

Match each word in the first column with its definition in the second column. Check your answers in the back of the book.

1. promulgate		a. natural inclination
2. propensity		b. good manners
3. propitious		c. advocate
4. proponent		d. prohibit
5. proprietary		e. prolong
6. propriety		f. leading character
7. prosaic		g. constituting property
8. proscribe		h. frugal
9. proselytize		i. dull
10. protagonist		j. marked by favorable signs
11. protract		k. convert
12. provident		l. proclaim

PROVINCIAL [prəvínʃəl] adj limited in outlook to one's own small corner of the world; narrow
자신의 작은 세계로 시야가 한정된; 좁은, 편협한, 제한된

- The farmers were very *provincial*; they had no opinions about anything but the price of corn and no interest in anything except growing more of it.

  농부들의 시각은 매우 제한적이었다. 그들은 옥수수의 가격에 관한 것 외에는 달리 의견도 없었고, 옥수수를 더 많이 재배하는 것 말고는 관심도 없었다.

- New Yorkers have reputations for being very sophisticated and cosmopolitan, but most of them are actually *provincial*; they act as though nothing of interest had ever happened west of the Hudson River.

  뉴욕 시민들은 대단히 세련되고 국제적인 것으로 유명하다. 그러나 사실상 그들 대부분은 상당히 편협한 편이다. 그들은 허드슨 강 서쪽에서는 아무런 흥미 있는 일이 일어난 적이 없는 듯이 행동한다.

PROVISIONAL [prəvíʒənl] adj conditional; temporary; tentative
잠정적인, 조건부의; 일시적인; 임시의

- Louis had been accepted as a *provisional* member of the club. He wouldn't become a permanent member until the other members had had a chance to see what he was really like.

  루이스는 그 클럽의 임시 회원으로 받아들여졌다. 다른 회원들이 그가 실제로 어떤 사람인지 알게 될 때까지는 루이스는 정규 회원이 될 수 없을 것이다.

- The old woman's offer to donate $10,000 to the charity was *provisional*; she said that she would give the money only if the charity could manage to raise a matching sum.

  노인은 그 자선 단체에 조건부로 만 달러를 기부하겠다고 제의했다. 그녀는 자선 단체가 별도로 만 달러를 모금하게 되었을 때에만 그 돈을 기부하겠다고 말했다.

PROXIMITY [prɑksíməti] n nearness 가까움, 근접

- I can't stand being in the *proximity* of a kid's birthday party. There is just too much noise.

  나는 어린이의 생일 파티 장소 근처에는 있을 수가 없다. 너무 소음이 많다.

- In a big city, one is almost always in the *proximity* of a restaurant.

  큰 도시에서는 사람들 근처에 거의 언제나 레스토랑이 있다.

PRUDENT [prú:dnt] adj careful; having foresight 조심성 있는; 선견지명이 있는

- Joe is a *prudent* money manager. He doesn't invest heavily in racehorses, and he puts only a small part of his savings in the office football pool. Joe is the epitome of *prudence*.

  조는 조심성 있게 돈을 관리하는 사람이다. 그는 경마에 큰돈을 투자하는 법도 없고 실내 풋볼 도박에도 저축액 중에서 아주 적은 액수만을 판돈으로 건다. 조는 신중한 인간의 전형이다.

▶ 반의어는 imprudent(경솔한)이다.

- It was *imprudent* of us to pour gasoline all over the floor of our living room and then light a fire in the fireplace.

  우리는 경솔하게도 거실 바닥 전체에 휘발유를 쏟아놓고 나서 벽난로에 불을 붙였다.

PURPORTED [pərpɔ́ːrtid] adj **rumored; claimed** 소문난; 주장하는

- The heiress is *purported* to have been kidnapped by adventurers and buried in a concrete vault beneath the busiest intersection in Times Square. No one believes this story except the psychic who was consulted by the police.

  상속녀는 돈을 노린 사기꾼들에게 납치되어 타임스퀘어 광장의 번잡한 교차로 밑에 있는 콘크리트 지하실에 묻혀있다는 소문이다. 경찰이 자문을 의뢰한 심령술사를 제외하고는 그 이야기를 믿는 사람은 아무도 없다.

To *purport* something is to claim or allege it.

purport는 어떤 일을 '주장하다' 또는 '단언하다'라는 뜻이다.

PUTATIVE [pjúːtətiv] adj **commonly accepted; supposed; reputed**
일반적으로 인정되는; 추정상의; 일컬어지는

- The *putative* reason for placing the monument downtown is that nobody had wanted it uptown.

  그 기념물을 도심지에 세우는 추정상의 이유는 그것을 주택지구에 세우는 것을 아무도 원하지 않았기 때문이다.

When you use the word *putative*, you emphasize that the reason is only supposed, not proven.

putative라는 단어를 사용하면 증명되지 않은 오로지 '추정에 의한' 판단임을 강조하는 것이다.

QUICK QUIZ

Match each word in the first column with its definition in the second column. Check your answers in the back of the book.

1. provincial	a. commonly accepted
2. provisional	b. nearness
3. proximity	c. narrow in outlook
4. prudent	d. rumored
5. purported	e. careful
6. putative	f. conditional

Q

QUALIFY [kwáləfài] **v to modify or restrict** 수식하거나 제한하다

You already know the primary meaning of *qualify*. Here's another meaning.
여러분은 이미 qualify의 주요한 의미(자격을 주다, 권한을 주다)를 알고 있다. 여기 또 다른 뜻이 있다.

- Susan *qualified* her praise of Judith by saying that her kind words applied only to Judith's skillful cooking and not to her abhorrent personality. Judith was upset by Susan's *qualification*.

  수잔은 자신의 칭찬이 단지 주디스의 능숙한 요리 솜씨에 관한 것일 뿐 그녀의 끔찍한 성격에 대한 것은 아니라고 말함으로써 주디스에 대한 칭찬의 범위를 제한했다. 주디스는 수잔의 반짜리 평가에 당황했다.

- The library trustees rated their fund-raiser a *qualified* success: many more people than expected had come, but virtually no money had been raised.

  도서관 관리자들은 기금 모금이 반짜리 성공이라고 평가했다. 예상보다 더 많은 사람들이 왔지만, 실제적으로 기금은 모이지 않았다.

An *unqualified* success is a complete, unrestricted success.
unqualified success는 '완전한, 제한이 없는 성공'이다.

QUALITATIVE [kwálitèitiv] **adj having to do with the quality or qualities of something (as opposed to the quantity)**
사물의 질과 관련된(양에 반대되는 개념으로)

If a school achieves a *qualitative* improvement in enrollment, it means the school is being attended by better students. If the school achieves a *quantitative* improvement, it means the school is being attended by more students.
학교 등록생들 차원에서 qualitative improvement(질적인 향상)가 있다면, 그것은 더 좋은 학생들이 생겼다는 의미이다. quantitative improvement(양적인 발전)를 이룬다면, 그 말은 학교의 학생 수가 더 많아졌다는 의미이다.

- The difference between the two restaurants was *quantitative* rather than *qualitative*. Both served the same dreadful food, but the second restaurant served more of it.

  두 식당의 차이점은 질적인 문제라기보다는 양적인 문제였다. 둘 다 음식 맛은 끔찍하지만, 그래도 두 번째 식당은 양이라도 많이 주었다.

QUERULOUS [kwérjuləs] adj complaining; grumbling; whining
불평하는; 툴툴대는; 푸념하는, 우는 소리를 하는

Although a *query* is a question, *querulous* does not mean questioning.

query는 '의문(question)'의 의미이지만, querulous가 '의심하는(questioning)'을 의미하지는 않는다.

- The exasperated mother finally managed to hush her *querulous* child.

  아이의 불평에 화가 난 어머니는 결국 툴툴대는 아이의 입을 다물게 했다.

- The *querulous* voices of the students, who believed that their quizzes had been graded too harshly, could be heard all the way at the other end of the school building.

  시험 점수가 너무 가혹하다고 생각하는 학생들의 불평에 찬 목소리가 학교 건물 다른 쪽 끝까지 들려왔다.

QUIXOTIC [kwiksátik] adj romantic or idealistic to a foolish or impractical degree 어리석거나 비현실적일 정도로 낭만적인, 또는 이상주의적인

The word *quixotic* is derived from the name of Don Quixote, the protagonist of Miguel de Cervantes's classic 17th-century novel. Don Quixote had read so many romances about the golden age of chivalry that he set out to become a knight himself and have chivalrous adventures. Instead, his romantic idealism almost invariably got him into trouble. To be *quixotic* is to be as foolish or impractical as Don Quixote in pursuing an Ideal.

quixotic이란 단어는 17세기 미구엘 드 세르반테스가 쓴 고전 소설의 주인공 이름인 Don Quixote(돈키호테)에서 유래한 것이다. 돈키호테는 기사도의 황금기에 관한 소설을 너무 많이 읽은 나머지 스스로 기사가 되기로 마음먹고 기사도 정신을 실천할 모험을 위해 길을 떠났다. 그러나 그의 낭만적인 생각은 거의 언제나 그를 곤경에 빠뜨렸다. quixotic은 이상만 추구한다는 점에서 돈키호테만큼 어리석고 비현실적인 이라는 뜻이다.

- For many years Mr. Morris had led a *quixotic* effort to repeal the federal income tax.

  여러 해 동안 모리스 씨는 연방 정부의 소득세를 폐지하기 위해 어리석을 만치 애를 썼다.

- The political organization had once been a powerful force in Washington. However, its membership had dwindled, and its causes had become increasingly *quixotic*.

  그 정치 단체는 한때 워싱턴에서 막강한 힘을 발휘했었다. 그러나 회원 수는 점점 줄어들고 그들의 주장도 점점 현실성을 잃어 갔다.

QUICK QUIZ

Match each word in the first column with its definition in the second column. Check your answers in the back of the book.

1. qualify
2. qualitative
3. quantitative
4. querulous
5. quixotic

a. having to do with quantity
b. foolishly romantic
c. complaining
d. modify or restrict
e. having to do with quality

R

RAMIFICATION [ræ̀məfikéiʃən] **n a consequence; a branching out**
결과; 갈래, 가지, 분파

A tree could be said to *ramify*, or branch out, as it grows. A *ramification* is a consequence that grows out of something in the same way that a tree branch grows out of a tree trunk.

나무는 자라면서 가지를 낸다(ramify) 또는 가지를 뻗는다(branch out)고 말할 수 있다. ramification은 나무줄기에서 나뭇가지가 생겨나 자라는 것처럼 무엇에서 '파생한 결과'를 의미하는 단어이다.

- The professor found a solution to the problem, but there are many *ramifications*. Some experts are afraid that she has created more problems than she has solved.

  교수는 그 문제에 대한 해답을 찾았지만 결과는 다양하다. 몇몇 전문가들은 그녀가 풀어낸 해법보다 더 많은 문제를 만들어내지 않았을까 걱정하고 있다.

RANCOR [rǽŋkər] **n bitter, long-lasting ill will or resentment**
격렬하고 오래 지속되는 악의, 또는 원한, 증오

- The mutual *rancor* felt by the two nations eventually led to war.

  서로 간의 뿌리 깊은 증오가 결국 두 나라를 전쟁으로 이끌었다.

- Jeremy's success produced such feelings of *rancor* in Jessica, his rival, that she was never able to tolerate being in the same room with him again.

  제레미의 성공은 라이벌인 제시카에게 너무나 깊은 증오심을 남겨 주어서 그녀는 더 이상 그와 같은 방에서 지내는 것을 결코 참을 수가 없었다.

▶ 형용사형은 rancorous(원한이 있는)이다.

- The *rancorous* public exchanges between the two competing boxers are strictly for show; outside the ring, they are the best of friends.

  시합 중인 두 권투 선수가 공개적으로 악의가 가득한 언행을 서로 교환하는 것은 철저히 구경거리를 위한 것이다. 링을 벗어나면 그들은 둘도 없는 친구 사이이다.

RAPACIOUS [rəpéiʃəs] **adj greedy; plundering; avaricious**
탐욕스러운; 약탈하는; 욕심 많은

- Wall Street investment bankers are often accused of being *rapacious*, but they claim they are performing a valuable economic function.

  월스트리트의 투자 은행가들은 욕심이 과하다고 자주 비난받는다. 그러나 그들은 가치 있는 경제적 역할을 수행하고 있다고 주장한다.

▶ 명사형은 rapacity[rəpǽsəti] (강탈, 탐욕)이다.

REBUKE [ribjú:k] v to criticize sharply 신랄하게 비난(비평)하다

- We trembled as Mr. Solomon *rebuked* us for flipping over his car and taking off the tires.

  자신의 차를 뒤집어엎고 바퀴까지 빼 버렸다고, 솔로몬 씨가 우리를 매섭게 야단쳐서 우리는 겁이 나 벌벌 떨었다.

A piece of sharp criticism is called a *rebuke*.

'신랄한 비난'을 rebuke라 한다.

- When the students got caught cheating on their French test, the principal delivered a *rebuke* that made their ears twirl.

  학생들이 프랑스 어 시험에서 부정행위를 하다가 걸렸을 때 교장은 학생들의 귀가 빙빙 돌 정도로 매섭게 야단을 쳤다.

REBUT [ribʌ́t] v to contradict; to argue in opposition to; to prove to be false
반박하다; 반대하는 입장에서 주장하다; 거짓임을 입증하다

- They all thought I was crazy, but none of them could *rebut* my argument.

  그들은 모두 내가 미쳤다고 생각했다. 그러나 그들 중 어느 누구도 나의 주장을 반박하지 못했다.

- The defense attorney attempted to *rebut* the prosecutor's claim that the defendant's fingerprints, hair, clothing, signature, wallet, wristwatch, credit cards, and car had been found at the scene of the crime.

  피고 측 변호인은 피고인의 지문과 머리카락, 옷, 서명, 지갑, 손목시계, 신용카드, 그리고 자동차 등이 범죄 현장에서 발견되었다는 검사 측의 주장을 반박하고자 했다.

An act or instance of *rebutting* is called a *rebuttal*. *Rebut* and *refute* are synonyms.

rebutting(반박하기)의 행위나 사례를 rebuttal(반증)이라 한다. rebut와 refute(논박하다)는 서로 동의어이다.

RECALCITRANT [rikǽlsitrənt] adj stubbornly defiant of authority or control; disobedient
권위나 통제에 완강하게 반항하는; 순종하지 않는

- The *recalcitrant* cancer continued to spread through the patient's body despite every therapy and treatment the doctors tried.

  난치성 암은 의사들이 시도하는 모든 약물 요법과 치료에도 불구하고 환자의 몸 전체로 계속적으로 퍼져 갔다.

- The country was in turmoil, but the *recalcitrant* dictator refused even to listen to the pleas of the international representatives.

  그 나라는 혼란 상황이었다. 그러나 완강하게 버티고 있던 독재자는 심지어 국제 대표부의 탄원마저 들으려 하지 않았다.

RECANT [rikǽnt] v to publicly take back and deny (something previously said or believed); to openly confess error
공식적으로 철회하고 부인하다(이전에 말했던 것이나 믿었던 것을); 공개적으로 실수를 고백하다

- The chagrined scientist *recanted* his theory that mice originated on the moon; it turned out that he had simply mixed up the results of two separate experiments.

  그 과학자는 억울해하면서 쥐가 달에서 기원했다는 자신의 이론을 공식적으로 철회했다. 그가 두 개의 서로 다른 실험 결과를 단순히 혼동했을 뿐이라는 사실이 밝혀졌던 것이다.

- The secret police tortured the intellectual for a week, by tickling her feet with a feather duster, until she finally *recanted*.

  비밀경찰은 결국 그 지식인이 자신의 주장을 철회할 때까지 깃털로 만든 먼지떨이로 그녀의 발을 간질이는 방법으로 일주일 동안이나 고문했다.

▶ 명사형은 recantation(취소, 변설)이다.

RECIPROCAL [risíprəkəl] adj mutual; shared; interchangeable
상호 간의; 함께하는, 공유하는; 교환할 수 있는

- The Rochester Club had a *reciprocal* arrangement with the Duluth Club. Members of either club had full privileges of membership at the other.

  로체스터 클럽과 두러스 클럽은 상호간 협정을 맺었다. 어느 한 클럽의 회원은 상대 클럽의 정회원으로서의 모든 특권을 갖게 되었다.

- Their hatred was *reciprocal*; they hated each other.

  그들의 증오는 상호적이었다. 그들은 서로 상대방을 증오했다.

To *reciprocate* is to return in kind, to interchange, or to repay.

reciprocate는 '똑같이 돌려주다', '교환하다', '돈을 갚다'라는 뜻이다.

- Our new neighbors had us over for dinner several times, but we were unable to *reciprocate* immediately because our dining room was being remodeled.

  우리의 새 이웃은 여러 번 우리를 식사에 초대했었다. 그러나 우리는 주방을 개조하는 중이었기 때문에 곧바로 답례를 할 수가 없었다.

Reciprocity [rèsəprásəti] is a *reciprocal* relation between two parties, often whereby both parties gain.

reciprocity는 양당 사이에서 '상호 주고받는 관계'를 의미하는데, 대개는 그것을 통하여 양쪽이 모두 이익을 얻게 된다.

RECLUSIVE [riklú:siv] adj hermitlike; withdrawn from society
은둔자 같은; 사회로부터 물러난

- The crazy millionaire led a *reclusive* existence, shutting herself up in her labyrinthine mansion and never setting foot in the outside world.

  정신이 나간 백만장자는 은둔자 같은 존재가 되었다. 그녀는 미궁 같은 대저택에 자신을 가둬 놓고 외부 세계로는 결코 한 발짝도 나오지 않았다.

- Our new neighbors were so *reclusive* that we didn't even meet them until a full year after they had moved in.

  우리의 새 이웃은 너무나 꽁꽁 숨어 있어서 그들이 이사 온 지 일 년이 되도록 우리는 한 번도 만나지 못했다.

A *reclusive* person is a *recluse*.

'은둔자'는 recluse라고 한다.

- After his wife's death, the grieving old man turned into a *recluse* and seldom ventured out of his house.

  아내의 죽음 이후 비탄에 잠긴 노인은 은둔자가 되어서 좀처럼 집 밖으로 나오지 않았다.

Emily Dickinson, one of America's most creative poets, became a *recluse* [réklu:s] after her father's death in 1894—she kept in contact with friends and family through cards and letters.

미국에서 가장 창의적인 시인 중 한 사람인 에밀리 디킨슨은 1894년 그녀의 아버지 죽음 이후로 recluse가 되어 카드나 편지로만 가족 및 친구와 연락을 유지했다.

RECONDITE [rékəndàit] adj hard to understand; over one's head
이해하기 어려운; ~에게 이해되지 않는

▶ 발음에 주의할 것.

- The philosopher's thesis was so *recondite* that I couldn't get past the first two sentences.

  그 철학자의 논문은 너무나 난해해서 나는 처음 두 문장에서 더 나아갈 수가 없었다.

- Every now and then the professor would lift his head from his desk and deliver some *recondite* pronouncement that left us scratching our heads and trying to figure out what he meant.

  때때로 교수님은 책상에서 고개를 들고는 이해할 수 없는 말을 하곤 했다. 그러면 우리는 머리를 긁적이며 교수님이 의미하는 것이 무엇인지 알아내려고 애를 썼다.

- The scholarly journal was so *recondite* as to be utterly incomprehensible.

  그 학술지는 너무나 난해해서 아예 이해가 불가능할 정도였다.

QUICK QUIZ

Match each word in the first column with its definition in the second column. Check your answers in the back of the book.

1. ramification		a. hard to understand
2. rancor		b. criticize sharply
3. rapacious		c. consequence
4. rebuke		d. mutual
5. rebut		e. hermitlike
6. recalcitrant		f. bitter resentment
7. recant		g. stubbornly defiant
8. reciprocal		h. publicly deny
9. reclusive		i. contradict
10. recondite		j. greedy

RECRIMINATION [rikrìmənéiʃən] n a bitter counteraccusation, or the act of making a bitter counteraccusation
가혹한 역비난, 또는 되받아서 비난하는 행위

- Melissa was full of *recrimination*. When I accused her of stealing my pen, she angrily accused me of being careless, evil, and stupid.

  멜리사의 역습은 대단했다. 내가 펜을 훔쳐 갔다고 그녀를 비난하자, 그녀는 화를 내며 내가 부주의하고 사악할 뿐만 아니라 어리석기까지 하다고 나를 비난했다.

▶ recrimination은 종종 복수형으로도 사용된다.

- The courtroom echoed with the *recriminations* of the convicted defendant as he was taken off to the penitentiary.
  피고인을 교도소로 이송하려 할 때 법정에는 유죄가 확정된 피고인이 (유죄를) 반박하는 목소리가 메아리쳤다.

▶ 동사형은 recriminate(되받아 비난하다), 형용사형은 recriminatory [rikrímənətori:] (되받아 비난하는)이다.

REDOLENT [rédələnt] adj fragrant 향기로운

- The air in autumn is *redolent* of wood smoke and fallen leaves.
  가을의 공기는 나무 때는 연기와 낙엽으로 향기롭다.

- The flower arrangements on the tables were both beautiful and *redolent*.
  탁자 위의 꽃꽂이는 아름답고 향기로웠다.

▶ 명사형은 redolence(방향, 향기)이다.

Redolent also means suggestive.
redolent는 또한 '~을 생각나게 하는'의 의미도 있다.

- The new play was *redolent* of one I had seen many years ago.
  새로 본 연극은 내가 수년 전에 보았던 연극을 생각나게 했다.

REDUNDANT [ridʌ́ndənt] adj unnecessarily repetitive; excessive; excessively wordy 불필요하게 되풀이하는; 과다한; 과다하게 말 많은, 장황한

- Erica had already bought paper plates, so our purchase of paper plates was *redundant*.
  에리카가 이미 종이 접시를 사 두었기 때문에 우리가 구입한 종이 접시는 남아돌게 되었다.

- Shawn's article was *redundant*—he kept saying the same thing over and over again.
  숀의 논문은 장황했다. 그는 똑같은 얘기를 자꾸 반복했다.

An act of being *redundant* is a *redundancy*. The title "Department of Redundancy Department" is *redundant*.
명사형은 redundancy(정리 해고)이다. Department of Redundancy Department(재고 관리부의 부서)'라는 명칭은 동어 반복이다.

REFUTE [rifjúːt] v to prove to be false; to disprove 거짓임을 증명하다; 논박하다

- His expensive suit and imported shoes clearly *refuted* his claim that he was poor.
  그가 입은 비싼 양복과 외제 신발은 자신이 가난하다는 그의 주장이 거짓임을 명백하게 증명하고 있었다.

- I *refuted* Billy's mathematical proof by showing him that it depended on two and two adding up to five.
  빌의 수학적 증명이 2 더하기 2는 5라는 것에서 출발했다는 것을 제시함으로써 나는 그의 증명이 틀렸음을 밝혔다.

▶ 명사형은 refutation(논박, 반박)이다.

- The audience enjoyed the panelist's humorous *refutation* of the main speaker's theory about the possibility of building an antigravity airplane.
  청중들은 주 발표자가 내놓은 반중력 비행기의 제조 가능성에 관한 이론을 익살스럽게 반박하는 토론자의 얘기를 재미있어했다.

Something that is indubitable, something that cannot be disproven, is *irrefutable*.

'의심의 여지없이 명백한', '반박할 수 없는'은 irrefutable이라고 표현한다.

- Claudia's experiments with jelly beans and pencil erasers offered *irrefutable* proof that jelly beans taste better than pencil erasers.

  젤리 사탕과 연필 지우개를 이용한 클라우디아의 실험은 의심할 나위 없이 젤리 사탕이 연필 지우개보다 더 맛이 있다는 사실을 증명해 주었다.

REITERATE [riːítərèit] v to say again; to repeat 다시 말하다; 반복하다

- The candidate had *reiterated* his position so many times on the campaign trail that he sometimes even muttered it in his sleep.

  그 후보자는 선거 유세 중에 하도 여러 번 자신의 입장을 반복해서 말하고 다녀서, 때로는 잠을 자면서도 그 말을 중얼거릴 정도였다.

- To *reiterate*, let me say once again that I am very happy to have been invited to the birthday celebration of your adorable Pekingese.

  반복해서 다시 한 번 말하지만, 당신의 사랑스러운 강아지 생일 파티에 초대해 줘서 나는 너무 행복합니다.

▶ 명사형은 reiteration(반복)이다.

RELEGATE [réləgèit] v to banish; to send away 내쫓다; 멀리 보내다

- The most junior of the junior executives was *relegated* to a tiny, windowless office that had once been a broom closet.

  하급 관리직 중에서도 가장 말단은 전에는 청소 도구를 넣어 두는 창고로 쓰였던, 작고 창문도 없는 방으로 쫓겨났다.

- The new dad's large collection of jazz records was *relegated* to the cellar to make room for the new baby's larger collection of stuffed animals. The father objected to the *relegation* of his record collection to the cellar, but his objection did no good.

  아버지의 신종 수집품인 수많은 재즈 음반은 아이의 새로운, 그리고 규모가 더 큰 수집품인 박제 동물에게 방을 내주기 위해 지하실로 쫓겨났다. 아버지는 자신의 음반들이 지하실로 추방당하는 것에 반대했지만, 그의 반대는 받아들여지지 않았다.

RELENTLESS [riléntlis] adj continuous; unstoppable 끊임없는; 막을 수 없는

To *relent* is to stop or give up. *Relentless*, or *unrelenting*, means not stopping.

relent는 '멈추다' 또는 '포기하다'의 뜻이다. relentless와 unrelenting은 '멈추지 않는'의 의미이다.

- The insatiable rabbit was *relentless*; it ate and ate until nothing was left in the botanical garden.

  토끼의 탐욕스러움은 끝이 없었다. 토끼는 식물원에 아무것도 남지 않을 때까지 먹고 또 먹었다.

- The torrential rains were *relentless*, eventually creating a deluge.

  폭우가 그치지 않더니 결국은 홍수가 났다.

RELINQUISH [rilíŋkwiʃ] v to release or let go of; to surrender; to stop doing
놓아주다 또는 놓다; 넘겨주다; 하던 일을 그만두다

- The hungry dog refused to *relinquish* the enormous beef bone that he had stolen from the butcher's shop.

  굶주린 개는 정육점에서 훔친 커다란 쇠고기 뼈를 놓으려 하지 않았다.

- The retiring president *relinquished* control of the company only with the greatest reluctance.

  은퇴하는 사장은 몹시 못마땅해 하며 회사의 통제권을 양도했다.

- Sandra was eighty-five years old before she finally *relinquished* her view of herself as a glamorous teenaged beauty.

  산드라는 여든다섯 살이 되고 나서야 비로소 자신을 십대 같은 매력적인 미인으로 생각하는 착각을 그만두었다.

REMONSTRATE [rimánstreit] v to argue against; to protest; to raise objections
반대 의견을 주장하다; 항의하다; 이의를 제기하다

- My boss *remonstrated* with me for telling all the secretaries they could take off the rest of the week.

  사장은 내가 비서들에게 이번 주 남은 날들은 쉴 수 있을 것이라고 말한 것에 대해서 나에게 항의했다.

- The manager *remonstrated*, but the umpire continued to insist that the base runner had been out at third. When the manager continued to *remonstrate*, the umpire threw her out of the game.

  감독이 항의했지만, 심판은 계속해서 주자가 삼루에서 아웃 당했다고 주장했다. 감독이 계속해서 항의하자 심판은 감독을 퇴장시켰다.

▶ 명사형은 remonstration(간언, 충고, 항의)이다.

RENAISSANCE [rénəsà:ns] n a rebirth or revival 부활 또는 재생

The *Renaissance* was a great blossoming of art, literature, science, and culture in general that transformed Europe between the 14th and 17th centuries. The word is also used in connection with lesser rebirths.

Renaissance(르네상스)는 14세기에서 17세기 사이에 걸쳐 유럽을 변모시켰던, 미술과 문학과 과학, 그리고 문화 전반이 화려하게 꽃핀 것을 일컫는 말이다. 이 단어는 재생과 관련해서도 쓰인다.

- The declining neighborhood underwent a *renaissance* when a group of investors bought several crumbling tenements and turned them into attractive apartment buildings.

  몰락해 가던 인근 마을은 일단의 투자자들이 몇 개의 무너져 가고 있는 건물들을 사들여 근사한 아파트로 재개발하자 새로운 부흥기를 맞았다.

- The small college's football team had endured many losing seasons but underwent a dramatic *renaissance* when the new coach recruited half a dozen 400-pound freshmen.

  그 작은 대학의 풋볼 팀은 매년 시합에서 지기만 했다. 그러나 새로 온 코치가 400파운드나 나가는 신인들을 여섯 명이나 기용하자 극적인 부흥을 경험하게 되었다.

▶ renaissance는 renascence[rinéisns]로 표기하기도 한다.

RENOUNCE [rináuns] **v to give up formally or resign; to disown; to have nothing to do with anymore**
공식적으로 포기하다, 사임하다; 관계를 부인하다; 더 이상 관계가 없다

- Despite the pleadings and protestations of her parents, Deborah refused to *renounce* her love for the leader of the motorcycle gang.
  부모님의 간청과 항의에도 불구하고, 데보라는 오토바이 폭주족 두목과의 사랑을 포기하지 않았다.

- The presidential candidate *renounced* his manager after it was revealed that the zealous manager had tried to murder the candidate's opponent in the primary.
  대통령 후보자는 열성적인 보좌관이 대통령 예비 선거에서 상대 후보를 살해하려고 했던 사실이 드러난 후에 그 보좌관과의 모든 관계를 끊었다.

▶ 명사형은 renunciation[rinÀnsiéiʃən] (포기, 금욕)이다.

QUICK QUIZ

Match each word in the first column with its definition in the second column. Check your answers in the back of the book.

1. recrimination	a. surrender
2. redolent	b. disown
3. redundant	c. rebirth
4. refute	d. argue against
5. reiterate	e. fragrant
6. relegate	f. banish
7. relinquish	g. say again
8. remonstrate	h. bitter counteraccusation
9. renaissance	i. unnecessarily repetitive
10. renounce	j. prove to be false

REPARATION [rèpəréiʃən] **n paying back; making amends; compensation**
배상; 보상; 보충, 보수

▶ 발음에 주의할 것.

To make a *reparation* is to *repair* some damage that has occurred. This word is often used in the plural.
to make a reparation은 '손상을 입힌 것에 대해 보상하다'라는 뜻이다. 이 단어는 종종 복수형으로도 사용된다.

- The defeated country demanded *reparations* for the destruction it had suffered at the hands of the victorious army.
  패전국은 전쟁의 승리로 도취된 군대에 의해서 야기된 파괴 행위에 대해 배상할 것을 요구했다.

- After the accident we sought *reparation* in court. Unfortunately, our lawyer was not competent, so we didn't win a cent.

  그 사고 후에 우리는 법원에 배상을 요구하는 소송을 냈다. 불행하게도 우리 측 변호사가 능력이 모자란 탓에 우리는 한 푼도 받지 못했다.

Something that cannot be *repaired* is *irreparable* [iréparabl].

'고칠 수 없는'은 irreparable이라고 표현한다.

REPERCUSSION [rì:pərkʌ́ʃən] n a consequence; an indirect effect
결과; 간접적인 결과나 효과

- One *repercussion* of the new tax law was that accountants found themselves with a lot of new business.

  새로운 조세법의 간접적인 결과 중의 하나는 회계사들에게 새로운 일거리가 많이 생겼다는 것이었다.

- The declaration of war had many *repercussions*, including a big increase in production at the bomb factory.

  선전 포고는 폭탄 공장의 생산량을 크게 증가시키는 것을 포함하여 많은 간접적인 효과가 있었다.

REPLENISH [ripléniʃ] v to fill again; to resupply; to restore
다시 채우다; 다시 공급하다; 회복시키다

- The manager of the hardware store needed to *replenish* his stock; quite a few of the shelves were empty.

  철물점 주인은 물건들을 보충할 필요가 있었다. 상당수의 선반이 비어 있었다.

- The commanding general *replenished* his army with a trainload of food and other supplies.

  사령관은 열차 한 대분의 식량과 그 외의 보급 물자를 자신의 군대에 다시 공급했다.

- After the big Thanksgiving meal, everyone felt *replenished*.

  추수감사절 성찬이 끝난 후 모든 사람들은 포만감을 느꼈다.

▶ 명사형은 replenishment(보충, 보급)이다.

- The *replenishment* of our firewood supply was our first thought after the big snowstorm.

  충분한 양의 땔나무를 다시 채워 둬야 한다는 것이 엄청난 폭설이 지나간 후 첫 번째로 든 생각이었다.

REPLETE [riplí:t] adj completely filled; abounding   충분히 채워진; 풍부한

- The once-polluted stream was now *replete* with fish of every description.

  한때 오염되었던 시내가 이제는 각종 물고기들로 다시 채워지게 되었다.

- The bride wore a magnificent sombrero *replete* with fuzzy dice and campaign buttons.

  신부는 보풀이 선 주사위와 캠페인용 배지들로 가득 채워진 멋진 솜브레로 모자를 쓰고 있었다.
  (주: 솜브레로는 테가 넓은 밀짚모자로 멕시코 등지에서 사용)

- Tim ate all nine courses at the wedding banquet. He was filled to the point of *repletion*.

  팀은 결혼 피로연에서 아홉 가지 코스의 음식을 모두 먹었다. 그는 너무나 많이 먹어서 더 이상 들어갈 데가 없을 때까지 먹었다.

REPREHENSIBLE [rèprihénsəbl] adj worthy of severe blame or censure
혹된 비난이나 혹평을 받을 만한

- He put the cat in the laundry chute, tied the dog to the chimney, and committed several other *reprehensible* acts.
  그는 고양이를 세탁물 투입구에 집어넣고 개를 굴뚝에 묶어 두었으며 그 외에도 비난받을 만한 행동을 몇 가지 더 했다.

- Malcolm's manners were *reprehensible*: he ate his soup by drinking it from his empty wineglass and flipped his peas into his mouth with the back of his salad fork.
  말콤의 태도는 비난받을 만했다. 그는 빈 와인 잔에다 수프를 부어 마셨으며, 완두콩을 샐러드용 포크 등 쪽으로 퉁겨서 입으로 받아먹었다.

REPRISAL [ripráizəl] n a military action undertaken in revenge for another; an act of taking "an eye for an eye"
상대에게 복수를 위해 취하는 군사 행동; '눈에는 눈, 이에는 이'식의 행동

- The raid on the Iranian oil-drilling platform was a *reprisal* for the Iranians' earlier attack on the American tanker.
  이란의 석유 굴착장에 대한 급습은 미국의 유조선에 선제공격을 감행한 이란에 대한 보복 차원에서 이루어진 것이었다.

- Fearing *reprisals*, the CIA beefed up its security after capturing the insurgent leader.
  CIA는 반란군의 지도자를 체포한 후 보복이 두려워서 안전장치들을 강화했다.

REPROACH [ripróutʃ] v to scold, usually in disappointment; to blame; to disgrace
일반적으로 실망해서 야단치다; 비난하다; 망신시키다

- The police officer *reproached* me for leaving my car parked overnight in a no-standing zone.
  경찰관은 정차 금지 구역에 밤새도록 차를 주차했다고 나에게 망신을 주었다.

Reproach can also be a noun. To look at someone with *reproach* is to look at that person critically or accusingly. To be filled with *self-reproach* can mean to be ashamed.
reproach는 명사형으로도 쓰인다. to look at someone with reproach는 어떤 사람을 비판적으로 또는 힐난조로 보는 것이다. to be filled with self-reproach는 '스스로 부끄러워하다'라는 의미이다.

Impeccable behavior that's beyond fault is *irreproachable*.
'결점이 없고 흠잡을 데 없는' 행동을 irreproachable이라고 표현한다.

- Even though Jerome did hit Mabel on the head, his motive was *irreproachable*: he had merely been trying to kill a fly perched on her hairnet.
  제롬이 비록 메이블의 머리를 때렸지만, 그 행동의 동기는 비난받을 만한 것이 아니었다. 그는 단지 그녀의 헤어네트에 올라앉은 파리를 죽이려고 했던 것이다.

REPROVE [riprú:v] v to criticize mildly 부드럽게 비평하다

- Aunt May *reproved* us for eating too much, but we could tell she was actually thrilled that we had enjoyed the meal.
  메이 아주머니는 우리가 너무 많이 먹는다고 부드럽게 나무랐다. 그러나 그녀가 실제로는 우리가 식사를 즐겁게 한 것에 대해서 몹시 기뻐하고 있다는 것을 알 수 있었다.

- My friend *reproved* me for leaving my dirty dish in the sink.
  내 친구는 내가 더러운 접시를 싱크대에 그냥 두었다고 나무랐다.

▶ 명사형은 reproof(책망)이다.

- The judge's decision was less a sentence than a gentle *reproof*; she put Jerry on probation and told him never to get in trouble again.
  판사의 판결은 온화한 질타에 지나지 않았다. 그녀는 제리에게 집행 유예를 선고하고 다시는 말썽을 부리지 말라고 말했다.

REPUDIATE [ripjú:dièit] v to reject; to renounce; to disown; to have nothing to do with
거절하다; 부인하다; 포기하다; 관계를 끊다; 관계가 없다

- Hoping to receive a lighter sentence, the convicted gangster *repudiated* his former connection with the mob.
  더 가벼운 형벌이 내려지기를 바라는 마음에서, 기결수인 폭력배는 과거 폭력 조직과의 관계를 부인했다.

REQUISITE [rékwəzit] adj required; necessary 필수의; 필요한

- Howard bought a hunting rifle and the *requisite* ammunition.
  하워드는 사냥용 소총 하나와 그에 필요한 탄약을 샀다.

- As the *requisite* number of members was not in attendance, the chairperson adjourned the meeting just after it had begun.
  정족수 미달로, 의장은 회의를 시작하자마자 휴회했다.

Requisite can also be a noun, meaning a requirement or a necessity. A hammer and a saw are among the *requisites* of the carpenter's trade.
requisite는 명사로도 쓰이는데, '필요조건' 또는 '필수품'의 뜻이다. 망치와 톱은 목수 일에 있어서 꼭 필요한 물건들 중의 두 가지이다.

A *prerequisite* is something required before you can get started. A high school diploma is usually a *prerequisite* to entering college.
prerequisite는 어떤 일을 시작하기 전에 요구되는 '전제 조건'을 뜻한다. 대학에 들어가기 위해서는 일반적으로 고등학교 졸업장이 prerequisite이다.

RESOLUTE [rézəlù:t] adj determined; firm; unwavering
단호한, 굳게 결심한; 굳은; 동요하지 않는

- Uncle Ted was *resolute* in his decision not to have a good time at our Christmas party; he stood alone in the corner and muttered to himself all night long.
  테드 삼촌은 우리의 크리스마스 파티에서 즐기지 않겠다는 결정을 단호하게 지켰다. 그는 구석에 혼자 서서 밤새도록 혼자 중얼거렸다.

- The other team was strong, but our players were *resolute*. They kept pushing and shoving until, in the final moments, they won the roller-derby tournament.
  상대 팀이 강하기는 했지만 우리 선수들도 흔들리지 않았다. 그들은 롤러더비 선수권에서 우승하는 마지막 순간까지 계속해서 있는 힘을 다해 싸웠다.

Someone who sticks to his New Year's *resolution* is *resolute*. *Resolute* and *resolved* are synonyms.
New Year's resolution(새해의 각오)을 굳게 고수하는 사람은 의지가 굳은(resolute) 사람이다. resolute와 resolved(단호한)는 동의어이다.

To be *irresolute* is to be wavering or indecisive.
irresolute는 '동요하는', '우유부단한'이라는 뜻이다.

- Our *irresolute* leader led us first one way and then the other way in the process of getting us thoroughly and completely lost.

  우유부단한 우리 리더는 처음에는 이 길로 이끌었다가 다음에는 다른 길로 바꾸곤 했는데, 우리는 결국 정말로 완벽하게 길을 잃고 말았다.

QUICK QUIZ

Match each word in the first column with its definition in the second column. Check your answers in the back of the book.

1.	reparation	a.	act of revenge
2.	repercussion	b.	determined
3.	replenish	c.	worthy of blame
4.	replete	d.	consequence
5.	reprehensible	e.	scold
6.	reprisal	f.	completely filled
7.	reproach	g.	paying back
8.	reprove	h.	necessary
9.	repudiate	i.	criticize mildly
10.	requisite	j.	fill again
11.	resolute	k.	reject

RESPITE [réspit] n a period of rest or relief 휴식 기간

▶ 발음에 주의할 것.

- We worked without *respite* from five in the morning until five in the afternoon.

  우리는 새벽 다섯 시부터 오후 다섯 시까지 휴식 시간 없이 일을 했다.

- The new mother fell asleep when her baby stopped crying. However, the *respite* was brief; the baby started up again almost immediately.

  초보 엄마는 아기가 울음을 그치자 잠이 들었지만 그 휴식은 짧았다. 아기는 거의 곧바로 다시 울기 시작했다.

RETICENT [rétisənt] adj quiet; restrained; reluctant to speak, especially about oneself
조용한, 과묵한; 말을 삼가는; 특히 자신에 대해서 말하기를 싫어하는

- Luther's natural *reticence* made him an ideal speaker: his speeches never lasted more than a few minutes.

  루터가 더할 나위 없이 이상적인 연설자가 된 것은 타고 난 과묵함 때문이었다. 그의 말은 결코 수 분 이상 지속되는 법이 없었다.

- Kaynard was *reticent* on the subject of his accomplishments; he didn't like to talk about himself.

  케이너드는 자신의 행적에 대해서 이야기하는 것을 아주 싫어했다. 그는 자신에 대해 얘기하는 것을 좋아하지 않았다.

▶ 명사형은 reticence(과묵)이다.

REVERE [rivíər] v to respect highly; to honor   매우 존경하다; 공경하다

- Einstein was a preeminent scientist who was *revered* by everyone, even his rivals. Einstein enjoyed nearly universal *reverence*[révərəns].

  아인슈타인은 모든 사람들에게, 심지어 경쟁자들에게서도 존경받는 뛰어난 과학자였다. 그는 거의 전 세계 사람들로부터 존경을 받았다.

To be *irreverent* is to be mildly disrespectful.

irreverent는 다소 '불손한'의 의미이다.

- Peter made jokes about his younger sister's painting. She was perturbed at his *irreverence* and began to cry.

  피터는 여동생의 그림에 대해서 농담을 했다. 그녀는 오빠의 무례함에 동요해서 울기 시작했다.

RHETORIC [rétərik] n the art of formal speaking or writing; inflated discourse
형식적인 말하기나 글쓰기의 기술, 수사학; 문체나 말투가 과장된 담화

A talented public speaker might be said to be skilled in *rhetoric*.

타고난 재능을 가진 대중 연설가는 rhetoric(웅변술)에 뛰어나다고 말할 수 있다.

The word is often used in a pejorative sense to describe speaking or writing that is skillfully executed but insincere or devoid of meaning.

rhetoric은 뛰어난 표현 기술을 갖고 있지만 내용상 의미가 없거나 거짓인 말이나 글을 비꼬아 표현할 때 종종 사용된다.

A political candidate's speech that was long on drama and promises but short on genuine substance might be dismissed as "mere *rhetoric*."

후보자의 정략적인 연설은 극적 효과와 공약만 길고 진실한 내용은 부족해서 'mere rhetoric(단순한 미사여구)'로 잊힐 것이다.

To use *rhetoric* is to be *rhetorical*[ritɔ́:rikəl]. A *rhetorical* question is one the speaker intends to answer himself or herself—that is, a question asked only for *rhetorical* effect.

rhetoric(수사법)을 사용하는 것을 rhetorical(수사적인)이라고 표현한다. rhetorical question이란 말하는 사람이 스스로 대답하고자 하는 반문적 의문을 말한다. 다시 말해서, 단지 말의 기교적 효과만을 위해서 하는 질문이다.

RIGOROUS [rígərəs] adj strict; harsh; severe   엄격한; 거친; 혹독한

To be *rigorous* is to act with *rigor*.

rigorous는 '엄격하게 행동하는' 것이다.

- Our exercise program was *rigorous* but effective; after just a few months, our eighteen minutes of daily exercise had begun to pay off.

  우리의 훈련 프로그램은 혹독하긴 했지만 효과는 있었다. 겨우 몇 달 지나지 않아서 하루 18분씩의 훈련은 그 성과가 나타나기 시작했다.

- The professor was popular largely because he wasn't *rigorous*; there were no tests in his course and only one paper, which was optional.

  그 교수는 그다지 엄격하지 않았기 때문에 널리 인기가 있었다. 그의 수업에는 시험도 없었고 단지 논문만 한 번 제출하면 되는데, 그것도 임의로 선택할 수 있었다.

ROBUST [roubást] adj strong and healthy; vigorous   강하고 건강한; 힘센, 활발한

- The ninety-year-old woman was still *robust*. Every morning she ran several miles down to the ocean and jumped in.

  아흔 살이나 먹은 노부인은 여전히 건강했다. 매일 아침마다 그녀는 바다까지 수 마일을 달려가 바다에 뛰어들곤 했다.

- The tree we planted last year isn't looking very *robust*. Most of the leaves have fallen off, and the bark has begun to peel.

  우리가 작년에 심은 나무는 별로 건강해 보이지 않는다. 대부분의 잎사귀는 떨어져 버렸고 나무껍질은 벗겨지고 있었다.

ROGUE [róug] n a criminally dishonest person; a scoundrel   법을 어기는 부정직한 사람; 불량배, 악당

A *rogue* is someone who can't be trusted. This word is often used, however, to characterize a playfully mischievous person.

rogue는 믿을 수 없는 사람이다. 그러나 이 단어는 종종 놀기 좋아하고 장난기가 있는 사람의 성격을 표현할 때도 쓰인다.

- Huckleberry Finn is a bit of a *rogue*; while his actions are technically criminal, he performs them with noble intentions and a humorous spirit.

  허클베리 핀은 다소 악당이었다. 그의 행동은 기술적으로는 부당했지만 고결한 의도와 익살스런 마음으로 행했다.

RUDIMENTARY [rù:dəméntəri] adj basic; crude; unformed or undeveloped   근본적인; 초기의; 미성숙한 또는 미개발의

- The boy who had lived with wolves for fifteen years lacked even the most *rudimentary* social skills.

  15년 동안 늑대들과 함께 생활했던 소년은 사회생활을 할 수 있는 가장 기초적인 능력도 결여돼 있었다.

- The strange creature had small bumps on its torso that appeared to be *rudimentary* limbs.

  그 이상한 생물체는 발달이 덜 된 팔다리처럼 보이는 작은 혹들을 몸통에 달고 있었다.

RUMINATE [rú:mənèit] v to contemplate; to ponder; to mull over   심사숙고하다; 깊이 생각하다; 궁리하다

Ruminate comes from a Latin word meaning to chew cud.

ruminate는 동물의 되새김질을 의미하는 라틴 어에서 나온 말이다.

Cows, sheep, and other cud-chewing animals are called *ruminants*. To *ruminate* is to quietly chew on or ponder your own thoughts.

소와 양, 그밖에 되새김질을 하는 동물들을 ruminants라 부른다. ruminate를 동사로 쓰면, '조용히 숙고하거나 자신의 생각에 깊이 빠져 있다'라는 뜻이다.

- The teacher's comment about the causes of weather set me to *ruminating* about what a nice day it was and to wishing that I were outside.

  선생님이 날씨의 원인에 관해 설명하자 나는 날씨가 참 좋다는 생각에 빠져들어 밖으로 나가고 싶어졌다.

▶ 명사형은 rumination(심사숙고)이다.

- Serge was a very private man; he kept his *ruminations* to himself.

  서지는 상당히 베일에 가려진 사람이었다. 그는 속마음을 남에게 드러내지 않았다.

RUSTIC [rʌ́stik] adj rural; lacking urban comforts or sophistication; primitive
촌스러운; 도시적 편리함이나 세련됨이 부족한; 원시적인, 구식의

- Life in the log cabin was too *rustic* for Leah; she missed hot showers, electricity, and ice.

  리는 통나무 오두막집에서의 생활이 너무나 불편했다. 뜨거운 목욕과 전기, 얼음이 아쉬웠다.

Rustic can be used as a noun. A *rustic* is an unsophisticated person from the country.

rustic은 명사로도 쓰인다. 뜻은 시골에서 온 세련되지 못한 사람, 즉 '시골뜨기'이다.

- We enjoyed the *rustic* scenery as we traveled through the countryside.

  우리는 시골을 여행하면서 전원 풍경을 즐겼다.

To *rusticate* is to spend time in the country.

rusticate는 '시골에서 시간을 보내다'라는 의미이다.

QUICK QUIZ

Match each word in the first column with its definition in the second column. Check your answers in the back of the book.

1. respite		a. basic
2. reticent		b. contemplate
3. revere		c. vigorous
4. rhetoric		d. formal writing or speaking
5. rigorous		e. restrained
6. robust		f. rural
7. rogue		g. period of rest
8. rudimentary		h. strict
9. ruminate		i. honor
10. rustic		j. scoundrel

S

SACCHARINE [sǽkərin] adj sweet; excessively or disgustingly sweet
단맛의; 지나치게 또는 넌더리나게 단

Saccharine is a calorie-free sweetener; *saccharine* means sweet. Except for the spelling, this is one of the easiest-to-remember words out there.

saccharine은 칼로리가 없는 감미료'이다. saccharine은 단맛의'라는 뜻도 있다. 철자법만 제외하면, 이 단어는 단어들 중에서 가장 기억하기 쉬운 단어 중의 하나다.

Saccharine can be applied to things that are literally sweet, such as sugar, *saccharine*, fruit, and so on. It can also be applied to things that are sweet in a figurative sense, such as children, personalities, and sentiments—especially things that are *too* sweet, or sweet in a sickening way.

saccharine은 문자 그대로 단것들, 즉 설탕, 사카린, 과일 등에도 적용될 수 있다. 또한 비유적인 의미에서 단것들, 즉 아이들, 사람의 성격, 감정 같은 것들 — 특히 너무 단것, 또는 넌더리나게 할 정도로 감미로운 것에도 적용된다.

- We wanted to find a nice card for Uncle Mo, but the cards in the display at the drugstore all had such *saccharine* messages that we would have been too embarrassed to send any of them.

  우리는 모 삼촌을 위해 좋은 카드를 찾고 싶었다. 그러나 약국에 전시된 카드들은 모두들 비위가 상할 정도로 달콤한 메시지들이 적혀 있어서 그중의 어느 것도 삼촌께 보내기가 아주 난처했다.

- The love story was so *saccharine* that I vowed never to see another sappy, predictable movie again.

  그 러브 스토리는 너무 지나치게 달콤해서 다시는 지나치게 감상적이고 예측 가능한 영화는 보지 않겠다고 맹세했다.

SACRILEGE [sǽkrəlidʒ] n a violation of something sacred; blasphemy
신성 모독; 신에 대한 불경

- The minister committed the *sacrilege* of delivering his sermon while wearing his golf shoes; he didn't want to be late for his tee-off time, which was just a few minutes after the scheduled end of the service.

  목사는 골프 신발을 신고 와서 설교를 하는 신성 모독의 죄를 범했다. 그는 예배가 끝나고 난 뒤 겨우 몇 분 후에 있을 골프 경기 시작 시간에 늦고 싶지 않았던 것이다.

- The members of the fundamentalist sect believed that dancing, going to movies, and watching television were *sacrileges*.

  정통 기독교 종파의 신도들은 춤추는 것이나 영화 보는 것, 텔레비전 보는 것 등을 불경스러운 것이라고 믿었다.

▶ 형용사형은 sacrilegious(신성을 더럽히는)이다. 철자에 유의할 것.

SACROSANCT [sǽkrousæ̀ŋkt] adj sacred; held to be inviolable 신성한; 신성불가침의

A church or temple is *sacrosanct*. So, for Christians, is belief in the divinity of Jesus. *Sacrosanct* is also used loosely, and often ironically, outside of religion.

교회나 사원을 sacrosanct(신성한)라고 표현할 수 있다. 기독교인들에게는 예수의 신성에 대한 믿음도 마찬가지이다. sacrosanct는 종교와 관련 없이 막연하게 사용되기도 하며 때로는 반어적으로 사용되기도 한다.

- Mr. Peters's lunchtime trip to his neighborhood bar was *sacrosanct*; he would no sooner skip it than he would skip his mother's funeral.

    피터스 씨가 점심시간마다 근처에 있는 술집으로 가는 것은 누구도 방해할 수 없는 신성불가침의 일이다. 그는 어머니의 장례식을 건너뛸지언정 그 일을 생략하지는 않을 것이다.

SAGACIOUS [səgéiʃəs] adj discerning; shrewd; keen in judgment; wise
총명한; 빈틈없는; 판단력이 날카로운; 현명한

- Edgar's decision to move the chickens into the barn turned out to be *sagacious*; about an hour later, the hailstorm hit.

    닭들을 헛간으로 옮기자는 에드가의 결정은 현명했던 것으로 드러났다. 약 한 시간 후에 우박을 동반한 폭풍이 닥쳤던 것이다.

- The announcer's *sagacious* commentary made the baseball game seem vastly more profound than we had expected it to be.

    아나운서의 빈틈없는 해설 덕분에 우리의 기대보다 야구 경기는 훨씬 심오한 것처럼 보였다.

To be *sagacious* is to have *sagacity* [səgǽsəti]. A similar word is *sage*, which means wise, possessing wisdom derived from experience or learning.

sagacious의 명사형은 sagacity(현명함)이다. 비슷한 단어로, '현명하고 경험이나 배움을 통해서 얻은 지혜를 지닌'이라는 뜻의 sage가 있다.

- When we were contemplating starting our own popcorn business, we received some *sage* advice from a man who had lost all his money selling candied apples.

    우리가 팝콘 장사에 뛰어드는 것에 대해서 심사숙고하고 있을 때, 설탕에 절인 사과 장사를 하다가 쫄딱 망한 사람으로부터 우리는 몇 가지 현명한 충고를 들었다.

- The professor's critique, which comprised of a few *sage* comments, sent me back to my room feeling pretty stupid.

    날카로운 몇 개의 구절로 구성된 그 교수의 비평문 때문에 나는 다소 바보 같다고 느끼면서 내 방으로 돌아왔다.

Sage can also be a noun. A wise person, especially a wise old person, is often called a *sage*.

sage는 명사로도 쓰인다. '현명한 사람', 특히 나이가 많고 현명한 사람을 종종 sage(현자)라 부른다.

SALIENT [séiliənt] adj sticking out; conspicuous; leaping
돌출한; 뚜렷한; 두드러진; 뛰어오르는

A *salient* characteristic is one that leaps right out at you.

salient characteristic은 '눈에 바로 띄는 두드러진 특질'을 의미한다.

- Ursula had a number of *salient* features including, primarily, her nose, which stuck out so far that she was constantly in danger of slamming it in doors and windows.

    우슬라에게는 여러 가지 눈에 잘 띄는 특징이 있었다. 우선 문이나 창문이 닫힐 때 틈에 낄 위험에 항상 노출되어 있는 두드러진 코를 들 수 있다.

▶ 발음에 주의할 것.

SALUTARY [sǽljətèri] adj healthful; remedial; curative
건강에 좋은; 치료하는; 병에 잘 듣는

- Lowered blood pressure is among the *salutary* effects of exercise.

  혈압을 낮추는 것은 운동이 주는 건강 효과 중 하나다.

- The long sea voyage was *salutary*; when Elizabeth landed she looked ten years younger than she had when she set sail.

  장기간의 항해가 건강에 도움이 됐다. 엘리자베스가 배에서 내렸을 때, 그녀는 항해를 시작했을 때보다 십 년은 젊어 보였다.

SANCTIMONIOUS [sæ̀ŋktəmóuniəs] adj pretending to be devout; affecting religious feeling
독실한 신자인 척하는; 신앙심이 깊은 척하는

- The *sanctimonious* old bore pretended to be deeply offended when Lucius whispered a mild swear word after dropping the hammer on his bare foot.

  독실한 신자인 척하는 따분한 그 노인은 루시우스가 신발도 신지 않은 맨발에 망치를 떨어뜨리자 중얼거린 가벼운 욕(주: god damn 따위)에 깊이 상처라도 받은 것처럼 굴었다.

- Simon is an egoist who speaks about almost nothing but caring for one's fellow man. His altruism is *sanctimonious*.

  사이몬은 동료를 걱정하는 말만 하지만 사실은 이기주의자이다. 그의 이타심은 그런 척하는 것일 뿐이다.

SANGUINE [sǽŋgwin] adj cheerful; optimistic; hopeful
쾌활한; 낙천적인; 희망에 차 있는

- Miguel was *sanguine* about his chances of winning the Nobel Peace Prize, even though, as an eighth grader, he hadn't yet done anything to deserve it.

  8학년 학생으로서 미구엘은 사실상 노벨 평화상을 받을 만한 일을 한 것이 아직 없었음에도 불구하고, 수상에 대해서 낙관하고 있었다.

- The ebullient checkers champion remained *sanguine* in defeat; he was so sure of himself that he viewed even catastrophe as merely a temporary setback.

  성격이 활달한 챔피언은 체커 경기에 패배하고도 여전히 쾌활했다. 그는 워낙 자신감에 넘쳐서 참패조차도 그저 일시적인 후퇴로 여겼다.

Don't confuse *sanguine* (a nice word) with *sanguinary* (not a nice word). *Sanguinary* means bloodthirsty.

sanguine(좋은 의미)과 sanguinary(좋지 않은 의미)를 혼동하지 말 것. sanguinary는 '피에 굶주린', '잔인한'이라는 뜻이다.

SARDONIC [sɑːrdánik] adj mocking; scornful 조롱하는; 경멸하는, 비웃는

- Isabella's weak attempts at humor were met by nothing but a few scattered pockets of *sardonic* laughter.

  이사벨라는 유머를 사용해서 청중을 웃겨 보려고 했으나 여기저기서 냉소만이 터져 나올 뿐이었다.

- Even George's friends found him excessively *sardonic*: he couldn't discuss anything without mocking it, and there was almost nothing about which he could bring himself to say two nice words in a row.

  친구들조차도 조지가 아주 냉소적인 사람이라고 생각했다. 무엇인가에 대해 말할 때면 그는 반드시 그것을 비웃었고, 그가 두 마디 좋은 말을 계속해서 할 수 있는 것은 거의 없었다.

Match each word in the first column with its definition in the second column.
Check your answers in the back of the book.

1. saccharine		a.	blasphemy
2. sacrilege		b.	wise
3. sacrosanct		c.	sweet
4. sagacious		d.	pretending to be devout
5. sage		e.	healthful
6. salient		f.	mocking
7. salutary		g.	cheerful
8. sanctimonious		h.	sacred
9. sanguine		i.	sticking out
10. sardonic		j.	discerning

SCINTILLATE [síntəlèit] v to sparkle, either literally or figuratively
문자 그대로 (불꽃 등이) 번쩍이다, 또는 비유적으로 재치가 번뜩이다

- Stars and diamonds *scintillate*—so do witty comments, charming personalities, and anything else that can be said to sparkle.

  별과 다이아몬드는 반짝거린다. 재치 있는 말이나 매력적인 성격, 그밖에 반짝인다고 말할 수 있는 것들도 마찬가지로 같은 표현을 쓸 수 있다.

- Stefan was a quiet drudge at home, but at a party he could be absolutely *scintillating*, tossing off witty remarks and charming everyone in the room.

  스테판은 집에서는 조용하고 재미없는 사람이었다. 그러나 파티에서의 그는 너무나 재치가 번뜩이고 기지 넘치는 말들을 쏟아내서 그곳에 모인 모든 사람들을 매혹시켰다.

- Jenny's grades last term weren't *scintillating*, to put it mildly; she had four Ds and an F.

  지난 학기에 제니의 성적은 부드럽게 표현하자면 별로 빛나지 못했다. 그녀는 D학점 네 개와 F학점 하나를 받았다.

▸ 명사형은 scintillation(섬광, 번뜩임)이다.

SCRUPULOUS [skrú:pjuləs] adj strict; careful; hesitant for ethical reasons
엄격한; 주의 깊은; 윤리적인 이유 때문에 망설이는, 양심적인

- Leela was *scrupulous* in keeping her accounts; she knew where every penny came from and where every penny went.

  릴라는 장부를 기재하는 데 있어서 철저한 사람이었다. 그녀는 작은 돈도 어디서 들어오고 어디로 나갔는지 모두 알고 있었다.

- We tried to be *scrupulous* about not dripping paint, but by the time the day was over there was nearly as much paint on the floor as there was on the walls.

  우리는 페인트를 마룻바닥에 떨어뜨리지 않으려고 매우 조심했다. 그러나 날이 저물 때쯤에는 벽에 칠한 페인트 양이나 마룻바닥에 흘린 페인트 양이 거의 같았다.

- Philip was too *scrupulous* to make a good used-car dealer; every time he started to lie, he was overcome by ethical doubts.

  필립은 너무나 양심적이어서 중고차 매매상이 될 수 없었다. 그는 거짓말을 할 때마다 언제나 도덕적 회의에 휩싸였다.

A *scruple* is a qualm or moral doubt. To have no *scruples*—to be *unscrupulous*—is to have no conscience.

scruple은 '양심의 가책' 또는 '도덕적 회의'를 의미한다. to have no scruples(달리 말해 to be unscrupulous)는 '양심이 없다'는 뜻이다.

SCRUTINIZE [skrúːtənàiz] v to examine very carefully 매우 세밀하게 조사하다

- I *scrutinized* the card catalog at the library but couldn't find a single book on the topic I had chosen for my term paper.

  나는 도서관의 목록 카드를 꼼꼼히 살펴보았지만, 학기 말 리포트 주제로 선택한 것과 관련된 책을 단 한 권도 찾을 수 없었다.

- The rocket scientists *scrutinized* thousands of pages of computer printouts, looking for a clue to why the rocket had exploded.

  로켓 과학자들은 그 로켓이 폭발한 원인에 대한 실마리라도 찾으려고 수천 페이지에 달하는 컴퓨터 출력 정보를 꼼꼼히 조사했다.

- My mother *scrutinized* my clothes and my appearance before I left for the evening, but even after several minutes of careful analysis, she was unable to find anything to complain about.

  밤에 내가 외출하려고 하자 어머니는 내 옷과 생김새를 꼼꼼히 조사했다. 그러나 수 분간의 세심한 분석에도 불구하고 어머니는 불만스러운 점을 찾을 수 없었다.

To *scrutinize* something is to subject it to *scrutiny*.

scrutinize는 어떤 것을 'scrutiny(정밀 검사)'를 하다'라는 뜻이다.

- The clever forgery fooled the museum curator but did not withstand the *scrutiny* of the experts; after studying for several weeks, the experts pronounced the painting to be a fake.

  교활한 위조범은 박물관 관리자는 속였지만, 정밀 검사를 하는 전문가들을 속일 수는 없었다. 수 주일 동안 정밀 검사가 이루어진 후에 전문가들은 그 그림이 위조품이라는 사실을 발표했다.

Something that cannot be examined is *inscrutable*. *Inscrutable* means mysterious, impossible to understand.

조사하여 알아낼 수 없는 것을 inscrutable이라고 표현한다. inscrutable은 '불가사의하고 이해할 수 없는'이라는 뜻이다.

- We had no idea what Bill was thinking because his smile was *inscrutable*. Poker players try to be *inscrutable* to their opponents.

  빌의 수수께끼 같은 미소 때문에 우리는 그가 무슨 생각을 하고 있는지 알 수가 없었다. 포커 노름꾼은 상대방에게 속셈이 드러나지 않으려고 애쓴다.

SECULAR [sékjulər] adj having nothing to do with religion or spiritual concerns 종교나 영혼의 문제와는 관련이 없는, 세속적인

- The group home had several nuns on its staff, but it was an entirely *secular* operation, run by the city, not the church.

  대용 수용 시설에는 여러 명의 수녀들이 근무하고 있었지만, 전적으로 비종교적인 시설이었고, 그곳은 교회가 아니라 시에서 운영하고 있었다.

- The priest's *secular* interests include German food and playing the trombone.

  신부님의 세속적인 관심사에는 독일 음식에 관한 것과 트롬본 연주도 끼어 있다.

SEDITION [sidíʃən] n treason; the incitement of public disorder or rebellion
반역; 사회적 무질서나 폭동을 선동하는 것

- The political group was charged with *sedition* because it had advocated burning the capital to the ground.

  그 정치 모임은 수도를 전복하는 것을 지지했기 때문에 선동에 책임이 있었다.

SEGREGATE [ségrigèit] v to separate 분리하다

- Rico kept his prize-winning poodle, Fluffy, *segregated* from his other two dogs, which were mixed breeds.

  리코는 그의 우승 푸들 플러피를 종이 섞인 다른 개 두 마리에게서 격리시켰다.

The noun form is *segregation*, which can also refer to periods in history when people of different races were kept apart by social norms or law. In other nations, *segregation* has been called by other names. See *apartheid*.

명사형은 segregation(격리)이다. 이 단어는 인종이 다른 사람들이 사회적 기준이나 법에 의해 분리되었던 역사의 시기를 언급할 때도 사용할 수 있다. 다른 나라에서는 segregation(격리)이 다른 이름으로도 불린다. apartheid(인종 차별 정책)를 참조할 것.

Integrate, *congregate*, *segregate*, and *aggregate*—all words about joining and separating—share a common root.

결합과 분리에 대한 단어들인 integrate(통합하다), congregate(집합하다), segregate(분리하다)와 aggregate(모으다)는 모두 같은 어원을 가진다.

SENSORY [sénsəri] adj having to do with the senses or sensation
감각이나 지각과 관련된

- Babies enjoy bright colors, moving objects, pleasant sounds, and other forms of *sensory* stimulation.

  아기들은 밝은 색깔과 움직이는 물체, 유쾌한 소리, 그 외에 감각을 자극하는 모든 것들을 좋아한다.

Your ears, eyes, and tongue are all *sensory* organs. It is through them that your *senses* operate.

귀와 눈과 혀는 모두 sensory(감각의) 기관이다. 이 기관들을 통해서 senses(감각)이 기능을 하는 것이다.

Extrasensory perception is the supposed ability of some people to perceive things without using the standard senses of sight, hearing, smell, touch, or taste.

extrasensory perception(초감각적인 인지)은 시각, 청각, 후각, 촉각, 미각이라는 표준적인 감각을 사용하지 않고도 사물을 감지할 수 있는 능력으로 소수의 사람들에게서 나타나는 가상의 능력이다.

Two similar-sounding and often confusing words are *sensual* and *sensuous*. To be *sensual* is to be devoted to gratifying one's senses through physical pleasure, especially sexual pleasure; to be *sensuous* is to delight the senses. A *sensual* person is one who eagerly indulges his or her physical desires. A *sensuous* person is one who stimulates the senses of others.

발음이 비슷하고 자주 혼동하는 단어로 sensual(관능적인)과 sensuous(감각적인)가 있다. sensual은 물리적 쾌락, 특히 '성적 쾌락을 통해서 사람의 감각을 만족시키는 것에 몰두하고 있는'이라는 뜻이고, sensuous는 '감각을 즐겁게 하는'이라는 뜻이다. sensual person은 '육체적 욕망에 열렬히 탐닉하는 사람'이다. sensuous person은 다른 사람들의 감각을 자극하는 사람'이다.

SENTIENT [sénʃənt] adj able to perceive by the senses; conscious
감각을 통해 인지할 수 있는; 지각이 있는

▸ 발음에 주의할 것.

Human beings are *sentient*. Rocks are not.

인간은 sentient(지각력이 있는)이다. 돌은 그렇지 못하다.

- While trees are not, strictly speaking, *sentient* beings, many credible people claim to have communicated with them.

  많은 믿을 만한 사람들이 나무는 정확하게는 말을 못 하지만 지각이 있어서 의사소통을 할 수 있다고 주장한다.

SEQUESTER [sikwéstər] v to set or keep apart 격리하다, 은퇴시키다

- Because much of the rest of the city had become a battle zone, the visiting entertainers were *sequestered* in the international hotel.

  그 도시의 대부분은 교전 지역이었기 때문에 이곳을 방문한 연예인들은 외국인 전용의 국제 호텔로 격리되었다.

- The struggling writer *sequestered* herself in her study for several months, trying to produce the next Great American Novel.

  작가는 수개월 동안 서재에 칩거하여 다음 미국 최고의 소설을 쓰느라 고군분투했다.

- Juries are sometimes *sequestered* during trials to prevent them from talking to people or reading newspapers.

  배심원들은 때때로 사람들과 이야기를 나누거나 신문을 읽는 등의 일을 막기 위하여 공판 중에는 격리되기도 한다.

QUICK QUIZ 76▸

Match each word in the first column with its definition in the second column. Check your answers in the back of the book.

1. scintillate	a. sparkle
2. scrupulous	b. having nothing to do with religion
3. scrutinize	c. treason
4. secular	d. having to do with the senses
5. sedition	e. set apart
6. segregate	f. strict
7. sensory	g. delighting the senses
8. sensual	h. examine very carefully
9. sensuous	i. devoted to pleasure
10. sentient	j. conscious
11. sequester	k. seperate

SERENDIPITY [sèrəndípəti] n accidental good fortune; discovering good things without looking for them
우연한 행운; 찾으려 애쓰지 않았는데도 발견하게 된 유익한 것

- It was *serendipity* rather than genius that led the archaeologist to his breathtaking discovery of the ancient civilization. While walking his dog in the desert, he tripped over the top of a buried tomb.

  그 고고학자가 고대 문명을 발견하여 세상을 놀라게 한 것은 그의 천재성 때문이라기보다는 운이 좋았던 것이다. 개와 함께 사막을 걷던 중에 묻혀 있던 고대 무덤의 꼭대기 부분에 발이 걸려 넘어졌던 것이다.

Something that occurs through *serendipity* is *serendipitous*.

'serendipity(우연한 행운)에 의해서 발생하는 것'을 serendipitous라고 표현한다.

- Our arrival at the airport *serendipitously* coincided with that of the queen, and she offered us a ride to our hotel in her carriage.

  공항에 도착했을 때 우리는 운 좋게도 여왕의 일행과 도착 시간이 같았다. 여왕은 우리에게 그녀의 마차로 호텔까지 태워다 주겠다고 제안했다.

SERVILE [sə́ːrvil] adj submissive and subservient; like a servant
복종하는, 비굴한; 하인 같은

- Cat lovers sometimes say that dogs are too *servile* because they follow their owners everywhere and slobber all over them at every opportunity.

  고양이 애호가들은 가끔 개는 주인이 어디를 가나 따라다니고, 기회가 있을 때마다 온통 침을 묻혀 놓아서 지나치게 순종적이라고 얘기한다.

- The horrible boss demanded *servility* from his employees; when he said, "Jump!" he expected them to ask, "How high?"

  지독한 사장은 직원들에게 노예와 같은 복종을 요구했다. 사장은 "높이 뛰어!"라는 자신의 명령에 직원들이('왜'가 아니라) '얼마나 높이 뛸까요?'라고 반문하기를 원했다.

A similar word is *slavish*[sléiviʃ], which means even more subservient than *servile*. *Slavish* devotion to a cause is devotion in spite of everything. An artist's *slavish* imitator would be an imitator who imitated everything about the artist.

유사한 단어로 slavish가 있는데, slavish는 servile보다 훨씬 더 비굴하다는 의미를 담고 있다. 이념에 대한 slavish devotion은 모든 것을 제쳐두고 거기에만 '맹목적으로 헌신하는 것'이다. 화가의 slavish imitator란 그 화가에 관한 '모든 것을 흉내 내고 모방하는 사람'을 뜻한다.

SINGULAR [síŋgjulər] adj unique; superior; exceptional; strange
특이한; 뛰어난; 예외적인; 낯선

- Darren had the *singular* ability to stand on one big toe for several hours at a time.

  대런은 엄지발가락 하나로 버티고 서서 한 번에 몇 시간씩 서 있을 수 있는 특이한 재주가 있었다.

- The man on the train had a *singular* deformity: both of his ears were on the same side of his head.

  기차에 타고 있는 남자는 특이한 신체적 결함을 갖고 있었다. 그의 두 귀가 머리의 한쪽 면에 있었던 것이다.

A *singularity* is a unique occurrence. *Singularity* is also the quality of being unique.

singularity는 '특이한 일'을 의미한다. singularity는 또한 '특이성'을 의미하기도 한다.

SINISTER [sínistər] adj evil, wicked; foreshadowing evil, trouble, or wickedness 나쁜, 사악한; 재앙, 문제나 사악함을 예시하는

- The house on the hill is pretty by day, but at night it casts *sinister* shadows and emits frightening moans.

  언덕 위의 집은 낮에는 예뻤지만 밤에는 불길한 그림자를 드리우고 소름 끼치는 소리를 낸다.

SLANDER [slǽndər] v to speak badly about someone publicly; to defame; to spread malicious rumor
공개적으로 누군가를 나쁘게 말하다; 중상하다; 악의적인 소문을 퍼뜨리다

- Jonathan *slandered* Mr. Perriwinkle by telling everyone in school that the principal was a thief; Mr. Perriwinkle resented this *slander*. Because he was the principal, he expelled the *slanderous* student.

  조나단은 교장인 페리윙클 씨를 학교에 있는 모든 사람들에게 그가 도둑이라고 중상하는 말을 하고 다녔다. 페리윙클 씨는 그 중상모략에 분개했다. 자신이 교장이었기 때문에, 그는 소문을 내고 다닌 학생을 퇴학시켰다.

SLOTH [slɔ́:θ] n laziness; sluggishness 게으름; 나태

You may have seen a picture of an animal called a *sloth*. It hangs upside down from tree limbs and is never in a hurry to do anything. To fall into *sloth* is to act like a *sloth*.

sloth(나무늘보)라 불리는 동물의 사진을 본 적이 있을 것이다. 나무늘보는 나무에 네 다리를 붙이고 거꾸로 매달려서는 결코 뭔가를 하려고 서두르는 법이 없다. to fall into sloth는 나무늘보처럼 게으름에 빠져 살다라는 뜻이다.

- Yusuke's weekends were devoted to *sloth*. He never arose before noon, and seldom left the house before Monday morning.

  유수케는 주말을 아주 나태하게 보냈다. 그는 정오가 될 때까지 일어나지 않았을 뿐만 아니라 월요일 아침까지 집 밖에도 거의 나가지 않았다.

To be lazy and sluggish is to be *slothful*.

slothful은 '게으르고 나태한'이라는 뜻이다.

- Ophelia's *slothful* husband virtually lived on the couch in the living room, and the television remote-control device was in danger of becoming grafted to his hand.

  오필리아의 남편은 하도 게을러서 거실 소파에서 거의 살다시피 했다. 그뿐만 아니라 손에 텔레비전 리모컨이 붙어 버린 것이 아닌가 걱정될 정도로 그것을 끼고 살았다.

SOBRIETY [səbráiəti] n the state of being sober; seriousness
술 취하지 않은 상태; 진지함

▶ 발음에 주의할 것.

A *sober* person is a person who isn't drunk. A *sober* person can also be a person who is serious, solemn, or not ostentatious. *Sobriety* means both "undrunkness" and seriousness or solemnity.

sober person은 '술에 취하지 않은 사람'이다. 또한 '진지하고 심각하고 허풍 떨지 않는 사람'을 의미하기도 한다. sobriety는 '술에 취하지 않음'이라는 뜻과 '진지함'이나 '엄숙함'이라는 뜻을 모두 갖고 있다.

- *Sobriety* was such an unfamiliar condition that the reforming alcoholic didn't recognize it at first.

  술에 취하지 않은 멀쩡한 정신은 워낙 익숙하지 않아서, 치료 중인 그 알코올 중독자는 처음에는 술을 마시지 않은 상황을 인지하지 못했다.

Sobriety of dress is one characteristic of the hardworking Amish.
sobriety of dress(옷차림의 경건함)은 근면한 암만교파의 특징이다.

SOLICITOUS [səlísətəs] adj eager and attentive, often to the point of hovering; anxiously caring or attentive
열망하고 주의를 기울이는, 새들이 보금자리를 떠나지 않고 배회하는 것처럼; 걱정스러워 관심을 갖고 돌보는

- Every time we turned around, we seemed to step on the foot of the *solicitous* salesman, who appeared to feel that if he left us alone for more than a few seconds, we would decide to leave the store.

  우리가 발걸음을 옮길 때마다 열성적인 판매원의 발길이 따라붙는 것 같았다. 판매원은 단 몇 초라도 우리를 그냥 놔두면 우리가 그 가게를 나가 버릴 것이라고 생각하는 사람처럼 보였다.

- When the sick movie star sneezed, half-a-dozen *solicitous* nurses came rushing into her hospital room.

  몸이 아픈 영화배우가 재채기를 했을 때 그녀를 걱정하는 열성적인 간호사들이 여섯 명이나 병실로 몰려왔다.

▶ 명사형은 solicitude(배려)이다.

SOLVENT [sálvənt] adj not broke or bankrupt; able to pay one's bills
파산하지 않은; 지불할 수 있는

- Jerry didn't hope to become a millionaire; all he wanted to do was remain *solvent*.

  제리는 백만장자가 되고 싶었던 것은 아니었다. 그가 원했던 것은 단지 지불 능력을 유지하는 것이었다.

To be broke is to be *insolvent*. An *insolvent* company is one that can't cover its debts.
insolvent는 '파산한'이란 뜻이다. insolvent company는 '채무를 변제할 능력이 없는 회사이다.

The state of being *solvent* is called *solvency*; the state of being *insolvent* is called *insolvency*.
solvency는 '지불 능력이 있는 상태'를 말한다. '지불 능력이 없는 상태'는 insolvency이다.

SOPORIFIC [sùpərífik] adj sleep inducing; boring; sleepy
잠을 자게 만드는; 몹시도 지루한; 매우 졸리는

- The doctor calmed his hysterical patient by injecting him with some sort of *soporific* medication.

  의사는 일종의 최면제를 소량 투여해서 흥분한 환자를 진정시켰다.

- Sam's *soporific* address was acknowledged not by applause but by a chorus of snores.

  샘의 지루한 연설을 듣는 청중들은 박수 소리 대신 일제히 코고는 소리로 반응을 보였다.

- The *soporific* creature from the bottom of the sea lay in a gigantic blob on the beach for several days and then roused itself enough to consume the panic-stricken city.

  바다 밑바닥에서 올라온 그 생물은 며칠 동안 해변에서 커다란 물방울 속에 누워 졸린 듯이 잠만 자고 있었다. 그러다가 갑자기 공포에 떠는 도시를 잡아먹기라도 할 것처럼 우뚝 일어섰다.

Match each word in the first column with its definition in the second column. Check your answers in the back of the book.

1. serendipity	a. accidental good fortune
2. servile	b. sleep inducing
3. singular	c. eager and attentive
4. sinister	d. not bankrupt
5. slavish	e. submissive
6. sloth	f. broke
7. sobriety	g. laziness
8. solicitous	h. state of being sober
9. solvent	i. extremely subsurvient
10. insolvent	j. unique
11. soporific	k. wicked

SORDID [sɔ́ːrdid] adj vile; filthy; squalid 비열한; 더러운; 지저분한

- The college roommates led a *sordid* existence, surrounded by dirty laundry, rotting garbage, and filthy dishes.

  대학 기숙사 생도들은 더러운 빨랫감과 썩은 쓰레기와 아주 더러운 접시들에 둘러싸여 지저분한 생활을 하고 있다.

- The conspirators plotted their *sordid* schemes at a series of secret meetings in an abandoned warehouse.

  공범들은 버려진 창고에서 일련의 비밀 회합을 갖고 비열한 계획을 세웠다.

- The leprosy blight had turned a once-pretty neighborhood into a *sordid* outpost of despair and crime.

  나병 발생이 한때는 멋진 곳이었던 마을을 절망과 범죄의 더러운 소굴로 바꿔 놓았다.

SPAWN [spɔ́ːn] v to bring forth; to produce a large number 낳다; 다량 생산하다

- A best-selling book or blockbuster movie will *spawn* dozens of imitators.

  베스트셀러나 초대형 히트 영화는 수십 가지의 아류작을 양산할 것이다.

SPECIOUS [spíːʃəs] adj deceptively plausible or attractive
속임수로 그럴듯하게 하거나 사람의 마음을 끄는

- The charlatan's *specious* theories about curing baldness with used tea bags charmed the studio audience but did not convince the experts, who believed that fresh tea bags were more effective.

  사용하고 난 차 봉지로 대머리 치료를 한다는 허풍선이의 그럴듯한 이론은 스튜디오에 모인 방청객들을 매료시켰다. 그러나 사용하지 않은 새 차 봉지가 더 효과적이라고 믿고 있는 전문가들에게는 그다지 신뢰를 주지 못했다.

- The river's beauty turned out to be *specious*; what had looked like churning rapids from a distance was, on closer inspection, some sort of foamy industrial waste.

  강의 경치는 외양만 그럴듯한 것으로 드러났다. 멀리서 봤을 때 거품을 일으키는 급류처럼 보이던 것은 가까이 다가가서 보니 공업용 폐수의 거품 덩어리일 뿐이었다.

▶ 명사형은 speciousness(그럴듯함)이다.

SPORADIC [spərǽdik] adj stopping and starting; scattered; occurring in bursts every once in a while
정지했다 발생했다 하는; 산재하는; 가끔가다 한 번씩 갑자기 발생하는

- Kyle's attention to his schoolwork was *sporadic* at best; he tended to lose his concentration after a few minutes of effort.

  카일은 기껏해야 어쩌다 한 번씩 수업에 주목할 뿐이었다. 그의 집중력은 겨우 몇 분을 지속하지 못하는 경향이 있었다.

SPURIOUS [spjúːriəs] adj false; fake 거짓의; 속임수의, 위조된

An apocryphal story is one whose truth is uncertain. A *spurious* story, however, is out-and-out false, no doubt about it.

apocryphal story는 진실 여부가 불확실한 것이다. 그러나 spurious story는 의심의 여지없이 전적으로 거짓 이야기이다.

- The political candidate attributed his loss to numerous *spurious* rumors that had hounded him throughout his campaign.

  그 후보자는 자신의 패배가 유세 기간 내내 그를 따라다니던 수없이 많은 날조된 소문 탓이라고 여겼다.

SQUALOR [skwálər] n filth; wretched, degraded, or repulsive living conditions
불결함; 비참하거나 저급한, 또는 혐오감을 줄 만큼 형편없는 생활상

- If people live in *squalor* for too long, the ruling elite can count on an insurgency.

  민중의 궁핍한 생활이 너무 오랫동안 지속되면 지배 계층은 폭동에 직면할 수도 있다.

SQUANDER [skwándər] v to waste 낭비하다, 소모하다

- Jerry failed to husband his inheritance; instead, he *squandered* it on trips to Las Vegas.

  제리는 물려받은 유산을 아껴 쓰지 않았다. 그는 라스베이거스로 여행을 가는 것에 유산을 다 써 버렸다.

STAGNATION [stægnéiʃən] n motionlessness; inactivity 정지, 정체; 무기력

- The company grew quickly for several years; then it fell into *stagnation*.

  회사는 몇 년간 빠르게 성장했지만 곧 침체기에 들어섰다.

- Many years of carelessly dumping pollutants led to the gradual *stagnation* of the water because the trash covered the bottom made an impromptu dam.

  몇 년간 강 옆에 무심코 버린 쓰레기들 때문에 물이 서서히 생명력을 잃어 갔다. 바닥의 쓰레기가 즉석에서 댐을 형성했기 때문이다.

▶ 동사형은 stagnate(침체되다)이고, 형용사형은 stagnant(침체된)이다.

STATIC [stǽtik] adj stationary; not changing or moving
정적인; 변화도 없고 움직이지도 않는

- Sales of the new book soared for a few weeks then became *static*.

  새 책의 판매량은 몇 주 동안은 급격한 상승 곡선을 그렸지만 곧 정지되었다.

- The movie was supposed to be a thriller, but we found it tediously *static*; nothing seemed to happen from one scene to the next.

  우리는 그 영화가 스릴러물인 줄 알았지만, 지루할 정도로 정적인 영화라는 것을 알게 되었다. 장면이 계속 바뀌어도 아무 일도 일어나는 것 같지 않았다.

STAUNCH [stɔ́:ntʃ] adj firmly committed; firmly in favor of; steadfast
확고한 태도를 가진; 확고하게 찬성하는; 신념 등이 확고한

A *staunch* Republican is someone who always votes for Republican candidates.

staunch Republican이란 항상 공화당 후보에게만 투표하는 '골수 공화당원'을 일컫는다.

A *staunch* supporter of tax reform would be someone who firmly believes in tax reform.

세제 개혁의 staunch supporter(든든한 지지자)란 조세 제도가 개혁되어야 한다고 '굳게 확신하는 사람'일 것이다.

To be *staunch* in your support of something is to be unshakable.

어떤 것을 지지함에 있어 staunch라는 것은 '흔들리지 않는' 것이다.

STEADFAST [stédfæst] adj loyal; faithful 충실한, 충성스러운; 성실한

- *Steadfast* love is love that never wavers. To be *steadfast* in a relationship is to be faithfully committed.

  steadfast love는 '결코 흔들리지 않는 사랑'이다. steadfast는 어떤 관계에 있어 성실한 태도를 견지한다는 뜻이다.

To be *steadfast* is to be like a rock: unchanging, unwavering, unmoving.

steadfast는 변함이 없고 흔들리지 않으며 이리저리 움직이지 않는, 즉 바위 같은'이라고 말할 수 있다.

STIGMATIZE [stígmətàiz] v to brand with disgrace; to set a mark of disgrace
upon 오명을 씌우다; 불명예의 낙인을 찍다

- Steve once went into the girls' bathroom by accident, and this mistake *stigmatized* him for the rest of his high school career.

  스티브는 실수로 딱 한 번 여자 화장실에 들어갔는데, 이 실수 때문에 남은 고등학교 학창 시절 내내 불명예가 따라다녔다.

A *stigma* is a mark of disgrace.

stigma는 불명예의 표시, 즉 '오명'이다.

STIPULATE [stípjulèit] **v to require something as part of an agreement**
계약의 조항으로 뭔가를 요구하다, 명문화하다

- You are well-advised to *stipulate* the maximum amount you will pay in any car-repair contract.

  차 수리 계약 시에는 네가 지불하게 될 금액의 최대치를 사전에 계약서에 명기해 두는 것이 현명할 것이다.

Guarantees often *stipulate* certain conditions that must be met if the guarantee is to be valid.

보증서에는 그것이 법적으로 유효하려면 반드시 충족되어야 하는 조건이 흔히 stipulate(명기하다)된다.

STOIC [stóuik] **adj indifferent (at least outwardly) to pleasure or pain, to joy or grief, to fortune or misfortune**
즐거움이나 고통, 슬픔이나 기쁨, 행운이나 불행 등에 무관심한 (적어도 외관상으로는)

- Nina was *stoic* about the death of her canary; she went about her business as though nothing sad had happened.

  니나는 카나리아의 죽음에 무관심했다. 그녀는 슬픈 일을 전혀 겪지 않은 사람처럼 일을 해 나갔다.

- We tried to be *stoic* about our defeat, but as soon as we got into the locker room, we all began to cry and bang our foreheads on our lockers.

  우리는 패배에 초연한 척했다. 그러나 라커룸에 들어서자마자 우리는 모두 이마를 라커에 찧으며 울기 시작했다.

STRATUM [strǽtəm/stréitəm] **n a layer; a level 층; 단계, 수준**

The middle class is one *stratum* of society.

중산층은 사회의 한 stratum(계층)이다.

The plural of *stratum* is *strata*. A hierarchy is composed of *strata*.

stratum의 복수형은 strata이다. 계급 구조는 strata(여러 계층)로 구성되어 있다.

To *stratify* is to make into layers.

동사 stratify는 '여러 계층으로 나누다'라는 뜻이다.

STRICTURE [stríktʃər] **n a restriction; a limitation; a negative criticism**
구속; 제한; 부정적인 비평

- Despite the *strictures* of apartment living, we enjoyed the eight years we spent in New York City.

  제한된 아파트 생활에도 불구하고, 우리는 뉴욕에서 8년간이나 즐겁게 살았다.

- The unfavorable lease placed many *strictures* on how the building could be used.

  임대차 계약은 빌딩 사용에 대해 많은 제약을 두고 있는 불리한 계약이었다.

- The poorly prepared violinist went home trembling after her concert to await the inevitable *strictures* of the reviewers.

  충분히 연습하지 못했던 바이올린 연주자는 콘서트가 끝난 후 비평가들의 피할 수 없는 혹평을 받아야 한다는 사실에 마음을 졸이며 집으로 돌아갔다.

QUICK QUIZ

Match each word in the first column with its definition in the second column. Check your answers in the back of the book.

1. sordid		a.	disgrace
2. spawn		b.	stopping and starting
3. specious		c.	restriction
4. sporadic		d.	inactivity
5. spurious		e.	require
6. squander		f.	indifferent to pain, pleasure
7. stagnation		g.	bring forth
8. static		h.	vile
9. staunch		i.	firmly committed
10. steadfast		j.	layer
11. stigmatize		k.	stationary
12. stipulate		l.	deceptively plausible
13. stoic		m.	false
14. stratum		n.	waste
15. stricture			

STRIFE [stráif]   n **bitter conflict; discord; a struggle or clash**
　　　　　　　　격심한 투쟁; 의견 충돌; 투쟁 또는 분규

- Marital *strife* often leads to divorce.
  부부간의 strife(싸움)는 곧잘 이혼으로 치닫는다.

STRINGENT [stríndʒənt]   adj **strict; restrictive**   **(규칙 등이) 엄격한; 제한적인**

- The restaurant's *stringent* dress code required male diners to wear a suit coat and tie or they had to leave.
  그 레스토랑의 복장 규정은 남자 손님들에게 정장 상의를 입고 넥타이를 맬 것을 엄격하게 요구하며, 지키지 않으면 떠나야 한다고 했다.

- The IRS accountant was quite *stringent* in her interpretation of the tax code; she disallowed virtually all of Leslie's deductions.
  그 국세청 직원은 조세 규정을 너무나 엄격하게 해석했다. 그녀는 레슬리의 공제액을 사실상 하나도 인정하지 않았다.

STYMIE [stáimi] v to thwart; to get in the way of; to hinder
방해하다; 중간에 끼어들다; 훼방 놓다

Stymie is a golfing term. A golfer is *stymied* when another player's ball lies on the direct path between his or her own ball and the cup.

stymie는 골프 용어다. 다른 골퍼의 공이 본인의 공과 홀컵 사이의 직선거리 상에 놓이게 되었을 때 이 골퍼는 stymied되었다고 말한다.

Off the golf course, one might be *stymied* by one's boss.

골프에서가 아니라면, 사람들은 직장 상사에 의해서 stymied되는 경우가 있을 수 있다.

- In my effort to make a name for myself in the company, I was *stymied* by my boss, who always managed to take credit for all the good things I did and to blame me for his mistakes.

  회사 내에서 나의 명성을 높이려고 노력했지만 상사가 훼방을 놓았다. 그는 항상 내가 이룬 성과를 가로채 신용을 얻으면서도 자신의 실수는 언제나 내 탓으로 돌렸다.

SUBJUGATE [sʌ́bdʒugèit] v to subdue and dominate; to enslave
정복하여 지배하다; 노예로 만들다

- I bought the fancy riding lawn mower because I thought it would make my life easier, but it quickly *subjugated* me. All summer long, it seems, I did nothing but change its oil, sharpen its blades, and drive it back and forth between my house and the repair shop.

  내 생활이 좀 더 편리해지지 않을까 하는 생각으로, 나는 잘 빠진 자동 잔디 깎기 기계를 하나 샀다. 그러나 나는 곧 그 기계의 노예가 되었다. 여름 내내 오일을 교환하고 날을 갈아 주고 기계를 몰아 집과 수리점 사이를 왔다 갔다 하느라 나는 거의 아무것도 하지 못했다.

- The tyrant *subjugated* all the peasants living in the kingdom; once free, they were now forced to do her bidding.

  그 폭군은 자신의 영토 내에 살고 있는 모든 농민들을 노예로 만들었다. 한때는 자유인이었던 농민들은 이제는 그녀의 명령에 따라서 움직여야만 했다.

SUBLIME [səbláim] adj awesome; extremely exalted; lofty; majestic
장엄한; 매우 고귀한; 고상한; 웅대한

- After winning $70 million in the lottery and quitting our jobs as sewer workers, our happiness was *sublime*.

  7천만 달러짜리 복권에 당첨되고 하수도 배관공이라는 직업도 때려치우자 우리의 행복은 최고에 달했다.

- Theodore was a *sublime* thinker; after pondering even a difficult problem for just a few minutes, he would invariably arrive at a concise and elegant solution.

  테오도르는 대단한 사색가이다. 아무리 어려운 문제라도 잠깐만 곰곰이 생각하고 나면, 그는 언제나 그렇듯이 간명하고 품위 있는 해결책을 찾아내곤 했다.

- The soup at the restaurant was *sublime*. I've never tasted anything so good.

  그 레스토랑의 수프는 매우 탁월했다. 그처럼 맛있는 수프는 먹어 본 적이 없었다.

The noun form of *sublime* is *sublimity* [səblíməti]. Don't confuse *sublime* with *subliminal* [sʌblímənəl], which means subconscious, or *sublimate*, which means to suppress one's subconscious mind.

sublime의 명사형은 sublimity(장엄, 숭고)이다. sublime를 '잠재의식과 관련이 있는'이라는 뜻의 subliminal이나 '잠재의식을 억제하여 다른 것으로 승화시킨'이라는 뜻의 sublimate와 혼동하지 마라.

SUBORDINATE [səbɔ́:rdənət] adj lower in importance, position, or rank; secondary 중요도, 지위, 등급 등에 있어 하위인; 부수적인

- My desire to sit on the couch and watch television all night long was *subordinate* to my desire to stand in the kitchen eating junk food all night long, so I did the latter instead of the former.

  소파에 편안히 앉아 밤새도록 텔레비전이나 봤으면 하는 생각도 들었지만, 주방에서 밤새도록 햄버거 같은 거나 먹고 있었으면 하는 생각이 더 간절했다. 그래서 나는 전자는 포기하고 후자를 선택했다.

A vice president is *subordinate* to a president.

부통령은 대통령에게 subordinate(하급의)이다.

Subordinate [səbɔ́:rdənit] can also be a verb. To *subordinate* something in relation to something else is to make it secondary or less important.

subordinate는 동사로도 쓰인다. subordinate는 다른 것과의 관계에 있어서 대상을 '부차적으로 두거나 덜 중요하게 여기다'라는 뜻이다.

To be *insubordinate* [ìnsəbɔ́:rdənit] is not to acknowledge the authority of a superior. An army private who says, "Bug off!" when ordered to do something by a general is guilty of being *insubordinate* or of committing an act of *insubordination*.

insubordinate는 '상급자의 권위를 인정하지 않는'이라는 뜻이다. 장군이 뭔가를 명령했을 때 이등병이 "꺼져 버려!"라고 말한다면, insubordinate(순종하지 않는)인 죄나 insubordination(반항)의 행동을 저지르는 죄를 범하는 것이다.

SUBSTANTIVE [sʌ́bstəntiv] adj having substance; real; essential; solid; substantial 실체가 있는; 현실의; 본질적인; 단단한; 실재하는

- The differences between the two theories were not *substantive*; in fact, the two theories said the same thing with different words.

  두 이론 간의 차이점은 실재하지 않았다. 사실상, 두 이론은 말만 다를 뿐 같은 내용을 말한 것이다.

- The gossip columnist's wild accusations were not based on anything *substantive*; her source was a convicted perjurer, and she had made up all the quotations.

  신문 가십난의 필자는 사실에 바탕을 두지 않고 맹렬한 비난을 퍼부었다. 그녀에게 얘깃거리를 제공한 사람은 유죄가 확정된 위증자로, 그녀가 인용한 말은 모두 지어낸 것이었다.

SUBTLE [sʌ́tl] adj not obvious; able to make fine distinctions; ingenious; crafty 뻔히 드러나지 않은; 좋은 성과를 낼 수 있는; 영리한; 교묘한

▶ 발음에 주의할 것.

- The alien beings had created a shrewd replica of Mr. Jenson, but his wife did notice a few *subtle* differences, including the fact that the new Mr. Jenson had no pulse.

  외계인은 젠슨 씨의 복제인간을 완벽하게 만들었다. 그러나 복제인간 젠슨이 맥박도 없다는 사실을 비롯해 (원래의 젠슨 씨와) 아주 미세한 차이점이 있다는 것을 그의 아내는 눈치챘다.

- Jim's *subtle* mind enables him to see past problems that confuse the rest of us.

  두뇌가 명석해서 짐은 우리를 당황하게 만드는 어려운 문제들도 해결할 수 있다.

- The burglar was *subtle*; she had come up with a plan that would enable her to steal all the money in the world without arousing the suspicions of the authorities.

  그 강도는 명석했다. 그녀는 당국의 의심을 받지 않고 세상의 모든 돈을 훔칠 수 있는 계획을 수립해 두었다.

▶ 명사형은 subtlety(교묘함)이다.

295

SUBVERSIVE [səbvə́:rsiv] adj corrupting; overthrowing; undermining; insurgent
타락시키는; 전복시키는; 손상시키는; 반란의

- The political group destroyed the Pentagon's computer files, hijacked *Air Force One*, and engaged in various other *subversive* activities.
  정치적 목적을 가진 그 집단은 국방성의 컴퓨터 파일을 파피하거나 대통령 전용기를 공중 납치 하기도 했으며, 그 밖에도 여러 가지 국가전복 활동을 벌여 왔다.

- Madeline's efforts to teach her first-grade students to read were thwarted by that most *subversive* of inventions, the television set.
  매들린은 1학년 학생들에게 읽기를 가르치려고 애를 썼지만, 텔레비전이라는 가장 파피적인 발명품이 그녀를 훼방 놓았다.

SUCCINCT [səksíŋkt] adj brief and to the point; concise 간결하고 딱 들어맞는; 간명한

▶ 발음에 주의할 것.

- Aaron's *succinct* explanation of why the moon doesn't fall out of the sky and crash into the earth quickly satisfied even the most skeptical of the seventh graders.
  달이 하늘에서 떨어져 지구와 충돌하지 않는 이유에 대한 아론의 설명은 간결하면서도 핵심을 잘 짚었다. 7학년 학생 중 가장 의심 많은 학생까지도 그의 설명에 곧바로 안심했다.

- We were given so little room in which to write on the examination that we had no choice but to keep our essays *succinct*.
  우리는 답안지를 작성할 여유가 거의 없었기 때문에 간단명료하게 답을 명기하는 것 외에는 달리 할 일이 없었다.

QUICK QUIZ

Match each word in the first column with its definition in the second column. Check your answers in the back of the book.

1. strife	a. not obvious
2. stringent	b. awesome
3. stymie	c. brief and to the point
4. subjugate	d. thwart
5. sublime	e. subdue
6. subordinate	f. corrupting
7. insubordinate	g. not respectful of authority
8. substantive	h. strict
9. subtle	i. lower in importance
10. subversive	j. having substance
11. succinct	k. bitter conflict

SUCCUMB [səkʌ́m] v to yield or submit; to die 양보하다 또는 굴복하다; 죽다

- I had said I wasn't going to eat anything at the party, but when Ann held the tray of imported chocolates under my nose, I quickly *succumbed* and ate all of them.

  나는 파티에서 아무것도 먹지 않겠다고 말했었다. 그러나 앤이 내 코앞에다 수입산 초콜릿이 담겨 있는 쟁반을 내밀자 나는 유혹을 이기지 못하고 초콜릿을 몽땅 먹어 버렸다.

- The Martians in *The War of the Worlds* survived every military weapon known to man but *succumbed* to the common cold.

  '우주 전쟁'이라는 영화에서 화성인들은 인간에게 알려진 모든 무기의 공격에서도 살아남았지만, 평범한 감기에는 굴복했다.

- When Willard reached the age of 110, his family began to think that he would live forever, but he *succumbed* not long afterward.

  윌러드가 110살까지 살자 가족들은 그가 영원히 살지도 모른다고 생각하기 시작했다. 그러나 그는 그 후 얼마 살지 못했다.

SUPERCILIOUS [sùːpərsíliəs] adj haughty; patronizing 거만한; 선심 쓰는 체하는

- The *supercilious* Rolls-Royce salesman treated us like peasants until we opened our suitcase full of one-hundred-dollar bills.

  거만한 롤스로이스 세일즈맨은 100달러짜리 지폐가 가득한 가방을 열어 보이기 전까지는 우리를 시골뜨기 취급을 했다.

- The newly famous author was so *supercilious* that she pretended not to recognize members of her own family, whom she now believed to be beneath her.

  최근에 유명해진 그 작가는 너무나 거만해져서 자신의 가족조차 모른 척했다. 이제는 가족들이 자신의 품위를 떨어뜨린다고 그녀는 생각했다.

SUPERFICIAL [sùːpərfíʃəl] adj on the surface only; shallow; not thorough
단지 표면적인; 얕은; 철저하지 못한

- Tom had indeed been shot, but the wound was *superficial*—the bullet had merely creased the tip of his nose.

  톰은 진짜로 총에 맞았지만 상처는 그리 깊지 않았다. 총알은 단지 코끝에 찰과상을 남겼을 뿐이었다.

- The mechanic, who was in a hurry, gave my car what appeared to be a very *superficial* tune-up. In fact, if he checked the oil, he did it without opening the hood.

  조급한 정비사는 내 차를 점검하는 흉내만 내는 것 같았다. 어느 정도냐 하면 오일을 검사한다면서 보닛도 열어 보지 않는 식이었다.

A person who is *superficial* can be accused of *superficiality*.

superficial(천박한)인 사람은 superficiality(천박함) 때문에 비난받을 수도 있다.

- The *superficiality* of the editor's comments made us think that she hadn't really read the manuscript.

  편집자의 천박한 논평 때문에 우리는 그녀가 정말로 그 원고를 읽었는지 의심하게 되었다.

SUPERFLUOUS [su:pə́:rfluəs] adj extra; unnecessary; redundant
여분의, 남아도는; 불필요한; 과다한, 잉여의

▶ 발음에 주의할 것.

- Andrew's attempt to repair the light bulb was *superfluous*, since the light bulb had already been repaired.
  전구를 이미 수리했는데도 앤드류는 쓸데없이 전구를 고치려고 달려들었다.

- Roughly 999 of the book's 1000 pages were *superfluous*.
  그 책의 1,000쪽 중 대략 999쪽은 불필요한 부분이었다.

▶ 명사형은 superfluity[sù:pərflú:əti] (여분)이다.

SURFEIT [sə́:rfit] n excess; an excessive amount; excess or over-indulgence in eating or drinking 초과; 지나친 양; 먹거나 마시는 데의 지나친 탐닉

▶ 발음에 주의할 것.

Thanksgiving meals are usually a *surfeit* for everyone involved.
추수감사절 음식은 대개 모든 사람들이 즐길 수 있도록 surfeit(과다)이다.

SURREPTITIOUS [sə̀:rəptíʃəs] adj sneaky; secret 몰래하는; 비밀의

- The babysitter made herself a surreptitious meal of lobster as soon as Mr. and Mrs. Robinson had driven away.
  그 보모는 로빈슨 부부가 차를 몰고 나가자마자 몰래 로브스터로 음식을 만들어 먹었다.

The word is sometimes used as an adverb.
이 단어는 간혹 부사로 쓰이기도 한다.

- The dinner guest surreptitiously slipped a few silver spoons into his jacket as he was leaving the dining room.
  그 손님은 식당을 나가면서 몰래 몇 개의 은 숟가락을 윗옷 속에 슬며시 넣었다.

SURROGATE [sə́:rəgèit] adj substitute 대용하는, 대리인의

A *surrogate* mother is a woman who bears a child for someone else.
surrogate mother란 다른 누군가를 위해서 대신 아이를 낳는 대리모'이다.

This word is often a noun. A *surrogate* is a substitute.
surrogate는 명사로도 쓰인다. surrogate는 대리인'이나 '대용품'을 의미한다.

- A kind parent offered to go to prison as a *surrogate* for his son, who had been convicted of extortion.
  친절한 그 아버지는 직무상 부당 이득 취득죄를 범한 아들을 대신해서 감옥에 가겠다고 제안했다.

SYCOPHANT [síkəfənt] n one who sucks up to others 남에게 아첨하는 사람

▶ 발음에 주의할 것.

- The French class seemed to be full of *sycophants*; the students were always bringing apples to the teacher and telling her how nice she looked.

  프랑스 어 반에는 아첨꾼들만 모여 있는 것 같았다. 학생들은 언제나 선생님에게 사과를 갖다 드리고 멋지다고 얘기하곤 했다.

A *sycophant* is *sycophantic*[sìkəfǽntik].

sycophant(아첨꾼)은 sycophantic(알랑거리는)이라고 표현할 수 있다.

- The exasperated boss finally fired her *sycophantic* secretary because she couldn't stand being around someone who never had anything nasty to say.

  듣기에 거북한 말이라곤 전혀 하지 않는 사람을 더 이상 곁에 두고 있을 수가 없었기 때문에 화가 난 사장은 마침내 아첨만 해대는 비서를 해고했다.

SYNTHESIS [sínθəsis] n the combining of parts to form a whole 부분들을 전체로 만들기 위해 결합시킴, 종합

- It seemed as though the meeting might end in acrimony and confusion until Raymond offered his brilliant *synthesis* of the two diverging points of view.

  레이몬드가 둘로 갈라진 의견들을 종합해서 현명한 의견을 내놓기 전까지는 회의는 독설과 혼란으로 끝을 낼 것처럼 보였다.

- A hot fudge sundae is the perfect *synthesis* of hot fudge and vanilla ice cream.

  핫 퍼지 선디는 뜨거운 초콜릿 캔디와 바닐라 아이스크림의 절묘한 조합이다.

QUICK QUIZ 80▶

Match each word in the first column with its definition in the second column. Check your answers in the back of the book.

1. succumb	a. haughty
2. supercilious	b. yield
3. superficial	c. flatterer
4. superfluous	d. substitute
5. surfeit	e. unnecessary
6. surreptitious	f. on the surface only
7. surrogate	g. sneaky
8. sycophant	h. excess
9. synthesis	i. combining of parts

T

TACIT [tǽsit] adj implied; not spoken 은연중의, 암시적인; 무언의

- Mrs. Rodgers never formally asked us to murder her husband, but we truly believed that we were acting with her *tacit* consent.

  로저 부인은 우리에게 남편을 죽여 달라고 공식적으로 부탁하지는 않았다. 그러나 우리는 정말로 그녀의 암묵적인 동의하에 행동을 했다고 믿었다.

▶ tacit는 '과묵한'이라는 뜻의 taciturn과 관계가 있다.

TACITURN [tǽsətə:rn] adj untalkative by nature 선천적으로 말수가 적은, 과묵한

- The chairman was so *taciturn* that we often discovered that we had absolutely no idea what he was thinking.

  회장은 워낙 말수가 적어서 무슨 생각을 하고 있는지 전혀 알 수 없을 때가 종종 있었다.

- The *taciturn* physicist was sometimes thought to be brilliant simply because no one had ever heard him say anything that wasn't intelligent. Everyone misconstrued his *taciturnity*; he was actually quite dumb.

  그 물리학자가 총명하지 못한 말을 하는 것을 들어본 사람이 아무도 없다는 단순한 사실만으로, 가끔씩 사람들은 말수가 적은 그를 아주 똑똑한 사람으로 생각했다. 사람들이 그의 과묵함을 오해한 것이다. 그는 사실상 꽤나 우둔한 사람이었다.

▶ taciturn은 tacit와 관련이 있다.

TANGENTIAL [tændʒénʃəl] adj only superficially related to the matter at hand; not especially relevant; peripheral
단지 표면적으로만 관련 있는; 특별한 관련이 없는; 주변의

▶ 발음에 주의할 것.

- The vice president's speech bore only a *tangential* relationship to the topic that had been announced.

  부통령은 공고된 논제와는 별반 관계도 없는 연설을 하고 있었다.

- Stuart's connection with our organization is *tangential*. He once made a phone call from the lobby of our building, but he never worked here.

  스튜어트는 우리 단체와는 별반 관계가 없다. 그가 언젠가 우리 빌딩 로비에서 전화를 건 적은 있었지만, 그는 결코 여기서 일한 적이 없었다.

When a writer or speaker "goes off on a *tangent*," he or she is making a digression or straying from the original topic.

작가나 연사가 go off on a tangent한다는 것은 당사자가 원래의 주제에서 빗나가거나 여담을 하고 있다'는 뜻이다.

TANGIBLE [tǽndʒəbl] adj touchable; palpable 만져서 알 수 있는; 명백한

- A mountain of cigarette butts was the only *tangible* evidence that Luke had been in our house.

  산더미 같은 담배꽁초야말로 루크가 우리 집에 왔었다는 유일하고도 명백한 증거였다.

- There was no *tangible* reason I could point to, but I did have a sneaking suspicion that Ernest was a rodeo fan.

  어니스트를 로데오 팬이라고 할 수 있는 명백한 이유가 있는 것은 아니었지만, 나는 한 가지 혐의점을 가지고 있었다.

▶ tangible의 반의어는 intangible(무형의)이다.

TANTAMOUNT [tǽntəmàunt] adj equivalent to 동등한, 상당하는

- Waving a banner for the visiting team at that football game would be *tantamount* to committing suicide; the home-team fans would tear you apart in a minute.

  그 풋볼 경기에서 원정 팀을 응원하는 깃발을 흔드는 것은 자살행위나 마찬가지일 것이다. 홈 팀의 팬들이 당신을 곧장 갈기갈기 찢어 놓을 것이다.

- Yvonne's method of soliciting donations from her employees was *tantamount* to extortion; she clearly implied that she would fire them if they didn't pitch in.

  이본느가 종업원들에게 기부금을 권유하는 방법은 강탈이나 다름없었다. 그들이 돈을 내지 않으면, 해고할 수도 있다는 사실을 이본느는 분명히 암시했다.

TAUTOLOGICAL [tɔːtəláːdʒikəl] adj redundant; circular
말이 많은, 중언부언의; 같은 말을 되풀이하는

"When everyone has a camera, cameras will be universal" is a *tautological* statement, because "everyone having a camera" and "cameras being universal" mean the same thing.

"모든 사람들이 카메라를 갖고 있다면 카메라는 만인에 공통하는 것이다."라는 말은 같은 말이 반복되는 표현이다. 왜냐하면 "모든 사람이 카메라를 가지고 있는 것"과 "카메라가 만인에 공통인 것은 같은 뜻이기 때문이다.

- The testing company's definition of intelligence—"that which is measured by intelligence tests"—is *tautological*.

  테스트 회사가 지능을 "지능 테스트에 의해서 측정되는 것"이라고 정의했는데, 이는 동어가 중복된 표현이다.

A *tautology*[tɔːtáːlədʒi] is a needless repetition of words, or saying the same thing using different words. Here's an example:

tautology는 말을 쓸데없이 되풀이하는 것 또는 다른 단어를 사용해 같은 내용을 반복해서 말하는 것이다. 예시를 보자.

- The trouble with bachelors is that they aren't married.

  독신남의 문제는 그들이 결혼하지 않았다는 것이다. (이미 독신이라는 말 속에 결혼하지 않았다는 의미가 들어 있다.)

TEMERITY [təmérəti] n boldness; recklessness; audacity 대담함; 무모함; 대담성

- Our waiter at the restaurant had the *temerity* to tell me he thought my table manners were atrocious.

  레스토랑에서 우리를 시중들던 웨이터가 대담하게도 내게 식사 예절이 아주 형편없는 것 같다고 말했다.

- The mountain climber had more *temerity* than skill or sense. She tried to climb a mountain that was much too difficult and ended up in a heap at the bottom.

  그 등산가는 기술이나 감각이 있는 것이 아니라 오히려 무모한 편이었다. 그녀는 아주 난코스인 산을 오르려 했지만, 산 밑의 언덕에서 중단했다.

301

TEMPERATE [témpərət] adj mild; moderate; restrained   온화한; 삼가는; 절제하는

- Our climate is *temperate* during the spring and fall but nearly unbearable during the summer and winter.

  우리 기후는 봄과 가을에는 온화하지만, 여름과 겨울에는 거의 견디기 힘들 정도가 된다.

- The teacher's *temperate* personality lent a feeling of calm and control to the kindergarten class.

  선생님의 온화한 성품은 유치원 교실에 침착함과 자제력을 보태 주었다.

The opposite of *temperate* is *intemperate*, which means not moderate.

temperate의 반의어는 intemperate로, '적정하지 않은'이라는 뜻이다.

- Becky's *intemperate* use of oregano ruined the chili.

  베키는 오레가노 향신료의 무절제한 사용으로 칠리를 엉망으로 만들었다.

To *temper* something is to make it milder.

동사 temper는 '온건하게 조절하다'라는 뜻이다.

- Anna laughed and shrieked so loudly at every joke that even the comedian wished she would *temper* her appreciation.

  안나는 조크가 나올 때마다 너무나 큰 소리로 웃거나 소리 지르곤 해서 심지어 코미디언조차 그녀가 감정을 적절하게 조절해 줄 것을 바랄 정도였다.

Temperance is moderation, especially with regard to alcoholic drinks.

temperance는 특히 음주와 관련해서 '절주'의 뜻으로 많이 쓰인다.

TENABLE [ténəbl] adj defensible, as in one's position in an argument; capable of being argued successfully; valid
논쟁 중일 때 어떤 사람의 입장에서 방어(변호)할 수 있는; 성공적으로 주장할 수 있는, 조리 있는; 근거가 확실한

- Members of the Flat Earth Society continue to argue that the earth is flat, although even children dismiss their arguments as *untenable*.

  FES(평평한 지구 연구회)의 회원들은 심지어 어린아이들조차도 그들의 주장이 타당하지 않다고 무시하는데도 불구하고, 지구가 평평하다고 계속해서 주장한다.

▶ untenable은 '방어할 수 없는', '이치에 닿지 않는'이라는 뜻이다.

TENACIOUS [tənéiʃəs] adj persistent; stubborn; not letting go
고집하는; 완고한; 놓아 주지 않는

- The foreign student's *tenacious* effort to learn English won him the admiration of all the teachers at our school.

  우리 학교에 온 외국인 학생은 영어를 배우려는 끈기 있는 노력으로 모든 선생님들의 칭찬을 받았다.

- Louise's grasp of geometry was not *tenacious*. She could handle the simpler problems most of the time, but she fell apart on quizzes and tests.

  루이스의 기하학 실력은 단단하지 않았다. 그녀는 대부분의 시간동안 더 쉬운 문제들은 풀 수 있었지만, 퀴즈와 시험에서는 점수가 엉망이었다.

- The ivy growing on the side of our house was so *tenacious* that we had to tear the house down to get rid of it.

  우리 집 외벽을 타고 자라는 담쟁이덩굴은 워낙 서로 엉켜 붙어 있어서 집을 부숴야만 그것들을 없앨 수 있을 정도였다.

▶ 명사형은 tenacity [tənǽsəti] (고집, 끈기)이다.

QUICK QUIZ

Match each word in the first column with its definition in the second column. Check your answers in the back of the book.

1. tacit	a. persistent
2. taciturn	b. naturally untalkative
3. tangential	c. boldness
4. tangible	d. equivalent to
5. tantamount	e. not deeply relevant
6. tautological	f. redundant
7. temerity	g. mild
8. temperate	h. defensible
9. tenable	i. implied
10. tenacious	j. touchable

TENET [ténit] n **a shared principle or belief** 공유하는 원칙이나 신념

- The *tenets* of his religion prevented him from dancing and going to movies.

  그가 믿고 있는 종교의 교리는 춤을 추는 것과 영화 보는 것을 금하고 있었다.

- One of the most important *tenets* of our form of government is that people can be trusted to govern themselves.

  우리와 같은 정부 형태에서 가장 중요한 원칙 중의 하나는 주권은 국민에게 있다는 것이다.

TENTATIVE [téntətiv] adj **experimental; temporary; uncertain**
실험적인; 일시적인; 불확실한

- George made a *tentative* effort to paint his house by himself; he slapped some paint on the front door and his clothes, tipped over the bucket, and called a professional.

  조지는 집을 새로 페인트칠하려고 실험 삼아 혼자서 시도해 보았다. 그는 현관문과 옷에 페인트를 덕지덕지 발라 놓고, 페인트 통까지 거꾸로 엎었다. 결국 그는 전문가를 불러야 했다.

- Our plans for the party are *tentative* at this point, but we are considering hiring a troupe of accordionists to play polkas while our guests are eating dessert.

  파티에 관한 계획은 아직까지는 불확실하지만, 우리는 손님들이 디저트를 먹을 동안 아코디언 연주단을 고용해서 폴카를 연주하게 할까 생각 중이다.

- Hugo believed himself to be a great wit, but his big joke was rewarded by nothing more than a very *tentative* chuckle from his audience.

  휴고는 자신이 대단히 재치가 있다고 자신했다. 그러나 그의 대단한 농담에도 청중들은 단지 아주 짧은 순간 낄낄댔을 뿐이다.

TENUOUS [ténjuəs] adj flimsy; extremely thin 얇은, 보잘것없는; 아주 가는

- The organization's financial situation has always been *tenuous*; the balance of the checking account is usually close to zero.

  그 조직의 재정 상태는 항상 빈약한 상태에 있어 왔다. 당좌 예금의 계정 잔액은 대개 0에 가깝다.

To *attenuate* is to make thin. *Extenuating* circumstances are those that lessen the magnitude of something, especially a crime.

attenuate는 얇게 만들다라는 뜻이다. extenuating circumstances(정상 참작)란 어떤 것의 크기, 특히 범죄의 크기를 줄여 주는 것을 의미한다.

- Cherrie admitted that she stole the Cracker Jacks, but claimed that there were *extenuating* circumstances: she had no money to buy food for her dog.

  셰리는 크래커 잭을 훔친 것은 인정했지만, 정상을 참작해 줄 것을 주장했다. 그녀는 자신의 개에게 먹이를 사 줄 돈이 전혀 없었다는 것이다.

TERSE [tə́:rs] adj using no unnecessary words; succinct 불필요한 말은 사용하지 않는; 간결한

- The new recording secretary's minutes were so *terse* that they were occasionally cryptic.

  새로 온 기록 담당 서기는 의사록을 워낙 간결하게 써서 때로는 암호 같았다.

- *Terseness* is not one of Rex's virtues; he would talk until the crack of dawn if someone didn't stop him.

  간단명료하게 말하기는 렉스의 장점이 아니다. 그는 누군가 말리지 않으면 새벽 동이 틀 때까지 이야기를 할 것이다.

THEOLOGY [θiálədʒi] n the study of God or religion 신 또는 종교에 관한 학문

- Ralph was a paradox: he was an atheist yet he passionately studied *theology*.

  랄프는 모순적인 사람이다. 그는 무신론자이면서도 신학을 아주 열심히 공부했다.

TIRADE [táireid] n a prolonged, bitter speech 길고 신랄한 연설 또는 말

- Preston launched into a *tirade* against imitation cheese on the school lunch menu.

  프레스톤은 학교 급식에서 점심 메뉴로 나온 가짜 치즈를 성토하는 장광설을 늘어놓기 시작했다.

TORPOR [tɔ́ːrpər] n sluggishness; inactivity; apathy   나태함; 무기력, 정지; 무관심

- After consuming the guinea pig, the boa constrictor fell into a state of contented *torpor* that lasted several days.

  기니피그를 다 먹어 치운 후 보아 구렁이는 만족해하며 며칠간이나 계속되는 휴면 상태에 빠져들었다.

- The math teacher tried to reduce the *torpor* of his students by banging on his desk, but the students scarcely blinked.

  수학 선생님은 그의 책상을 탕 쳐서 학생들의 관심을 끌어 보려고 애썼다. 하지만 학생들은 눈도 깜박하지 않았다.

▶ 형용사형은 torpid(무기력한)이다.

TOUCHSTONE [tʌ́tʃstòun] n a standard; a test of authenticity or quality
표준, 시금석; 진위 여부나 품질에 대한 테스트

- The size of a student's vocabulary is a useful *touchstone* for judging the quality of his or her education.

  학생들의 어휘력은 그들의 교육 수준을 판단할 수 있는 유용한 기준이다.

- A candidate's pronouncements about the economy provided a *touchstone* by which his or her fitness for office could be judged.

  경제에 관한 후보자의 의견은 그가 직무에 적합한 사람인가를 판단할 수 있는 기준을 제시해 주었다.

In its original usage, a *touchstone* was a dark stone against which gold and other precious metals were rubbed in order to test their purity. Now the word is used more loosely to describe a broad range of standards and tests.

원래 어법에서 touchstone(시금석)은 금이나 그 외 다른 귀중한 금속의 순도를 시험하기 위해 문질러 보는 짙은 색깔을 가진 돌이었다. 이 단어는 요즘은 보다 막연하게 광범위한 '표준'이나 '시험'의 의미로 사용된다.

TOUT [táut] v to praise highly; to brag publicly about
몹시 칭찬하다; 공공연히 자랑하다

- Advertisements *touted* the chocolate-flavored toothpaste as getting rid of your sweet tooth while saving your teeth.

  광고에서 초콜릿 맛이 나는 그 치약은 치아를 지켜 주면서 단것을 싫어하게 해 준다고 자랑하고 있었다.

TRANSCEND [trænsénd] v to go beyond or above; to surpass
초월하다, 능가하다; ~보다 낫다

- The man who claimed to have invented a perpetual motion machine believed that he had *transcended* the laws of physics.

  영구적으로 작동하는 기계를 발명했다고 주장하는 그 남자는 자신이 물리학의 법칙을 초월했다고 믿었다.

- The basketball player was so skillful that she seemed to have *transcended* the sport altogether; she was so much better than her teammates that she seemed to be playing an entirely different game.

  그 농구 선수는 워낙 탁월한 기량을 갖고 있어서 농구 경기를 완전히 초월한 사람 같았다. 그녀는 동료들보다 훨씬 더 뛰어나서 그들과는 전혀 다른 경기를 하고 있는 사람처럼 보였다.

To be *transcendent* is to be surpassing or preeminent. Something *transcendent* is *transcendental* [trænsendéntəl].

형용사 transcendent는 '뛰어난' 또는 '탁월한'이라는 뜻이다. transcendent와 transcendental(초월적인)은 동의어이다.

TRANSGRESS [trænsgrés] v to violate (a law); to sin
(법을) 위반하다; (종교상, 도덕상) 죄를 짓다

- The other side had *transgressed* so many provisions of the treaty that we had no choice but to go to war.

  상대편이 협의안을 너무나 많이 위반했기 때문에, 우리는 전쟁을 하는 것 외에는 달리 방법이 없었다.

- We tried as hard as we could not to *transgress* their elaborate rules, but they had so many prohibitions that we couldn't keep track of all of them.

  우리는 그들이 애써서 만든 규칙들을 위반하지 않으려고 가능한 한 노력을 다했다. 그러나 그 규칙에는 금지 조항이 지나치게 많아서 그것들을 모두 지킬 수는 없었다.

An act of *transgressing* is a *transgression*.

transgressing하는 행위를 transgression(위반)이라고 한다.

- The bully's innumerable *transgressions* included breaking all the windows in the new gymnasium and pushing several first graders off the jungle gym.

  그 불량배는 셀 수도 없이 많은 죄를 저질렀는데, 그중에는 새로 지은 체육관의 유리창을 몽땅 깨뜨린 것과 1학년 아이들 몇 명을 정글짐에서 밀어서 떨어지게 한 일도 들어 있었다.

TRANSIENT [trǽnʃənt/trǽnziənt] adj not staying for a long time; temporary
오래 머물지 않는; 일시적인

- The *transient* breeze provided some relief from the summer heat, but we were soon perspiring again.

  잠깐 동안의 산들바람이 한여름의 열기를 조금이나마 식혀 주었다. 그러나 금방 또다시 땀이 나기 시작했다.

- The child's smile was *transient*; it disappeared as soon as the candy bar was gone.

  아이는 아주 잠깐 미소를 지었다. 막대 사탕이 없어지자 아이의 미소도 곧 사라졌다.

- A hotel's inhabitants are *transient*; the population changes every night as they come and go.

  호텔 투숙객은 일시적인 거주자이다. 그들이 왔다 갔다 하는 것에 따라 매일 밤 바뀐다.

Transient can also be a noun. A *transient* person is sometimes called a *transient*. Hoboes, mendicants, and other homeless people are often called *transients*.

transient는 명사로도 쓰인다. 일시적으로 머무는 사람'을 때때로 transient라 부른다. 부랑자나 거지, 그밖에 집이 없는 사람들을 종종 transients라 부른다.

A very similar word is *transitory*, which means not lasting long. A *transient* breeze might provide *transitory* relief from the heat.

아주 유사한 단어로 transitory가 있다. 이 단어는 '그다지 오래 지속되지 않는'이라는 의미이다. transient breeze(잠깐 동안의 산들바람)는 열기로부터 transitory relief(일시적인 위안)를 줄 것이다.

TREPIDATION [trèpədéiʃən] n fear; apprehension; nervous trembling
공포; 불안; 불안으로 인한 전율, 떨림

- The nursery school students were filled with *trepidation* when they saw the other children in their class dressed in their Halloween costumes.

  유아원 아이들은 다른 아이들이 핼러윈 의상을 입고 교실에 나타난 것을 보고 무서워서 어쩔 줄 몰라 했다.

- The *trepidation* of the swimming team was readily apparent: their knees were knocking as they lined up along the edge of the pool.

  수영 팀은 겉으로 보기에도 확연히 두려워하고 있었다. 수영장 가장자리를 따라 준비 자세를 취하고 있을 때 그들은 무릎을 부딪히며 떨고 있었다.

To be fearless is to be *intrepid*.

intrepid는 '두려워하지 않는'이라는 뜻이다.

- The *intrepid* captain sailed her ship around the world with only a handkerchief for a sail.

  용맹스러운 선장은 단지 손수건 한 장을 돛 삼아 달고 세계 일주를 위한 항해를 떠났다.

TURPITUDE [tə́ːrpətjùːd] n shameful wickedness; depravity 부끄러운 악행; 타락

- Paul was sacked by his boss because of a flagrant act of *turpitude*: he was caught stealing office supplies.

  폴은 말도 안 되는 간악한 행위로 인하여 사장에게 해고당했다. 그는 사무실 용품을 훔치다 걸렸던 것이다.

QUICK QUIZ

Match each word in the first column with its definition in the second column. Check your answers in the back of the book.

1. tenet	a. without unnecessary words
2. tentative	b. go beyond
3. tenuous	c. brag publicly about
4. terse	d. fearless
5. torpor	e. experimental
6. theology	f. not lasting long (2)
7. tirade	g. bitter speech
8. touchstone	h. shared principle
9. tout	i. wickedness
10. transcend	j. sluggishness
11. transgress	k. flimsy
12. transient	l. fear
13. transitory	m. study of religion
14. trepidation	n. standard
15. intrepid	o. violate
16. turpitude	

U

UBIQUITOUS [ju:bíkwətəs] **adj being everywhere at the same time**
동시에 도처에 있는

- The new beer commercial was *ubiquitous*—it seemed to be on every television channel at once.
  새로운 맥주 광고는 동시다발적으로 볼 수 있었다. 동시에 모든 텔레비전 채널에서 방송하는 것 같았다.

- Personal computers, once a rarity, have become *ubiquitous*.
  옛날에는 귀했던 개인용 컴퓨터가 지금은 도처에 널려 있다.

To be *ubiquitous* is to be characterized by *ubiquity* [ju:bíkwəti]. The *ubiquity* of fast-food restaurants is one of the more depressing features of American culture.
명사형은 ubiquity(도처에 있음)이다. 패스트푸드 식당의 ubiquity는 미국 문화의 저급한 측면 중의 하나다.

▶ 형용사, 명사 모두 발음에 주의할 것.

UNCONSCIONABLE [ʌnkánʃənəbl] **adj not controlled by conscience; unscrupulous** 양심의 통제를 벗어난; 파렴치한

- Leaving a small child unattended all day long is an *unconscionable* act.
  돌봐 주는 사람도 없이 어린아이를 하루 종일 방치해 두는 것은 비양심적인 행동이다.

- Stealing money from every citizen of that town was *unconscionable*. Bert should be ashamed of himself for doing it.
  그 도시의 모든 시민들의 돈을 훔친 것은 파렴치한 일이었다. 버트는 그 일에 대해서 스스로를 부끄러워해야 할 것이다.

▶ 이 단어를 unconscious(무의식적인)와 혼동하지 말 것.

UNCTUOUS [ʌŋktʃuəs] **adj oily, both literally and figuratively; insincere**
기름진, 문자 그대로의 의미로나 비유적으로; 불성실한

Salad oil is literally *unctuous*. A used-car salesman might be figuratively *unctuous*—that is, oily in the sense of being slick, sleazy, and insincere.
샐러드 오일은 문자 그대로 unctuous(기름진)이다. 중고차 세일즈맨을 비유적으로 unctuous(번지르한)라고 할지도 모른다. 즉, 번지르르하고 허우대만 좋고 성실하지 못하다는 의미이다.

UNIFORM [júːnəfɔ̀ːrm] adj consistent; unchanging; the same for everyone
고정적인; 불변의; 모든 사람에게 똑같은

- Traffic laws are similar from one state to the next, but they aren't *uniform*. Each state has its own variations.

  교통 법규는 어느 주나 비슷하다. 하지만 완전히 똑같지는 않다. 주마다 약간의 차이가 있다.

- The school did not have a *uniform* grading policy; each teacher was free to mark students according to any system that he or she thought appropriate.

  그 학교는 획일화된 방법으로 성적을 관리하지 않았다. 선생님들은 각자가 알아서 적당하다고 생각하는 방식으로 학생들의 성적을 관리했다.

Something that is *uniform* has *uniformity* [jùːnəfɔ́ːrməti].

어떤 것이 uniform(획일적인)이라면 uniformity(획일성)를 갖고 있는 것이다.

Uniforms are suits of clothing that are *uniform* in appearance from one person to the next.

uniform이 명사로 쓰이면, 이 사람 저 사람 모두 똑같아 보이도록 획일화해서 만든 옷이라는 뜻이다.

UNREMITTING [ʌ̀nrimítiŋ] adj unceasing; unabated; relentless
중단 없는; 약해지지 않는; 누그러지지 않는

- Superman waged an *unremitting* battle against evildoers everywhere.

  슈퍼맨은 도처에서 끊임없이 악의 무리들과 싸웠다.

UNWITTING [ʌ̀nwítiŋ] adj unintentional; ignorant; not aware
고의가 아닌; 부지불식간의; 알지 못하는

- When Leo agreed to hold open the door of the bank, he became an *unwitting* accomplice to the bank robbery.

  레오가 은행 문을 열어 두는 것에 동의했기 때문에 그는 자신도 모르는 새에 은행 강도를 도와준 셈이 되었다.

- My theft was *unwitting*; I hadn't meant to steal the car, but had absentmindedly driven it away from the automobile dealership and parked it in my garage.

  나는 도둑질하려고 했던 것이 아니다. 그 차를 훔치려고 했던 것이 아니라 무심코 대리점에서 몰고 나와 우리 집 주차장에 주차해 두었을 뿐이었다.

- On the camping trip, Josephine *unwittingly* stepped into a bear trap and remained stuck in it for several days.

  캠핑을 가던 중에 조세핀은 곰을 잡는 함정에 모르고 발을 내딛었다가 며칠 동안 그곳에 갇혀 있었다.

URBANE [əːrbéin] adj poised; sophisticated; refined   균형 잡힌; 순진하지 않은; 세련된

- The British count was witty and *urbane*; all the hosts and hostesses wanted to have him at their parties.

  영국인 백작은 세련되고 재치가 있었다. 파티를 개최하는 사람들은 여자든 남자든 모두 그 백작이 자신들의 파티에 참석해 주기를 바랐다.

- The new magazine was far too *urbane* to appeal to a wide audience outside the big city.

  새로 창간된 잡지는 도시풍으로 워낙 세련돼서 그 대도시를 벗어나서는 폭넓은 독자층을 얻을 수 없었다.

Urbanity [ə:rbǽnəti] is a quality more often acquired in an *urban* setting than in a rural one.

urbanity(도시풍)는 대체로 시골보다는 도시적 환경에서 습득되는 특성이다.

USURP [ju:sə́:rp] v to seize wrongfully   부당한 방법으로 빼앗다

- The children believed that their mother's new boyfriend had *usurped* their father's rightful place in their family.

  아이들은 엄마의 새 남자 친구가 가족 내에서 자신들의 친아빠의 정당한 지위를 빼앗았다고 생각했다.

- The founder's scheming young nephew *usurped* a position of power in the company.

  회사 설립자의 교활한 젊은 조카가 회사의 실권을 빼앗았다.

▶ 명사형은 usurpation [jù:sərpéiʃən] (강탈, 권리 침해)이다.

UTILITARIAN [ju:tìlətɛ́əriən] adj stressing usefulness or utility above all other qualities; pragmatic
다른 어떤 자질보다 유용성이나 실용성을 강조하는(실리적인); 실용적인

- Jason's interior-decorating philosophy was strictly *utilitarian*; if an object wasn't genuinely useful, he didn't want it in his home.

  제이슨의 실내 장식 철학은 철저히 실용주의였다. 어떤 물건이 정말로 실용성이 없다면, 그는 그것을 결코 집 안에 들이지 않았다.

Utilitarian can also be a noun. Jason, just aforementioned, could be called a *utilitarian*.

utilitarian은 명사로도 쓰인다. 앞서 말한 제이슨을 utilitarian(실용주의자)이라고 부를 수 있다.

UTOPIA [ju:tóupiə] n an ideal society   이상향

- A country where nobody had to work would be Quentin's idea of *utopia*.

  아무도 일할 필요가 없는 나라가 퀜틴이 꿈꾸는 이상향일 것이다.

- The little town wasn't just a nice place to live, as far as Edith was concerned; it was *utopia*.

  에디스의 생각엔 그 작은 마을은 단지 살기 좋은 곳만은 아니었다. 그곳은 이상 사회였다.

A *utopian* is someone with unrealistic or impractical plans or expectations for society. Such plans or expectations are *utopian* plans or expectations.

utopian은 사회에 대해 비현실적이고 비실용적인 계획이나 기대를 갖고 있는 '이상주의자'이다. 그런 계획이나 기대는 utopian(몽상적인)인 계획이나 기대이다.

▶ utopia의 반의어는 dystopia(반이상향)이다.

Match each word in the first column with its definition in the second column. Check your answers in the back of the book.

1. ubiquitous		a. oily; slick
2. unconscionable		b. poised and sophisticated
3. unctuous		c. everywhere at once
4. uniform		d. pragmatic
5. unremitting		e. seize wrongfully
6. unwitting		f. unscrupulous
7. urbane		g. an ideal society
8. usurp		h. unintentional
9. utilitarian		i. consistent
10. utopia		j. unceasing

V

VACILLATE [vǽsəlèit] v to be indecisive; to waver 우유부단하게 굴다; 동요하다

- We invited James to spend Thanksgiving with us, but he *vacillated* for so long that we finally became annoyed and disinvited him.
  추수감사절을 함께 보내기 위해 우리는 제임스를 초대했다. 그러나 그는 꽤 오랫동안 망설였다. 결국 우리는 화가 나서 그를 초대하지 않기로 했다.

- Tiffany *vacillated* about buying a new car. She couldn't decide whether to get one.
  티파니는 새 차 구입을 망설이고 있었다. 그녀는 새 차를 구입할 것인지 결정을 내릴 수가 없었다.

▸ 명사형은 vacillation(동요, 망설임)이다.

VAPID [vǽpid] adj without liveliness; dull; spiritless 활기 없는; 지루한; 기운 없는

An apathetic person just doesn't care about anything, and everything he or she does is *vapid*.
감정이라곤 없는 사람은 어떠한 것에도 관심을 갖지 않는다. 그런 사람이 하는 일이란 모두 vapid(따분한)이다.

- The novelist's prose was so *vapid* that Mary couldn't get beyond the first page.
  그 소설가의 글이 너무 지루한 탓에 메리는 첫 페이지에서 더 이상 나아가지 못했다.

VEHEMENT [víːəmənt] adj intense; forceful; violent 격렬한; 강한; (폭력 등이) 난폭한

- Shaking his fist and stomping his foot, Gerry was *vehement* in his denial.
  주먹을 흔들고 발까지 구르면서 게리는 격렬하게 거부 의사를 표현했다.

▸ 명사형은 vehemence(격렬함, 맹위)이다.

VENAL [víːnl] adj capable of being bribed; willing to do anything for money; corrupt 매수할 수 있는; 돈을 위해서라면 뭐든지 하는; 부패한

- The *venal* judge reversed his favorable ruling when the defendant refused to make good on his promised bribe.
  부패한 판사는 피고인이 약속한 뇌물을 주지 않으려 하자, 그에게 유리하게 내렸던 판결을 번복했다.

- The young man's interest in helping the sick old woman was strictly *venal*. He figured that if he was kind to her, she would leave him a lot of money in her will.
  그 젊은이가 병든 할머니를 돌보겠다고 나선 것은 순전히 돈 때문이었다. 할머니를 친절히 돌봐주면 할머니가 유언으로 많은 돈을 그에게 남겨 줄 것이라고 청년은 생각했다.

A *venal* person is a person characterized by *venality* [vi:nǽləti].

venal person은 venality(매수되기 쉬움)라는 특징을 가진 사람이다.

Don't confuse this word with *venial* [ví:niəl], which means trivial or pardonable. A peccadillo is a *venial*, harmless sin.

이 단어를 '파실이 사소한', '용서할 수 있는'이라는 뜻의 venial과 혼동하지 마라. peccadillo는 사소하고 별로 해를 끼치지 않는 가벼운 죄나 실수를 의미한다.

VENERATE [vénərèit] v to revere; to treat as something holy, especially because of great age
존경하다; 특히 많은 나이 때문에 신성하게 다루다

- Lester *venerated* his grandfather; he worshiped the ground the old man limped on.

  레스터는 할아버지를 극진히 모셨다. 그는 다리가 불편한 할아버지를 존경했다.

- The members of the curious religion *venerated* Elvis Presley and hoped that the pope would declare him a saint.

  엘비스 프레슬리를 숭배하는 별난 종교의 신도들은 교황이 엘비스를 성인으로 공표해 주기를 원했다.

▶ 형용사형 venerable은 '존경받을 만한'이라는 뜻이다.

VERACITY [vərǽsəti] n truthfulness 정직

- The *veracity* of young George Washington is apocryphal.

  조지 워싱턴의 어린 시절의 정직에 관한 에피소드는 조작된 것인지도 모른다.

▶ 형용사형은 veracious [vəréiʃəs] (정직한)이다.

VERBOSE [vərbóus] adj using too many words; not succinct; circumlocutory
말이 많은; 간결하지 않은; 완곡한 표현의

Someone who is *verbose* uses too many words when fewer words would suffice.

verbose(수다스러운)인 사람은 몇 마디면 충분할 때에도 훨씬 더 많은 말을 한다.

- Lee handed in a 178-word final assignment; no one ever accused him of being *verbose*.

  리는 178단어로 이루어진 학기 말 연구 과제를 제출했다. 그를 말이 많다고 욕하는 사람은 아무도 없었다.

VERISIMILITUDE [vèrəsimílətʃùːd] n similarity to reality; the appearance of truth; looking like the real thing
사실 같음; 진실의 드러남; 진짜인 것처럼 보이는 것

- They used pine cones and old truck tires to make statues of Hollywood celebrities that were remarkable for their *verisimilitude*.

  솔방울과 낡은 타이어를 이용해 그들이 만든 할리우드 명사들의 동상은 놀랄 만큼 사실적이었다.

- The *verisimilitude* of counterfeit eleven-dollar bills did not fool the eagle-eyed treasury officer, who recognized them immediately for what they were.

  정말로 진짜 같은 11달러짜리 위조 청구서도 날카로운 눈을 가진 재무성 관리를 속이지는 못했다. 그는 수표가 가짜라는 사실을 단번에 알아차렸다.

VERNACULAR [vərnǽkjulər] n everyday speech; slang; idiom
일상어; 속어, 통용어; 관용어

- Our teacher said that we should save our *vernacular* for the street; in the classroom we should use proper grammar.

  속어는 길거리에서나 사용하라고 선생님은 말했다. 우리는 교실에서만큼은 문법에 맞는 말만 사용해야 했다.

VESTIGE [véstidʒ] n a remaining bit of something; a last trace
남은 자취; 지난 과거의 흔적

- The unhappy young man found *vestiges* of his fiancée in the rubble, but the explosion had effectively ended their romance.

  비참한 청년은 돌더미 속에서 약혼녀의 흔적을 발견했다. 폭발 때문에 그들의 사랑은 완전히 끝이 났다.

- An old uniform and a tattered scrapbook were the only *vestiges* of the old man's career as a professional athlete.

  낡은 유니폼과 너덜해진 스크랩북만이 그 노인이 한때 프로 운동 선수였음을 말해 주는 유일한 흔적이었다.

Your appendix is a *vestige*: it used to have a function, but now this organ does nothing.

우리의 맹장은 옛날에는 기능이 있었지만 지금은 아무런 기능도 하지 않는 vestige(흔적 기관)이다.

The adjective form of *vestige* is *vestigial* [vestídʒiəl]. The appendix is referred to as a *vestigial* organ. It is still in our bodies, although it no longer has a function. It is a mere *vestige* of some function our digestive systems no longer perform.

vestige의 형용사는 vestigial(남아 있는)이다. 맹장은 vestigial(퇴화하고 흔적만 남은)인 기관이다. 비록 더 이상 아무 기능도 수행하고 있지 않지만, 여전히 우리의 몸 안에 남아 있다. 그것은 더 이상 기능하지 않는 소화기 계통의 vestige(흔적)에 지나지 않는다.

▶ 명사, 형용사 모두 발음에 주의할 것.

VEX [véks] v to annoy; to pester; to confuse 화나게 하다; 괴롭히다; 당황하게 하다

- Margaret *vexed* me by poking me with a long, sharp stick.

  마가렛이 길고 날카로운 막대기로 찔러서 나는 화가 났다.

- Stuck at the bottom of a deep well, I found my situation extremely *vexing*.

  깊은 우물 바닥에 갇히게 되었는데, 나는 내가 처한 상황이 매우 곤란하다는 것을 깨달았다.

The act of *vexing*, or the state of being *vexed*, is *vexation*. A *vexed* issue is one that is troubling or puzzling.

vexing(화나게 하는)인 행위나 vexed(화가 난)의 상태를 vexation(짜증)이라 한다. vexed issue는 골칫거리나 사람을 당황하게 하는 문제를 일컫는다.

VIABLE [váiəbl] adj capable of living; workable 생존할 수 있는; 실행할 수 있는

- When a doctor says that an organ is no longer *viable*, it means it can't be used as a transplant organ.

  어떤 장기가 더 이상 생존할 수 없다고 의사가 말한다면, 그 말은 장기 이식으로도 사용될 수 없다는 의미이다.

- A fetus is said to be *viable* when it has developed to the point when it is capable of surviving outside the womb.

  태아는 자궁 밖으로 나왔다고 하더라도 스스로 생존할 수 있을 때까지 성장한 뒤라야 비로소 생존 능력이 있다고 말하는 것이다.

- Lupe's plan for storing marshmallows in the dome of the Capitol just wasn't *viable*.

  국회 의사당의 둥근 지붕 안에 마시멜로를 가득 채우려던 루프의 생각은 정말로 실현 가능성이 없는 일이었다.

Something that is *viable* has *viability* [vàiəbíləti].

viable(살아갈 수 있는)인 것은 viability(생존 능력)가 있다는 뜻이다.

VICARIOUS [vaikέəriəs] adj experienced, performed, or suffered through someone else; living through the experiences of another as though they were one's own experiences
다른 사람이 대신하여 경험하거나, 일을 하거나, 고통을 받는; 다른 사람의 경험을 마치 자신의 것인 양 사는

To take *vicarious* pleasure in someone else's success is to enjoy that person's success as though it were your own.

다른 사람의 성공을 보며 vicarious pleasure(대리 만족)를 느끼는 것은 타인의 성공을 마치 자신의 것인 양 즐기는 것이다.

- We all felt a *vicarious* thrill when the mayor's daughter won fourth prize in the regional kickboxing competition.

  시장의 딸이 지역 킥복싱 대회에서 4위에 입상했을 때 우리는 모두 자신의 승리인 양 짜릿한 스릴을 느꼈다.

VICISSITUDE [visísətʃùːd] n upheaval; natural change; change in fortune
격변; 자연의 변화; 부의 변화(흥망성쇠)

- The *vicissitudes* of the stock market were too much for Karen; she decided to look for a job that would stay the same from one day to the next.

  카렌은 주식 시장의 급격한 변화를 감당하기 힘들었다. 그녀는 날마다 같은 상태를 유지할 수 있는 새로운 직업을 찾아보기로 결심했다.

- The *vicissitudes* of the local political machine were such that one could never quite be certain whom one was supposed to bribe.

  지방 정치 조직은 하도 변화가 심한 탓에 누구에게 뇌물을 주어야 할지 확실히 알 수 없었다.

VILIFY [víləfài] v to say vile things about; to defame   나쁜 점을 말하다; 비방하다, 헐뜯다

- The teacher was reprimanded for *vilifying* the slow student in front of the rest of the class.

  학급 아이들 앞에서 성적이 부진한 학생을 헐뜯은 것 때문에 선생님은 징계를 받았다.

- Our taxi driver paused briefly on the way to the airport to *vilify* the driver of the car that had nearly forced him off the road.

  우리를 태우고 공항으로 가던 택시 운전사는 우리가 탄 택시를 거의 도로 밖으로 밀어낼 듯이 바싹 붙이고 달린 운전자를 욕하기 위해 잠깐 동안 멈추었다.

- The political debate was less a debate than a *vilification* contest. At first the candidates took turns saying nasty things about one another; then they stopped taking turns.

  정치 토론은 토론이라기보다는 욕설 대회 같았다. 처음에 후보자들은 차례대로 나와 상대 후보의 추잡한 면을 이야기했다. 그러더니 그들은 순서조차 지키지 않았다.

Match each word in the first column with its definition in the second column. Check your answers in the back of the book.

1. vacillate	a. annoy
2. vapid	b. be indecisive
3. vehement	c. defame
4. venal	d. capable of living
5. venerate	e. experienced through another
6. veracity	f. dull
7. verbose	g. upheaval
8. verisimilitude	h. revere
9. vernacular	i. last trace
10. vestige	j. similarity to reality
11. vex	k. truthfulness
12. viable	l. corrupt
13. vicarious	m. wordy
14. vicissitude	n. slang
15. vilify	o. intense

VINDICATE [víndəkèit] v **to clear from all blame or suspicion; to justify**
모든 비난과 의심으로부터 벗어나게 하다; 정당함을 증명하다

- Divya, having been accused of stealing money from the cash register, was *vindicated* when the store manager counted the money again and found that none was missing after all.

  디브야는 금전 등록기에서 돈을 훔쳤다고 의심받았다. 상점 지배인이 돈을 다시 세어 보고 나서 없어진 돈이 하나도 없다는 사실이 밝혀지자 토니는 마침내 의심에서 벗어났다.

- Tom's claim of innocence appeared to be *vindicated* when several dozen inmates at the state mental hospital confessed to the crime of which he had been accused.

  주립 정신 병원에 수용되어 있는 수십 명의 환자들이 범죄 사실을 자백하자, 그들 대신에 혐의를 받고 결백을 주장했던 톰의 무죄가 입증된 것처럼 보였다.

A person who has been *vindicated* is a person who has found *vindication*.

의심에서 벗어난 사람은 vindication(해명, 입증의 기회)을 찾은 사람이다.

VINDICTIVE [vindíktiv] adj seeking revenge 복수하려는

- Jeremy apologized for denting the fender of my car. However, I was feeling *vindictive*, so I made him buy me a new car.

  제레미는 내 차의 범퍼를 움푹 들어가게 한 일에 대해 사과를 했다. 하지만 나는 앙심을 품고 나에게 새 차를 사도록 만들었다.

- Samantha's *vindictive* ex drove all the way across the country just to put a stink bomb in her car.

  사만다의 전 남편은 그녀에게 앙심을 품고, 악취탄을 그녀의 차에 장착하기 위해 국토를 가로질러 그 먼 길을 달려왔다.

▶ 명사형은 vindictiveness(복수심이 강함)이다.

VIRTUOSO [və̀:rtʃuóusou] n a masterful musician; a masterful practitioner in some other field 음악의 대가; 기타 다른 분야에서의 거장, 대가

- The concert audience fell silent when the *virtuoso* stepped forward to play the sonata on her electric banjo.

  거장이 그녀의 전자 밴조로 소나타를 연주하기 위해 무대로 걸어 나오자 청중들은 조용해졌다.

- As an artist, he was a *virtuoso*; as a husband, he was a chump.

  그는 예술가로서는 분명 거장이었지만, 남편으로서는 완전히 바보였다.

Virtuoso can also be an adjective. A *virtuoso* performance is a performance worthy of a *virtuoso*.

virtuoso는 형용사로도 쓰인다. virtuoso performance는 '거장의 품격이 있는 공연'을 의미한다.

VIRULENT [vírjulənt] adj extremely poisonous; malignant; full of hate 아주 유독한; 해로운; 적의로 가득 찬

- The *virulent* disease quickly swept through the community, leaving many people dead and many more people extremely ill.

  유독성 질병이 온 마을에 퍼져 많은 사람들이 죽었으며 더 많은 수의 사람들이 위독한 상태였다.

- The snake was a member of a particularly *virulent* breed; its bite could kill an elephant.

  그 뱀은 특히 맹독을 가진 종류였다. 그 뱀이 한 번 물면 코끼리라도 죽일 수 있었다.

- Jonathan is a *virulent* antifeminist; he says that all women should sit down and shut up.

  조나단은 여성들을 혐오하는 반페미니스트이다. 모든 여성들은 조용히 앉아 입을 다물고 있어야 한다고 그는 말한다.

To be *virulent* is to be characterized by *virulence*. *Virulent* is related to *virus*, not to *virile*, which means manly.

명사형은 virulence(독성, 증오)이다. virulent는 '남자다운'이라는 뜻의 virile이 아니라 virus(바이러스, 독성)와 관계가 있는 단어다.

VISIONARY [víʒənèri] n a dreamer; someone with impractical goals or ideas about the future
몽상가; 미래에 대해 비현실적인 목표나 이상을 가진 사람

- My uncle was a *visionary*, not a businessman; he spent too much time tinkering with his antigravity generator and not enough time working in his plumbing business.

  우리 삼촌은 비즈니스맨이 아니라 몽상가였다. 그는 자신의 반중력 발전기를 만지작거리면서 너무 많은 시간을 낭비하고, 본업인 배관 일은 소홀히 했다.

- The candidate was a *visionary*; he had a lot of big ideas but no realistic plan for putting them into practice.

  그 후보는 몽상가였다. 그는 대단한 아이디어가 많았지만, 그것을 실현시킬 실제적인 계획은 전혀 없었다.

Visionary can also be an adjective. A *visionary* proposal is an idealistic and usually impractical proposal.

visionary는 형용사로도 쓰인다. visionary proposal이란 이상적이기만 해서 대체로 실현 가능성이 없는 안건이다.

VITIATE [víʃièit] v to make impure; to pollute 불순하게 만들다; 오염시키다

- For years a zealous group of individuals has campaigned against the use of fluoride in water, claiming that it has *vitiated* our bodies as well as our morals.

  오랫동안 열성적인 시민 단체는 플루오르화 물질이 우리의 육체뿐만 아니라 도덕까지도 오염시키고 있다고 주장하면서 식수에 플루오르화 물질을 넣는 것의 반대 캠페인을 벌여 왔다.

VITRIOLIC [vìtriálik] adj caustic; full of bitterness 신랄한, 황산 같은; 신랄함으로 가득찬

Vitriol is another name for sulfuric acid. To be *vitriolic* is to say or do something so nasty that your words or actions burn like acid.

vitriol은 황산의 다른 이름이다. vitriolic(독설에 찬)은 황산처럼 치명적일 정도로 말이나 행동을 신랄하게 하는 것을 의미한다.

- The review of the new book was so *vitriolic* that we all wondered whether the reviewer had some personal grudge against the author.

  신간에 대한 비평은 너무나 신랄해서 우리는 모두 그 비평가가 작가에게 개인적 원한이 있는 것이 아닌가 하는 의심이 들었다.

VOCATION [voukéiʃən] n an occupation; a job 일; 직업

Your *vocation* is what you do for a living.

your vocation이란 당신이 생계를 위하여 하고 있는 일을 의미한다.

- If Stan could figure out how to make a *vocation* out of watching television and eating potato chips, he would be one of the most successful people in the world.

  포테이토칩이나 먹으면서 텔레비전이나 보는 것을 직업으로 삼을 수만 있다면 스탄은 세계에서 가장 성공한 사람 중의 하나가 될 것이다.

Vocational training is job training. Because your *vocation* is your job, your *avocation* is your hobby.

vocational training은 직업상 훈련이다. vocation은 직업을 의미하므로, avocation은 취미를 뜻한다.

- The accountant's *vocation* bored her, but her *avocation* of mountain climbing did not.

  그녀는 회계사라는 자신의 직업을 지겨워했지만, 취미인 등산은 그렇지 않았다.

VOCIFEROUS [vousífərəs] adj loud; noisy 소리가 큰; 시끄러운

- Randy often becomes *vociferous* during arguments. He doesn't know what he believes, but he states it loudly nevertheless.

  랜디는 토론 중에 자주 목소리가 커진다. 잘 알지는 못한다고 해도 자신이 믿고 있는 것이면, 그는 큰 소리로 그것을 주장한다.

VOLATILE [válətil] adj quick to evaporate; highly unstable; explosive
재빨리 증발하는, 휘발성의; 대단히 불안정한; 폭발성의

A *volatile* liquid is one that evaporates readily. Gasoline is a *volatile* liquid. It evaporates readily, and then the vapor poses a great danger of explosion.

volatile liquid는 빠르게 증발하는 액체이다. 가솔린은 volatile liquid(휘발성 액체)이다. 그것은 빠르게 증발하며, 그렇게 해서 기체가 되면 폭발할 위험성이 높아진다.

A *volatile* crowd seemed to be in imminent danger of getting out of control.

volatile crowd는 통제를 벗어날 것 같은 일촉즉발의 상황에 처한 것으로 보였다.

- The situation in the Middle East was highly *volatile*; the smallest incident could have set off a war.

  중동지역은 일촉즉발의 상황이었다. 아주 사소한 사건이라도 전쟁의 도화선이 될 수 있는 상황이었다.

▶ 명사형은 volatility(휘발성, 변덕)이다.

VOLITION [voulíʃən] n will; conscious choice 의지; 결단력

- Insects, lacking *volition*, simply aren't as interesting to the aspiring anthropologist as humans are.

  인류학자 지망생들에게 곤충들에게는 '자신의 의지'라는 것이 없기 때문에 인간만큼 흥미롭지는 않다.

- The question the jury had to answer was whether the killing had been an accident or an act of *volition*.

  배심원단의 문제는 살인이 우발적으로 일어난 것인지 아니면 의지에 의한 행동이었는지에 답해야 하는 것이었다.

Match each word in the first column with its definition in the second column. Check your answers in the back of the book.

1. vindicate	a. extremely poisonous
2. vindictive	b. masterful musician
3. virtuoso	c. dreamer
4. virulent	d. caustic
5. visionary	e. clear from suspicion
6. vitiate	f. will
7. vitriolic	g. quick to evaporate
8. vocation	h. seeking revenge
9. vociferous	i. occupation
10. volatile	j. make impure
11. volition	k. noisy

W

WANTON [wɑ́ntən] adj **malicious; unjustifiable; unprovoked; egregious**
악의 있는; 부당한; 정당한 이유가 없는; 터무니없는

- Terrorists commit *wanton* acts on a helpless populace to make their point.
  테러리스트들은 목적을 달성하기 위해 힘없는 민중들에게 부당한 행위를 한다.

Wanton also means intemperate.
wanton은 또한 '무절제한'이라는 뜻도 있다.

- A hedonist lives a *wanton* life in the relentless, unremitting pursuit of pleasure; an ascetic does not.
  쾌락주의자는 끊임없이 집요하게 쾌락만을 추구하면서 무절제한 생활을 한다. 금욕주의자는 그렇지 않다.

WILLFUL [wílfəl] adj **deliberate; obstinate; insistent on having one's way**
고의적인, 계획적인; 고집 센; 제멋대로만 하려고 하는

▶ 이 단어의 철자법에 유의할 것.

- The mother insisted that the killing committed by her son had not been *willful*, but the jury apparently believed that he had known what he was doing.
  어머니는 아들이 저지른 살인이 계획적이 아니라고 주장했다. 그러나 배심원단은 그가 자신의 행동에 대해 사전에 인지하고 있었을 것이라고 확신하는 듯했다.

- When her mother told her she couldn't have a cookie, the *willful* little girl simply snatched the cookie jar and ran out of the room with it. She had stolen the cookies *willfully*.
  엄마가 쿠키를 먹지 말라고 하자 고집이 센 소녀는 쿠키 병을 낚아채서 들고는 방 밖으로 도망을 갔다. 소녀는 쿠키를 제멋대로 훔친 것이다.

WISTFUL [wístfəl] adj **yearning; sadly longing 동경하는; 간절히 바라는**

- I felt *wistful* when I saw Steve's fancy new car. I wished that I had enough money to buy one for myself.
  스티브의 멋진 차를 보니, 나는 그가 부러웠다. 나 역시 새 차를 살 수 있을 만큼 돈이 많다면 좋을 텐데 하고 생각했다.

- The boys who had been cut from the football team watched *wistfully* as the team put together an undefeated season and won the state championship.
  풋볼 팀에서 쫓겨났던 소년들은 팀이 한 번의 패배도 없이 주 챔피언 결정전에서 우승하는 모습을 부러워하며 지켜보았다.

Z

ZEALOUS [zéləs]   adj   enthusiastically devoted to something; fervent
정열적으로 뭔가에 몰두하는; 열렬한

- The *zealous* young policeman made so many arrests that the city jail soon became overcrowded.

  젊은 경찰관이 워낙 열성적으로 범법자들 체포에 나서서 시립 교도소는 곧 넘쳐날 지경이었다.

- The dictator's followers were so *zealous* that if he had asked them all to jump off a cliff, most of them would have done so.

  그 독재자의 추종자들은 너무나 열광적이었다. 만약 그가 절벽 아래로 뛰어내리라고 명령했다면 대부분의 추종자들은 그렇게 했을 것이다.

To be *zealous* is to be full of zeal, or fervent enthusiasm. An overly *zealous* person is a *zealot*.

zealous는 '열의나 뜨거운 정열이 가득한'이라는 뜻이다. 지나치게 zealous(열의가 넘치는)인 사람을 zealot(열성분자)라 한다.

QUICK QUIZ

Match each word in the first column with its definition in the second column. Check your answers in the back of the book.

1. wanton   a. fervent

2. willful   b. yearning

3. wistful   c. deliberate

4. zealous   d. malicious

The Final Exam

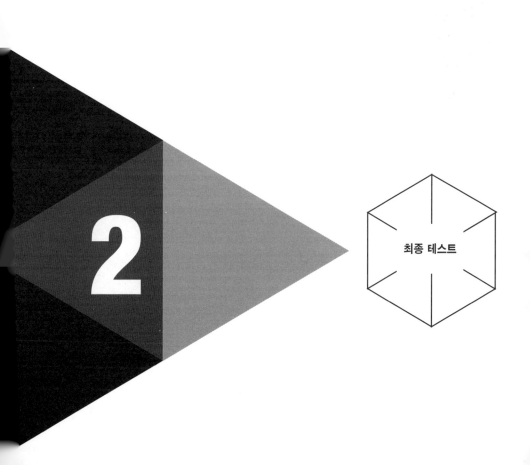

2

최종 테스트

THE FINAL EXAM

다음 테스트는 이 책의 모든 핵심 단어를 포함하고 있다. 답이 틀리면 다시 돌아가 공부하기 바란다. 신중히 생각하고 답을 고를 때 단어의 의미를 곱씹어 보기 바란다.

For each question below, choose the word that best completes the meaning of the sentence.

1 Because Stan had been preoccupied during his dynamite-juggling demonstration, the jury felt that he was not _____ for the destruction of the property.

  a. decorous
  b. decimated
  c. indiscreet
  d. culpable
  e. indiscrete

2 Sally was sad because Mr. Reeves, our English teacher, filled the margins of her term paper with _____ remarks about her spelling, grammar, and writing style.

  a. fatuous
  b. heretical
  c. ineffable
  d. prepossessing
  e. derogatory

3 The fans were _____ when the football team lost its fiftieth game in a row.

  a. irascible
  b. despondent
  c. rapacious
  d. stigmatized
  e. precipitous

4 Da-shawn and Harry were given jobs on the stage crew because their _____ voices ruined the sound of the chorus.

  a. unremitting
  b. paternal
  c. wanton
  d. laconic
  e. dissonant

5 The baby kittens were so _____ that the nursery school children were able to pick them up, carry them around by the scruffs of their necks, and dress them up in doll clothes.

  a. abashed
  b. peripatetic
  c. docile
  d. agrarian
  e. nefarious

Final Exam Drill ❷ SYNONYMS 동의어 찾아 연결하기

For each question below, match the word on the left with the word most similar in meaning on the right.

1	litigious	a.	ingenuous
2	artless	b.	querulous
3	taciturn	c.	auspicious
4	refute	d.	perennial
5	perjure	e.	avow
6	allege	f.	reticent
7	gauche	g.	delude
8	officious	h.	rebut
9	chronic	i.	inept
10	propitious	j.	solicitous

Final Exam Drill ❸ ODD MAN OUT 관련 없는 단어 찾기

Each question below consists of four words. Three of them are related in meaning. Find the word that does not fit.

1	address	infer	construe	extrapolate
2	rigorous	punctilious	integral	painstaking
3	consecrate	revere	venerate	delineate
4	abstain	relegate	forbear	forgo
5	insubordinate	willful	didactic	intransigent
6	labyrinthine	profane	secular	atheistic
7	acrid	amoral	sardonic	virulent
8	analogous	perfunctory	cursory	desultory
9	decadent	degenerate	profligate	magnanimous
10	connoisseur	virtuoso	malleable	aesthete

Final Exam Drill ❹ RELATIONSHIPS 동의어, 반의어, 관련 없는 단어 구별하기

For each question below, decide whether the pair of words are roughly similar (S) in meaning, roughly opposite (O) in meaning, or unrelated (U) to each other.

1	sporadic	incessant
2	beget	spawn
3	malaise	subversion
4	coerce	compel
5	peccadillo	enormity
6	charismatic	insipid
7	countenance	condone
8	usurp	appropriate
9	espouse	extricate
10	arbitrate	mediate

Final Exam Drill ❺ COMPLETIONS 적당한 단어 채워넣기

For each question below, choose the word that best completes the meaning of the sentence.

I The applicant's credentials were _____ , but I didn't like the color of his necktie so I didn't hire him.

a. irreproachable
b. aloof
c. domestic
d. vitriolic
e. histrionic

2 Walter's skin took on a(n) _____ cast after his exposure to the pool of radioactive wastes.

a. artful
b. squalid
c. luminous
d. nebulous
e. garrulous

3 The police spent seven months working on the crime case but were never able to determine the identity of the _____ .

a. demagogue
b. dilettante
c. egotist
d. malefactor
e. patriarch

4 The portions at the restaurant were so _____ that immediately after dessert we drove to another restaurant and ordered a second full meal.

a. pertinent
b. minuscule
c. exhaustive
d. futile
e. misanthropic

5 Xavier thought that throwing some scraps to the bear would _____ it, but instead the beast tore apart our campsite in search of more to eat.

a. accost
b. mollify
c. preclude
d. efface
e. tout

For each question below, decide whether the pair of words are roughly similar (S) in meaning, roughly opposite (O) in meaning, or unrelated (U) to each other.

l	debacle	coup
2	amenity	injunction
3	cognizant	unwitting
4	emigrate	expatriate
5	concurrent	anachronistic
6	blithe	morose
7	disinterested	partial
8	anachronism	archaism
9	collusion	complicity
10	insular	hermetic

Final Exam Drill ❼ ODD MAN OUT 관련 없는 단어 찾기

Each question below consists of four words. Three of them are related in meaning. Find the word that does not fit.

l	sacrilege	renaissance	blasphemy	desecration
2	ambiguous	equivocal	cryptic	requisite
3	apprehensive	martial	contentious	belligerent
4	arcane	esoteric	sacrosanct	recondite
5	incense	replenish	foment	antagonize
6	exacting	onerous	ponderous	arbitrary
7	circumspect	eclectic	scrupulous	fastidious
8	introverted	aloof	reclusive	elliptical
9	allocate	relinquish	capitulate	succumb
10	effusive	histrionic	avuncular	gesticulating

Final Exam Drill ❽ RELATIONSHIPS 동의어, 반의어, 관련 없는 단어 구별하기

For each question below, decide whether the pair of words are roughly similar (S) in meaning, roughly opposite (O) in meaning, or unrelated (U) to each other.

l	abyss	chasm
2	substantive	ethereal
3	loquacious	taciturn
4	doctrinaire	dogmatic
5	colloquial	pedantic
6	encroach	transgress
7	amorphous	nebulous
8	domestic	endemic
9	cogent	incisive
10	lethargic	capricious

For each question below, choose the word or phrase that best completes the meaning of the sentence.

1 Mei _____ her daughter for putting the cat in the washing machine.

   a. expropriated
   b. disfranchised
   c. coerced
   d. broached
   e. chastised

2 David's salary was _____ his limited skills; he was paid nothing.

   a. as vapid as
   b. tenable despite
   c. vehement in view of
   d. commensurate with
   e. acerbic notwithstanding

3 After several decades of peace, the little country grew _____ about defense and let its army slowly drift away.

   a. dissolute
   b. partisan
   c. catholic
   d. adamant
   e. complacent

4 None of us had enough money to undertake the project alone, so we had to depend on the _____ of our parents.

   a. postulate
   b. vilification
   c. largess
   d. hedonism
   e. veracity

5 The court ruled that Ursula's covert discussions with the Russian ambassador did not _____ treason.

   a. comprise
   b. abnegate
   c. libel
   d. broach
   e. constitute

Final Exam Drill ⑩ RELATIONSHIPS 동의어, 반의어, 관련 없는 단어 구별하기

For each question below, decide whether the pair of words are roughly similar (S) in meaning, roughly opposite (O) in meaning, or unrelated (U) to each other.

1	bureaucracy	hierarchy
2	extrapolate	infer
3	mercurial	volatile
4	impeccable	culpable
5	corroborate	refute
6	expedient	utilitarian
7	censure	approbation
8	propriety	decorum
9	emulate	peruse
10	mandate	touchstone

Final Exam Drill ⑪ RELATIONSHIPS 동의어, 반의어, 관련 없는 단어 구별하기

For each question below, decide whether the pair of words are roughly similar (S) in meaning, roughly opposite (O) in meaning, or unrelated (U) to each other.

1	ameliorate	exacerbate
2	candor	equivocation
3	caricature	parody
4	scrupulous	mendacious
5	apartheid	mentor
6	bane	panacea
7	facile	arduous
8	philistine	erudite
9	absolute	commensurate
10	kinetic	stagnant

Final Exam Drill ⑫ ODD MAN OUT 관련 없는 단어 찾기

Each question below consists of four words. Three of them are related in meaning. Find the word that does not fit.

1	awry	overt	salient	manifest
2	duplicity	ascendancy	guile	chicanery
3	contrition	remorse	cadence	penitence
4	temperance	sobriety	celibacy	oblivion
5	nominal	amiable	affable	congenial
6	choleric	querulous	petulant	equitable
7	dormant	latent	nostalgic	inert
8	astute	bereft	sagacious	prudent
9	copious	bourgeois	profuse	myriad
10	ascetic	austere	frugal	pejorative

Final Exam Drill ⓭ RELATIONSHIPS 동의어, 반의어, 관련 없는 단어 구별하기

For each question below, decide whether the pair of words are roughly similar (S) in meaning, roughly opposite (O) in meaning, or unrelated (U) to each other.

1	serendipitous	hapless
2	lugubrious	facetious
3	espouse	appease
4	qualitative	pejorative
5	exigency	periphery
6	harbinger	precursor
7	profound	desecrated
8	despotic	autocratic
9	engender	decimate
10	pristine	unalloyed

Final Exam Drill ⓮ COMPLETIONS 적당한 단어 채워넣기

For each question below, choose the word that best completes the meaning of the sentence.

1 Jarel was as clever as he was unscrupulous, and he knew what he could not obtain by legitimate means he could always obtain through _____ .

a. chicanery
b. burlesque
c. nihilism
d. strife
e. theology

2 The visiting professor was so _____ in her field that many of our faculty members became nervous in her presence.

a. antithetical
b. archetypal
c. eminent
d. plebeian
e. pathological

3 The orator _____ a bizarre economic program whose central tenet was the abolition of all forms of money.

a. scintillated
b. espoused
c. vacillated
d. emulated
e. inundated

4 "Kicking the bucket" is a humorous _____ for "dying."

    a. dictum
    b stipulation
    c. incantation
    d. conjecture
    e. euphemism

5 The actor, pretending to be inebriated, made a(n) _____ attempt to open his umbrella in a telephone booth.

    a. viable
    b. enigmatic
    c. farcical
    d. cognitive
    e. aphoristic

Final Exam Drill ⓯ SYNONYMS 동의어 찾아 연결하기

For each question below, match the word on the left with the word most similar in meaning on the right.

1	opaque	a.	obscure
2	ostensible	b.	secular
3	avaricious	c.	mellifluous
4	mundane	d.	prudent
5	judicious	e.	venal
6	mercenary	f.	specious
7	ramification	g.	rapacious
8	saccharine	h.	repercussion
9	archaic	i.	dearth
10	paucity	j.	anachronism

Final Exam Drill ⓰ RELATIONSHIPS 동의어, 반의어, 관련 없는 단어 구별하기

For each question below, decide whether the pair of words are roughly similar (S) in meaning, roughly opposite (O) in meaning, or unrelated (U) to each other.

1	belie	aggregate
2	legacy	bequest
3	aptitude	propensity
4	matriculate	purport
5	fatalist	cynic
6	fecund	desiccated
7	exhort	admonish
8	polarize	prevail
9	condescension	adulation
10	discreet	blatant

Final Exam Drill ⓱ ODD MAN OUT 관련 없는 단어 찾기

Each question below consists of four words. Three of them are related in meaning. Find the word that does not fit.

1 uniform	monolithic	existential	homogeneous
2 flaunt	malign	slander	libel
3 felicity	audacity	temerity	impetuosity
4 meager	tenuous	pivotal	paltry
5 indulgent	salutary	prodigal	profligate
6 disparate	incongruous	heterogeneous	ubiquitous
7 apprehensive	diffident	succinct	circumspect
8 cogent	eminent	potent	robust
9 farcical	affected	contrived	ostentatious
10 ennui	satiety	languor	volition

Final Exam Drill ⓲ RELATIONSHIPS 동의어, 반의어, 관련 없는 단어 구별하기

For each question below, decide whether the pair of words are roughly similar (S) in meaning, roughly opposite (O) in meaning, or unrelated (U) to each other.

1 zealous	catholic
2 aloof	nefarious
3 mitigate	assuage
4 agnostic	atheist
5 clique	consensus
6 coalition	faction
7 husbandry	itinerary
8 coalesce	dissipate
9 slavish	subservient
10 flaunt	reproach

Final Exam Drill ⓳ COMPLETIONS 적당한 단어 채워넣기

For each question below, choose the word that best completes the meaning of the sentence.

1 The Sandersons viewed the flaming image of the devil, which hovered above their house for thirteen days, as a(n) _____ of evil to come.

a. stratum
b. portent
c. periphery
d. infidelity
e. aberration

2 There was nothing _____ about Herbert's scientific theories; in fact, they were quite shallow.

a. sentient
b. vociferous
c. peremptory
d. profound
e. nepotistic

3 The _____ author turned out a new book every week of her adult life.

a. prolific
b. canine
c. dialectical
d. implicit
e. contiguous

4 The _____ girls stubbornly refused to call off their rock fight, despite the pleadings of their mothers.

a. recalcitrant
b. pacific
c. egalitarian
d. exemplary
e. fervent

5 Hal's disappointed wife _____ him for being a lazy, foul-smelling, obnoxious slob.

a. instigated
b. reproached
c. flaunted
d. desecrated
e. belied

Final Exam Drill ⓴ RELATIONSHIPS 동의어, 반의어, 관련 없는 단어 구별하기

For each question below, decide whether the pair of words are roughly similar (S) in meaning, roughly opposite (O) in meaning, or unrelated (U) to each other.

1	profess	espouse
2	extrovert	introspective
3	foible	hiatus
4	caricature	touchstone
5	debilitate	enervate
6	placid	frenetic
7	depravity	debauchery
8	infinitesimal	grandiose
9	grandiloquent	rhetorical
10	malefactor	benefactor

Final Exam Drill ㉑ ODD MAN OUT 관련 없는 단어 찾기

Each question below consists of four words. Three of them are related in meaning. Find the word that does not fit.

1 avaricious	covetous	officious	parsimonious
2 reprove	scrutinize	censure	rebuke
3 reprehensible	transient	ephemeral	transitory
4 belittle	depreciate	disparage	founder
5 palpable	resolute	tenacious	steadfast
6 absolve	condone	qualify	exculpate
7 civil	culinary	aristocratic	genteel
8 stricture	reproach	admonishment	corollary
9 fidelity	proximity	steadfastness	resolution
10 circumlocutory	redundant	tautological	vicarious

Final Exam Drill ㉒ RELATIONSHIPS 동의어, 반의어, 관련 없는 단어 구별하기

For each question below, decide whether the pair of words are roughly similar (S) in meaning, roughly opposite (O) in meaning, or unrelated (U) to each other.

1 elude		circumvent
2 rustic		urbane
3 circuitous		oblique
4 beset		beleaguered
5 imperial		servile
6 pedestrian		prosaic
7 reprisal		reparation
8 daunt		stymie
9 apotheosis		epitome
10 inaugurate		abort

Final Exam Drill ㉓ COMPLETIONS 적당한 단어 채워넣기

For each question below, choose the word that best completes the meaning of the sentence.

1 Sally had already eaten all her cookies, so she _____ mine.

a. permeated
b. mortified
c. protracted
d. appropriated
e. defamed

2 The country's _____ ruler required her citizens to receive official permission before changing channels on their television sets.

a. definitive
b. dubious
c. indigenous
d. autocratic
e. redolent

3 I don't enjoy oysters myself, but I'm not _____ to letting others eat them.

a. innate
b. averse
c. opaque
d. adverse
e. oblique

4 The president was so _____ by international crises that he found it difficult to watch an entire baseball game without being interrupted.

a. beset
b. belittled
c. bereaved
d. bequeathed
e. bemused

5 The representative had _____ so many losing causes that she fainted dead away when his proposal was unanimously adopted by the legislature.

a. championed
b. caricatured
c. misappropriated
d. flouted
e. mediated

Final Exam Drill ㉔ RELATIONSHIPS 동의어, 반의어, 관련 없는 단어 구별하기

For each question below, decide whether the pair of words are roughly similar (S) in meaning, roughly opposite (O) in meaning, or unrelated (U) to each other.

1	preempt	usurp
2	turpitude	confluence
3	incipient	culminating
4	burgeon	arbitrate
5	belittle	stymie
6	dictum	paradigm
7	luminous	incandescent
8	mortified	chagrined
9	precipitate	prudent
10	inscrutable	obscure

Final Exam Drill ㉕ ODD MAN OUT 관련 없는 단어 찾기

Each question below consists of four words. Three of them are related in meaning.
Find the word that does not fit.

1 intrinsic	innate	omnipotent	inherent
2 fortuitous	gregarious	convivial	amicable
3 cliché	verisimilitude	maxim	epigram
4 belligerent	indignant	pertinent	contentious
5 inane	hackneyed	platitudinous	conducive
6 vitriolic	acrimonious	choleric	prolific
7 gravity	austerity	vicissitude	sobriety
8 noxious	obsequious	pernicious	deleterious
9 finesse	competence	proficiency	euphemism
10 incorrigible	recalcitrant	diffident	obdurate

Final Exam Drill ㉖ RELATIONSHIPS 동의어, 반의어, 관련 없는 단어 구별하기

For each question below, decide whether the pair of words are roughly similar (S)
in meaning, roughly opposite (O) in meaning, or unrelated (U) to each other.

1 catalyst	coherence
2 concord	dissonance
3 discord	consonant
4 ingenuous	urbane
5 infatuated	beguiled
6 categorical	contingent
7 novel	banal
8 parsimony	munificence
9 permeate	pervade
10 tentative	definitive

Final Exam Drill ㉗ COMPLETIONS 적당한 단어 채워넣기

For each question below, choose the word that best completes the meaning of
the sentence.

1 The trees, vines, and other plants in the tropical forest were truly remarkable,
but it was the exotic _____ that caught the zoologist's attention.

a. accolade
b. compendium
c. acumen
d. fauna
e. surfeit

2 Ernesto hated to pay extra for a fancy name, but he had discovered that he greatly preferred expensive brand-name products to the cheaper _____ ones.

a. generic
b. hypothetical
c. supercilious
d. amorphous
e. contentious

3 After several years of disappointing crops, the enormous harvest left the farmers confronting a(n) _____ of soybeans.

a. alacrity
b. blight
c. glut
d. chasm
e. debacle

4 The previously undefeated team found it difficult to cope with the _____ of defeat.

a. attrition
b. ignominy
c. prerequisite
d. penchant
e. neologism

5 The darkening sky indicated to all of us that a thunderstorm was _____ .

a. ambivalent
b. imminent
c. conciliatory
d. inherent
e. lugubrious

Final Exam Drill ㉘ RELATIONSHIPS 동의어, 반의어, 관련 없는 단어 구별하기

For each question below, decide whether the pair of words are roughly similar (S) in meaning, roughly opposite (O) in meaning, or unrelated (U) to each other.

1	hegemony	heyday
2	fortuitous	nominal
3	deride	venerate
4	deduce	infer
5	supercilious	servile
6	placid	nonchalant
7	reverence	insolence
8	extraneous	extrinsic
9	levity	irony
10	onerous	exacting

Final Exam Drill ㉙ ODD MAN OUT 관련 없는 단어 찾기

Each question below consists of four words. Three of them are related in meaning. Find the word that does not fit.

1 comprise	placate	appease	mollify
2 beguile	bemuse	cajole	delude
3 provident	egregious	flagrant	unconscionable
4 adept	adroit	anecdotal	dexterous
5 iconoclast	insurgent	maverick	prodigy
6 cadence	incisiveness	acumen	acuity
7 gratuitous	superfluous	soporific	inordinate
8 incongruous	staunch	anomalous	eccentric
9 vacillate	incense	foment	instigate
10 aberration	vestige	anomaly	singularity

Final Exam Drill ㉚ RELATIONSHIPS 동의어, 반의어, 관련 없는 단어 구별하기

For each question below, decide whether the pair of words are roughly similar (S) in meaning, roughly opposite (O) in meaning, or unrelated (U) to each other.

1 mandate	martyr
2 laud	defame
3 belabor	complement
4 disdain	supercilious
5 distinguish	distend
6 eulogize	censure
7 apocalypse	covenant
8 segregate	sequester
9 quixotic	utopian
10 microcosm	magnate

Final Exam Drill ㉛ COMPLETIONS 적당한 단어 채워넣기

For each question below, choose the word that best completes the meaning of the sentence.

1 The _____ salesperson bowed deeply and said, "Yes, ma'am, of course, ma'am," whenever I requested anything.

a. verbose
b. incumbent
c. evanescent
d. malingering
e. obsequious

2 Because he had never lost a tennis match, Luther believed himself to be _____ on the court.

a. ascetic
b. deleterious
c. omnipotent
d. inane
e. amorous

3 Our teacher was so _____ in his interpretation of the novel that it was difficult to believe he had taken any pleasure in reading it.

a. pedantic
b. laudable
c. intrepid
d. inveterate
e. coherent

4 The prisoners were all _____ as they were led off to the firing squad, but they were shot all the same.

a. perfunctory
b. concise
c. virulent
d. prosaic
e. penitent

5 The divisive issue _____ the community; half the residents seemed to be strongly for it, and half strongly against.

a. circumscribed
b. polarized
c. assuaged
d. castigated
e. disseminated

Final Exam Drill ㉜ RELATIONSHIPS 동의어, 반의어, 관련 없는 단어 구별하기

For each question below, decide whether the pair of words are roughly similar (S) in meaning, roughly opposite (O) in meaning, or unrelated (U) to each other.

1	reverence	disdain
2	conjure	incant
3	profound	superficial
4	protract	curtail
5	fauna	glut
6	deprecate	lament
7	abridge	augment
8	eccentric	orthodox
9	iconoclast	maverick
10	idiosyncratic	conventional

Final Exam Drill ㉝ ODD MAN OUT 관련 없는 단어 찾기

Each question below consists of four words. Three of them are related in meaning. Find the word that does not fit.

1 infamous	abhorrence	innocuous	nefarious
2 assimilate	abate	mitigate	alleviate
3 laconic	unctuous	concise	terse
4 relinquish	renounce	forsake	exult
5 axiom	maxim	surrogate	precept
6 virulent	tantamount	adverse	baneful
7 catharsis	abhorrence	rancor	animosity
8 idiosyncrasy	eccentricity	complacency	affectation
9 antecedent	precursor	precedent	recrimination
10 exonerate	patronize	exculpate	vindicate

Final Exam Drill ㉞ RELATIONSHIPS 동의어, 반의어, 관련 없는 단어 구별하기

For each question below, decide whether the pair of words are roughly similar (S) in meaning, roughly opposite (O) in meaning, or unrelated (U) to each other.

1 slothful	assiduous
2 affluent	opulent
3 consummate	rudimentary
4 chastisement	amnesty
5 sycophant	cajoler
6 implication	allusion
7 quantitative	qualitative
8 agenda	itinerary
9 pragmatic	quixotic
10 paradox	anomaly

Final Exam Drill ㉟ SYNONYMS 동의어 찾아 연결하기

For each question below, match the word on the left with the word most similar in meaning on the right.

1 torpid	a. subservient
2 sublime	b. astuteness
3 recapitulate	c. ingenuous
4 acuity	d. subtlety
5 replete	e. provincial
6 subordinate	f. inert
7 parochial	g. transcendent
8 credulous	h. reiterate
9 recant	i. satiated
10 nuance	j. repudiate

For each question below, decide whether the pair of words are roughly similar (S) in meaning, roughly opposite (O) in meaning, or unrelated (U) to each other.

1	colloquial	contiguous
2	auspicious	portentous
3	moribund	viable
4	aristocratic	patrician
5	perquisite	prerogative
6	stagnation	metamorphosis
7	ebullient	roguish
8	turpitude	sordidness
9	cosmopolitan	urbane
10	denizen	lampoon

For each question below, choose the word that best completes the meaning of the sentence.

1 The _____ spring weather was a great relief to all of us who had struggled through the long, harsh winter.

a. abortive
b. volatile
c. temperate
d. pragmatic
e. intrinsic

2 I made a(n) _____ effort to repair the leak, but my improvised patch didn't hold, and I soon realized that I would have to call a plumber.

a. vindictive
b. tentative
c. pristine
d. acrid
e. caustic

3 The adoring members of the tribe _____ their old king even though he was blind and senile.

a. squandered
b. extrapolated
c. beleaguered
d. exacerbated
e. venerated

4 The hikers were _____ by the billions of mosquitoes that descended upon them as soon as they hit the trail.

a. extolled
b. vitiated
c. palliated
d. vexed
e. promulgated

5 Seeing the pictures of our old home made us feel _____ and nostalgic.

a. adept
b. fastidious
c. wistful
d. infamous
e. impartial

Final Exam Drill ㉈ RELATIONSHIPS 동의어, 반의어, 관련 없는 단어 구별하기

For each question below, decide whether the pair of words are roughly similar (S) in meaning, roughly opposite (O) in meaning, or unrelated (U) to each other.

1	ardent	indifferent
2	adherent	forsaker
3	poignant	redolent
4	inundate	reconcile
5	abject	exalted
6	proselytize	implement
7	latent	manifest
8	burgeon	accost
9	immutable	static
10	perfidy	piety

Final Exam Drill ㉉ ODD MAN OUT 관련 없는 단어 찾기

Each question below consists of four words. Three of them are related in meaning. Find the word that does not fit.

1	quixotic	scintillating	chimerical	visionary
2	antipathy	malfeasance	digression	malevolence
3	absolute	unqualified	categorical	wistful
4	static	cerebral	inert	immutable
5	destitute	insolvent	affable	indigent
6	altruist	benevolent	philanthropic	ideological
7	vexed	unequivocal	unalloyed	unmitigated
8	comprehensive	stringent	rigorous	exacting
9	abstract	abstruse	intangible	impervious
10	discernment	tirade	discrimination	sagacity

Final Exam Drill ④⓪ RELATIONSHIPS 동의어, 반의어, 관련 없는 단어 구별하기

For each question below, decide whether the pair of words are roughly similar (S) in meaning, roughly opposite (O) in meaning, or unrelated (U) to each other.

1	plethora	dearth
2	autonomy	subjugation
3	aggregate	augment
4	vocation	avocation
5	extraneous	intrinsic
6	implicit	inferred
7	invective	eulogy
8	acerbic	caustic
9	insinuation	hyperbole
10	adulterated	unalloyed

Final Exam Drill ④① COMPLETIONS 적당한 단어 채워넣기

For each question below, choose the word that best completes the meaning of the sentence.

1 An _____ current of dissatisfaction among the soldiers indicated to the ambassador that revolution was becoming a possibility.

a. incipient
b. inert
c. impervious
d. impeccable
e. inept

2 The _____ baker had burnt an entire batch of chocolate chip cookies.

a. bucolic
b. ursine
c. cosmopolitan
d. infinitesimal
e. incompetent

3 Irene's _____ cure for her husband's snoring was a paper bag tied snugly around his head.

a. agnostic
b. congenital
c. extrinsic
d. ingenious
e. diffident

4 Myron looked harmless, but there was nothing _____ about his plan to enslave the human race.

   a. terse

   b. innocuous

   c. mendacious

   d. nominal

   e. preeminent

5 Attempting to bask in reflected glory, the candidate _____ the names of eleven past presidents in his speech to the convention of schoolteachers.

   a. absolved

   b. implied

   c. litigated

   d. invoked

   e. allocated

Final Exam Drill ㊷ RELATIONSHIPS 동의어, 반의어, 관련 없는 단어 구별하기

For each question below, decide whether the pair of words are roughly similar (S) in meaning, roughly opposite (O) in meaning, or unrelated (U) to each other.

1	ambience	milieu
2	literal	figurative
3	hypothetical	empirical
4	subjugate	enfranchise
5	taciturn	integral
6	congenital	innate
7	enfetter	expedite
8	peripheral	tangential
9	usurp	abdicate
10	consummate	abortive

Final Exam Drill ㊸ ODD MAN OUT 관련 없는 단어 찾기

Each question below consists of four words. Three of them are related in meaning. Find the word that does not fit.

1	cacophony	antagonism	rancor	antipathy
2	discord	benefactor	contention	incongruity
3	apathy	indifference	manifesto	languor
4	amenable	tractable	docile	reciprocal
5	clandestine	surreptitious	provisional	furtive
6	intrepid	blithe	squalid	equanimity
7	callow	apocryphal	dubious	spurious
8	putative	overt	explicit	patent
9	desultory	derisory	cursory	perfunctory
10	conciliate	proscribe	appease	placate

Final Exam Drill ㊹ ANTONYMS 반의어 찾아 연결하기

For each question below, match the word on the left with the word most nearly its OPPOSITE on the right.

1	deferential	a.	irreverent
2	remonstrate	b.	assiduous
3	tacit	c.	amorous
4	clement	d.	explicit
5	indolent	e.	acquiesce
6	ambivalent	f.	intemperate
7	aloof	g.	aversion
8	lucid	h.	antagonist
9	partisan	i.	enigmatic
10	affinity	j.	resolute

Final Exam Drill ㊺ RELATIONSHIPS 동의어, 반의어, 관련 없는 단어 구별하기

For each question below, decide whether the pair of words are roughly similar (S) in meaning, roughly opposite (O) in meaning, or unrelated (U) to each other.

1	artifice	machination
2	obtuse	myopic
3	respire	premise
4	exalt	laud
5	assimilate	appreciate
6	edify	obfuscate
7	pensive	ruminating
8	narcissist	egocentric
9	precipitate	stigmatize
10	polemical	contentious

Final Exam Drill ㊻ COMPLETIONS 적당한 단어 채워넣기

For each question below, choose the word that best completes the meaning of the sentence.

1 The three-year-old was _____ in her refusal to taste the broccoli.

a. recondite
b. didactic
c. fortuitous
d. resolute
e. genteel

2 We _____ the fine print in the document but were unable to find the clause the lawyer had mentioned.

a. scrutinized
b. reconciled
c. exculpated
d. cajoled
e. accrued

3 A state in which one can see, hear, feel, smell, and taste little or nothing is known as _____ deprivation.

a. aggregate
b. subversive
c. sensory
d. sensual
e. sensuous

4 The children tried to be _____ about the fact that their parents couldn't afford to give them Christmas presents, but you could tell that they were really quite depressed inside.

a. tangential
b. abysmal
c. stoic
d. disingenuous
e. eclectic

5 We felt repeatedly _____ by the impersonal and inflexible bureaucracy in our attempt to win an exemption to the rule.

a. vindicated
b. deluged
c. stymied
d. reiterated
e. gesticulated

Final Exam Drill ④⑦ RELATIONSHIPS 동의어, 반의어, 관련 없는 단어 구별하기

For each question below, decide whether the pair of words are roughly similar (S) in meaning, roughly opposite (O) in meaning, or unrelated (U) to each other.

1	cliché	platitude
2	malevolent	macroeconomic
3	juxtaposed	contiguous
4	defame	laud
5	idyllic	bucolic
6	inexorable	irrevocable
7	despondent	sanguine
8	lethargy	zeal
9	dogma	tenet
10	ebullient	stoic

Final Exam Drill ❹❽ COMPLETIONS 적당한 단어 채워넣기

For each question below, choose the word that best completes the meaning of the sentence.

1 The gasoline spill had so thoroughly _____ the town's main well that it was possible to run an automobile on tap water.

   a. exulted
   b. exalted
   c. engendered
   d. adulterated
   e. preempted

2 Mr. Jones _____ the teenagers after they had driven the stolen car into his living room and put a dent in his new color TV.

   a. admonished
   b. usurped
   c. enervated
   d. alleged
   e. professed

3 Elsa's legs were so severely injured in the roller-skating accident that she didn't become fully _____ again until more than a year later.

   a. decadent
   b. exemplified
   c. querulous
   d. portentous
   e. ambulatory

4 The kitchen in the new house had an electronic vegetable peeler, an automatic dish scraper, a computerized meat slicer, and dozens of other futuristic _____ .

   a. proponents
   b. genres
   c. amenities
   d. mendicants
   e. protagonists

5 When Joe began collecting stamps, he hoped that the value of his collection would _____ rapidly; instead, the collection has slowly become worthless.

   a. qualify
   b. appreciate
   c. polarize
   d. belabor
   e. rebuke

The Answers

3

해답

THE ANSWERS

Quick Quiz와 Final Exam의 정답을 모아 놓았다.

QUICK QUIZ ▶1

1 j
2 f
3 a
4 i
5 g
6 b
7 k
8 c
9 h
10 e
11 d

QUICK QUIZ ▶2

1 b
2 h
3 a
4 c
5 i
6 j
7 k
8 e
9 f
10 d
11 g

QUICK QUIZ ▶3

1 a
2 h
3 g
4 e
5 b
6 d
7 f
8 f
9 c

QUICK QUIZ ▶4

1 f
2 h
3 a
4 e
5 b
6 d
7 g
8 c
9 i

QUICK QUIZ ▶5

1 g
2 a
3 e
4 b
5 c

6 k
7 j
8 i
9 d
10 h
11 f

QUICK QUIZ ▶6

1 e
2 b
3 d
4 a
5 c
6 f

QUICK QUIZ ▶7

1 f
2 c
3 a
4 j
5 h
6 i
7 d
8 e
9 g
10 k
11 b

QUICK QUIZ ▶8

1 i
2 h
3 g
4 f
5 a
6 d
7 e
8 c
9 j
10 b

QUICK QUIZ ▶9

1 d
2 i
3 f
4 a
5 h
6 e
7 c
8 g
9 j
10 b

QUICK QUIZ ▶10

1 f
2 c
3 a
4 h
5 j
6 i
7 d
8 g
9 e
10 b

QUICK QUIZ ▶11

1 i
2 a
3 e
4 b
5 h
6 f
7 c
8 g
9 d

QUICK QUIZ ▶12

1 g
2 e
3 a
4 i
5 b
6 d
7 c
8 h
9 f

QUICK QUIZ ▶13

1 d
2 a
3 e
4 b
5 f
6 c

QUICK QUIZ ▶14

1 b
2 e
3 d
4 h
5 c
6 g
7 f
8 a

QUICK QUIZ ▶15

1 g
2 e
3 b
4 i
5 f
6 c
7 d
8 h
9 a
10 j

QUICK QUIZ ▶16

1 b
2 e
3 a
4 c
5 f
6 d

QUICK QUIZ ▶17

1 n
2 c
3 g
4 e
5 m
6 d
7 h
8 l
9 j
10 b
11 i
12 o
13 f
14 k
15 a
16 p

QUICK QUIZ ▶18

1 b
2 l
3 j
4 f
5 a
6 g
7 c
8 i
9 e
10 d
11 k
12 h

QUICK QUIZ ▶19

1 a
2 b
3 i
4 g
5 c
6 h
7 d
8 e
9 f

QUICK QUIZ ▶20

1 h
2 i
3 d
4 j
5 g
6 c
7 b
8 a
9 f
10 e

QUICK QUIZ ▶21

1 e
2 h
3 b
4 a
5 f
6 d
7 i
8 c
9 j
10 g

QUICK QUIZ ▶22

1 b
2 g
3 d
4 h
5 l
6 a
7 f
8 c
9 k
10 e
11 j
12 i

QUICK QUIZ ▶23

1 h
2 b
3 g
4 a

5 c
6 d
7 d
8 f
9 e

QUICK QUIZ ▶24

1 c
2 i
3 h
4 f
5 g
6 e
7 d
8 a
9 b

QUICK QUIZ ▶25

1 i
2 h
3 e
4 g
5 c
6 f
7 d
8 b
9 a

QUICK QUIZ ▶26

1 b
2 c
3 h
4 g
5 e
6 a
7 d
8 j
9 i
10 f

QUICK QUIZ ▶27

1 g
2 d
3 a
4 b
5 f
6 e
7 h
8 c

QUICK QUIZ ▶28

1 e
2 b
3 g

4 f
5 c
6 d
7 i
8 j
9 a
10 h

QUICK QUIZ ▶29

1 e
2 a
3 d
4 b
5 c

QUICK QUIZ ▶30

1 e
2 b
3 i
4 j
5 h
6 f
7 c
8 g
9 a
10 d

QUICK QUIZ ▶31

1 d
2 e
3 a
4 g
5 c
6 i
7 j
8 l
9 h
10 k
11 f
12 b

QUICK QUIZ ▶32

1 h
2 g
3 b
4 i
5 e
6 a
7 m
8 k
9 l
10 j
11 f
12 d
13 c

QUICK QUIZ ▶33

1 a
2 f
3 g
4 c
5 h
6 e
7 d
8 b

QUICK QUIZ ▶34

1 i
2 j
3 b
4 k
5 g
6 h
7 e
8 a
9 f
10 d
11 c

QUICK QUIZ ▶35

1 c
2 a
3 b

QUICK QUIZ ▶36

1 f
2 d
3 e
4 i
5 g
6 a
7 j
8 h
9 b
10 c

QUICK QUIZ ▶37

1 b
2 g
3 c
4 e
5 f
6 a
7 d

QUICK QUIZ ▶38

1 g
2 j
3 e

4 d
5 f
6 c
7 a
8 b
9 i
10 h

QUICK QUIZ ▶39
1 i
2 e
3 g
4 j
5 a
6 c
7 b
8 d
9 f
10 h

QUICK QUIZ ▶40
1 a
2 i
3 h
4 e
5 j
6 b
7 c
8 d
9 g
10 k
11 l
12 f

QUICK QUIZ ▶41
1 m
2 d
3 a
4 l
5 i
6 f
7 b
8 c
9 o
10 j
11 g
12 h
13 e
14 k
15 n

QUICK QUIZ ▶42
1 i
2 e
3 g

4 h
5 c
6 j
7 d
8 k
9 f
10 a
11 b

QUICK QUIZ ▶43
1 j
2 l
3 c
4 a
5 g
6 d
7 i
8 k
9 f
10 h
11 e
12 b

QUICK QUIZ ▶44
1 e
2 b
3 d
4 i
5 h
6 f
7 c
8 j
9 a
10 g

QUICK QUIZ ▶45
1 g
2 a
3 m
4 l
5 h
6 f
7 b
8 j
9 k
10 d
11 e
12 i
13 c

QUICK QUIZ ▶46
1 f
2 j
3 d
4 p

5 a
6 q
7 c
8 h
9 m
10 e
11 l
12 n
13 b
14 i
15 o
16 g
17 k

QUICK QUIZ ▶47
1 e
2 h
3 a
4 b
5 j
6 l
7 m
8 f
9 k
10 g
11 d
12 c
13 i

QUICK QUIZ ▶48
1 d
2 g
3 b
4 c
5 f
6 e
7 a

QUICK QUIZ ▶49
1 j
2 d
3 b
4 i
5 c
6 h
7 e
8 f
9 a
10 g

QUICK QUIZ ▶50
1 a
2 f
3 h
4 c

5 j
6 k
7 i
8 b
9 g
10 e
11 d

QUICK QUIZ ▶51
1 f
2 c
3 i
4 d
5 b
6 j
7 e
8 h
9 g
10 a

QUICK QUIZ ▶52
1 c
2 a
3 h
4 j
5 e
6 f
7 g
8 k
9 d
10 b
11 i

QUICK QUIZ ▶53
1 e
2 f
3 d
4 b
5 j
6 i
7 g
8 a
9 h
10 c

QUICK QUIZ ▶54
1 m
2 e
3 h
4 d
5 c
6 k
7 j
8 i
9 f

10 l
11 g
12 a
13 b

QUICK QUIZ ▶55

1 e
2 f
3 b
4 g
5 d
6 c
7 a

QUICK QUIZ ▶56

1 e
2 a
3 n
4 c
5 p
6 k
7 o
8 g
9 b
10 d
11 h
12 f
13 j
14 m
15 i
16 l

QUICK QUIZ ▶57

1 i
2 f
3 b
4 d
5 e
6 c
7 k
8 a
9 j
10 g
11 h

QUICK QUIZ ▶58

1 m
2 j
3 h
4 n
5 b
6 f
7 c
8 l
9 i

10 d
11 e
12 k
13 g
14 a

QUICK QUIZ ▶59

1 a
2 h
3 e
4 l
5 j
6 k
7 b
8 i
9 g
10 d
11 c
12 f

QUICK QUIZ ▶60

1 c
2 k
3 g
4 a
5 b
6 l
7 d
8 n
9 e
10 j
11 f
12 m
13 h
14 i

QUICK QUIZ ▶61

1 g
2 j
3 l
4 a
5 i
6 h
7 b
8 e
9 d
10 k
11 f
12 c

QUICK QUIZ ▶62

1 i
2 l
3 f
4 a

5 j
6 g
7 k
8 b
9 e
10 c
11 h
12 n
13 m
14 d

QUICK QUIZ ▶63

1 k
2 f
3 j
4 b
5 l
6 a
7 d
8 c
9 n
10 e
11 h
12 m
13 g
14 i

QUICK QUIZ ▶64

1 b
2 i
3 k
4 d
5 g
6 j
7 c
8 f
9 h
10 l
11 e
12 a

QUICK QUIZ ▶65

1 g
2 d
3 a
4 j
5 h
6 k
7 c
8 i
9 b
10 f
11 e

QUICK QUIZ ▶66

1 k
2 j
3 f
4 a
5 c
6 i
7 g
8 h
9 b
10 e
11 d

QUICK QUIZ ▶67

1 f
2 e
3 b
4 a
5 i
6 j
7 h
8 d
9 k
10 g
11 c

QUICK QUIZ ▶68

1 l
2 a
3 j
4 c
5 g
6 b
7 i
8 d
9 k
10 f
11 e
12 h

QUICK QUIZ ▶69

1 c
2 f
3 b
4 e
5 d
6 a

QUICK QUIZ ▶70

1 d
2 e
3 a
4 c
5 b

QUICK QUIZ ▶71

1 c
2 f
3 j
4 b
5 i
6 g
7 h
8 d
9 e
10 a

QUICK QUIZ ▶72

1 h
2 e
3 i
4 j
5 g
6 f
7 a
8 d
9 c
10 b

QUICK QUIZ ▶73

1 g
2 d
3 j
4 f
5 c
6 a
7 e
8 i
9 k
10 h
11 b

QUICK QUIZ ▶74

1 g
2 e
3 i
4 d
5 h
6 c
7 j
8 a
9 b
10 f

QUICK QUIZ ▶75

1 c
2 a
3 h
4 j
5 b
6 i

7 e
8 d
9 g
10 f

QUICK QUIZ ▶76

1 a
2 f
3 h
4 b
5 c
6 k
7 d
8 i
9 g
10 j
11 e

QUICK QUIZ ▶77

1 a
2 e
3 j
4 k
5 i
6 g
7 h
8 c
9 d
10 f
11 b

QUICK QUIZ ▶78

1 h
2 g
3 l
4 b
5 m
6 n
7 d
8 k
9 i
10 i
11 a
12 e
13 f
14 j
15 c

QUICK QUIZ ▶79

1 k
2 h
3 d
4 e
5 b
6 i

7 g
8 j
9 a
10 f
11 c

QUICK QUIZ ▶80

1 b
2 a
3 f
4 e
5 h
6 g
7 d
8 c
9 i

QUICK QUIZ ▶81

1 i
2 b
3 e
4 j
5 d
6 f
7 c
8 g
9 h
10 a

QUICK QUIZ ▶82

1 h
2 e
3 k
4 a
5 j
6 m
7 g
8 n
9 c
10 b
11 o
12 f
13 f
14 l
15 d
16 i

QUICK QUIZ ▶83

1 c
2 f
3 a
4 i
5 j
6 h
7 b

8 e
9 d
10 g

QUICK QUIZ ▶84

1 b
2 f
3 o
4 l
5 h
6 k
7 m
8 j
9 n
10 i
11 a
12 d
13 e
14 g
15 c

QUICK QUIZ ▶85

1 e
2 h
3 b
4 a
5 c
6 j
7 d
8 i
9 k
10 g
11 f

QUICK QUIZ ▶86

1 d
2 c
3 b
4 a

Final Exam Drill 1

1 d
2 e
3 b
4 e
5 c

Final Exam Drill 2

1 b
2 a
3 f
4 h
5 g
6 e
7 i
8 j
9 d
10 c

Final Exam Drill 3

1 address
2 integral
3 delineate
4 relegate
5 didactic
6 labyrinthine
7 amoral
8 analogous
9 magnanimous
10 malleable

Final Exam Drill 4

1 O
2 S
3 U
4 S
5 O
6 O
7 S
8 S
9 U
10 S

Final Exam Drill 5

1 a
2 c
3 d
4 b
5 b

Final Exam Drill 6

1 O
2 U
3 O
4 S
5 O
6 O
7 O
8 S
9 S
10 S

Final Exam Drill 7

1 renaissance
2 requisite
3 apprehensive
4 sacrosanct
5 replenish
6 arbitrary
7 eclectic
8 elliptical
9 allocate
10 avuncular

Final Exam Drill 8

1 S
2 O
3 O
4 S
5 O
6 S
7 S
8 U
9 S
10 U

Final Exam Drill 9

1 e
2 d
3 e
4 c
5 e

Final Exam Drill 10

1 U
2 S
3 S
4 O
5 O
6 S
7 O
8 S
9 U
10 U

Final Exam Drill 11

1 O
2 O
3 S
4 O
5 U
6 O
7 O
8 O
9 U
10 O

Final Exam Drill 12

1 awry
2 ascendancy
3 cadence
4 oblivion
5 nominal
6 equitable
7 nostalgic
8 bereft
9 bourgeois
10 pejorative

Final Exam Drill 13

1 O
2 O
3 U
4 U
5 U
6 S
7 U
8 S
9 O
10 S

Final Exam Drill 14

1 a
2 c
3 b
4 e
5 c

Final Exam Drill 15

1 a
2 f
3 g
4 b
5 d
6 e
7 h
8 c
9 j
10 i

Final Exam Drill 16

1 U
2 S
3 S
4 U
5 S
6 O
7 S
8 U
9 O
10 O

Final Exam Drill 17

1 existential
2 flaunt
3 felicity
4 pivotal
5 salutary
6 ubiquitous
7 succinct
8 eminent
9 farcical
10 volition

Final Exam Drill 18

1 U
2 U
3 S
4 S
5 U
6 S
7 U
8 O
9 S
10 U

Final Exam Drill 19

1 b
2 d
3 a
4 a
5 b

Final Exam Drill 20

1 S
2 O
3 U
4 U
5 S
6 O
7 S
8 O
9 S
10 O

Final Exam Drill 21

1. officious
2. scrutinize
3. reprehensible
4. founder
5. palpable
6. qualify
7. culinary
8. corollary
9. proximity
10. vicarious

Final Exam Drill 22

1. S
2. O
3. S
4. S
5. O
6. S
7. O
8. S
9. S
10. O

Final Exam Drill 23

1. d
2. d
3. b
4. a
5. a

Final Exam Drill 24

1. S
2. U
3. O
4. U
5. U
6. U
7. S
8. S
9. O
10. S

Final Exam Drill 25

1. omnipotent
2. fortuitous
3. verisimilitude
4. pertinent
5. conducive
6. prolific
7. vicissitude
8. obsequious
9. euphemism
10. diffident

Final Exam Drill 26

1. U
2. O
3. O
4. O
5. S
6. O
7. O
8. O
9. S
10. O

Final Exam Drill 27

1. d
2. a
3. c
4. b
5. b

Final Exam Drill 28

1. U
2. U
3. O
4. S
5. O
6. S
7. O
8. S
9. U
10. S

Final Exam Drill 29

1. comprise
2. bemuse
3. provident
4. anecdotal
5. prodigy
6. cadence
7. soporific
8. staunch
9. vacillate
10. vestige

Final Exam Drill 30

1. U
2. O
3. U
4. S
5. U
6. O
7. U
8. S
9. S
10. U

Final Exam Drill 31

1. e
2. c
3. a
4. e
5. b

Final Exam Drill 32

1. O
2. S
3. O
4. O
5. U
6. S
7. O
8. O
9. S
10. O

Final Exam Drill 33

1. innocuous
2. assimilate
3. unctuous
4. exult
5. surrogate
6. tantamount
7. catharsis
8. complacency
9. recrimination
10. patronize

Final Exam Drill 34

1. O
2. S
3. O
4. O
5. S
6. S
7. O
8. S
9. O
10. U

Final Exam Drill 35

1. f
2. g
3. h
4. b
5. i
6. a
7. e
8. c
9. j
10. d

Final Exam Drill 36

1. U
2. O
3. O
4. S
5. S
6. O
7. U
8. S
9. S
10. U

Final Exam Drill 37

1. c
2. b
3. e
4. d
5. c

Final Exam Drill 38

1. O
2. O
3. U
4. U
5. O
6. U
7. O
8. U
9. S
10. O

Final Exam Drill 39

1. scintillating
2. digression
3. wistful
4. cerebral
5. affable
6. ideological
7. vexed
8. comprehensive
9. impervious
10. tirade

Final Exam Drill 40

1. O
2. O
3. S
4. O
5. O
6. S
7. O
8. S
9. O
10. O

Final Exam Drill 41

1 a
2 e
3 d
4 b
5 d

Final Exam Drill 42

1 S
2 O
3 O
4 O
5 U
6 S
7 O
8 S
9 O
10 O

Final Exam Drill 43

1 cacophony
2 benefactor
3 manifesto
4 reciprocal
5 provisional
6 squalid
7 callow
8 putative
9 derisory
10 proscribe

Final Exam Drill 44

1 a
2 e
3 d
4 f
5 b
6 j
7 c
8 i
9 h
10 g

Final Exam Drill 45

1 S
2 S
3 U
4 S
5 U
6 O
7 S
8 S
9 U
10 S

Final Exam Drill 46

1 d
2 a
3 c
4 c
5 c

Final Exam Drill 47

1 S
2 U
3 S
4 O
5 S
6 S
7 O
8 O
9 S
10 O

Final Exam Drill 48

1 d
2 a
3 e
4 c
5 b

부록

Appendix

1

The
SAT
Hit Parade

SAT 빈출 단어

SAT(미국 대학 입학 자격 시험)에서 가장 많이 출제되는 단어를 빈도순으로 정리한 것이다.
여기에 제시된 단어의 정의는 SAT에서 출제된 용례에 따른 것이기 때문에 사전적 의미나
우리 책에 제시된 정의와 반드시 일치하는 것은 아니다. 잘 익혀 두기 바란다.

SAT

abstract	theoretical; lacking substance (the opposite of concrete) 이론적인; 실체가 없는(concrete(구체적인)의 반대말)
acute	sensitive; sharp; discerning 민감한; 예리한; 분별력을 가진
adapted	modified; altered; changed; revised 수정된; 변경된; 변화된; 개정된
admonition	caution; warning; reprimand 주의; 경고; 질책
advocate (n.)	supporter; backer; promoter; campaigner 지지자; 후원자; 장려자; 운동가
advocate (v.)	support; encourage; back; promote 지지하다; 장려하다; 후원하다; 촉진하다
aesthetic	having to do with artistic beauty; artistic (not to be confused with ascetic) 예술적 미와 관련이 있는; 예술적인(ascetic(근본적인)과 혼동하지 말 것)
affluent	rich; wealthy; comfortable; well-off 부자인; 부유한; 안정된; 유복한
alleviate	to relieve, especially pain 특히 고통을 완화시키다
alludes	refers; mentions; indicates; suggests 말하다; 언급하다; 가리키다; 암시하다
amass	to accumulate 쌓다, 모으다
ambition (n.)	drive; determination; motivation; desire 의욕; 결단; 동기; 욕망
ambition (n.)	goal; aim; objective; aspiration; desire 목표; 목표; 목적; 포부; 욕망
ambivalent	simultaneously feeling opposing feelings; uncertain 동시에 반대의 감정을 느끼는; 불확실한
analogy	a comparison 비교
anarchy	absence of government or control; lawlessness; disorder 정부 또는 통제의 부재; 무법; 무질서
anecdote	a short account of an interesting incident 짧은 사건에 대한 짧은 설명
animated	alive; moving 살아 있는; 움직이는
anomaly	something that is abnormal or irregular 비정상적이거나 불규칙한 것
antipathy	opposition; aversion; hostility; antagonism; hatred; dislike 반대; 혐오; 적대감; 적대; 증오; 혐오
apathy	lack of emotion or interest 감정이나 관심의 결여
apparition	ghost; spirit; specter; phantom 유령; 신령; 망령; 환영

appease	to soothe; to pacify by giving in to	달래다; ~에게 양보해서 진정시키다
apprehensive	fearful about the future	미래를 두려워하는
arraying (v.)	arranging; displaying; organizing; exhibiting	배열하다; 드러내다; 정리하다; 전시하다
arraying (v.)	clothing; dressing; attiring; draping	옷을 입다; 옷을 차려 입다; 차려입다; 꾸미다
arrogant	feeling superior to others; snooty	남들보다 우월하다고 느끼는; 잘난 체하는
articulate	speaking clearly and well	똑똑하고 분명하게 말하는
ascending (adj.)	climbing; uphill; rising; mounting	오르는; 오르막의; 상승하는; 올라가는
ascending (v.)	rising; climbing; soaring; arising	오르다; 등반하다; 치솟다; 피어오르다
ascending (v.)	climbing; mounting; scaling; leading 승진하다; (지위 등이) 오르다; 이르다; (어떤 결과에) 도달하다	
ascertain	to determine with certainty	확실하게 밝히다
asymmetric	unequal; uneven; irregular; disproportionate 같지 않은; 고르지 않은; 불규칙한; 불균형의	
atop (prep.)	on; over; above; upon	~위에
attribution	ascription; credit; acknowledgement; provenance 탓으로 함; ~덕분으로 돌리기; 감사; 유래	
authentic	real	진짜의
autocratic	dictatorial; domineering; high-handed; overbearing; bossy 독재적인; 거만한; 독단적인; 고압적인; 거만한	
belittle	to make to seem little	하찮게 만들다
belligerent	combative; quarrelsome; waging war	투쟁적인; 호전적인; 대전
benevolent	kind; good-hearted; generous	친절한; 따뜻한; 관대한
benign	gentle; not harmful; kind; mild	친절한; 해를 입히지 않는; 상냥한; 온화한
besieged (adj.)	overwhelmed; inundated; beleaguered; plagued 압도된; 범람한; 곤경에 처한; 괴로운	
besieged (v.)	surrounded; sieged; encircled; blockaded	둘러싸다; 포위하다; 에워싸다; 봉쇄하다
bias	prejudice; tendency; tilt	편견; 성향; 경사, 기울기
brevity	the quality or state of being brief in duration	지속 시간이 짧은 특성 또는 상태
broached	proposed; presented; submitted; raised; introduced 제안하다; 내놓다; 제출하다; 제기하다; 도입하다	
calibrate	standardize; adjust, regulate; attune; bring into line 표준화하다; 조정하다; 조절하다; 맞추다; 일치시키다	
candidacy	application; contention; entry; submission; candidature 지원; 논쟁; 참가; 제출; 입후보 자격	

candor	completely honest, straightforward 아주 정직하고 솔직한
cloisters	monasteries; abbeys; friaries; convents; walkways; doorways; arches 수도원; 수도원; 수도원; 수도원; 통로; 현관; 아치
clout (n.)	thump; wallop; whack; smack (세게) 치기; 강타; 구타; 찰싹 때리기
clout (n.)	influence; power; pull; authority 영향력; 힘; 당기는 힘; 권위
clout (v.)	hit; strike; thump; bash 때리다
coercive (adj.)	forced; forcible; intimidating; bullying 강압적인; 강제적인; 협박적인; 겁을 주는
colloquial (adj.)	informal; idiomatic; conversational; everyday 비공식적인; 관용적인; 회화체의; 일상적인
commodity	product; service; goods 상품
complacent	satisfied with the current situation and unconcerned with changing it 현재 상황에 만족하고 변화에 무관심한
complementary	balancing; opposite; harmonizing; corresponding; matching 균형 잡힌; 상반하는; 잘 어울리는; 상응하는; 조화되는
compliant	yielding; submissive 말을 잘 듣는; 순종적인
concedes	allows; acknowledges; grants; admits; accepts 허락하다; 인정하다; 승인하다; 허용하다; 받아들이다
concise	brief and to the point; succinct 짧고 적절한; 간결한
condone	to overlook; to permit to happen 묵과하다; 일이 일어나게 놔두다
conducive	favorable; helpful; encouraging; advantageous; beneficial 호의적인; 도움이 되는; 격려하는; 유리한; 이로운
congenial	agreeably suitable; pleasant 기분 좋게 어울리는; 유쾌한
consecrated (adj.)	holy; sacred; sanctified; hallowed; blessed 신성한; 성스러운; 축성된; 신성시되는; 축복 받은
consecrated (v.)	dedicated; devoted; set apart; made holy 바치다; 헌신하다; 구별하다; 신성하게 하다
conspicuous	easy to notice; obvious (antonym: inconspicuous) 눈에 띄기 쉬운; 명백한 (inconspicuous(눈에 띄지 않는)의 반대말)
constisutions	compositions; structures; make-ups; components 구성; 구조; 구성 방식; 구성 요소
construe	interpret; take; read; see; understand 해석하다; 받아들이다; (특정 방식으로) 이해하다; 알다; 이해하다
contempt	reproachful disdain 비난하는 듯한 경멸
contingent (adj.)	depending; liable; reliant; conditional ~을 조건으로 하는; ~하기 쉬운; 의존적인; 조건부의
contingent (n.)	commission; legation; committee; party; group 위임; 사절 파견; 위원회; 정당; 그룹

convened	assembled; summoned; organized; arranged	모으다; 소환하다; 조직하다; 정리하다
conventional	conservative; conformist; straight; predictable; unadventurous; usual	
	보수적인; 순응적인; 직진하는; 예측 가능한; 모험적이 아닌; 보통의	
correctitude	correct behavior; properness; propriety	올바른 행동; 적절함; 예의 바름
cowed (adj.)	intimidated; browbeaten; scared; frightened	겁에 질린; 위협 받은; 겁 먹은; 무서워하는
cowed (v.)	bullied; scared; frightened; overawed	겁주다; 무섭게 하다; 섬뜩하게 하다; 위압하다
critical (adj.)	dangerous; serious; grave; perilous	위험한; 심각한; 위험이 따르는; 위기에 처한
critical (adj.)	analytical; judicious; diagnostic; detailed	분석적인; 분별력 있는; 진단하는; 상세한
critical (adj.)	significant; decisive; vital; important	중요한; 결정적인; 절대 필요한; 중요한
debilitate	to weaken	약하게 하다
deference	submission or courteous respect	복종 혹은 정중한 존경
denomination	value; quantity; money; coinage	가치; 양; 돈; 동전
denounce	to condemn openly	공개적으로 비난하다
deplete	to use up; to reduce; to lessen	다 써 버리다; 삭감하다; 줄이다
despondent	depressed	우울한
deter	to prevent; to stop; to keep from doing something	
	방해하다; 멈추게 하다; 어떤 것을 못하게 방해하다	
digress	to go off the subject	주제에서 벗어나다
diligent	hardworking	열심히 일하는
discernment	insight; ability to see things clearly	통찰력; 사물을 명확히 볼 줄 아는 능력
discriminate	to differentiate; to make a clear distinction; to see the difference	
	구별하다; 분명하게 식별하다; 다른 점을 알아보다	
disdain	to regard with contempt	경멸하다는 태도로 보다
dismay (n.)	disappointment; shock; consternation; apprehension	실망; 충격; 경악; 염려
dismay (v.)	disappoint; shock; sadden; depress; perturb	
	실망시키다; 충격을 주다; 슬프게 하다; 낙담시키다; 혼란시키다	
disparage	to speak of negatively; to belittle	부정적으로 말하다; 무시하다
dispassionate	without passion; objective; neutral	감정을 갖지 않은; 객관적인; 중립적인
dissent	disagreement	의견 차이, 불일치
distinguish	to tell apart; to cause to stand out	구별하다; 눈에 띄게 하다
diverge	deviate; wander; depart; swerve; separate	
	빗나가다; 방랑하다; 벗어나다; 일탈하다; 갈라지다	
diverse	varied	다양한

divert	to change the direction of; to alter the course of; to amuse 방향을 바꾸다; 진로를 수정하다; 즐겁게 하다
dread (n.)	fear; terror; trepidation; anxiety 두려움; 공포; 공포; 불안
dread (v.)	fear; be afraid of; not look forward to 무서워하다; 두려워하다; 기대하지 않다
dreary	dull; boring; monotonous; tedious 따분한; 지루한; 단조로운; 싫증나는
dubious	doubtful; of unlikely authenticity 의심스러운; 확실한 것 같지 않은
earnestness	sincerity; seriousness; solemnity; intensity 성실함; 진지함; 엄숙함; 집중
eccentric	not conventional; a little kooky; irregular 전통적인 것을 벗어난; 다소 괴벽한; 불규칙한
egocentrism	self-absorbed; self-obsessed 자기 도취의; 자기 중심의
elaborate	detailed; careful; thorough 상세한; 신중한; 철저한
eloquent	well-spoken 능변의
empirical	derived from observation or experiment 관찰 혹은 실험에서 얻어진
enacted	passed; ratified; endorsed; decreed; sanctioned 통과하다; 재가하다; 승인하다; 포고하다; 인가하다
encroach	to make gradual inroads; to trespass 점진적으로 침입하다; 침입하다
endow	award, donate; bestow; give; bequeath 수여하다; 기부하다; 증여하다; 주다; 유언으로 증여하다
endured	tolerate; suffered; underwent; withstood; sustained; lasted 참다; 겪다; 견디다; 견뎌내다; 굽히지 않다; 지속하다
engender	produce; cause; create; stimulate; provoke 생산하다; 야기하다; 창조하다; 자극하다; 선동하다
enhance	to make better; to augment 향상시키다; 증가시키다
entrenched (adj.)	rooted; engrained; fixed; imbedded; embedded 뿌리 박힌; 뿌리 깊은; 고정된; 깊숙이 박힌; 파묻힌
entrenched (v.)	established; ensconced; cemented 안정시키다; 편히 앉히다; 굳히다
esthetic	artistic; visual; appealing; beautiful 예술적인; 시각적인; 매력적인; 아름다운
fevinced	showed; demonstrated; displayed; revealed; exhibited 보여주다; 설명하다; 진열하다; 드러내다; 전시하다
evoke	to summon or draw forth 소환하거나 끌어내다
explicit	fully and clearly expressed 완전하고 명확하게 표현된
extraneous	irrelevant; extra; unnecessary; unimportant 관계 없는; 추가의; 불필요한; 하찮은
faculties (n.)	abilites; facilities; talents; aptitudes; knacks 능력; 재능; 재주, 장기; 소질; 솜씨
fanatic	one who is extremely devoted to a cause or idea 이념이나 사상에 극단적으로 빠져 있는 사람

feasibility (n.)	viability; possibility; probability; likelihood	실현 가능성; 가능성; 가망; 있음직 함
ferocity (n.)	fierceness; ferociousness; cruelty; wildness; viciousness 사나움; 흉포함; 잔인함; 난폭; 광포함	
fickle	capricious; whimsical; unpredictable	급변하는; 변덕스러운; 예측 불가한
fiscal (adj.)	economic; financial; monetary	경제의; 재정적인; 재정의
forum	opportunity; medium; environment, setting; meeting; conference 기회; 매체; 환경; 회의; 회의	
frivolous	not serious; not solemn with levity	사소한; 경솔해서 진지하지 못한
futile	hopeless; without effect	희망 없는; 효과 없는
glistening	gleaming; shining; sparkly; glittering	반짝반짝 빛나는
grave (adj.)	serious; severe; weighty; crucial; critical	진지한; 심각한; 중대한; 중요한; 결정적인
gullible	overly trusting; willing to believe anything	지나치게 잘 믿는; 아무거나 기꺼이 믿는
heed	to listen to	귀 기울여 듣다
hypothetical	uncertain; unproven	확실하지 않은; 증명되지 않은
ignominious	degrading; disgraceful; dishonorable; shameful 품위를 떨어뜨리는; 수치스러운; 불명예스러운; 부끄러운	
immured	secluded; confined; imprisoned; incarcerated	격리하다; 가두다; 수감하다; 감금하다
impartial	unbiased; neutral	편파적이지 않은; 중립의
imperactive	completely necessary	꼭 필요한
implicit	implied	함축된
imprudent (adj.)	foolish; impulsive; indiscreet; irresponsible	어리석은; 충동적인; 부주의한; 무책임한
inability	incapability; incapacity; powerlessness; helplessness	무능; 무능력; 무력; 무력함
inadvertent	lax; careless; without intention	해이한; 부주의한; 우연한
incessant	unceasing; never-ending	끊임없는; 영원한
inclined (adj.)	motivated; persuaded; tending; disposed 의욕적인; 설득하는; ~하는 경향이 있는; ~할 마음이 내키게 하는	
incoherent	jumbled; chaotic; impossible to understand	난잡한; 혼란한; 이해할 수 없는
inconstancy (n.)	infidelity; faithlessness; fickleness	불신; 충실하지 못함; 변덕스러움
incredulous	disbelieving; skeptical; unbelieving; doubtful; dubious 믿지 않는; 회의적인; 못 믿겠다는 듯한; 의심하는; 의심을 품은	
indifferent	having no interest or concern	흥미나 걱정이 없는
indignation	anger aroused by something perceived as unjust 부당하다고 인식되는 것에 의해 야기되는 분노	

indulgent	lenient; yielding to desire	너그러운; 욕구를 쉽게 들어주는
inevitable	unavoidable; bound to happen	피할 수 없는; 반드시 일어나게 되어 있는
inexorable	unstoppable; inevitable; unavoidable; inescapable 막을 수 없는; 어쩔 수 없는; 피할 수 없는; 불가피한	
ingenious	clever; resourceful; original; inventive	영리한; 지략이 있는; 독창적인; 창의적인
innate	existing since birth; inborn; inherent	타고난; 선천적인; 고유의
innovation	the act of introducing something new	새로운 것을 도입하는 일
insolent	impudent; impertinent; rude; disrespectful	무례한
instigate	to provoke; to stir up	자극하다; 선동하다
intermittent	sporadic; recurrent; erratic; irregular; alternating 우발적인; 재발하는; 변덕스러운; 불규칙적인; 교대의	
intuitive	instinctive; spontaneous; innate; natural	본능적인; 자연적인; 타고난; 선천적인
inversion	overturn; upturn; transposal; downturn	전복; 상승; 전위; 하강
irksome	annoying; irritating; exasperating; tiresome	성가신; 짜증 나는; 화가 나는; 성가신
ironic	satiric; unexpected	풍자적인; 예기치 못한
jeopardy	danger	위험
keen	intense; strong; acute; deep	강렬한; 강한; 예리한; 깊은
lacquer	polish; gloss; varnish	윤내다; 광내다; 광택을 내다
lament	to mourn	애도하다
lethargy	sluggishness; laziness; drowsiness; indifference	무기력; 나태; 졸음; 무관심
magnitude	greatness in scale: importance; size; significance	규모의 거대함; 중요성; 크기; 중요
malicious	deliberately harmful	고의적으로 해로운
malignity	enmity; evil; hate; ill will; indignity	적개심; 악; 혐오; 악의; 경멸
malleable	capable of being shaped	형체로 만들어질 수 있는
mediation	a settlement between conflicting parties	대립하는 당사자들 사이의 합의
meekness	humbleness; quietness; docility; gentleness	겸손함; 조용함; 온순; 점잖음
merger	a joining or marriage	합병, 결혼
mired	delayed; stalled; hindered; stuck	지연하다; 꼼짝 못하게 하다; 방해하다; 꼼짝 못하게 하다
modest	shy; diffident; unsure; uncertain; ordinary 수줍은; 소심한; 자신 없는; 확신이 없는; 평범한	
monotonous	dull; repetitious; uninteresting; boring	따분한; 반복적인; 재미없는; 지루한
negligence	carelessness	부주의

neutral	unbiased; not taking sides; objective 선입견이 없는; 편을 들지 않는; 객관적인
nostalgia	a bittersweet longing for things of the past 과거의 것에 대한 달콤 쌉쌀한 그리움
novel	fresh; original; new 신선한; 창의적인; 새로운
nuisance	irritation; pain; annoyance; pest 짜증나는 것; 고통; 성가심; 성가신 사람
objective	uninfluenced by emotions; a goal 감정에 영향받지 않는; 목표
obscure	not readily noticed; vague 쉽게 알아채지 못하는; 애매한
obstinacy	stubbornness; determination; wrongheadedness, inflexibility 완강함; 결단력; 완고함; 단호한 태도
ominous	menacing; threatening 위협적인; 협박하는
omnipotence	authority; power; supremacy; influence 권위; 권력; 주권; 영향력
opine (v.)	harangue; preach; orate; lecture 열변을 토하다; 설교하다; 연설하다; 강연하다
optimistic	hopeful; positive; bright; cheerful 희망적인; 긍정적인; 밝은; 쾌활한
ornate	decorative; overelaborate; baroque; lavish 장식적인; 지나치게 정교한; 지나치게 화려한; 사치스러운
peripheral	unimportant 중요치 않은
perspective	viewpoint; standpoint; outlook; perception 견해
phenomenon	occurrence; observable fact; experience; happening; incident 사건; 관찰 가능한 사실; 경험; 일
plumes	trails; clouds; spirals; columns 오솔길; 구름; 나선형; 기둥
poignant	moving; emotional; touching; distressing 마음을 뭉클하게 하는; 감정을 자극하는; 감동적인; 애처로운
postulate	assume; guess; hypothesize; suggest 가정하다; 추측하다; 가설을 세우다; 제안하다
practical	applied; real-world; everyday; real; sensible 실제로 적용된; 현실 세계의; 일상의; 진짜의; 실용 위주의
pragmatic	practical; down-to-earth; based on experience rather than theory 실용적인; 현실적인; 이론보다 경험에 기초를 둔
predecessor	someone or something that came before another 전임자 또는 앞선 것
preposterous	outrageous; absurd; ridiculous; ludicrous 아주 별난; 부조리한; 웃기는; 터무니없는
pressed (v.)	surged; crowded; swarmed; clustered 밀어닥치다; 군집하다; 많이 모여들다; 밀집하다
prevade	to be present throughout 도처에 존재하다
probable	likely; credible; possible; feasible 있을 법한; 신뢰할 수 있는; 가능성 있는; 있음직한
procession	march; parade; demonstration; sequence; succession 행진; 퍼레이드; 시위; 연속; 계속

proclaim	announce; declare; state; decree 발표하다; 선언하다; 표명하다; 포고하다	
profound	deep; insightful (the opposite of superficial) 심오한; 통찰력이 있는(superficial(피상적인)의 반대말)	
profuse	flowing; extravagant 넘치도록 많은; 사치스러운	
provocative	giving rise to action or feeling 행동이나 감정을 일으키는	
proxy	substitute; alternative; stand-in 대리	
prudent	careful; wise 신중한; 현명한	
pulpit	podium; dais; stand; platform; stage 연설대; 연단; 연단; 강단; 무대	
queer	anomalous; atypical; questionable; remarkable 기묘한; 전형적이 아닌; 미심쩍은; 이상한	
ramified	branched; forked; divided; split 가지를 내다; 분기하다; 갈라지다; 쪼개지다	
rashly	hastily; impulsively; recklessly; impetuously 성급하게; 충동적으로; 무모하게; 충동적으로	
receptive	open; amenable; accessible; interested 개방적인; 순종하는; 접근하기 쉬운; 관심이 있는	
reciprocate	to mutually take or give; to respond in kind 상호간에 받거나 주다; 마찬가지로 응답하다	
redundant	repetitive; unnecessary; excessively wordy 중복되는; 불필요한; 지나치게 장황한	
refute	to disprove; to prove to be false 반박하다; 잘못된 것을 증명하다	
rejuvenate	to make young and strong again 다시 젊고 강하게 만들다	
relevant	important; pertinent 중요한; 적절한	
relish (v.)	enjoy; savor; like; appreciate 즐기다; 음미하다; 좋아하다; 감상하다	
reluctant	unwilling; unenthusiastic; disinclined; hesitant 마음 내키지 않는; 열성이 없는; ~ 하고 싶지 않은; 주저하는	
reminisce	recall; evoke; recollect; ponder 상기하다; 불러내다; 회상하다; 곰곰이 생각하다	
remorse	sadness; regret 비애; 후회	
repress	to hold down 억누르다	
repudiate	to reject; to deny 거절하다; 부인하다	
resignation	unresisting acceptance; submission 저항하지 않는 수용; 복종	
retract	to take back; to withdraw; to pull back 철회하다; 뒤로 물리다; 후퇴하다	
reverberate	echo; resound; vibrate; resonate 반향을 보이다; 울려 퍼지다; 반향하다; 공명하다	
reverence	respect; admiration; worship; awe 존경; 찬양; 숭배; 경외	
rigid	unbending; inflexible; severe; strict 구부러지지 않는; 경직된; 엄격한; 엄한	
rigorous	strict; harsh; severe 엄격한; 가혹한; 심한	
scanty	inadequate; minimal 불충분한; 최소한의	

scope	possibility; choice; room; opportunity 가능성; 선택의 범위; 여지; 기회
scrutinize	to examine closely 면밀히 조사하다
scuttling	scurrying; scampering; darting; dashing 허둥지둥하는; 급히 사라지는; 돌진하는; 돌진하는
sheer	pure; utter; absolute; total 순전한; 전적인; 완벽한; 완전한
shuttered	closed; secured; boarded up; covered up 닫다; 안전하게 하다; 판자로 막다; 온통 덮다
skeptical	doubting (antonym: gullible) 의심 많은(gullible(잘 속는)의 반대말)
solemn	serious; grave 진지한; 중대한
sparingly	frugally; carefully; cautiously; scarcely 검소하게; 신중하게; 조심성 있게; 겨우
squander	to waste 낭비하다
stagnation	motionlessness; inactivity 정체; 무기력
static	still; stationary; motionless; inert 정지한; 움직이지 않는; 부동의; 활성이 없는
stringent	strict; restrictive 엄격한; 제한적인
subjugate	conquer; vanquish; subdue; defeat 정복하다; 완파하다; 진압하다; 패배시키다
subordinate	secondary; lesser; minor; subsidiary 보조의; 보다 중요하지 않은; 이류의; 보조적인
substantiate	to support with proof or evidence; verify 증거나 근거로 뒷받침하다; 증명하다
subtle	not obvious; not able to make fine distinctions; ingenious; crafty 분명치 않은; 쉽게 구별할 수 없는; 기발한; 교묘한
subversion	rebellion; sedition; treason; mutiny 반란; 선동; 반역; 폭동
superficial	on the surface only; shallow; not thorough 단지 표면적인; 얕은; 철저하지 못한
survey (v.)	plot; chart; measure; gauge 측량하다; 도표로 만들다; 재다; 측정하다
symbolic	representative; figurative; emblematic; representational 대표하는; 표상적인; 상징적인; 구상적인
sympathetic	agreeable; congenial; likeable; affable 동의하는; 마음이 맞는; 호감이 가는; 상냥한
tactful	diplomatic; discreet; sensitive; delicate 외교적인; 사려있는; 민감한; 섬세한
tangible	touchable; palpable 만져서 알 수 있는; 명백한
temperament	nature; character; personality; disposition 본성; 성격; 개성; 성질
temperate	moderate; restrained 자제하는; 삼가는
tenacious	tough; hard to defeat 질긴; 깨부수기 어려운
tentative	experimental; temporary; uncertain 시험적인; 일시적인; 불확실한
theoretical	hypothetical; notional; conjectural; abstract; imaginary 가설의; 개념적인; 추측의; 추상적인; 상상의
trifling	trivial; petty; insignificant; small 사소한; 보잘것없는; 중요하지 않은; 작은

unadorned	plain; bare; austere; simple 명료한; 꾸밈없는; 간소한; 간단한
undermine	to weaken 약하게 하다
underscore	to put emphasis on 강조하다
undulating (adj.)	rolling; swelling; surging; rippling 넘실대는; 부어오르는; 넘실거리는; 물결치는
unfounded	groundless; unsupported; baseless; unsubstantiated 사실무근의; 입증되지 않은; 기초가 없는; 입증되지 않은
uniform	consistent; unchanging; the same for everyone 일관된; 변화가 없는; 획일화된
unprecedented	happening for the first time; novel; never seen before 처음으로 발생한; 새로운; 전례가 없는
utilitarian	useful; practical; serviceable 유용한; 실용적인; 쓸모 있는
validated	authenticated; legalized; authorized; confirmed 법적으로 입증된; 법률상 인정된; 권위를 부여받은; 확증된
venerable	respected; august; esteemed; revered 존경받는; 위엄있는; 존중받는; 숭배받는
versatility	adaptability; flexibility; resourcefulness 적응성; 융통성; 임기응변의 재능
volatile	quick to evaporate; highly unstable; explosive 휘발성의; 매우 불안정한; 폭발성의
voluntary	willing; unforced 자발적인; 강제에 의한 것이 아닌
willful	deliberate; obstinate; insistent on having one's way 고의적인; 고집이 센; 자신의 방식만을 고집하는

2

The
GRE
Hit Parade

GRE 빈출 단어

GRE는 미국 대학원 입학 능력 시험이다. GRE 중 두 파트는 전적으로 여러분의 어휘 실력에 달려 있다. GRE 어휘는 SAT 어휘만큼이나 중요하다. 다음에 나오는 리스트는 GRE 시험에 자주 나오는 단어들이다. 또한 GRE에서 자주 다룰 것으로 유력시되는 단어들도 포함시켰다. GRE에서 좋은 성적을 얻기 바란다면, GRE와 SAT 히트 빈출의 어휘들을 모두 잘 알고 있어야만 한다. 하루에 열 단어씩만 암기하라. 어휘에 자신 있다면 상관없지만, 그렇지 않다면 오늘 당장 공부를 시작해야 한다.

abstruse	hard to understand or grasp 이해하기 어려운
abjure	avoid; shun; reject; abnegate 피하다; 멀리하다; 거절하다; 버리다
acumen	shrewdness; insight; judgment; intelligence 현명함; 통찰력; 판단력; 총명함
acute	sharp; shrewd 날카로운; 예민한
adorn	to lend beauty to 아름다움을 더하다
adroit	skillful; dexterous; clever; shrewd; socially at ease 솜씨 있는; 손재주가 좋은; 재주가 있는; 기민한; 사회적으로 편안한
adverse	unfavorable; antagonistic 호의적이 아닌; 대립하는
aesthetic	having to do with artistic beauty; artistic 예술적 미와 관련이 있는; 예술적인
affectation	unnatural or artificial behavior, usually intended to impress 주로 강한 인상을 남기기 위해 하는 부자연스럽거나 인위적인 행동
alacrity	eagerness; enthusiasm; readiness; quickness 열의; 열정; 준비가 되어 있음; 민첩
altruistic	unselfish; humane; selfless; philanthropic 이타적인; 자비로운; 사심 없는; 박애의
ambiguous	Unclear in meaning; confusing; capable of being interpreted in different ways 의미가 불확실한; 혼동되는; 다른 방식으로 해석될 수 있는
ambivalent	undecided; having opposed feelings simultaneously 미결정의; 동시에 상반된 감정을 가지는 것
ameliorate	to make better or more tolerable 더 좋거나 웬만큼 괜찮게 만드는 것
amenable	agreeable; open; acquiescent; willing; pliable 기꺼이 동의하는; 열려 있는; 잠자코 동의하는; 기꺼이 ~하는; 유순한
anoint	to choose by or as if by divine intervention ~을 통해 선택하다 혹은 신의 개입으로 선택하다
approbation	approval; consent; praise; admiration 승인; 동의; 칭찬; 찬양
appropriation	misuse; fraud; stealing; cheating 오용; 사기 행위; 도용; 속임수
arcane	mysterious; known only to a select few 신비로운; 엄선된 소수에게만 알려진
archaic	extremely old; ancient; outdated 아주 오래된; 고대의; 시대에 뒤진
archetype	model; epitome; prototype; standard 모범; 개요; 전형; 표준

arduous	difficult; hard; laborious; grueling 어려운; 힘든; 힘드는; 녹초로 만드는
artless	honest or sincere; natural; uncultured and ignorant
	정직하거나 진실한; 있는 그대로의; 교양 없고 무지한
ascendancy	supremacy; domination 우위; 지배
asinine	silly; stupid; foolish; unintelligent 어리석은; 우둔한; 바보 같은; 무지한
aspiration	a strong desire for high achievement 높은 성취에 대한 강한 열망
assiduous	hardworking; busy; diligent 열심히 일하는; 바쁜; 근면한
astonishment	great surprise or amazement 대단히 놀라운 일 또는 놀라움
audacity	boldness; daring; courage; bravery 대담함; 대담성; 용기; 용감
augment	to make bigger; to add to; to increase 더 크게 만들다; 추가하다; 늘리다
austere	unadorned; stern; forbidding; without excess 꾸밈 없는; 엄격한; 험악한; 지나침이 없는
avarice	greed; excessive love of riches 욕심; 부에 대한 지나친 애착
aver	avow; state; claim; declare 공언하다; 진술하다; 주장하다; 선언하다
aversion	a fixed, intense dislike 확고하고 강한 혐오
banal	unoriginal; ordinary 독창적이 아닌; 평범한
base	having or showing a lack of decency 예의가 없거나 예의 없음을 보여주는
beguile	entice; lure; woo; charm; captivate 꾀다; 유혹하다; 구애하다; 매혹하다; 마음을 사로잡다
belie	to give a false impression of; to contradict 잘못된 인상을 주다; 모순되다
beneficent	charitable; altruistic; generous; benevolent 자비로운; 이타적인; 관대한; 자비로운
benevolent	kind; caring; compassionate; generous; beneficent
	친절한; 자상한; 인정 많은; 관대한; 선을 행하는
benign	gentle; not harmful; kind; mild 부드러운; 해롭지 않은; 친절한; 온화한
bent	determined; set; fixed; resolved; decided 결심한
bolster	boost; strengthen; reinforce; encourage 밀어 주다; 강하게 하다; 강화하다; 격려하다
bombast	pomposity; pretentiousness; verboseness; grandiloquence
	과장된 언행; 우쭐댐; 장황함; 호언장담
boon	a timely blessing or benefit 시기적절한 축복이나 혜택
bouquet	aroma; nose; scent; fragrance 향기
bucolic	charmingly rural; rustic; country-like 매력적으로 시골풍인; 시골의; 시골 같은
buttress (n.)	support; prop; reinforcement; structure 지지; 지주; 강화; 구조
buttress (v.)	bolster; strengthen; prop up; reinforce 지지하다; 강하게 하다; 받치다; 강화하다

cacophony	disharmony; harshness; discord; noise; loudness	
	부조화; 귀에 거슬림; 불일치; 소음; 시끄러움	
cajole	coax; persuade; wheedle; entice 구슬리다; 설득하다; 감언이설로 꾀다; 유혹하다	
candor	truthfulness; sincere honesty 진실함; 참된 정직함	
canny	careful and shrewd 신중하고 약삭빠른	
canonize	to treat as sacred; glorify 신성시 여기다; 미화하다	
castigation	criticism; rebuke; reprimand; scolding 비판; 비난; 견책; 꾸짖음	
catalyst	promoter; facilitator; goad; stimulus 촉진물; 촉진제; 자극물; 자극	
caustic	scathing; cutting; sarcastic; unkind 냉혹한; 매서운; 비꼬는; 불친절한	
circumspect	careful; cautious; prudent; wary 신중한	
clangor	a loud racket; a din 큰 소음; 시끄러운 소리	
coalesce	to come together as one; to fuse; to unite 하나로 뭉치다; 융합시키다; 연합하다	
collusion	conspiracy; secret cooperation 음모; 비밀스러운 협력	
commensurate	equal; proportionate 동등한; 비례한	
complaisant	willing; acquiescent; agreeable; amenable	
	기꺼이 ~하는; 잠자코 동의하는; 상냥한; 순종하는	
comprehensive	covering or including everything 모든 것을 포함하거나 포괄하는	
concoct	to devise, using skill and intelligence 기술과 지능을 이용해 고안해내다	
concomitant	occurring or existing concurrently 동시에 발생하거나 존재하는	
confound	to cause to become confused or perplexed 혼란스럽게 하거나 당황하게 만드는 것	
conjure	to summon or bring into being as if by magic 마치 마법의 힘으로 한 것처럼 불러내다	
construe	to interpret 해석하다	
continuity	an uninterrupted succession or flow; a coherent whole	
	중단되지 않은 연속 혹은 흐름; 일관된 전체	
conventional	common; customary; unexceptional 평범한; 습관적인; 예외가 아닌	
convoluted	intricate; complex; complicated; longwinded 복잡한; 장황한	
cosmopolitan	At home in many places or situations; internationally sophiscated	
	다양한 장소나 상황에서 편안하게 머무르는; 국제적으로 세련된	
covet	to wish for enviously 부러워하며 바라다	
cow	to frighten or subdue with threats or a show of force	
	위협이나 시위로 무섭게 하거나 제압하는 것	
craven	cowardly; gutless; spineless; weak 비겁한; 무기력한; 기골이 없는; 약한	
credence	acceptance as true or valid 사실이거나 유효한 것으로 받아들여지는 것	

cunning	marked by or given to artful subtlety and deceptiveness 교묘하고 미묘한 방식을 사용하여 속임수를 부리는
cursory	hasty; superficial 몹시 서두르는; 피상적인
daft	silly; stupid; foolish; nutty 바보 같은; 멍청한; 어리석은; 미친
daunt	to make fearful; to intimidate 두렵게 하다; 겁먹게 하다
debacle	violent breakdown; sudden overthrow; overwhelming defeat 격렬한 붕괴; 갑작스러운 전복; 압도적인 패배
defiant	boldly resisting 대담하게 저항하는
deflect	to turn aside or cause to turn aside 옆으로 비키거나 옆으로 비키게 하다
delimit	to establish the limits or boundaries of 한계나 경계를 정하다
denigrate	disparage; vilify; degrade; belittle 헐뜯다
derision	scorn; mockery; disdain; ridicule 경멸; 조롱; 업신여김; 조소
derivative	copied or adapted from others 다른 것들로부터 모방되거나 개조된
diatribe	attack; tirade; denunciation; harangue 공격; 긴 공격 연설; 공공연한 비난; 비난
diffidence	reserve; shyness; hesitancy; timidity 자제; 부끄러움; 망설임; 소심함
discomfit	embarrass; unsettle; distress; rattle; fluster 당황하게 하다
disingenuous	dishonest; insincere; untruthful; deceitful 부정직한; 거짓의; 진실이 아닌; 허위의
disparate	different; incompatible; unequal 다른; 상반되는; 동등하지 않은
dispassionate	not influenced by strong feelings or emotions 강력한 기분이나 감정에 영향받지 않는
dissemble	to disguise or conceal behind a false appearance 거짓 외모 뒤에 숨기거나 가장하는 것
disseminate	to spread the seeds of something; to scatter; to make widely known 무언가의 씨앗을 퍼뜨리다; 흩뿌리다; 널리 알려지게 하다
doctrinaire	inflexibly committed to a doctrine or theory without regard to its practicality 실용성을 고려하지 않고 원칙이나 이론에 융통성 없이 전념하는 것
dogmatic	arrogantly assertive of unproven ideas; stubbornly claiming that something (often a system of beliefs) is beyond dispute 입증되지 않은 생각을 거만하게 주장하는; (종종 신념 체계와 같은) 어떤 것은 논쟁의 여지가 없다고 고집스럽게 주장하는
doughty	tough; spirited; feisty; indomitable 강인한; 힘찬; 기운찬; 굴복하지 않는
dubious	full of doubt; uncertain 의심으로 가득 찬; 불확실한
duplicity	the act of being two-faced; double-dealing; deception 두 얼굴의 행위; 이중적인 행위; 기만
dynamism	continuous change, activity, or progress 끊임없는 변화, 행동, 또는 발전
ebullient	boiling; bubbling with excitement; exuberant 끓어오르는; 흥분으로 끓는; 원기 왕성한

eccentric	not conventional; a little kooky; irregular 전통적인 것을 벗어난; 다소 괴벽한; 불규칙한
eclectic	choosing the best from many sources; drawn from many sources 여러 재료에서 최고를 선택한; 여러 재료에서 끌어낸
efficacy	effectiveness 효능
efflorescence	a gradual process of unfolding or developing; the point or time of greatest vigor 열리거나 발전하는 점진적인 과정; 가장 활력이 넘치는 지점 혹은 시대
effrontery	impudence; nerve; cheekiness; boldness 뻔뻔함; 용기; 건방짐; 대담함
egalitarianism	the belief in the social and economic equality of all people 모든 사람들의 사회적, 경제적 평등에 대한 믿음
egoism	the doctrine that human behavior is motivated by self-interesst 인간의 행동은 자기 이익에 의해 동기 부여된다는 교리
eminent	well-known and respected; standing out from all others in quality or accomplishment; outstanding 유명하고 존경 받는; 소질이나 성취에서 다른 모든 것들보다 두드러지는; 눈에 띄는
emollient	soothing; calming; palliative; placative 진정시키는; 가라앉히는; 완화하는; 달래는
engender	cause; provoke; stimulate; bring about 야기시키다; 불러 일으키다; 자극하다; 초래하다
enigma	a mystery 미스터리
enterprise	initiative; innovativeness; creativity; inventiveness 기업심; 혁신성; 창의력; 독창적임
epitome	a brief summary that captures the meaning of the whole; the perfect example of something; a paradigm 전체 의미를 포착한 간략한 요약; 무언가의 완벽한 예시; 모범
equivocal	ambiguous; intentionally confusing; capable of being interpreted in more than one way 모호한; 고의적으로 혼란시키는; 한 가지 이상으로 해석이 가능한
eradicate	eliminate; destroy; exterminate; remove 제거하다; 파괴하다; 근절하다; 제거하다
erroneous	containing or derived from error; mistaken 오류를 포함하거나 오류에서 파생된; 잘못된
erstwhile	in the past; at a former time; formerly 과거에; 이전에; 전에
erudite	scholarly; deeply learned 학술적인; 학식이 깊은
esoteric	obscure; mysterious; abstruse; arcane 애매모호한; 이해할 수 없는; 난해한; 비밀의
ethos	the disposition, character, or fundamental values peculiar to a specific person, people, culture, or movement 특정한 사람, 사람들, 문화 또는 운동에 특유한 성질, 특성 혹은 기본적인 가치
exacerbate	to make worse 더 나쁘게 만들다
exemplar	paradigm; example; standard; archetype; ideal 전형; 견본; 표준; 원형; 이상
exigent	demanding prompt action; urgent 즉각적인 조치를 필요로 하는; 긴급한
explicit	clearly and directly expressed 명확하고 직접적으로 표현된

exploit	to employ to the greatest possible advantage; to make use of selfishly or unethically 가능한 최대의 이익을 위해 고용하다; 이기적으로 또는 비윤리적으로 이용하다
extant	still in existence; not destroyed 여전히 존재하는; 파괴되지 않은
extemporaneous	carried out or performed with little or no preparation 거의 또는 전혀 준비 없이 이행되거나 수행되는
extirpate	wipe out; destroy; eradicate; eliminate 없애다; 파괴하다; 박멸하다; 제거하다
extol	praise; exalt; commend; eulogize 칭찬하다
extraneous	unnecessary; irrelevant; extra 불필요한; 무관한; 외부의
extrapolate	to project or deduce from something known; to infer 알려진 것으로부터 산출하거나 추론하는 것; 추론하다
facetious	humorous; not serious; clumsily humorous 익살맞은; 심각하지 않은; 눈치 없이 익살맞은
fatuous	unintelligent; silly; complacent; unaware 무지한; 어리석은; 개의치 않는; 알지 못하는
fawn	crawl; flatter; grovel; butter up 굽실거리다; 아첨하다; 비굴하게 굴다; 아부하다
feckless	careless and irresponsible 부주의하고 무책임한
feeble	lacking bodily strength; weak 체력이 부족한; 약한
feign	to give a false appearance of 겉치레하다
fidelity	loyalty; faithfulness; reliability; trustworthiness 충성심; 충실; 기댈 수 있음; 신뢰할 수 있음
flair	talent; skill; aptitude; ability; knack; gift 재능; 기술; 적성; 능력; 기교; 재능
flip (v.)	explode; lose your temper; go berserk; lose it 폭발하다; 성질을 부리다; 광분하다; 자제력을 잃다
florid	ostentatious; showy; extravagant; flowery 과시하는; 현란한; 사치스러운; 꾸밈이 심한
fortuitous	accidental; occurring by chance 우연한; 우연히 발생한
gainsay	oppose; contradict; argue; refute 반대하다; 부정하다; 논쟁하다; 반박하다
garrulous	talkative; chatty 말이 많은; 수다스러운
glum	moody and melancholy 시무룩하고 우울한
glut	excess; surplus; superfluity; overabundance 과잉
hackneyed	everyday; commonplace; worn-out; unimaginative 평범한; 진부한; 닳고 닳은; 상상력이 없는
harbinger	a forerunner; a signal of 선인; 신호
herald	to proclaim, especially with enthusiasm 특히 열정적으로 선언하다
heterodox	not in agreement with accepted beliefs 공인된 신념과 일치하지 않는

hidebound	stubbornly prejudiced, narrow-minded, or inflexible
	완고하게 편견이 있는, 편협하거나 융통성이 없는
homogeneous	uniform; made entirely of one thing 획일적인; 전적으로 하나의 것으로 만들어진
hortatory	marked by exhortation or strong urging 권하거나 강하게 재촉하는 것이 특징인
humanism	a system of thought that focuses on humans and their values, capacities, and worth
	인간과 그들의 가치, 능력, 중요성에 초점을 맞춘 사고 체계
hypothesis	something taken to be true for the purpose of argument or investigation; an assumption
	논쟁이나 조사의 목적으로 진실로 여겨지는 것; 가정
iconoclast	one who attacks popular beliefs or institutions
	대중의 믿음이나 관습을 공격하는 사람; 무리에서 떨어진 사람
illuminate	to make understandable; to clarify 이해할 수 있도록 하다; 명확히 하다
imminent	just about to happen 막 일어나려는
impecunious	having little or no money 돈이 거의 없거나 없는
impediment	a hindrance or obstruction 방해 또는 장애
impenetrable	impossible to penetrate or enter; impossible to understand
	관통하거나 들어갈 수 없는; 이해할 수 없는
imperative	necessary or urgent 필수이거나 긴급한
imperceptible	impossible or difficult to perceive by the mind or senses
	정신이나 감각으로 인지하기 불가능하거나 어려운
impertinence	insolence; impudence; disrespect; lip 무례함; 건방짐; 결례; 주제넘은 말
impetus	an impelling force; an impulse 추진력; 자극
implicit	implied rather than expressly stated 명백히 드러내기보다는 암시적인
improvident	careless; reckless; imprudent; negligent 부주의한; 무모한; 경솔한; 태만한
impudence	carelessness; recklessness; incaution; indiscretion
	부주의함; 무모함; 경솔함; 무분별한 행동
inalienable	unable to be transferred to others 타인에게 양도할 수 없는
inane	silly; unintelligent; absurd; ridiculous 어리석은
incendiary	tending to arouse strong emotion or conflict 강한 감정이나 갈등을 유발하는 경향이 있는
incense	to make very angry 몹시 화나게 하다
inclusive	taking in a great deal or everything within its scope
	범위 안의 많은 것 또는 모든 것을 받아들이는 것
indefatigable	having or showing a capacity for persistent effort
	지속적인 노력을 할 수 있는 능력을 갖거나 보여주는 것

indict	to accuse of wrongdoing; to criticize severely	잘못을 고발하다; 심하게 비판하다
indifferent	not caring one way or the other; apathetic; mediocre 어느 쪽이든 상관하지 않는; 무관심한; 평범한	
indolent	lazy 나태한	
industrious	energetic in work or study 일이나 공부에 활력이 넘치는	
ingenuity	inventiveness; cleverness; resourcefulness; imagination 창의성; 영리함; 임기응변의 재능; 상상력	
inhibit	to hold back; to restrain 억누르다, 제지하다	
innocuous	harmless 해롭지 않은	
innovation	the act of introducing something new 새로운 것을 도입하는 일	
inscrutable	difficult to understand or interpret 이해하거나 해석하기 어려운	
insipid	dull; bland 지루한; 단조로운	
insular	like an island; isolated 섬 같은; 고립된	
integrate	to combine two or more things into a whole 둘 이상의 것들을 하나의 전체로 결합하는 것	
intemperate	self-indulgent; uncontrolled; unrestrained; extravagant 제멋대로인; 자유로운; 억제되지 않은; 낭비하는	
intrepid	fearless; bold; courageous; valiant 두려움이 없는; 대담한; 용기 있는; 용감한	
invalidate	to nullify 무효로 하다	
irksome	causing annoyance or weariness 성가시게 하거나 피곤하게 만드는	
ironic	meaning the opposite of what you seem to say; using words to mean something other than what they seem to mean 말하는 것과 반대를 의미하는; 단어가 의미하는 것이 아닌 다른 것을 의미하기 위해 단어를 사용하는	
kindred	having a similar or related origin, nature, or character 비슷하거나 관련된 기원, 본질 또는 성격을 가진	
labyrinthine	complex; convoluted; intricate; complicated 복잡한	
laconic	using few words, especially to the point of being rude 특히 무례하다고 할 수 있을 정도로 말을 하지 않는	
laud	to praise; to applaud; to extol; to celebrate 칭찬하다; 성원하다; 격찬하다; 경축하다	
lavish	extravagant; profligate; wasteful; excessive 낭비하는; 방탕한; 낭비하는; 지나친	
liberal	generous; copious; abundant; substantial 관대한; 풍부한; 풍족한; 상당한	
lucid	clear; easy to understand 분명한; 이해하기 쉬운	
lucrative	producing wealth; profitable 부를 창출하는; 이익이 되는	

luminary	a person who inspires others or achieves eminence in a field 다른 사람들에게 영감을 주거나 그 분야에서 명성을 얻은 사람
magnify	to make more intense or extreme 더 강렬하거나 극단적으로 만드는 것
makeshift	suitable as a temporary substitute 임시 대용으로 적합한
malign	to make evil, harmful statements about, especially untrue statements 특히 진실이 아닌, 사악하고 해로운 말을 하는 것
malleable	soft; flexible; pliable; plastic; impressionable 부드러운; 유연한; 휘기 쉬운; 마음대로 형태를 뜰 수 있는; 가소성이 있는
marginalize	to relegate or confine to a lower or outer limit or edge 더 낮은 곳 또는 외부 한계 또는 가장자리로 내쫓거나 제한하는 것
meager	deficient in quantity, fullness, or extent 양, 포만감 또는 정도가 부족한
mendacious	lying; dishonest 거짓말하는; 정직하지 못한
merit	warrant; earn; be worthy of; deserve 정당화하다; 받을 만하다; ~할 가치가 있다; 받을 만하다
minatory	expressing or conveying a threat 위협을 표현하거나 전하는
mitigate	to moderate the effect of something 어떤 것의 영향을 완화하다
morbid	unwholesome thoughts or feelings, especially of death or disease 특히 죽음이나 질병에 대한 병적인 생각이나 감정
mortify	to humiliate 창피를 주다
mundane	ordinary; pretty boring; not heavenly and eternal 평범한; 꽤 지루한; 신성하고 영원하지 않은
munificent	very generous; lavish 매우 관대한; 아끼지 않는
naiveté	lacking worldly experience and understanding 세속적인 경험과 이해가 부족한
narcissism	excessive love of one's body or oneself 자기 몸이나 자기 자신에 대한 지나친 사랑
noisome	foul; offensive; disgusting; repulsive 불결한; 거슬리는; 역겨운; 혐오감을 일으키는
notorious	known widely and usually unfavorably 널리 그리고 대개 호의적이지 않게 알려진
novel	new; origin 새로운; 창의적인
obdurate	stubborn; inflexible; obstinate; adamant 고집 센; 구부러지지 않는; 완고한; 단호한
objective	uninfluenced by emotions or personal prejudices 감정이나 개인적인 편견에 영향을 받지 않는
obscure	unknown; hard to understand; dark 알 수 없는; 이해하기 어려운; 어두운
obviate	remove; avoid; preclude; forestall 제거하다; 피하다; 방지하다; 미연에 방지하다
occluded	blocked; sealed; obstructed; stopped 막다; 봉하다; 차단하다; 저지하다

offset	to counterbalance, counteract, or compensate for 균형을 잡아 주거나 대응하거나 보상하다
omnipresent	present everywhere simultaneously 동시에 어디에나 존재하는
opaque	impossible to see through; impossible to understand 꿰뚫어 볼 수 없는; 이해할 수 없는
opprobrium	scorn; contempt; condemnation; censure 경멸; 멸시; 비난; 책망
opulent	luxurious 호화로운
orthodox	conventional; adhering to established principles or doctrines, especially in religion; by the book 전통적인; 특히 종교에서 확립된 원칙이나 교리를 고수하는; 책에 의해
outstrip	to move past or ahead of 지나가거나 앞으로 나아가다
overshadow	to make insignificant by comparison 비교적 무의미하게 만들다
painstaking	extremely careful; taking pains 극도로 신중한; 고심하는
panacea	something that cures everything 모든 것을 치료하는 것
paradox	a true statement or phenomenon that nonetheless seems to contradict itself; an untrue statement or phenomenon that nonetheless seems logical 모순되는 것처럼 보이지만 진리인 말이나 현상; 사리에 맞는 것처럼 보이지만 허위인 말이나 현상
paragon	model; epitome; archetype; paradigm 원형; 축도; 전형; 전형적인 예
partial	favoring one person or side over another or others 다른 사람 혹은 다른 사람들보다 한 사람 혹은 한 편을 좋아하는
partisan	one who in supports a particular person, cause, or idea 특정한 사람이나 명분, 사상 등을 지지하는 사람
patent	obvious 분명한
peddle	to travel about selling; to seek to disseminate; to give out 판매를 위해 돌아다니다; 퍼뜨리려고 하다; 나눠주다
penchant	strong taste or liking 강한 취향 또는 애호
perfidy	treachery; disloyalty; deceit; duplicity 배반; 불충; 사기; 불성실
perfunctory	unenthusiastic; careless 열정이 없는; 무관심한
periphery	the outside edge of something 무언가의 바깥쪽 가장자리
perjury	lying; untruthfulness; prevarication; mendacity 거짓말; 정직하지 않음; 얼버무림; 허위
personification	epitome; embodiment; representation; exemplification 축도; 화신; 대표자; 예시
perturb	to disturb greatly 매우 방해하다
peruse	to read carefully 주의 깊게 읽다
pervade	to spread throuhout 도처에 퍼지다

philanthropic	charitable; benevolent; humanitarian; generous 자비로운; 인자한; 인도주의적인; 관대한
physiological	characteristic of the normal functioning of a living organism 생명체의 정상적인 기능의 특징
piquancy	tastiness; spiciness; sharpness; tang 맛; 흥미로움; 날카로움; 짜릿한 맛
pivotal	crucial 중요한
placate	pacify; conciliate; soothe; calm; mollify 달래다
plasticity	malleability; softness; pliability; elasticity 가단성; 부드러움; 유연성; 신축성
plethora	overabundance; excess; surfeit; glut 과잉
plucky	brave; courageous; gutsy; fearless 용감한
pluralism	a condition in which numerous distinct ethnic, religious, or cultural groups are present and tolerated within a society 수많은 별개의 민족, 종교 또는 문화 집단이 한 사회 내에 존재하고 용인되는 상태
polarize	to break up into opposing factions or groupings 대립하는 퍼벌이나 집단으로 분열시키다
posture (v.)	pose; strike an attitude; strut 포즈를 취하다; 태도를 취하다; 과시하다
precarious	dangerously lacking in security or stability 위험할 정도로 안전이나 안정성이 결여된
precocious	characterized by development, aptitude, or interests considered advanced for a given age 특정 연령에 비해 발달, 적성 또는 흥미가 앞선 것이 특징인
predilection	a natural preference for something 무언가에 대한 자연스러운 선호
prescience	knowledge of actions or events before they occur 발생하기 전의 행동이나 사건에 대한 지식
pretentious	behaving as if one is important or deserving of merit when such is not the case 그렇지 않을 때 자신이 중요한 것처럼 혹은 그럴 가치가 있는 것처럼 행동하는 것
prevaricate	to speak or write dishonestly 부정직하게 말하거나 쓰다
probity	correctness; integrity; rectitude; honor 올바름; 정직; 청렴; 순결
proclivity	tendency; penchant; inclination; liking 경향; 강한 기호; 기질; 취향
prodigal	wasteful; reckless; dissolute; profligate 낭비적인; 무모한; 방탕한; 낭비하는
prodigious	extraordinary; phenomenal; unusual; exceptional 비범한; 놀랄 만한; 보통이 아닌; 뛰어난
profligate	wasteful; reckless; spendthrift; extravagant 낭비적인; 무모한; 낭비하는; 사치스러운
profusion	abundance; excess; plethora; surplus 과잉
proliferate	to spread or grow rapidly 빠르게 퍼지거나 자라다
prolix	tending to speak or write at excessive length 과도하게 길게 말하거나 쓰는 경향이 있는

promulgate	to proclaim; to publicly or formally declare something 선언하다; 공개적으로 또는 공식적으로 무언가를 선언하다
propagate	spread; broadcast; proliferate; disseminate 퍼뜨리다; 살포하다; 증식시키다; 흩뿌리다
propensity	tendency; inclination; partiality; bent 경향; 성향; 편파; 기호
propitious	marked by favorable signs or conditions 좋은 징조 또는 조건으로 특징지어지는
provident	preparing or providing for the future; frugal 미래를 준비하거나 대비하는; 검소한
provocative	tending to provoke or stimulate 도발하거나 자극하는 경향이 있는
proxy	one appointed or authorized to act for another 다른 사람을 위해 행동하도록 임명되거나 권한을 부여받은 사람
prudent	careful; having foresight 조심스러운; 선견지명이 있는
punctilious	strictly attentive to minute details of form in action or conduct 행동이나 행실의 세부사항에 엄격하게 주의를 기울이는
quiescence	dormancy; latency; rest; inertness 휴면; 잠재; 휴식; 불활성
quotidian	everyday; commonplace 매일의; 흔한
rebut	to contradict; to argue in opposition to; to prove to be false 반박하다; 반대를 주장하다; 거짓임을 증명하다
recapitulate	to make summary 요약하다
reconcile	to settle; to resolve 해소하다; 해결하다
recondite	hard to understand; over one's head 이해하기 어려운; 이해할 수 없는
referendum	the submission of a proposed public measure or statute to a direct popular vote 발의된 공적인 법안이나 법규를 민중의 직접 투표에 맡기는 것
refuge	protection or shelter 보호 또는 대피소
relentless	continuous; unstoppable 끊임없는; 막을 수 없는
relish	hearty enjoyment or appreciation 진심으로 즐기거나 감상하는 것
renege	default; break your word; go back on; break a promise 불이행하다; 약속을 어기다; 지키지 않다; 약속을 깨다
repudiate	to reject; to renounce; to disown; to have nothing to do with 거절하다; 포기하다; 거부하다; 아무 상관이 없게 하다
rescind	withdraw; cancel; annul; repeal 물러나다; 취소하다; 무효로 하다; 폐지하다
resolute	determined; firm; unwavering 결심한; 확고한; 동요하지 않는
resonant	strong and deep in tone; resounding; having a lasting presence or effect 음색이 강하고 깊은; 울려 퍼지는; 지속적인 존재나 효과를 갖는
revere	to respect highly; to honor 매우 존경하다; 경의를 표하다
ridicule	to make fun of 놀리다

ruthless	having no compassion or pity 연민이나 동정이 없는
sagacious	wise; sage; perceptive; erudite 현명한; 슬기로운; 지각력이 있는; 학식 있는
sanction	authorization; permission; approval; agreement 인증; 허가; 승인; 승낙
sanguine	cheerful; optimistic; hopeful 명랑한; 낙천적인; 희망적인
sardonic	mocking; scornful; ironic; sarcastic 조롱하는; 경멸하는; 빈정대는; 냉소적인
scanty	small; insufficient 적은; 불충분한
scintillate	to sparkle, either literally or figuratively 말 그대로 혹은 비유적으로 번쩍이다
secular	having nothing to do with religion or spiritual concerns 종교적 혹은 영적인 것과 전혀 관련 없는
sedulous	determined; hardworking; assiduous; zealous 단단히 결심한; 열심히 하는; 근면한; 열광적인
serendipity	accidental good fortune; discovering good things without looking for them 우연한 행운; 찾지 않고 좋은 것을 발견하는 것
shrewd	clever awareness or resourcefulness 현명한 자각이나 임기응변
sinister	evil, wicked; foreshadowing evil, trouble, or wickedness 사악한, 나쁜; 재난, 역경 또는 사악함을 예견하는
solicitous	eager and attentive, often to the point of hovering; anxiously caring or attentive 종종 맴돌 정도로 열성적이고 주의 깊은; 애타게 걱정하거나 주의 깊은
solidarity	unity of purpose, interest, or sympathy 목적, 이익 또는 공감의 연합체
soporific	sleep-inducing; hypnotic; tranquilizing; tedious; boring 수면을 유발하는; 최면성의; 진정시키는; 지겨운; 지루한
specious	false; hollow; erroneous; baseless 잘못 된; 속이 빈; 틀린; 근거가 없는
speculative	based on guesswork 추측에 기반한
sporadic	stopping and starting; scattered; occurring in bursts every once in a while 멈추고 시작하는; 산발하는; 이따금씩 폭발적으로 발생하는
spurious	doubtful; bogus; false 의심스러운; 가짜의; 거짓의
stalwart	resolute; determined; committed; unfaltering 굳게 결심한; 결심한; 명확한 태도를 가진; 흔들리지 않는
subjective	based on a given person's experience, understanding, and feelings 정해진 한 사람의 경험, 이해, 그리고 감정에 기반한
superficial	on the surface only; shallow; not thorough 오직 표면상의; 얕은; 철저하지 않은
superfluous	extra; surplus; redundant; unnecessary 여분의; 과잉의; 과다한; 불필요한
supplant	to take the place of or substitute for 대신하거나 대체하다
surrogate	substitute 대신하는 사람

synthesis	the combining of parts to form a whole 부분을 하나로 통합한 것
tacit	implied; not spoken 암시적인; 무언의
taciturn	not talkative 말이 없는
tang	trace; hint; aftertaste; flavor; smack 기미; 기색; 여운; 기미; 낌새
temperance	moderation and self-restraint 절제와 자제
temporal	lasting only for a time; not eternal; passing 잠시 동안만 지속되는; 영원하지 않은; 지나가는
tenable	defensible, as in one's position in an argument; capable of being argued successfully; valid 논쟁에서 자신의 입장에 서서 변호할 수 있는; 성공적으로 주장될 수 있는; 유효한
tensile	capable of being stretched or extended 늘어나거나 연장될 수 있는
tepid	lacking in emotional warmth or enthusiasm 감정적인 따뜻함이나 열정이 부족한
tortuous	twisting; convoluted; indirect; meandering; roundabout 뒤틀린; 뒤얽힌; 우회하는; 종잡을 수 없는; 간접의
tractable	docile; controllable; manageable; obedient 유순한; 조종할 수 있는; 다루기 쉬운; 순종하는
transgress	to violate (a law); to sin (법을) 위반하다; 죄를 짓다
trifling	of little worth or importance 가치가 적거나 덜 중요한
trivial	of little significance or value 덜 중요하거나 가치가 덜한
tumultuous	very loud; noisy; disorderly 소리가 매우 큰; 시끄러운; 소란스러운
ubiquitous	being everywhere at the same time 동시에 모든 곳에 존재하는
undermine	to weaken 약하게 하다
uniform	consistent; unchanging; the same for everyone 일관된; 변화가 없는; 획일화된
unstinting	generous; openhanded; liberal; giving 관대한; 후한; 인색하지 않은; 베푸는
vacuous	empty; blank; vacant; void 비어 있는
vain	having or showing excessive pride in one's appearance or accomplishments 자신의 외모 또는 업적에 대해 과도한 자부심을 갖거나 보여주는 것
vanquish	to defeat or conquer in battle 전투에서 이기거나 정복하다
veneration	worship; adoration; reverence; honor 숭배; 흠모; 경외; 공경
veracious	truthful 정직한
verbiage	excessive verbal nonsense; verbosity; waffle; redundancy 말로 하는 지나친 허튼소리; 장황함; 쓸데없는 말; 장황
vex	to annoy; to pester; to confuse 성가시게 하다; 못살게 굴다; 혼란스럽게 하다

vindicate	to clear from all blame or suspicion; to justify
	모든 비난이나 의심에서 벗어나다; 정당성을 증명하다
warrant	merit; deserve; necessitate; justify
	자격이 있다; 받을 만하다; 피할 수 없게 하다; 정당화하다
zest	taste; tang; piquancy; bite 맛; 짜릿한 맛; 짜릿한 느낌; 얼얼한 맛

3

Word Roots You Should Know

어근을 알면 단어의 암기력을 높일 수 있다. 사전에서 단어를 찾을 때 단어의 뜻과 어근의 연관성을 꼭 살펴보기 바란다. 여기에 나온 어근을 모두 암기할 필요는 없다. 이미 여러분이 어느 정도는 알고 있는 것들이며 단어 속에 어떻게 나타나고 있는지, 어떻게 그 단어의 뜻이 형성되는지를 유심히 공부하면 된다. 그러나 같은 어근을 가진 단어라도 다른 형태의 철자로 나타나기도 한다. 그것은 수천 년에 걸친 언어 역사의 유산이며, 이 책에서도 다양한 예를 선보이려고 노력하였다.

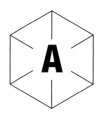

A (without)

amoral 도덕과 관계없는
atheist 무신론자
atypical 부정형의, 불규칙적인
anonymous 익명의, 작자 미상의
apathy 무관심, 냉담
amorphous 형태가 없는, 조직이 없는
atrophy 쇠약, 위축
apartheid 인종 차별정책
anomaly 예외, 변칙
agnostic 불가지론

AB/ABS
(off, away from, apart, down)

abduct 유괴하다
abhor 혐오하다, 거부하다
abolish 폐지하다
abstract 추상적인, 이론적인
abnormal 비정상적인
abdicate (왕위, 권리를) 버리다, 포기하다
abstinent 절제하는, 금욕적인
absolution 면제, 사면
abstruse 난해한
abrogate (법률을) 폐기하다
abscond 도주하다
abjure (신념 등을) 포기하다
abstemious 절제하는, 검소한
ablution 목욕재계
abominate 혐오하다
aberrant 정도에서 벗어난, 탈선의

AC/ACR (sharp, bitter)

acid 신맛이 나는, 신랄한
acute 날카로운, (아픔이) 격심한
acerbic 맛이 신, 신랄한
exacerbate (고통을) 악화시키다
acrid 매운, 가혹한
acrimonious 신랄한, 독살스러운
acumen 예리함, 통찰력

ACT/AG
(to do, to drive, to force, to lead)

act 행위
agent 대행인, 관리인
agile 동작이 빠른, 민첩한
agitate 흔들다, 선동하다
exacting 엄격한, 힘겨운
litigate 소송을 제기하다
prodigal 낭비하는, 방탕한
prodigious 거창한, 놀라운
pedagogue 학자인 척하는 사람
demagogue 선동가
synagogue 유대교도의 집단

AD/AL (to, toward, near)

adapt 적응시키다
adjacent 인접한
addict 빠지게 하다, 중독되게 하다
admire 찬양하다, 동경하다
address 연설하다, 말을 걸다
adhere 들러붙다, 집착하다
administer 주다, 집행하다
adore 숭배하다
advice 충고
adjoin ~에 인접하다
adultery 간통
advocate 대변자
allure 유인하다
alloy 합금하다, 섞어서 불순물로 만들다

AL/ALI/ALTER (other, another)

alternative 양자택일의, 대안의
alias 별명
alibi 현장 부재 증명, 알리바이
alien 외래의, 외국인
alter ego 다른 나, 둘도 없는 친구
alienation 소외감, 이간
altruist 이타적인
altercation 언쟁
allegory 우화

AM (love)

amateur 애호가, 비전문가
amatory 연애의, 호색적인
amorous 바람기 있는, 연애의
enamored 사랑에 빠진, 반한
amity 친선
paramour 정부, 애인
inamorata 애인, 정부
amiable 붙임성 있는, 상냥한

AMB (to go, to walk)

ambitious 열망하는

amble (사람이) 느릿느릿 걷다

preamble 서문

ambulance 구급차

ambulatory 보행의, 이동성의

perambulator 유모차, 순시자

circumambulate 걸어 돌아다니다, 순회하다

AMB/AMPH (around)

amphitheater 원형 극장

ambit 구역, 범위

ambiance 환경, 분위기

ambient 포위한, 환경의

AMB/AMPH (both, more than one)

ambiguous 두 가지 뜻으로 해석할 수 있는, 모호한

amphibian 양서류의, 수륙 양용의

ambivalent 서로 용납하지 않는, 양성애자

ambidextrous 양손잡이의, 두 마음을 품은

ANIM (life, mind, soul, spirit)

unanimous 동의하는, 만장일치의

animosity 악의, 원한

equanimity 마음의 평정, 침착

magnanimous 관대한

pusillanimous 나약한, 소심한

ANNU/ENNI (year)

annual 1년의, 해마다의

anniversary 기념일

biannual 1년에 두 번의

biennial 2년에 한 번의

centennial 100년마다 한 번의

annuity 연금

perennial 여러 해 계속되는, 다년생의

annals 연대기

millennium 천년간

ANTE (before)

ante (사업 등의) 분담금, 자금

anterior 전의, 전방의

antecedent 선행의, 전

antedate (날짜 등이) ~보다 선행하다

antebellum 전쟁 전의

ANTHRO/ANDR (man, human)

anthropology 인류학

android 인조인간

misanthrope 인간을 싫어하는 사람, 염세주의자

philanthropy 박애주의

anthropomorphic 의인화된

philander 여자 꽁무니를 쫓아다니다, 여자를 건드리다

androgynous 남녀 양성의

anthropocentric 인간 중심의

ANTI (against)

antidote 해독제

antiseptic 방부제

antipathy 반감, 혐오

antipodal 대척지, 정반대의

APO (away)

apology 사죄, 변명

apostle 사도

apocalypse 묵시, 계시, 사회적인 대사건

apogee 극점

apocryphal 외경의, 출처가 의심스러운

apotheosis 신격화, 극치

apostasy 배교, 변절

apoplexy 졸중

APT/EPT (skill, fitness, ability)

adapt 적응시키다

aptitude 적성, 소질

apt 적절한

inept 부적절한, 서투른

adept 숙달한, 숙련자

ARCH/ARCHI (chief, principal)

architect 건축가

archenemy 인류의 대적, 사탄

archetype 원형, 전형

archipelago 군도

ARCHY (ruler)

monarchy 군주 정치

matriarchy 모권 사회

patriarchy 부권 사회

anarchy 무정부 상태

hierarchy 계급 조직

oligarchy 과두 정치

ART (skill, craft)

art 기술
artificial 인공적인
artifice 기술, 술책
artisan 장인, 기능공
artifact 공예품
artful 기교가 뛰어난
artless 꾸밈없는, 서투른

AUC/AUG/AUX (to increase)

auction 경매
auxiliary 보조의, 예비의
augment 증가시키다
august 존엄한

AUTO (self)

automatic 자동적인
autopsy 검시, 부검
autocrat 독재자
autonomy 자치 단체

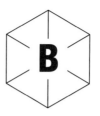

BE
(to be, to have a certain quality)

belittle 얕보다
belated 시대에 뒤떨어진
bemoan 슬퍼하다
befriend ~의 편을 들다
bewilder 당황하게 하다
begrudge ~하기를 꺼리다, 시기하다
bequeath 유언으로 증여하다
bespeak 예약하다, 주문하다
belie (실제 모습을) 속여 나타내다
beguile 속이다
beset 포위하다
bemuse 멍하게 만들다
bereave (희망 등을) 앗아가다,
          가족을 죽음으로 잃다

BEL/BELL (war)

rebel 반란
belligerent 교전 중인, 호전적인
bellicose 호전적인
antebellum 전쟁 전의

BEN/BON (good)

benefit 이익
beneficiary 수익자
beneficent 인정이 많은
benefactor 은혜를 베푸는 사람
benign 인자한
benevolent 자비로운, 호의적인
benediction 축복, 감사
bonus 상여금, 이익 배당
bon vivant 미식가, 유쾌한 친구
bona fide 성실한, 진실한

BI (twice, doubly)

binoculars 쌍안경
biannual 연 2회의
biennial 2년마다의
bigamy 중혼(죄)
bilateral 양면이 있는
bilingual 두 나라 말을 하는
bipartisan 2대 정당의

BRI/BREV (brief, short)

brief 잠깐의, 짧은
abbreviate 줄여 쓰다, 축약하다
abridge 요약하다
brevity 간결함

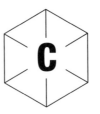

CAD/CID
(to fall, to happen by chance)

accident (우연한) 사고
coincidence 동시에 일어난 사건
decadent 퇴폐적인
cascade 작은 폭포
recidivism 상습적 범행
cadence 운율

CAND (to burn)

candle 양초
incandescent 백열의, 빛나는
candor 허심탄회, 정직

CANT/CENT/CHANT (to sing)

chant 노래, 노래하다
enchant (노래를 불러) 마법을 걸다
accent 악센트, 강세
recant (주장 등을) 철회하다
incantation 주문을 외움, 마법
incentive 고무하는, 자극적인

CAP/CIP/CAPIT/CIPIT
(head, headlong)

capital 주요한
cape 곶, 갑
captain 우두머리, 선장
disciple 문하생
principle 근본 원리, 원리 원칙
principal 주요한, 제일의
precipice 절벽, 위기
precipitate 거꾸로 떨어지다
precipitous 깎아지른 듯한
capitulate (조건부로) 항복하다
capitalism 자본주의
precipitation 급격, 투하
caption 표제, 제목
recapitulate 요점을 되풀이하다

CAP/CIP/CEPT (to take, to get)

capture 사로잡다
anticipate 예견하다
intercept 도중에서 가로채다

susceptible 받아들이는, ~할 여지가 있는
emancipate (노예 등을) 석방하다
recipient 받아들이는
incipient 초기의, 시작의
percipient 지각력이 있는
precept 교훈

CARD/CORD/COUR (heart)

cardiac 심장병의
courage 용기
encourage 용기를 북돋우다
concord 의견의 일치
discord 불화
accord 일치하다, 조화를 이루다
concordance 일치, 화합
cordial 충심에 의한

CARN (flesh)

carnivorous 육식성의
carnival 사육제
carnal 육체적인, 속세의
carnage 대학살
reincarnation 윤회, 환생
incarnation 육체를 부여함, 인간화

CAST/CHAST (cut)

caste 카스트 제도
castigate 징계하다, 혹평하다
chastise 벌하다, 비난하다
chaste 순결한

CAUST (to burn)

caustic 부식성의
holocaust 대학살, 완전 소각

CED/CEED/CESS
(to go, to yield, to stop)

exceed ~을 초과하다, 능가하다
precede 앞장서다, 보다 우월하다
recess 휴가
concede 양보하다, 인정하다
cede 양도하다
access 입장, 접근
predecessor 전임자, 조상
precedent 전례, 관례
antecedent 앞서는, 이전의
recede 물러가다, 손을 떼다
abscess 종양, 종기
cessation 중지, 휴지
incessant 끊임없는

CENTR (center)

central 중심의
concentrate 집중시키다, 한 점에 모으다
eccentric 중심에서 벗어나, 별난
concentric 중심이 같은
centrifuge 원심분리기
egocentric 자기중심적인

CERN/CERT/CRET/CRIM/CRIT
(to separate, to judge,
to distinguish, to decide)

concern 관계가 있다
critic 비평가
secret 비밀의
crime 범죄
discreet 신중한, 조심스러운
ascertain ~을 확인하다
certitude 확신
hypocrite 위선자
discriminate 식별하다, 차별하다
criterion 판단의 기준
discern 구별하다, 눈으로 알아보다
recrimination 역습, 반격

CHRON (time)

synchronize 동시에 일어나다
chronicle 연대기
chronology 연대학, 연표
chronic 장기간에 걸친, 만성적인
chronological 연대순으로
anachronism 시대착오
chronometer 정밀한 시계

CIRCU (around, on all sides)

circumference 원주, 주위
circumstances 환경, 상황
circuit 순회, 주위
circumspect 조심성 있는
circumvent 일주하다, 우회하다
circumnavigate (섬 등을) 항해로 일주하다
circumambulate 걸어 돌아다니다
circumlocution 둘러말함, 완곡한 표현,
핑계
circumscribe (영토의) 경계선을 긋다,
주위를 둘러싸다
circuitous 둘러 가는 길의, 간접적인

CIS (to cut)

scissors 가위
precise 정확한, 간결한
exorcise 내쫓다, 몰아내다

393

excise 삭제하다
incision 베기, 째기
incisive 예리한, 신랄한
concise 간명한

CIT (to set in motion)

excite 흥분시키다
incite 자극하다, 선동하다
solicit 간청하다, 유혹하다
solicitous 걱정하는, 애쓰는

CLA/CLO/CLU (shut, close)

closet 벽장
enclose 에워싸다, 넣고 싸다
conclude 마무리하다, 결론짓다
claustrophobia 밀실 공포증
disclose 드러내다, 폭로하다
exclusive 배타적인, 독점적인
recluse 은둔한
preclude 미리 막아내다, 배제하다
seclude 차단하다, 격리하다
cloister 수도원, 은둔 생활
foreclose 방해하다, 제외하다
closure 폐쇄, 종료

CLAIM/CLAM
(to shout, to cry out)

exclaim 소리치다
proclaim 선언하다, 주장하다
acclaim 환호하다
clamor 군중의 떠들썩함, 아우성
disclaim 권리를 포기하다, 관계를 부인하다
reclaim 반환을 요구하다
declaim 열변을 토하다, 규탄하다

CLI (to lean toward)

decline 쇠퇴하다
recline 기대다, 눕히다
climax 최고조, 정점
proclivity 경향, 성향
disinclination 싫증, 마음이 내키지 않음

CO/COL/COM/CON
(with, together)

connect 연결하다, 관계가 있다
confide 신뢰하다
concede 승인하다
coerce 강요하다
cohesive 결합력이 있는
cohort 군대의 일 대대

confederate 동맹한
collaborate 협력하다
compatible 양립할 수 있는
coherent 응집성의
comply (명령 등에) 따르다
conjugal 부부의
connubial 결혼 생활의
congenial 마음이 맞는
convivial 연회를 좋아하는
coalesce 합체하다
coalition 제휴, 연합
contrite 죄를 깊이 뉘우치는
conciliate 회유하다, 환심을 사다
conclave 비밀회의
commensurate 같은 정도의,
크기 등이 알맞은

CRAT/CRACY (to govern)

bureaucracy 관료 정치
democracy 민주주의
aristocracy 귀족 정치
theocracy 제정일치
plutocracy 금권주의
autocracy 독재 정치

CRE/CRESC/CRET (to grow)

creation 창조
increase 증가하다
crescendo 점점 세게
increment 증대, 이익
accretion 증가, 부착
accrue (~로부터) 발생하다

CRED (to believe, to trust)

incredible 믿을 수 없는
credibility 신빙성
credentials 신임장
credit 신용
creed 신조, 강령
credo 신조
credence 신임, 신용
credulity 쉽게 믿음
incredulous 쉽게 믿지 않는, 의심이 많은

CRYP (hidden)

crypt 토굴
cryptic 숨은, 비밀의
apocryphal 출처가 의심스러운
cryptography 암호문

CUB/CUMB (to lie down)

cubicle (칸막이로 된) 작은 침실
succumb 굴복하다
incubate 알을 품다, 배양하다
incumbent 의지하는
recumbent 드러누운, 기댄, 휴식하는

CULP (blame)

culprit 범죄자
culpable 죄가 있는
exculpate 무죄 방면하다
inculpate 죄를 씌우다, 연루시키다
mea culpa 내 탓, 내 잘못

CUR/COUR (running, a course)

occur 발생하다
recur 재발하다
current 현행의
curriculum 교과 과정
courier 안내원, 밀사
cursive 필기체
excursion 짧은 여행, 유람
concur 동의하다
concurrent 동시 발생의, 수반하는
incur (비난 등을) 초래하다
incursion 침입
discourse 강연, 담화
discursive (이야기 등이) 산만한
precursor 선구자, 선배
recourse 의지, 의뢰
cursory 마구잡이의, 서두르는

DE
(away, off, down, completely, reversal)

descend 내려가다
detract 주의를 다른 데로 돌리다
decipher 암호를 해독하다
deface 외관을 더럽히다
defile 더럽히다, 모욕하다
defraud 속이다, 횡령하다
deplete 고갈시키다
denounce 비난하다
decry 비난하다
defer 뒤로 미루다
defame 중상, 모욕하다
delineate 윤곽을 그리다, 묘사하다
deferential 공손한

DEM (people)

democracy 민주주의
epidemic 유행성의
endemic 풍토병의
demagogue 선동가
demographics 인구 통계
pandemic 전국적으로 퍼지는

DI/DIA (apart, through)

dialogue 대화
diagnose 진단하다
diameter 지름
dilate 넓어지다
digress 이야기가 빗나가다
dilatory 시간을 끄는
diaphanous 투명한
dichotomy 이분법
dialectic 변증법적인

DIC/DICT/DIT
(to say, to tell, to use words)

dictionary 사전
dictate 구술하다
predict 예언하다
contradict 부인하다
verdict 평결을 내리다

abdicate 퇴위하다
edict 칙령, 명령
dictum 전문가의 의견, 격언
malediction 저주, 악담
benediction 축복, 감사의 기도
indict 기소하다
indite 시를 쓰다
diction 어법, 말씨
interdict 금지하다
obiter dictum 판결에 있어서 판사의
부수적 의견

DIGN (worth)

dignity 위엄, 품위
dignitary 고위 인사
dignify 위엄 있게 하다
deign 체면을 불구하고 ~하다
indignant 분개한
condign (처벌 등이) 적당한
disdain 경멸하다
infra dig 품격을 떨어뜨리는

DIS/DIF
(away from, apart, reversal, not)

disperse 흩어지게 하다
disseminate (씨나 주장을) 퍼뜨리다
dissipate 흩어 놓다
dissuade 단념시키다
diffuse 퍼뜨리다

DOC/DAC (to teach)

doctor 박사, 의사
doctrine 교리, 학설
indoctrinate (사상 등을) 주입하다
doctrinaire 교조적인
docile 가르치기 쉬운, 유순한
didactic 교훈적인, 설교하기 좋아하는

DOG/DOX (opinion)

orthodox 정통파의
paradox 역설
dogma 교조, 교리
dogmatic 독단적인, 교조적인

DOL (suffer, pain)

condolence 애도, 조문
indolence 게으름
doleful 서글픈
dolorous 비통한

DON/DOT/DOW (to give)

donate 기부하다
donor 기증자
pardon 용서, 사면
condone 용서하다, 묵과하다
antidote 해독제
anecdote 일화
endow 증여하다
dowry 결혼 지참금

DUB (doubt)

dubious 의심스러운
dubiety 의혹
indubitable 의심할 나위 없이 확실한

DUC/DUCT (to lead)

conduct 지도, 안내, 행위
abduct 유괴하다
conducive 이바지하는
seduce 유혹하다
induct 인도하다, 안내하다
induce 권유하다
ductile 유순한

DUR (hard)

endure 참다
durable 오래 견디는
duress 구속, 감금
dour 음울한
obdurate 완고한

DYS (faulty)

dysfunction 기능 장애
dystopia 반 유토피아
dyspepsia 소화 불량
dyslexia 난독증

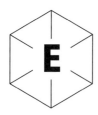

E

EPI (upon)

epidemic 전염성의
epilogue 에필로그
epidermis 표피
epistle 서간, 편지
epitome 발췌, 요약
epigram 경구, 풍자시
epithet 형용어구
epitaph 비문

EQU (equal, even)

equation 동등, 평형
adequate 충분한
equivalent ~에 상응하는
equilibrium 평형, 안정
equable 균등한
equidistant 같은 거리의
equity 공평, 정당
iniquity 부정, 불법
equanimity 침착, 마음의 평정
equivocate 모호한 말을 쓰다
equivocal (뜻이) 분명치 않은, 다의성의

ERR (to wander)

err 잘못하다
error 잘못, 실수
erratic 엉뚱한, 산만한
erroneous 잘못된
errant 그릇된 생각이나 행위
aberrant 탈선적인

ESCE (becoming)

adolescent 청년기의
obsolescent 쇠퇴해 가는
iridescent 무지개 빛깔의
luminescent 발광성의
coalesce 합체하다
quiescent 정지한
acquiescent 묵묵히 따르는
effervescent 활기 있는
incandescent 빛나는
evanescent 순간의, 덧없는

convalescent 회복기에 있는
reminiscent 추억에 잠기는

EU (good, well)

euphoria 행복감
euphemism 완곡어법
eulogy 찬양, 칭송
eugenics 우생학
euthanasia 안락사
euphony 듣기 좋은 음조

E/EF/EX
(out, out of, from, former, completely)

evade 회피하다
exclude 차단하다, 제외하다
extricate 탈출시키다
exonerate 무죄임을 입증하다
extort 강제로 탈취하다, 무리하게 강요하다
exhort 훈계하다
expire 끝나다, 소멸하다
exalt 칭찬하다, 높이다
exult 의기양양하다
effervesce 거품이 일다, 흥분하다
extenuate 정상 참작 하다
efface 지우다, 말살하다
effusion 유출, 토로
egregious 지독한, 어처구니없는

EXTRA (outside of, beyond)

extraordinary 이상한, 특별한
extrasensory 초감각적인
extraneous 외부에 발생한, 외래의, 이질적인
extrapolate 추론하다, 추측하다

F

FAB/FAM (speak)

fable 우화
fabulous 전설적인, 믿어지지 않는
affable 붙임성 있는
ineffable 말로 표현할 수 없는
fame 평판, 명예
famous 유명한
defame (~를) 중상하다
infamous 불명예스러운, 악명 높은

FAC/FIC/FIG/FAIT/FEIT/FY (to do, to make)

factory 공장
facsimile 복제, 팩시밀리
benefactor (학교 등의) 후원자
facile 손쉬운, 편리한
faction 당쟁, 파벌
fiction 소설, 허구
factitious 인위적인
efficient 능률적인
deficient 불완전한
proficient 익숙한, 숙련된
munificent 아낌없이 주는
prolific 다산의, 다작의
soporific 최면의
figure 형상, 모양
figment 허구
configuration 윤곽, 형상
effigy 초상
magnify 확대하다
rarefy 희박하게 하다
ratify 비준하다
ramification 가지, 지류
counterfeit 위조하다
feign ~인 체하다
fait accompli 기정사실
ex post facto 과거로 소급하여

FER (to bring, to carry, to bear)

offer 제공하다
transfer 옮기다
confer 수여하다
referendum 국민 투표

infer 추론하다
fertile 다산의, 비옥한
proffer 제안하다
defer 연기하다
proliferate 증식하다
vociferous 떠들썩한

FERV (to boil, to bubble, to burn)

fervor 열정
fervid 열렬한
effervescent 거품이 이는, 활기 있는

FID (faith, trust)

confide 신임하다
confident 확신하는
confidant (비밀을 이야기할 수 있는) 절친한 친구
affidavit 선서서, 선서 진술서
diffident 자신 없는, 소심한
fidelity 충실
infidelity 배신, 신앙이 없음
perfidy 불성실, 배반
fiduciary 신용상의
infidel 이교도
semper fidelis 항상 충실한
bona fide 진실한

FIN (end)

final 최후의
finale 대단원
confine 제한하다, 경계, 국경
define (범위 등을) 규정짓다
definitive 결정적인, 최종적인
infinite 무한한
affinity 인척 관계
infinitesimal 극미한, 무한소

FLAG/FLAM (to burn)

flame 불꽃
flamboyant 불타오르는 듯한
flammable 가연성의
inflammatory 격앙시키는, 선동적인
flagrant 악명 높은
conflagration 대형 화재
in flagrante delicto 현행범으로

FLECT/FLEX (to bend)

deflect 빗나가다
flexible 구부리기 쉬운
inflect 굴절하다, 활용하다
reflect 반영하다

genuflect (경의를 표하려) 무릎을 꿇다

FLICT (to strike)

afflict 괴롭히다
inflict (구타 등을) 가하다
conflict 충돌, 대립
profligate 방탕한

FLU, FLUX (to flow)

fluid 유동성의
influence 영향을 미치다
fluent 유창한
affluent 풍부한, 거침없는
fluctuation 파동
influx 유입, 쇄도
effluence 발산, 유출
confluence 합류
superfluous 넘치는, 여분의
mellifluous 목소리가 매끄러운

FORE (before)

foresight 선견지명
foreshadow 예시하다, 징조를 보이다
forestall 앞서다, 매점하다
forgo 삼가다, ~없이 지내다
forbear 억제하다

FORT (chance)

fortune 부, 운
fortunate 운이 좋은
fortuitous 우연한

FRA/FRAC/FRAG/FRING (to break)

fracture 분열, 깨짐
fraction 파편
fragment 파편, 산산조각
fragile 깨지기 쉬운
refraction 굴절
fractious 다루기 힘든
infraction 위반, 불완전 골절
refractory 다루기 힘든
infringe 위반하다, 침해하다

FRUIT/FRUG (fruit, produce)

fruitful 다산의, 열매가 많은
fruition 결실, 성과
frugal 검소한

FUND/FOUND (bottom)

foundation 토대, 설립
fundamental 기초적인, 주요한
founder 설립자
profound 심오한

FUS (to pour)

confuse 혼동하다
transfusion 주입
profuse 풍부한, 헤픈
effusive 심정을 토로하는
diffuse 발산하다, 퍼뜨리다
suffuse (액체, 빛 등으로) 뒤덮다
infusion 주입, 고취

G

GEN (birth, creation, race, kind)

generous 관대한
generate 낳다
genetics 유전학
photogenic 촬영에 적합한
degenerate 퇴화하다
homogeneous 동종의
genealogy 가계, 혈통
gender 성별
genre 유형, 형식
genesis 기원, 발생
carcinogenic 발암성의
genial 정다운, 온화한
congenial 같은 성질의
ingenuous 소박한, 솔직한
ingenue 천진난만한 소녀
indigenous 토착의, 지역 고유의
congenital 선천적인
progeny 자손
engender 낳다, 발생하게 하다
miscegenation 잡혼
sui generis 독자적인, 특수한

GN/GNO (know)

ignore 무시하다
ignoramus 무지한 사람
recognize 인식하다
incognito 익명의
diagnose 진단하다
prognosis 예측, 예지
agnostic 불가지론의, 불가지론자
cognitive 인식의
cognoscenti 감정가
cognizant 인식하고 있는

GRAND (big)

grand 웅장한
grandeur 장대, 장관
grandiose 장엄한
aggrandize 확대하다, 강화하다
grandiloquent 과장된, 호언장담하는

GRAT (pleasing)

grateful 감사해 마지않는
ingrate 은혜를 모르는, 배은망덕한 사람
ingratiate ~의 비위를 맞추다, 환심을 사다
gratuity 팁, 선물
gratuitous 무료의, 호의상의

GRAV/GRIEV (heavy, serious)

grave 중대한, 근엄한
grief 비탄, 큰 슬픔
aggrieve 고통을 주다, 감정을 상하게 하다
gravity 중력
grievous 통탄할, 중대한

GREG (herd)

congregation 모임
segregation 분리, 격리
aggregation 집합, 집단
gregarious 떼를 지어 사는, 사교적인
egregious 지독한, 어처구니없는

GRESS/GRAD (to step)

progress 진전, 발달
graduate 졸업하다, 졸업시키다
gradual 점진적인
aggressive 공격적인
regress 후퇴, 역행
degrade 좌천시키다, 퇴화시키다
retrograde 후퇴하다, 역행하다
transgress 한도를 벗어나다, 위반하다
digress (이야기 등이) 빗나가다
egress 밖으로 나가다

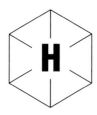

HER/HES (to stick)

coherent　응집성의
cohesive　밀착하는, 결합력이 있는
adhesive　잘 들러붙는
adherent　점착성의, 지지자
inherent　본래부터의, 타고난

(H)ETERO (different)

heterosexual　이성애의
heterogeneous　이질적인
heterodox　이교의, 이단의

(H)OM (same)

homogeneous　동종의, 균질의
homonym　동음이의어
homosexual　동성애의
anomaly　변칙, 예외
homeostasis　항상성

HYPER (over, excessive)

hyperactive　지나치게 활동적인
hyperbole　과장법

HYPO (under, beneath, less than)

hypodermic　피하 주사
hypochondriac　우울증
hypothesis　가설, 단순한 억측
hypocritical　위선의

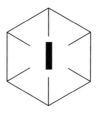

ID (one's own)

idiot　천치, 얼간이
idiom　관용 어법
idiosyncrasy　(고유의) 특질, 특징, 개성

IM/IN (not, without)

inactive　움직이지 않는
indifferent　무관심한
innocuous　독이 없는
insipid　무미건조한
indolence　나태, 무통
impartial　공명정대한
inept　부적당한
indigent　궁핍한, ~이 없는

IM/IN/EM/EN (in, into)

in　~안에
embrace　껴안다, 받아들이다
enclose　에워싸다
ingratiate　~의 비위를 맞추다
intrinsic　본질적인
influx　유입, 쇄도
incarnate　인간의 형상을 한
implicit　함축적인
indigenous　토착의, 원산의

INFRA (beneath)

infrastructure　하부 조직
infrared　적외선
infrasonic　초저주파

INTER (between, among)

interstate　각 주(州) 간의
interim　한동안, 임시의
interloper　남의 일에 참견하고 나서는 사람
interlude　막간, 시간과 시간의 사이
intermittent　간헐성의
interplay　상호작용
intersperse　산재시키다, 점철하다
intervene　사이에 끼이다, 개재하다

INTRA (within)

intramural 교내의, 도시 안의

intrastate 주(州) 내의

intravenous 정맥 내의

JECT (to throw, to throw down)

inject 주입하다

eject 배출하다

project 발사하다, 돌출하다

trajectory 궤도

conjecture 추측하다

dejected 낙심한

abject 비천한, 영락한

JOIN/JUNCT (to meet, to join)

junction 접합, 교차

joint 접합점

adjoin 인접하다

subjugate 종속시키다

juxtapose 병렬하다, 병치하다

injunction 명령

rejoinder 답변

conjugal 부부의

junta 의회, (쿠데타 후의) 임시 정부

JUR (to swear)

jury 배심원

perjury 위증

abjure (주의, 신앙 등을) 버릴 것을 선언하다

adjure 엄명하다, 간청하다

LECT/LEG (to select, to choose)

collect 모으다

elect 선출하다

select 선택하다

electorate 유권자

predilection 애호, 편애

eclectic 취사선택하는, 절충적인

elegant 품위 있는

LEV (lift, light, rise)

elevator 승강기

relieve (고통 등을) 덜어 주다

lever 지레

alleviate 덜다, 완화하다

levitate 공중 부양

relevant 관계가 있는

levee 제방, 둑

levity 경솔, 변덕

LOC/LOG/LOQU (word, speech)

dialogue 대화

eloquent 웅변의, 설득력이 있는

elocution 발성법, 웅변술

locution 말투, 관용 어법

interlocutor 대화자, 질문자

prologue 프롤로그, 서언

epilogue 에필로그, 후기

soliloquy 독백

eulogy 찬양, 칭송

colloquial 구어체의, 일상 회화의

grandiloquent 과장된 말의

philology 언어학

neologism 신조어

tautology 동어의 반복

loquacious 수다스러운

LUC/LUM/LUS (light)

illustrate 설명하다

illuminate 조명을 비추다

luminous 빛을 내는, 총명한

luminescent 발광성의

illustrious 저명한, 빛나는

lackluster 광택이 없는, 흔탁한

translucent 반투명의, 명백한

lucid 번쩍이는, 맑은

elucidate 명료하게 하다, 해명하다

LUD/LUS (to play)

illusion 환영, 착각

ludicrous 우스꽝스러운

delude 속이다, 현혹하다

elude 회피하다, 이해되지 않다

elusive 피하는, 알기 어려운, 잡히지 않는

allude 암시하다

collusion 공모, 결탁

prelude 전주곡, 도입부

interlude 시간과 시간 사이, 막간

LUT/LUG/LUV (to wash)

lavatory 화장실

dilute 희석하다

pollute 오염시키다

deluge 대홍수, 쇄도

antediluvian 대홍수 이전의, 구시대적인

MAG/MAJ/MAX (big)

magnify 확대하다

magnitude 거대함, 중대함

major 주요한, 대다수의

maximum 최대의

majestic 장엄한

magnanimous 도량이 큰, 관대한

magnate 거물, 고관

maxim 격언, 좌우명

magniloquent 호언장담하는, 과장하는

MAL/MALE (bad, ill, evil, wrong)

malfunction 고장, 기능불량

malodorous 악취가 나는, (사회적으로) 용납될 수 없는

malicious 악의적인

malcontent 불평하는 사람, 불평분자

malign 악성의, 해로운, 헐뜯다

malignant (병 등이) 악성인, 악의에 찬

malaise 불쾌, 몸이 불편한 상태

dismal 음침한, 기분 나쁜

malapropism 말의 우스꽝스러운 오용

maladroit 서투른, 솜씨 없는

malevolent 악의 있는, 심술궂은

malinger 꾀병을 부리다

malfeasance 불법 행위

malefactor 악인, 범인

malediction 저주, 악담, 비방

MAN (hand)

manual 손의, 수공의

manufacture 제조

emancipate (노예 등을) 석방하다, 구속을 풀어 주다

manifest 명백한

mandate 명령, 위임

mandatory 명령의, 강제의, 위임의

MATER/MATR (woman, mother)

matrimony 결혼, 부부관계

maternal 어머니의

maternity 어머니가 됨, 모성

matriculate (대학의) 입학을 허가하다

matriarch 여자 족장, 여성 가장

MIN (small)

minute 분(分), 작은
minutiae 상세한 일, 사소한 일
diminution 감소, 축소
miniature 축소 모형
diminish 줄이다, 감소하다

MIN (to project, to hang over)

eminent 저명한
imminent 급박한, 절박한
prominent 두드러진, 현저한
preeminent 뛰어난

MIS/MIT (to send)

transmit 전달하다, 보내다
manumit 노예를 해방하다
emissary 사자, 밀사
missive 보내진, 공문의
intermittent 간헐성의
remit 송금하다
remission 송금
demise 양도하다, 양위

MISC (mixed)

miscellaneous 잡다한, 갖가지의
miscegenation 잡혼
promiscuous 난잡한, 마구잡이의

MON/MONIT (to warn)

monument 기념물, 기념비
monitor 충고자, 주의를 주는 것
summons 소환장, 호출
admonish 훈계하다, 권고하다
remonstrate 충고하다, 항의하다

MORPH (shape)

amorphous 무정형의
metamorphosis 변형, 변질
polymorphous 여러 가지 모양이 있는
anthropomorphic 의인화된,
　　　　　　　　 사람의 모습을 닮은

MORT (death)

immortal 불멸의
morgue 시체 안치소
morbid 병적인, 무서운
moribund 다 죽어 가는, 소멸하는
mortify 억제하다, 극복하다

MUT (change)

commute 교환하다, 대체하다
mutation 변화, 흥망성쇠, 돌연변이
mutant 돌연변이에 의한
immutable 불변의
transmutation 변형, 변질
permutation 교환, 치환

N/O

NAM/NOM/NOUN/NOWN/NYM (rule, order)

astronomy 천문학
economy 질서, 유기적 조직
autonomy 자치단체
antimony 안티몬(금속 원소)
gastronomy (어느 지역의 독특한) 요리법
taxonomy 분류학

NAT/NAS/NAI (to be born)

natural 천연의, 타고난
native 출생지의, 타고난
naive 소박한, 원시적인, 속기 쉬운
cognate 같은 기원을 가진, 같은 종류의
nascent 발생 초기에 있는
innate 선천적인, 천부적인
renaissance 부흥, 부활

NEC/NIC/NOC/NOX (harm, death)

innocent 무해한, 순결한
noxious 유해한, 불건전한
obnoxious 불쾌한, 비위 상하는
pernicious 유독성의, 치명적인
internecine 서로 죽이는, 살인적인
innocuous 독이 없는
necromancy (죽은 사람과의 교감으로 미래를
예견하는) 강령술

NOM/NYM/NOUN/NOWN (name)

synonym 동의어, 유의어, 별명, 별칭
anonymous 익명의, 작자 미상의
nominate 지명하다, 임명하다
pseudonym 필명, 아호
misnomer 틀린 명칭, 인명 오기
nomenclature 명칭, 학명
acronym 머리글자어, 두문자어
homonym 동명이인, 동음이의어
nominal 이름만의, 명칭상의
ignominy 불명예, 수치
denomination 명명, 명칭
noun 명사
renown 명성

nom de plume (프랑스 어) 필명, 아호
nom de guerre (프랑스 어) 가명, 예명

NOV/NEO/NOU (new)

novice 풋내기, 무경험자
novel 새로운, 소설
novelty 신기한 물건이나 일
renovate 쇄신하다, 수복하다
innovate 혁신하다, 새로운 것을 받아들이다
neologism 신조어
neophyte 새 세례자, 신참
nouvelle cuisine (프랑스 어) 저칼로리의
현대 프랑스 요리
nouveau riche (프랑스 어) 벼락부자

NOUNC/NUNC (to announce)

announce 알리다, 발표하다
pronounce 선언하다, 발음하다
denounce 비난하다, 탄핵하다
renounce 선서하고 버리다, 관계를 끊다

OB/OC/OF/OP (toward, to, against, completely, over)

obese 지나치게 살이 찐
object 반대하다
obstruct 가로막다, 방해하다
obstinate 완고한, 고집 센
obscure 분명치 않은, 이해하기 어려운
obtrude 강요하다, 내밀다
oblique 비스듬히 기울다
oblivious 알아채지 못하는, 잘 잊는
obnoxious 불쾌한, 싫은
obstreperous 소란한, 사납게 날뛰는
obtuse 우둔한
opprobrium 오명, 치욕
obsequious 아첨하는
obfuscate 판단을 흐리게 하다, 난처하게
하다

OMNI (all)

omnipresent 어느 곳에나 존재하는,
편재하는
omniscient 전지의, 박식한
omnipotent 전능한, 절대적인 힘이 있는

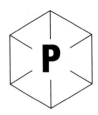

PAC/PEAC (peace)

peace 평화
appease 진정시키다, 달래다
pacify 평화를 회복하다, 누그러뜨리다
pacifist 평화주의자
pacifier 달래는 사람, 조정자,
      (갓난아기의) 고무젖꼭지
pact 조약, 협정

PAN (all, everywhere)

panorama 파노라마, 전경
panacea 만병통치약
panegyric 찬사, 격찬
pantheon 모든 신, 모든 신을 모신 신전
panoply 한 벌, 일련의 것
pandemic 전국적(세계적)으로 퍼지는

PAR (equal)

par 동등, 동위
parity 동질, 동률, 동격
apartheid 아파르트헤이트, 분리, 배타
disparity 불균형
disparate 서로 다른, 공통점이 없는
disparage 얕잡아보다, 깔보다

PARA (next to, beside)

parallel 평행의, 나란히
paraphrase 의역하다, 부연 설명하다
parasite 기생충, 식객
paradox 역설, 모순
parody 풍자
paragon 모범, 전형, ~에 필적하다
parable 비유, 우화
paradigm 예, 모범, 전형
paramilitary 준(準) 군사적 조직의 일원
paranoid 편집증 환자, 과대망상
paranormal 과학적으로 설명할 수 없는
parapsychology 초 심리학
paralegal 법률가 보조원

PAS/PAT/PATH
(feeling, suffering, disease)

apathy 냉담, 무관심
sympathy 동정, 연민
empathy 감정 이입
antipathy 반감, 혐오
passionate 정열적인
compassion 동정심
compatible 양립할 수 있는
dispassionate 공평한, 냉정한
impassive 무감각한, 의식 없는
pathos 비애, 애수
pathology 병리학
sociopath 반사회적 이상 성격을 가진 사람
psychopath 정신병 환자

PATER/PATR (father, support)

patron 보호자, 후원자
patronize 보호하다, 후원하다
paternal 아버지의
paternalism 가부장적 태도
expatriate 국외로 추방하다
patrimony 세습 재산, 집안 내림
patriarch 가장, 족장
patrician 귀족, 총독

PAU/PO/POV/PU (few, little, poor)

poor 가난한
poverty 빈곤, 가난
paucity 결핍, 부족
pauper 극빈자, 빈민
impoverish 가난하게 하다, 불모로 만들다
puerile 미숙한, 철없는
pusillanimous 무기력한, 나약한

PED (child, education)

pedagogue 학자인 체하는 사람, 교육자
pediatrician 소아과 의사
encyclopedia 백과사전

PED/POD (foot)

pedal 발의, 발판
pedestal 기둥 다리, 받침대
pedestrian 보행자, 도보의
podiatrist 발에 관한 병을 연구하는 학자
expedite 진척시키다
expedient 수단, 방편, 편리한
impede 방해하다
impediment 방해, 신체장애

podium 발, 토대
antipodes 대척지, 정반대

PEN/PUN
(to pay, to compensate)

penal 형벌의
penalty 벌금
punitive 벌의, 응보의
repent 회개하다, 후회하다
penance 참회, 고행
penitent 회개하는, 참회한
penitentiary 회개의, 징계의
repine 푸념하다, 불평하다
impunity 형벌을 받지 않음

PEND/PENS
(to hang, to weigh, to pay)

depend 의존하다, ~에 달려 있다
dispense 면제하다, 의존하지 않다
expend 소비하다, 시간 등을 들이다
stipend 봉급, 연금
spend 쓰다, 소비하다
expenditure 지출, 소비
suspense 미결, 미정
compensate 배상하다, 급료를 치르다
propensity 경향, 성향
pensive 생각에 잠긴, 우수에 젖은
indispensable 없어서는 안 되는
impending 절박한, 임박한
pendulum 진자, 동요
appendix 부속물, 부록
append 덧붙이다, 추가하다
appendage 부속물, 부가된 것
ponderous 대단히 무거운
pendant 매달려 있는 장식

PER (completely, wrong)

persistent 완고한
perforate 구멍을 내다, 꿰뚫다
perplex 당황하게 하다
perspire 발산하다
peruse 정독하다
pervade 널리 퍼지다
perjury 위증, 거짓말
perturb 혼란시키다, 교란하다
perfunctory 마지못해 하는,
　　　　　　아무렇게나 하는
perspicacious 선견지명이 있는,
　　　　　　　통찰력이 있는
permeate 스며들다, 사상 등이 퍼지다
pernicious 유해한, 치명적인

perennial 여러 해 계속되는
peremptory 절대적인, 강제적인
pertinacious 완고한, 끈질긴

PERI (around)

perimeter 주위, 경계
periscope 잠망경
peripheral 주위의, 주변의, 말초적인
peripatetic 걸어 다니는, 순회하는

PET/PIT (to go, to seek, to strive)

appetite 식욕, 성욕
compete 겨루다, 경쟁하다
petition 청원, 탄원
perpetual 끊임없는, 종신의
impetuous 성급한, 충동적인
petulant 성미 급한, 성을 잘 내는
propitious 호의적인, 상서로운

PHIL (love)

philosophy 철학
philanthropy 박애주의
philatelist 우표 수집가
philology 문헌학
bibliophile 장서 수집가

PHONE (sound)

telephone 전화
symphony 교향곡
megaphone 확성기
euphony 듣기 좋은 음조
cacophony 불협화음

PLAC (to please)

placid 조용한, 차분한
placebo 일시적 위안의 말, 플라시보 효과
placate 위로하다, 진정시키다
implacable 화해할 수 없는,
　　　　　(증오를) 달래기 어려운
complacent 마음에 흡족한, 자기만족의
complaisant 공손한, 유순한

PLE (to fill)

complete 완성하다
deplete 고갈시키다
complement 보충하다, 보완하다
supplement 추가, 보충
implement 도구, 기구
plethora 과다, 과잉
replete 충만한, 포식한

PLEX/PLIC/PLY (to fold, to twist, to tangle, to bend)

complex 복잡한
complexion 외관, 안색
complicate 복잡하게 하다
duplex 이중의
replica 복사, 복제
ply 능숙하게 다루다
comply 명령에 따르다
implicit 함축적인
implicate 포함하다, 함축하다
explicit 명백한
duplicity 표리부동, 불성실
complicity 공모, 공범
supplicate 간청하다
accomplice 공범, 연루된 사람
explicate 설명하다

PON/POS/POUND (to put, to place)

component 구성하고 있는
compound 합성의, 타협하다
deposit 두다, 맡기다
dispose 배치하다
expose 드러내다, 폭로하다
exposition 박람회, 전시
expound 상세히 설명하다
juxtapose 병렬 배치하다
depose 왕위를 찬탈하다
proponent 제안한 사람, 변호사
repository 창고, 저장하는 곳
transpose (위치나 순서를) 바꾸어 넣다
superimpose 위에 얹다, 포개어 놓다

PORT (to carry)

import 수입하다
portable 들고 다닐 수 있는, 휴대용의
porter 운반기, 운반인
portfolio 서류첩, 대표 작품 선집
deport 운반하다, 이송하다
deportment 태도, 행동거지
export 수출하다
portmanteau 대형 여행 가방
portly 비만한
purport 의미하다, 주장하다
disport 흥겹게 놀다
importune 성가시게 부탁하다, 괴롭히다

POST (after)

posthumous 사후에 생긴, 유복자인
posterior 뒤의, 이후의
posterity 자손, 후세
ex post facto 사후에, 과거로 소급하여

PRE (before)

precarious 불확실한, 지레짐작의
precocious 조숙한, 일찍 꽃이 피는
prelude 전주곡
premeditate 미리 계획하다
premonition 예고, 징후
presage 전조, 예감
presentiment 기미, 예감
presume 추정하다, 상상하다
presuppose 전제로 삼다, 미리 예상하다
precedent 종전의 관례
precept 교훈, 권고
precipitous 성급한, 무모한
preclude 미리 막다, 배제하다
predilection 애호, 편애
preeminent 뛰어난
preempt 선취하다
prepossess 선입관이 되다, 마음을 빼앗다
prerequisite 필수 전제 조건
prerogative 특권

PREHEND/PRISE (to take, to get, to seize)

surprise 기습적으로 점령하다
comprehend 이해하다
enterprise 기획, 기업체
impregnable 난공불락의, 끄떡없는
reprehensible 비난할 만한
apprehension 이해력, 판단
comprise 포함하다
apprise 알리다
apprehend 의미를 파악하다, 깨닫다
comprehensive 이해가 빠른, 포괄적인
reprisal 보복, 포획

PRO (much, for, a lot)

prolific 다산의
profuse 풍부한
propitious 호의적인, 상서로운
prodigious 막대한
profligate 낭비하는, 방탕한
prodigal 아낌없이 주는, 방탕한
protracted 오래 끈, 지연된
proclivity 성향

proliferate 급격히 증가하다, 번식하다
propensity 경향, 성향
prodigy 영재, 경이, 불가사의한 것
proselytize 전도하다
propound 제출하다
provident 절약하는
prolix 지루한, 장황한

PROB (to prove, to test)

probe 탐사하다, 조사하다
probation 시험, 검정
approbation 승인, 면허
probity 고결, 성실
opprobrium 오명, 치욕
reprobate 사악한, 타락한, 꾸짖다

PUG (to fight)

pugilism (프로) 권투
pug 프로 복서
pugnacious 싸움기 좋아하는
impugn 비난하다, 논박하다
repugnant 적의를 품은, 반감을 가진

PUNC/PUNG/POIGN/POINT (to point, to prick)

point 가리키다
puncture 구멍을 내다
punctual 시간을 잘 지키는
punctuate 구두점을 찍다, 강조하다
pungent 날카로운, 신랄한
poignant 매서운, 맛이 쏘는, 신랄한
compunction 양심의 가책
expunge 삭제하다, 말살하다
punctilious 세심한, 꼼꼼한

Q/R

QUE/QUIS (to seek)

acquire 획득하다
acquisition 습득, 입수
exquisite 더없이 훌륭한
acquisitive 탐내는, 얻고자 하는
request 요청하다
conquest 정복, 애정의 획득
inquire 질문하다
inquisitive 호기심이 강한
inquest 심리, 배심
query 질문, 의문
querulous 불평이 많은
perquisite 합법적 부수입, 특권

QUI (quiet)

quiet 조용한
disquiet ~을 불안하게 하다
tranquil 고요한, 잔잔한
acquiesce 묵인하다, 말없이 따르다
quiescent 침묵의, 활동이 정지한

RID/RIS (to laugh)

ridicule 비웃다
derision 조롱하다
risible 우스운

ROG (to ask)

interrogate 심문하다
arrogant 거드름 부리는, 오만한
prerogative 특권, 특권을 가진
abrogate (법률 등을) 폐기하다
surrogate 대리인
derogatory 경멸적인
arrogate 권리를 침해하다, 남의 탓으로 하다

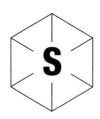

SAL/SIL/SAULT/SULT (to leap, to jump)

insult 모욕하다
assault 급습
somersault 재주넘기
salient 현저한, 돌출한
resilient 탄력 있는, 기운을 회복한
insolent 건방진
desultory 일관성 없는, 산만한
exult 기뻐 날뛰다

SANCT/SACR/SECR (sacred)

sacred 신성한
sacrifice 제물, 희생양
sanctuary 신성한 장소, 신전
sanctify 신성하게 하다
sanction 제재
execrable 저주할, 증오스러운
sacrament 종교적 의식, 성스러운 것
sacrilege 신성 모독

SCI (to know)

science 과학, 학문
conscious 인지하고 있는, 의식하고 있는
conscience 양심
unconscionable 비양심적인
omniscient 전지의, 모든 것을 아는
prescient 선견지명이 있는
conscientious 양심적인
nescient 무지한, 불가지론의

SCRIBE/SCRIP (to write)

scribble 서투르게 쓰다, 갈겨쓰다
describe 묘사하다
script 손으로 쓰기
postscript 추신
prescribe 규정하다, 지시하다
proscribe 금지하다, 배척하다
ascribe ~의 탓으로 돌리다
inscribe 헌정사를 적다, 비문으로 새기다
conscription 강제 징집
scripture 경전, 성서
transcript 사본

circumscribe 주위에 경계선을 그리다, 제한하다
manuscript 필사한, 손으로 쓴
scribe 필경자, 기자, 서기

SE (apart)

select 고르다
separate 분리하다, 떼어내다
seduce 유혹하다
seclude 격리하다, 은둔하다
segregate 분리하다, 격리하다
secede (정당 등에서) 탈퇴하다
sequester 격리하다, 은퇴시키다
sedition 치안 방해, 선동

SEC/SEQU (to follow)

second 제2의, 부가의, 보조의
prosecute 수행하다, 실행하다
sequel (소설 등의) 속편, (사건의) 추이나 결과
sequence 결과, 인과적 연속
consequence 결과, 영향
inconsequential 결과에 영향을 미치지 않는, 하찮은
obsequious 아첨하는
non sequitur 그릇된 결론

SED/SESS/SID (to sit, to be still, to plan, to plot)

preside 지배하다, 의장 노릇을 하다
resident 거주하는, 거주자
sediment 침전물
session 회기, 회합
dissident 의견을 달리하는 (사람), 반체제의
obsession 망상, 강박관념
residual 나머지, 잔여의
sedate 안정시키다, 차분한
subside 가라앉다, 침전하다
subsidy 보조금
subsidiary 보조의, 보완하는, 보조금의
sedentary 앉아 있는, 정착하고 있는
insidious 잠행성의
assiduous 빈틈없는, 부지런한
sedulous 꼼꼼한, 부지런한

SENS/SENT (to feel, to be aware)

sense 감각
sensual 관능적인
sensory 감각의
sentiment 감정, 정서
resent 분개하다

consent 동의하다
dissent 의견을 달리하다
assent 찬성하다
consensus 일치, 여론
sentinel 보초, 파수병
insensate 감각이 없는, 비정한
sentient 민감한, 지각력이 있는
presentiment 예감

SOL (to loosen, to free)

dissolve 분해하다, 해산하다
soluble 녹기 쉬운
solve 문제를 풀다, 해결하다
resolve 분해하다, 설명하다, 결론짓다
resolution 결의, 분해, 해답
irresolute 결단력 없는, 우유부단한
solvent 녹이는, 지불 능력이 있는
dissolution 해산, 분해, 용해
dissolute 방종한, 타락한
absolution 면제, 사면

SPEC/SPIC/SPIT (to look, to see)

perspective 원근법, 전망
aspect 관점, 국면, 용모
spectator 구경꾼
specter 유령, 망령
spectacles 광경, 장관
speculation 고찰, 성찰
suspicious 의심하고 있는
auspicious 상서로운, 길조의
spectrum 스펙트럼, 눈의 잔상
specimen 견본, 표본
introspection 자기반성, 성찰
retrospective 회고하는, 소급의
perspective 관점, 전망, 원근법
perspicacious 선견지명이 있는
circumspect 신중한
conspicuous 눈에 띄는, 두드러진
respite 일시적으로 중지하다, 유예하다
specious 외양만 그럴듯한, 눈가림한

STA/STI
(to stand, to be in a place)

static 정지하고 있는
stationary 고정되어 있는
destitute 결핍한, 가난한
obstinate 완고한, 집요한
obstacle 장애물, 방해하다
stalwart 매우 충실한
stagnant 흐르지 않는, 정체된
steadfast 고정된, 확고한

constitute 제정하다, 설립하다, 구성하다
constant 불변의, 지속적인
stasis 정체
status 상태, 상황
status quo 그대로의 상태, 현상
homeostasis 항상성
apostasy 배신, 변절

SUA (smooth)

suave 부드러운
assuage 완화하다, 진정시키다
persuade 설득하다
dissuade 설득하여 단념시키다

SUB/SUP (below)

submissive 순종하는
subsidiary 보조의, 종속적인
subjugate 복종시키다
subliminal 잠재의식의
subdue 진압하다, 억제하다
sublime 장엄한, 숭고한
subtle 불가사의한, 이해하기 어려운
subversive 멸망시키는
subterfuge 구실, 핑계, 속임수
subordinate 하급의, 하위의, 부하
suppress 진압하다, 억압하다
supposition 가정, 가설

SUPER/SUR (above)

surpass ~보다 낫다, 능가하다
supercilious 사람을 얕보는, 거만한
superstition 미신
superfluous 여분의, 남아도는
superlative 최고의
supersede 지위를 빼앗다, 대체하다
superficial 표면적인, 피상적인
surmount (산, 언덕 등을) 오르다, 극복하다
surveillance 감독, 감시
survey 둘러보다, 조사하다

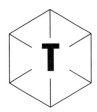

TAC/TIC (to be silent)

reticent 과묵한
tacit 무언의, 조용한
taciturn 과묵한

TAIN/TEN/TENT/TIN (to hold)

contain 포함하다
detain 보류하다
pertain 속하다, 관계하다
pertinacious 끈기 있는, 악착스러운
tenacious 고집하는, 참을성 있는
abstention 절제, 자제
sustain 떠받치다, 부양하다, 견디다
tenure 보유, 지속적 소유
pertinent 적절한, 관련된
tenant 거주자
tenable 유지할 수 있는
tenet 주의, 교의
sustenance 지지, 유지, 생계

TEND/TENS/TENT/TENU (to stretch, to thin)

tension 긴장 상태
extend 늘이다, 뻗다, 확장하다
tendency 경향
tendon 힘줄
tent 천막
tentative 시험적인, 임시의
contend 다투다, 논쟁하다
contentious 논쟁하기 좋아하는
tendentious 편향적인
contention 분쟁, 다툼, 논쟁
contender 분쟁 당사자
tenuous 가는, 희박한
distend 넓히다
attenuate 가늘게 하다, 희박해지다
extenuating 정상 참작할 만한

THEO (god)

atheist 무신론자
apotheosis 신격화
theocracy 신탁에 의한 정치, 제정일치
theology 신학

TOM (to cut)

tome (크고 묵직한 책) 한 권
microtome 박편 절단기
epitome 발췌, 요약
dichotomy 이분법

TORT (to twist)

tort 불법 행위
extort 강제로 탈취하다, 강요하다
torture 고문
tortuous 비비 꼬인, 비틀린

TRACT (to drag, to pull, to draw)

tractor 트랙터, 견인차
attract (주의를) 끌다, 유인하다
contract 계약하다
detract (주의를) 딴 곳으로 돌리다
tract 넓이, 지역
tractable 다루기 쉬운, 순종하는
intractable 고집스러운, 고치기 어려운
protract 오래 끌다, 내뻗다
abstract 추상적인, 관념적인

TRANS (across)

transfer 옮기다, 이동하다
transaction 처리, 거래, 취급
transparent 투명한
transport 운송하다, 추방하다
transition 변천, 이행
transitory 일시적인, 덧없는
transient 순간적인, 일시적인
transgress (한도를) 넘다,
          (법률 등을) 위반하다
transcendent 탁월한
intransigent 비타협적인
translucent 반투명의, 명백한,
          쉽게 알 수 있는

U/V

US/UT (to use)

abuse 남용, 오용
usage 관습, 관용어
utensil 기구, 도구
usurp 빼앗다, 침범하다
utility 유용, 실리
utilitarian 공리주의

VEN/VENT (to come, to move toward)

adventure 모험
convene 회의를 소집하다
convenient 편리한
event 사건
venturesome 모험을 좋아하는, 무모한
avenue 대로, 가로수 길
intervene 사이에 끼다, 방해하다
advent 출현, 강림절
contravene (법률 등을) 저촉하다, 위반하다
circumvent 일주하다, 우회하다

VER (truth)

verdict (배심원의) 평결
verify 입증하다
veracious 진실한
verisimilitude 있을 법함
aver 확언하다
verity 진실

VERS/VERT (to turn)

controversy 논쟁
revert 되돌아가다
subvert 전복시키다
invert 거꾸로 하다
divert 전환하다, 우회하다
diverse 다른 종류의
aversion 혐오, 반감
extrovert 외향적인
introvert 내성적인
inadvertent 부주의한, 태만한
versatile 다방면의, 다재다능한
traverse 가로질러 가다
covert 은밀한

overt 명백한
avert 돌리다, 피하다
advert 주의를 돌리다

VI (life)

vivid 생생한
vicarious (타인의 경험을) 상상하여 느끼는
convivial 쾌활한
viable 생존 가능한
vivacity 활기
joie de vivre 삶의 기쁨
bon vivant 미식가, 유쾌한 친구

VID/VIS (to see)

evident 명백한
television 텔레비전
video 비디오
vision 시력, 시각, 선견지명
provision 미래에 대한 준비
adviser 조언자
provident 선견지명이 있는
survey 바라보다, 조사하다
vista 멀리 내다보이는 경치, 전망
visionary 환영의, 공상적인, 계시적인
visage 얼굴, 용모

VOC/VOK (to call)

vocabulary 어휘
vocal 음성의, 소리를 내는
provocative 성나게 하는, 도발하는
advocate 주장하다, 변호하다
equivocate 모호한 말을 쓰다, 얼버무리다
equivocal 분명치 않은, 두 가지 뜻으로 해석되는
vocation 천직, 사명
avocation 부업, 취미
convoke (회의를) 소집하다
vociferous 큰 소리로 떠드는
irrevocable 돌이킬 수 없는, 취소할 수 없는
evocative 환기시키는
revoke 폐지하다
convoke 소집하다, 불러 모으다
invoke 법을 적용하다

VOL (to wish)

voluntary 자발적인
volunteer 지원자, 자발적인, 자진하여 나서다
volition 의지, 결단력, 의욕
malevolent 남의 불행을 바라는, 심술궂은
benevolent 자선의, 호의적인

413

4

Common
Usage
Errors

혼히 저지르는
실수들

혼히 상식적으로 사용하고, 너무 쉬워 사전을 찾아볼 필요가 없다고 느끼는 단어들의 쓰임에서
종종 실수가 일어난다. 이 장에는 자주 틀리는 단어와 표현들을 제시하였다.

All RIGHT

Not "alright."

"alright"이 아니다.

AMONG/BETWEEN

Among is used with three or more people or things; between is used with two.

among은 세 개나 그 이상의 사람이나 사물에 사용하고 between은 두 개일 때 사용한다.

- The tin-can telephone line ran *between* the two houses.

  깡통전화기의 선은 두 집 간에 연결되었다.

- *Among* the twelve members of the committee were only three women.

  위원회 회원 12명 중에서 유일하게 세 명만이 여성이었다.

- Mr. Nuñez distributed the candy *among* the four of us.

  누녜스 씨는 우리 넷에게 사탕을 나눠 주었다.

Between you and I is incorrect; between you and me is correct.

between You and I는 틀린 표현이다. between이 전치사이므로 I가 아니라 me가 맞는 표현이다.

ANXIOUS

This word properly means "filled with anxiety," not "eager." Don't say you're *anxious* for school to end unless the ending of school makes you feel fearful.

이 단어의 적절한 의미는 "갈망하는"이 아니라 "불안한, 걱정되는"이다. 폐교될까 봐 불안한 것이 아니라면, anxious for school to end(학교가 파할 것이 걱정되는)라는 표현은 쓰지 마라.

AS FAR AS ... IS CONCERNED

Not a stylish expression, but if you use it, don't leave out the *is concerned*. It is not correct to say, "*As far as* money, I'd like to be rich." Instead, you should say, "*As far as* money *is concerned*, I'd like to be rich."

그다지 멋진 표현은 아니지만, 그래도 사용하고자 할 때는 is concerned를 빠뜨리지 말아야 한다. "돈에 관해서라면 나는 부자가 되고 싶다."라고 말할 때 As far as money I'd like to be rich.라고 하면 틀리다.

AS/LIKE

You can run *like* a fox, but you can't run *like* a fox runs.

as는 접속사로서 뒤에 절이 나올 수 있지만, like는 뒤에 절이 올 수 없다(run like a fox runs는 틀린 말이다).

Like is used only with nouns, pronouns, and grammatical constructions that act like nouns.

like는 전치사이므로 명사나 대명사, 그 외에 명사로 기능하는 문법 구조(동명사나 명사구 등)만 올 수 있다.

- Joe runs *like* a fox.

  조는 여우처럼 달린다.

- Joe runs *as* a fox runs.

  조는 여우가 달리는 것처럼 달린다.

- Joe runs the way a fox runs.

  조는 여우가 달리는 방식으로 달린다.

BIWEEKLY, BIMONTHLY

Biweekly means either twice a week or once every two weeks, depending on who is using it. Likewise with *bimonthly*. If you need to be precise, avoid these words by saying "twice a week" or "every other week" instead. *Fortnightly* means once every two weeks.

biweekly는 이 단어를 사용하는 사람의 의지에 따라 한 주에 두 번 또는 이 주에 한 번을 의미한다. bimonthly도 또한 마찬가지로 한 달에 두 번, 또는 두 달에 한 번을 의미한다. 정확하게 의미를 전달하고 싶을 때는, 이 단어를 사용하지 않는 것이 좋다. 대신 twice a week(한 주에 두 번)나 every other week(이 주에 한 번)를 사용한다. fortnightly는 '이 주에 한 번'을 의미한다.

CAN/MAY

Can denotes ability; *may* denotes permission. If you *can* do something, you are able to do it. If you *may* do something, you are permitted to do it.

can은 능력을 나타내고, may는 허가를 의미한다. can을 쓰면 '~을 할 수 있는 능력이 있다'는 뜻이고, may를 쓰면 '~을 하도록 허락되다'라는 뜻이다.

CAPITAL/CAPITOL

Washington, D.C., is the *capital* of the United States. The building where Congress meets is the *Capitol*.

워싱턴은 미국의 capital(수도)이다. 의회가 열리는 건물은 Capitol(국회의사당)이다.

COMMON/MUTUAL

Common means "shared"; *mutual* means "reciprocal." If Tim and Tom have a *common* dislike, they both dislike the same thing (anchovies). If Tim and Tom have a *mutual* dislike, they dislike each other.

common은 '공유하는'이라는 의미이고, mutual은 '상호적인'이라는 의미이다. 팀과 톰이 같은 것(멸치)을 싫어하고 있으면 common dislike를 사용하고, 그들이 서로를 싫어하고 있다면 mutual dislike를 사용한다.

COMMONPLACE

In careful usage, this word is an adjective meaning "ordinary" or "uninteresting." It can also be used as a noun meaning a "trite or obvious observation" or a "cliché." It should not be used sloppily as a substitute for the word "common."

조심스럽게 사용할 때는, 이 단어는 ordinary나 uninteresting처럼 형용사로 '평범한', '재미없는'이라는 의미로 쓰인다. 또한 명사로 쓰일 때는 '진부하거나 너무 뻔한 의견'이나 '진부한 표현'을 가리킨다. 그저 적당히 common의 대체어로 사용해서는 안 된다.

- To say that French food is the best in the world is a *commonplace*.

  프랑스 음식이 세계에서 최고라고 말하는 것은 너무 진부한 말이다.

- It is *commonplace* but neither interesting nor perceptive to say that French food is the best in the world.

  프랑스 음식이 세계에서 최고라고 말하는 것은 흥미롭지도 않을 뿐더러 감각적이지도 못한 그저 평범한 이야기일 뿐이다.

COMPARE TO/COMPARE WITH

To compare an apple *to* an orange is to say that an apple is like an orange. *To compare* an apple *with* an orange is to discuss the similarities and differences between the two fruits.

to compare an apple to an orange는 '사과를 오렌지와 유사하다고 비유하다'이다. compare 뒤에 to 대신 with를 사용하면, 두 과일의 유사점과 차이점을 논하고자 하는 것이다.

- Daisuke *compared* his girlfriend's voice *to* the sound of a cat howling in the night; that is, he said his girlfriend sounded like a cat howling in the night.

  다이스케는 여자 친구의 목소리를 한밤에 고양이가 우는 소리에 비유했다. 즉, 그는 여자 친구의 목소리가 한밤중의 고양이 울음소리같다고 말했던 것이다.

- I *compared* my grades *with* Beth's and discovered that she had done better in every subject except math.

  나는 내 성적과 베스의 성적을 비교해 보고서 수학을 제외한 전 과목에서 그녀가 나보다 좋은 점수를 받았다는 것을 알게 되었다.

DIFFERENT FROM

Different from is correct; "different than" is not.

different from이 맞는 표현이고, different than은 틀리다.

- My dog is *different from* your dog.

  내 개는 네 개와는 다르다.

EACH OTHER/ONE ANOTHER

Each other is used with two; *one another* is used with three or more.

each other는 대상이 둘일 때 사용하고, one another는 셋 이상일 때 사용한다.

- A husband and wife should love *each other*.

  남편과 아내는 서로를 사랑해야 한다.

- The fifteen members of the group had to learn to get along with *one another*.

  그 단체의 15명의 회원들은 서로서로 사이좋게 지내는 법을 배워야만 했다.

EQUALLY AS

Nothing is ever "*equally as*" anything as anything else.

다른 것만큼 똑같이 ~하다'라고 할 때, equally as라는 표현을 사용하면 안 된다.

- Your car and Dave's car might be *equally* fast.

  너와 데이브의 차는 똑같이 빠르다.

You should never say that the two cars are *equally as* fast. Nor should you say that your car is *equally as* fast as Dave's. You should simply say that it is *as* fast.

equally as fast나 equally as fast as라는 표현을 사용할 수 없다. 그저 as fast라고 말해야 한다.

(THE) FACT THAT/THAT

You almost never need to use "*the fact that*"; *that* alone will suffice.

the fact that이라는 표현은 거의 쓸 필요가 없다. that 하나만 써도 충분하다.

Instead of saying, "I was appalled by the *fact that* he was going to the movies," say, "I was appalled that he was going to the movies."

'그가 영화를 보러 간다는 사실(fact that)에 나는 놀랐다.'라는 표현 대신 '그가 영화를 보러 간다는 것(that)에 나는 놀랐다.'라고 말해야 한다.

FARTHER/FURTHER

Farther refers to actual, literal distance—the kind measured in inches and miles. *Further* refers to figurative distance. Use *farther* if the distance can be measured; use *further* if it cannot.

farther는 말 그대로 실제 거리(인치나 마일처럼 측정 가능한 거리)가 먼 것을 의미하는 것이다. further는 상징적인 거리를 언급하는 것이다. 측정 가능한 거리라면 farther를 사용해라. 그렇지 않다면 further이다.

- Paris is *farther* from New York than London is.

  파리는 런던보다는 뉴욕과의 거리가 더 멀다.

- Paris is *further* from my thoughts than London is.

  파리는 런던보다 친근한 마음이 들지 않는다.

- We hiked seven miles but then were incapable of hiking *farther.*

  우리는 7마일이나 걸었기 때문에 더 이상 걸을 힘이 없었다.

- I made a nice outline for my thesis but never went any *further.*

  학위논문의 초안은 근사하게 잡았지만 더 이상 진전이 없었다.

FEWER, LESS

Fewer is used with things that can be counted, *less* with things that cannot. That is, *fewer* refers to number; *less* refers to quantity.

fewer는 셀 수 있는 것에 사용하고 less는 셀 수 없는 것에 사용한다. 즉, fewer는 수를 말하고, less는 양을 의미한다.

- I have *fewer* sugar lumps than Henry does.

  나는 헨리보다 각설탕을 적게 가지고 있다.

- I have *less* sugar.

  나는 설탕이 적다.

Despite what you hear on television, it is not correct to say that one soft drink contains "*less* calories" than another. It contains *fewer* calories (calories can be counted); it is *less* fattening.

텔레비전에서 흔히 들을 수 있기는 하지만, 특정한 음료수가 다른 것에 비해서 less calories(저칼로리)라고 하는 말은 옳은 표현이 아니다. 칼로리는 (셀 수 있으므로) fewer calories라고 써야 한다. 그런 제품은 살이 적게(less) 찐다.

FORMER, LATTER

Former means the first of two people or things; *latter* means the second of two. If you are referring to three or more things, you shouldn't use *former* and *latter.*

former는 두 사람이나 사물 중에 앞에 나온 것(전자)'를 의미하고, latter라는 말은 둘 중에서 나중에 나온 것(후자)'을 말한다. 셋이나 그 이상의 사물을 지칭할 때는 former, latter를 사용할 수 없다.

It is incorrect to say, "The restaurant had hamburgers, hot dogs, and pizzas; we ordered the *former.*" Instead, say, "We ordered the first," or, "We ordered hamburgers."

"식당에는 햄버거와 핫도그와 피자가 있었는데, 우리는 전자(former)를 주문했다."라는 표현은 틀린 것이다. 대신 "첫 번째 것(the first)을 주문했다" 또는 "햄버거를 주문 했다"라고 말한다.

IF/WHETHER

Almost everyone uses *if* in situations that call for *whether*. *if* should be used when something may or may not happen and is usually followed by *then*. *Whether* should be used when more than one alternative is being discussed. For example: "We need to decide *whether* we should go to the show or stay home." The use of *if* in this situation is widely accepted, but the use of *if* in some situations might cause confusion. Consider this sentence: "Let me know *if* you're coming tonight." Someone might interpret this to mean "*If* you're coming tonight, then let me know. *If* you're not coming tonight, then you don't have to reply." To make it clear that you expect a response, use *whether*: "Let me know *whether* you're coming tonight." This should be interpreted as "No matter what you decide, please let me know your plans."

거의 모든 사람들이 whether을 사용해야 하는 상황에서 if를 쓴다. if는 어떤 일이 일어날 수도 있고 일어나지 않을 수도 있는 상황에서 써야 하며, 대개 then이 뒤에 따라 나온다. whether는 하나 이상의 대안이 있을 때 사용해야 한다. We need to decide whether we should go to the show or stay home.(우리는 공연에 가야 할지 집에 있을지 결정해야 해.)라는 예문에서 if의 용법은 널리 용인되지만, 종종 if의 용법이 혼란을 주는 경우도 있다. 예를 들어, Let me know if you're coming tonight.을 '만약 네가 오늘 밤 온다면 그때 알려 줘. 만약 오늘 밤 오지 않는다면 알려 주지 않아도 돼.'라고 해석할 수 있겠지만, 원하는 반응을 명확하게 얻기 위해서 whether를 사용하도록 하자. Let me know whether you're coming tonight. 은 '네가 어떻게 결정하든 간에 참석 여부를 알려 줘.'라는 의미이다.

IRREGARDLESS

This is not a word. Say *regardless* or *irrespective*.

이것은 틀린 단어이다. '~에 상관없이'라는 표현을 하고자 할 때는 regardless나 irrespective를 사용한다.

LAY/LIE

The only way to "*lay* down on the beach" is to take small feathers and place them in the sand.

'lay down on the beach' 할 수 있는 유일한 방법은 작은 깃털을 가져와서 모래사장에 놓아두는 것이다.

To *lay* is to place or set.

lay는 '놓아두다', '배치하다'라는 뜻이다.

- Will the widow *lay* flowers by the grave? She already *laid* them, or she has already *laid* them. Who *lies* in the grave? Her former husband *lies* there. He *lay* there yesterday, too. In fact, he has *lain* there for several days.

  미망인이 묘지에 꽃을 갖다 놓을까요? 그녀는 이미 꽃을 갖다 놓았습니다. 그 무덤에 누가 누워 있습니까? 그녀의 전 남편이 거기에 누워 있답니다. 그는 어제도 거기 있었습니다. 사실, 그는 벌써 며칠 전에 죽었습니다.

PLURALS AND SINGULARS

The following words take plural verbs　복수로 쓰이는 단어들

  both
  criteria
  media
  phenomena

The following words take singular verbs　단수로 쓰이는 단어들

  criterion
  each
  either
  every, everybody, everyone, everything
  medium
  neither
  none, no one, nobody, nothing
  phenomenon

PRESENTLY

Presently means "soon," not "now" or "currently."

presently는 '지금'이나 '현재'를 의미하는 것이 아니라 '곧, 머지않아'를 의미한다.

- The mailman should be here *presently*; in fact, he should be here in about five minutes.

  우편집배원은 곧 이리로 올 것이다. 사실 그는 5분 안에 이곳에 와야만 한다.

The mailman is here now.

우편집배원은 지금 여기에 있다.

STATIONARY/STATIONERY

Stationary means not moving; *stationery* is notepaper.

stationary는 '움직이지 않고 정지해 있는'의 뜻이며, stationery는 '편지지'를 의미한다.

THAT/WHICH

Most People confuse these two words. Many people who know the difference have trouble remembering it. Here's a simple rule that will almost always work; *that* can never have a comma in front of it; *which* always will.

대부분의 사람들은 이 두 단어를 혼동한다. 차이점을 알고 있는 사람들도 정확히 기억하는 데 애를 먹는다. 여기에 언제나 유효한 간단한 법칙을 소개하고자 한다. that은 콤마와 함께 쓰일 수 없는 반면에 which는 항상 콤마와 함께 쓰인다.

- There is the car *that* ran over my foot.

  내 다리를 친 차가 저기 있다.

- Ed's car, *which* ran over my foot, is over there.

  내 다리를 친 에드의 차가 저기에 있다.

- I like sandwiches *that* are dripping with mustard.

  나는 겨자를 잔뜩 바른 샌드위치를 좋아한다.

- My sandwich, *which* was dripping with mustard, was the kind I like.

  머스터드를 잔뜩 바른 샌드위치가 바로 내가 좋아하는 것이다.

Which is used in place of *that* if it follows another *that*; "We were fond of *that* feeling of contentment *which* follows victory."

뒤에 또 다른 that을 이끌 때는 that의 자리에 which를 사용한다. "우리는 승리하고 난 후의 성취감을 좋아했다."

5

Abbreviations

여기에서는 유용한 약어들의 쓰임과 용례를 보여 준다.

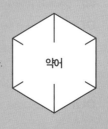

약어

AP Advanced Placement 고급 학습 과정

ASAP As Soon As Possible 가능한 한 빨리

Assn. Association 연합

Assoc. Associates 조합원

asst. Assistant 조수

ATM Automated Teller Machine
현금 자동 입출금기

attn. To the attention of 주목하는

aux. Auxiliary 보조, 준회원

AWOL Absent WithOut Leave 무단결근

B.A. Bachelor of Arts 문학사

BMOC Big Man On Campus 학교의 유력자

B.S. Bachelor of Science 이학사

BW Black and White 흑백

C Celsius, Centigrade 섭씨 (온도)

c/o In Care Of 전교

cc Cubic Centimeter; Carbon Copy
입방 센티미터; 카본지를 쓴 사본

CD Certificate of Deposit; Compact Disc
예금 증서; 콤팩트디스크

cf. (Latin – *Confer*) See also 참조하라

CMYK Cyan-Magenta-Yellow-Black
청록-자주-노랑-검정

CO Commanding Officer 지휘관

Co. Company 회사

COD Cash On Delivery 대금상환

Corp. Corporation 법인

CPA Certified Public Accountant 공인회계사

CPU Central Processing Unit 중앙처리 장치

CRT Cathode Ray Tube 브라운관

DA District Attorney 지방검사

db Decibels 데시벨(소리의 측정 단위)

DDM Doctor of Dental Medicine 치과 의사

DDS Doctor of Dental Science 치의학 박사

dept. Department
(행정 조직이나 조직체의) 부, 국, 성

DUI Driving Under the Influence 음주 운전

DVD Digital Video Disk; Digital Versatile Disk
디지털 비디오디스크; 디지털 다기능 디스크

DWI Driving While Intoxicated 음주 운전

ED Executive Director 전무 이사

e.g. (Latin – *Exempli gratia*) For example
예를 들면

EKG Electrocardiogram 심전도

EP Extended-Play record
매분 45회전의 레코드

ESP ExtraSensory Perception 초감각적 감지

et al. (Latin – *Et alii*) And others 기타 등등

et seq. (Latin – *Et sequens*) And following
이하 참조

ETA Estimated Time of Arrival 도착 예정 시각

etc. (Latin – *Et cetera*) And so on 기타 등등

ETD Estimated Time of Departure
항공의 출발 예정 시간

ETS Educational Testing Service
교육 평가 제도

F Fahrenheit 화씨(온도)

ff. And following pages 다음 페이지에

FYI For Your Information
(군사 용어) 참고하도록

GI Government Issue 미군 병사

govt. Government 정부

GRE Graduate Record Examinations
미국 대학원 입학 능력 시험

IB International Baccalaureate
국제 공통 대학 입학 자격시험

ibid (Latin – *ibidem*) In the same place
같은 장소(페이지)에, 각주

i.e. (Latin – *Id est*) That is
즉, 다시 말하면

Inc. Incorporated 주식회사

IQ Intelligence Quotient 지능지수

ISO In Search Of ~를 찾아서

ISP Internet Service Provider
인터넷 서비스 제공자

IV IntraVenous 정맥주사

JD (Latin – *Jurisdoctor*) Doctor of Law
법학 박사

K (Latin – *kilo*) Thousand 천(1000)

km Kilometer 킬로미터

LLP Limited Liability Partnership
유한 책임 동업자

LP Long-Playing record
매분 33과 1/3회전의 레코드

LPG Liquefied Petroleum Gas 액화 석유 가스

MA Master of Arts 문학 석사

MC Master of Ceremonies 사회자

MD Doctor of Medicine 의학 박사

MIA Missing In Action (군대의) 실종자

mm Millimeter 밀리미터

MP Member of Parliament or Military Police
하원 의원 혹은 헌병대

Ms ManuScript 필사본

MS Master of Science 이학 석사

Mss Manuscripts 필사본

MVP Most Valuable Player 최고 수훈 선수

op. cit. (Latin – *Opere citato*)
In the work previously cited
앞서 인용한 책

OS Operating System 운영 체제

p. Page 페이지

PA Public Address 공공 우편 제도

PC Personal Computer 개인용 컴퓨터

PhD Doctor of Philosophy 철학 박사

PIN Personal Identification Number
개인 식별 번호

POW Prisoner Of War 전쟁 포로

pp. Pages 페이지들

P.S. (Latin – *Postscriptum*) Postscript 추신

QED (Latin – *Quod erat demonstrandum*)
Which was to be demonstrated
이미 증명된

R & D Research and Development 연구 개발

Rep. Representative 대표, 외판원

RGB Red-Green-Blue 적-록-청

ROTC Reserve Officers' Training Corps
학생 군사 교육단

RSVP (French – *Répondez s'il vous plaît*)
Please reply.
꼭 답장 주세요

SRO Standing Room Only 입석밖에 없음

SWAK Sealed With A Kiss
키스를 담아서, 연애편지 끝에 쓰는 말,

TKO Technical KnockOut
(권투) 녹아웃을 통한 승리

TLC Tender Loving Care 사랑으로 보살피는

UFO Unidentified Flying Object
미확인 비행 물체

VIP Very Important Person 귀빈

viz. (Latin – *Videlicet*) Namely 바꿔 말하면

w/ With

w/o Without

WWW World Wide Web

6

Foreign Words And Phrases

외래어
단어 & 숙어

프랑스에서는 처방약을 약국(le drugstore)에서 구입하며, 주말(le weekend)을 기다린다. 앞의 두 단어는 모두 영어에서 차용된 단어들이다. 마찬가지로 영어에도 다른 언어에서 곧장 빌려와 사용하는 단어와 어구가 많이 있다. 이 장에서는 가장 흔히 사용되는 외래어의 단어와 숙어를 묶었다. 그리고 현재 인정되고 있는 발음을 한 가지 이상씩 실었다. 이는 대개 외래어 그대로의 발음과 미국식 발음 순으로 되어 있다.

À PROPOS [æ̀prəpóu] adj (French – "to the purpose") to the point; pertinent
(프랑스 어 – 적절한) 적절한, 딱 들어맞는

A comment is *à propos* (or *apropos*) if it is exactly appropriate for the situation.
상황에 정확히 딱 들어맞는 말을 했을 때 à propos라는 표현을 쓴다.

AD HOC [ɑd hɔ́k] adj (Latin – "for this")
for a particular purpose; only for the matter at hand
(라틴 어 – 이것을 위해) 특별한 목적을 위해; 당면 문제에 한해서

An *ad hoc* committee is a committee established for a particular purpose or to deal with a particular problem.
특별 위원회는 특정한 목적을 위해서, 혹은 특정 문제를 다루기 위해 설치된 위원회를 의미한다.

AFICIONADO [əfiʃiəná:dou] n (Spanish – "affectionate one") fan
(스페인 어 – 열렬한 애호가) 팬

An *aficionado* of football is a football fan. An *aficionado* of theater is a theater fan.
열렬한 축구 애호가들을 축구광이라고 한다. 열렬한 연극 애호가들은 연극광이라고 한다.

AL FRESCO [ælfréskou] adj (Italian – "in the fresh") outside; in the fresh air
(이탈리아 어 – 신선한) 야외로, 상쾌한 분위기의

An *al fresco* meal is a picnic.
al fresco meal은 야외에서 간단히 하는 식사, 소풍을 의미한다.

APPARATCHIK [à:pərá:tʃik] n (Russian – "apparat (Communist party machine) member")
loyal functionary; bureaucrat
(러시아 어 – 정부, 정당(특히 공산당)의 기관원) 공무원; 관료

Recent articles have described Mr. Petroleum as "an energy company *apparatchik*" and Mayor Atlanta as "a Democratic Party *apparatchik* turned popular leader."
최근의 기사는 Mr. Petroleum를 "에너지 회사의 기관원", 그리고 애틀랜타 시장을 "민주당 기관원, 유명 지도자로 바뀌다."라고 묘사했다.

AU COURANT [òu kurá:ŋ] adj (French – "in the current") up to date; informed
(프랑스 어 – 현행의) 최신식의; 널리 알려져 일상적인

To be *au courant* is to know all the latest information.
au courant는 가장 최근의 정보를 알고 있다는 의미이다.

BONA FIDE [bóunə fáidi] n (Latin – "in/with good faith") authentic; sincere; genuine
(라틴 어 – 선량한) 진실한 신의가 있는; 진짜의; 진품의

The noun form is *bona fides* (singular), meaning proof of credentials or of sincerity.
명사형은 bona fides(단수 취급)로, 성실성을 증명하는 증거나 공식문서를 뜻한다.

A *bona fide* linguistic expert, Alli speaks forty languages, including six Aboriginal tongues.
진정한 언어 전문가인 알리는 6개의 원주민 언어를 포함하여 40개의 언어를 할 수 있다.

CARTE BLANCHE [kɑːrt blǽntʃ] n (French – "blank card")
the power to do whatever one wants
(프랑스 어 – 백지 카드) 원하는 것은 무엇이나 할 수 있는 힘

To give someone *carte blanche* is to give that person the license to do anything.

누군가에게 carte blanche를 준다는 것은 그 사람에게 무엇이든 할 수 있는 권한을 준다는 의미이다.

DE FACTO [di: fǽktou] adj (Latin – "from the fact") **actual**
(라틴 어 – 사실에 근거한) 실제의

Your *de facto* boss is the person who tells you what to do. Your *de jure* [diːʒuər] boss is the person who is technically in charge of you. *De jure* ("from the law") means according to rule of law.

당신들의 실질적 우두머리는 당신에게 무엇을 해야 할지 명령하는 사람이다. de jure boss는 법적으로 여러분을 책임지고 있는 사람이다. de jure(법에 근거한)는 법의 규정을 따른다는 의미이다.

DE RIGUEUR [də riːgɔ́ːr] adj (French – "indispensable")
obligatory; required by fashion or custom
(프랑스 어 – 반드시 필요한) 의무적인; 관습이나 유행상 필수적인

Long hair for men was *de rigueur* in the late 1960s. Evening wear is *de rigueur* at a formal party.

1960년대 후반, 남성들에게 긴 머리는 필수였다. 공식 행사에는 야회복이 필수이다.

DÉJÀ VU [déiʒɑː vjuː] n (French – "already seen")
an illusory feeling of having seen or done something before
(프랑스 어 – 이미 본 것)
전에 이미 경험했거나 본 적이 있다고 느끼는 착각, 데자뷰

To have *déjà vu* is to believe that one has already done or seen what one is in fact doing or seeing for the first time.

déjà vu는 실제로는 처음 보거나 경험하면서도 이미 전에 보거나 경험한 적이 있다고 느끼는 것을 의미한다.

ENNUI [áːŋwiː] n (French – "annoyance") **boredom; weary dissatisfaction**
(프랑스 어 – 성가심) 권태; 무료함

Masha thinks *ennui* is sophisticated, but her jaded remarks bore me to tears.

마샤는 권태가 세련된 것이라고 생각하지만, 그녀의 지겨운 말은 나를 눈물 날 만큼 따분하게 만들었다.

FAIT ACCOMPLI [féit əkɔmplíː/féit əkɑmplíː] n (French – "accomplished fact")
something that is already done and that cannot be undone
(프랑스 어 – 기정사실) 이미 끝난 일

Our committee spent a long time debating whether to have the building painted, but the project was a *fait accompli*. The chairman had already hired someone to do it.

우리 위원회는 그 건물을 페인트칠하는 문제로 오랫동안 논의를 거듭하고 있었다. 그러나 그 안건은 이미 끝난 일이었다. 의장이 이미 그 일을 할 사람을 고용했던 것이다.

FAUX PAS [fou pá:] n (French – "false step") an embarrassing social mistake
(프랑스 어 – 잘못된 일) 난처한 사회적 과실

Henry committed a *faux pas* when he told the hostess that her party had been boring.
헨리는 파티를 주최한 여주인에게 그 파티가 따분하다고 말하는 무례를 범했다.

IDÉE FIXE [i:dei fí:ks] n (French – "fixed idea") a fixed idea; an obsession
(프랑스 어 – 고정관념) 고정관념; 강박관념

An *idée fixe* is an idea that obsesses you or that you can't get out of your mind.
idée fixe는 우리가 버리지 못하고 있는, 우리를 옭아매고 있는 생각이다.

IPSO FACTO [ípsou fǽktou] adj (Latin – "by the fact itself")
by or because of that very fact
(라틴 어 – 사실 그 자체에 의해) 그 사실 때문에 결과적으로

Under the discriminatory employment policy, people with children are *ipso facto* ineligible for promotion.
고용 차별 정책 아래, 아이가 있는 직원들은 결과적으로 승진 시 불이익을 받는다.

JOIE DE VIVRE [ʒwɑ: də ví:vrə] n (French – "joy of living")
deep and usually contagious enjoyment of life
(프랑스 어 – 삶의 기쁨) 대개 잘 전이되는 깊은 삶의 기쁨

Antonia's *joie de vivre* made her office a pleasant place to work for everyone connected with it.
안토니아의 삶에 대한 유쾌한 태도가 사무실을 모든 사람들이 즐겁게 일할 수 있는 공간으로 변모시켰다.

JUNTA [húntə/dʒʌ́ntə] n (Spanish – "joined") a small group that rules a country after its government is overthrown
(스페인 어 – 모임)
정부가 전복되고 난 후 나라를 통치하는 소규모의 집단, 임시정부, 군사정권

After the rebels had driven out the president, the Latin American country was ruled by a *junta* of army officers.
반란군이 대통령을 축출하고 난 후, 라틴 아메리카의 그 국가는 군 장성들로 이루어진 군사 정권에 의해서 통치되었다.

LAISSEZ-FAIRE [lèseiféər] n (French – "let do")
a doctrine of noninterference by government in the economy; noninterference in general
(프랑스 어 – 내버려두다)
정부의 경제에 대한 불간섭 정책; 대개의 방임주의, 불간섭 정책

To believe in *laissez-faire* is to believe the government should exert no control over business. It's also possible to adopt a *laissez-faire* attitude about other matters.
불간섭주의를 신봉하는 것은 정부가 산업활동을 통제하지 않아야 한다고 생각하는 것이다. 또한 다른 문제들에 있어서도 불간섭의 태도를 적용할 수도 있다.

MEA CULPA [mèiə kʌ́lpə/meiə kúlpə]   n   (Latin – "my fault") my fault
(라틴 어 – 내 탓) 나의 잘못

Mea culpa, mea culpa. I was the one who put the dog in the cat's bed.
내 탓이오, 내 잘못이오. 강아지를 고양이 침대에 집어넣은 건 바로 나였소.

NOLO CONTENDERE [nòulou kəntɛ́ndəri]   n   (Latin – "I do not wish to contend.")
no contest
(라틴 어 – 나는 항쟁을 원치 않는다.)
형사 소송에 있어서 피고인의 불항쟁의 답변

A plea in a court case that is the equivalent of a guilty plea but it doesn't include an actual admission of guilt.
재판에서 이와 같은 불항쟁의 답변은 유죄를 인정하는 진술이나 마찬가지의 의미이다. 그러나 실제로 유죄를 인정하는 자백을 담고 있는 것은 아니다.

NON SEQUITUR [nàn sɛ́kwitər]   n   (Latin – "it does not follow")
a statement that does not follow logically from what has gone before
(라틴 어 – 뒤따르지 않는다)
이전에 앞선 것과 논리적으로 연결되지 않는 진술

Bill's saying "Forty-three degrees" when Joe asked "May I have the butter?" was a *non sequitur.*
'버터 좀 주실래요?'라는 조의 말에 '43도'라고 한 빌의 대답은 논리에 맞지 않는 엉뚱한 말이다.

PERSONA NON GRATA [pərsóunə nɑn grá:tə]   adj   (Latin – "unacceptable person")
specifically unwelcome
(라틴 어 – 환영받지 못하는 사람) 기피 인물

In diplomacy, *persona non grata* often refers to an emissary blacklisted (for suspected espionage or crime, or for political reasons) by a host country.
외교에서, persona non grata는 요주의 외교사절(첩보활동을 하거나 범죄를 저지르고, 정치적 구실을 가지고 있는 인물로 의심받는)을 말할 때 주최국에 의해 사용되는 말이다.

Fernando's altercation with the principal made him *persona non grata* in the Parent-Teacher Association.
페르난도가 교장에게 한 변명 때문에 그는 부모-교사 연합의 기피 인물이 되었다.

QUID PRO QUO [kwíd prou kwóu]   n   (Latin – "something for something") something given or done in return for something else
(라틴 어 – 무엇에 상당하는 것)
다른 어떤 것에 대한 보답으로 주는 물건이나 행하는 일

The politician said she would do what we had asked her to do, but there was a *quid pro quo;* she said we had to bribe her first.
우리가 부탁했던 일을 해 줄 것이라고 그 정치가는 말했다. 그러나 그에 상응하는 대가가 있어야 했다. 먼저 그녀에게 뇌물을 바쳐야만 한다고 말했던 것이다.

RAISON D'ÊTRE [rèizoun détrə] n (French – "reason to be") **reason for being**
(프랑스 어 – 존재 이유) 존재의 이유

Money was the greedy rich man's *raison d'être.*
돈은 탐욕스러운 부자들의 존재 이유이다.

RENDEZVOUS [rá:ndəvù:] n (French – "present yourselves")
a meeting; a meeting place
(프랑스 어 – 출석하다) 회합; 모임 장소

The young couple met behind the bleachers for a discreet *rendezvous.*
그 젊은 한 쌍은 조심스럽게 만나기 위해 외야석 뒤에서 만났다.

SAVOIR-FAIRE [sævwɑ:r fɛ́ər] n (French – "to know how to do") **tact; the ability to act confidently and appropriately in different situations**
(프랑스 어 – 어떻게 해야 할지 알고 있다)재치; 다양한 상황에서 자신감 있고 적절하게 행동하는 능력

While Jo tended to be tactless, her sister Meg was full of savoir-faire and had the ability to charm whomever she met.
조가 요령 없는 척하는 동안, 그녀의 여동생 메그는 누구를 만나든 매력적으로 보이도록 재치 있게 행동했다.

SINE QUA NON [sɑ̀ini kwei nán] n (Latin – "without which not") **something essential**
(라틴 어 – 없으면 안 되는 것) 반드시 필요한 것

Understanding is the *sine qua non* of a successful marriage.
이해는 성공적인 결혼 생활의 필수 조건이다.

STATUS QUO [stèitəs kwóu] n (Latin – "state in which") **the current state of affairs**
(라틴 어 – 그대로의 상태) 일의 현재 상태

The *status quo* is the way things are now.
status quo은 지금 현재의 상태를 의미한다.

SUI GENERIS [su:ɑi dʒénəris] adj (Latin – "of one's own kind")
unique; in a class of one's own
(라틴 어 – 자신만의 고유한) 독특한; 비길 데 없이 뛰어난

To be *sui generis* is to be unlike anyone else.
sui generis는 다른 사람과 같지 않다는 의미이다.

TÊTE-À-TÊTE [tèitətéit] n (French – "head to head")
a private conversation between two people
(프랑스 어 – 머리를 맞대고) 두 사람간의 사적인 대담

The two attorneys resolved their differences in a *brief tête-à-tête* before the trial began.
변호사와 검사 두 사람은 재판이 시작되기 전, 잠깐 동안의 사담을 통해서 서로의 입장 차이를 해결했다.

VIS-À-VIS [vìːzəvíː] prep (French – "face to face") in relation to; compared with
(프랑스 어 – 얼굴을 맞대고) ~에 관하여; ~와 비교하여

The students' relationship *vis-à-vis* the administration was one of confrontation.
학생들과 대학 당국과의 관계는 대립의 관계이다.

ZEITGEIST [tsáigàist] n (German – "time spirit") the spirit of the times
(독일어 – 시대정신) 시대정신, 사조

Nudnik was always out of step with the *zeitgeist*; he had short hair in 1970 and long hair in 1980.
Nudnik은 어찌되었든 시대의 흐름과는 맞지 않는 사람이다. 그는 1970년대에는 머리를 짧게 잘랐고, 1980년대에는 머리를 길렀다.

7

The
Arts

이 장의 단어들을 암기하고 활용하라.
그러면 사람들은 당신이 아주 유식하다고 생각할 것이다.

예술

ALLITERATION A poetic device involving the use of two or more words with the same initial consonant sounds. Big Bird is an *alliterative* name.

두운 같은 자음으로 시작하는 두 개 혹은 그 이상의 단어를 사용하는 시적 장치. Big Bird는 두운을 맞춘 이름이다.

BAUHAUS A German school of art and architecture founded in 1919. *Bauhaus* style is characterized by harsh geometric form and great austerity of detail.

바우하우스 1919년 독일에 세워진 건축, 조형 학교. 바우하우스 양식은 엄격한 기하학적 형태와 간결한 장식을 그 특징으로 하고 있다.

BIOPIC A biographical film. *Gandhi* and *Malcolm X* are well-known biopics. Some, such as *The Hours* (about Virginia Woolf) and *Capote* (About Truman Capote and Harper Lee), interweave real and fictitious plots or use a single incident to shed light on a person's entire life.

전기 영화 간디〔와 말콤 X〕는 잘 알려진 전기 영화이다. 〈The Hours(버지니아 울프에 관한 영화)〉, 〈Capote(트루먼 카포티와 하퍼 리에 대한 영화)〉와 같은 작품들은 사실과 허구적인 이야기를 섞기도 하고, 한 사람의 일생을 조명하기 위해 특정한 하나의 사건을 활용했다.

BLANK VERSE Unrhymed verse, especially in *iambic pentameter*.

무운시 특히 약강 5보격의 운을 달지 않은 시.

CHAMBER MUSIC Music written for and performed by small ensembles of players. The string quartet (two violins, viola, and cello) is the most influential form of *chamber music* ensemble.

실내악 소규모의 연주자들을 위해 작곡되고 연주되는 음악. 현악 4중주는(2개의 바이올린, 비올라, 첼로) 실내악 협연에서 가장 널리 애용되는 형태이다.

CHIAROSCURO An artistic technique in which form is conveyed by light and dark only, not by color.

명암 대조법 색채에 의해서가 아니라 오직 밝고 어두움으로 전달하는 미술의 기법.

CONCERTO A musical composition for an orchestra and one or more soloists.

협주곡 오케스트라와 한 명 이상의 독주자와의 협연을 위해 만들어진 악곡.

CUBISM An early 20th century artistic movement involving, among other things, the fragmented portrayal of three-dimensional objects. *Cubism* was given its highest expression by Pablo Picasso.

입체파 대상을 분해하여 3차원적으로 표현하는 20세기 초의 미술 사조. 파블로 피카소에 의해 정점을 이루었다.

DOCUMENTARY A nonfiction film intended to record or capture (and often comment on) some part of reality. *Hoop Dreams, March of the Penguins,* and *Fahrenheit 9/11* are examples of well-known documentaries.

다큐멘터리(기록 영화) 사실을 기록하거나 포착하기 위해 만든 논픽션 필름. 〈후프 드림스〉, 〈펭귄-위대한 모험〉, 그리고 〈화씨 9/11〉은 잘 알려진 다큐멘터리(기록 영화)의 예이다.

FREE VERSE Unrhymed and unmetered (or irregularly rhymed and metered) verse.

자유시 운율을 넣지 않은 (또는 불규칙적인 운율을 사용한) 시.

FRESCO   An artistic technique in which paint is applied to wet plaster, causing the painted image to become bound into the decorated surface.

> **프레스코 화법** 갓 칠해 덜 마른 회벽토에 수채로 그림을 그리는 미술 기법. 장식된 외벽에 그림이 달라붙어 떨어지지 않게 된다.

HAIKU   A three-line, non-rhyming poem in which the first and third lines contain five syllables, and the second contains seven. Traditional Japanese haiku (plural and singular forms are identical) often evoke the seasons.

> **하이쿠** 3구(句)로 이루어져 있으며, 운율이 없는 시. 첫 행과 세 번째 행은 5자, 두 번째 행은 7자, 총 17자의 단시이다. 전통적인 일본 하이쿠(단수와 복수 형태가 동일한)는 대개 계절을 나타내는 단어를 사용한다.

IAMBIC PENTAMETER   A poetic metrical form in which each line of verse consists of ten syllables, of which only the even-numbered syllables are stressed.

> **약강 5보격의 시** 각 행이 10음절로 이루어진 시의 운율의 한 형태. 오로지 짝수의 음절에 강세를 둔다.

IMPRESSIONISM   A late 19th century French movement in painting that attempted, among other things, to convey the effect of light more vividly than had previously been done. Claude Monet was among the most influential of the *Impressionists*.

> **인상파** 19세기 후반 프랑스에서 일어난 미술의 한 사조. 무엇보다도 이전보다 더 생생하게 빛의 효과를 전달하기 위해 시도된 흐름. 가장 큰 영향을 끼친 화가는 클로드 모네이다.

JAZZ   An influential American music style rooted in African and African-American traditions with input from diverse sources. Jazz has many spin-offs and subgenres. Famous jazz musicians have included Duke Ellington and Charlie Parker.

> **재즈** 아프리카계 미국 흑인들의 전통에 뿌리를 둔 유명한 미국 음악 양식 중 하나이며, 다양한 근원으로부터 나왔다. 재즈는 많은 부산물과 하위 장르가 있다. 유명한 재즈 뮤지션으로 듀크 엘링턴과 찰리 파커가 있다.

LIBERAL ARTS   A general course of study focusing on literature, art, history, philosophy, and related subjects rather than on specifically vocational instruction.

> **교양 과정** 문학, 미술, 역사, 철학 등 특별한 전문적인 분야의 교육에 제한되지 않고 관련된 여러 분야에 초점을 맞춘 전반적인 연구 과정.

METAPHOR   A figure of speech involving the use of words associated with one thing in connection with another in order to point up some revealing similarity between the two. To refer to someone's nose as his or her beak is to use *metaphor* to say something unflattering about the person's nose.

> **은유** 어떤 것을 직접 표현하지 않고 관계있는 다른 단어를 사용해 둘 사이의 유사성을 보여 줄 수 있는 뭔가를 강조하기 위한 표현 기법. 어떤 사람의 코를 매부리라고 말하는 것은 그 사람의 코 모양을 노골적으로 말하기 위해 은유법을 사용하는 것이다.

MOSAIC   An art form in which designs are produced by inlaying small tiles or pieces of stone, glass, or other materials.

> **모자이크** 작은 타일이나 돌 조각, 유리 조각, 그 외의 여러 재료들을 밑그림에 박아 넣어서 모양을 만드는 미술 기법.

NARRATIVE FILM   A fiction film told primarily in chronological order. Most popular films fall into this category.

> **내러티브 영화** 주로 연대기적 구조를 가진 허구적인 영화. 유명한 영화의 대다수가 이 형식을 사용한다.

NOIR A film and literature style portraying crime and sleaze in an atmosphere of mystery, bleakness, cynicism, and/or glamour. Noir (pronounced [nwɑːr]) often contains a political subtext of corruption or paranoia. Well-known examples include *The Big Sleep* and *Chinatown*.

느와르 신비로움, 황량함, 냉소주의, 매혹의 분위기 속에 범죄와 부패를 그려내는 문학이나 영화의 양식. 종종 부정부패에 대한 정치적 함의나 의심을 포함하는 경우도 있다. 잘 알려진 예로 〈명탐정 필립〉과 〈차이나타운〉이 있다.

OPERA A drama set to music, in which the dialogue is sung rather than spoken.

오페라 음악으로 구성된 연극. 모든 대사는 말이 아니라 노래로 불려진다.

OVERTURE An introductory musical piece for an opera or other work of musical drama.

서곡 오페라나 다른 뮤지컬 극에서 첫 도입 악곡.

POSTCOLONIALISM A literary and philosophical movement concerned with life and identity in formerly colonized cultures. Well-known postcolonial writers include Franz Fanon, Jamaica Kincaid, and Salman Rushdie.

후기 식민주의 예전 식민화된 문화에서의 삶과 정체성에 관심을 둔 문학·철학 운동. 유명한 후기 식민주의 작가로 프란츠 파농, 자메이카 킨케이드, 그리고 살만 루시디가 있다.

RENAISSANCE The blossoming of art, literature, science, and culture in general that transformed Europe between the fourteenth and seventeenth centuries.

르네상스 14세기에서 17세기에 걸쳐 미술, 문학, 과학, 그리고 문화 전반에 걸쳐 유럽을 변화시킨 문예부흥, 또는 그 시대.

ROMAN À CLEF A novel in which the characters and events are disguised versions of real people and events.

로망 아 클레 실제 인물과 사건을 각색하여 이야기에 등장시키는 소설. 실화 소설.

ROMANTICISM An anticlassical literary and artistic movement that began in Europe in the late 18th century. William Wordsworth and John Keats were perhaps the preeminent *Romantic* poets.

낭만주의 고전주의 문학과 예술적 동향에 반대하여 18세기 후반 유럽에서 시작한 예술 사조. 윌리엄 워즈워스와 존 키이츠가 뛰어난 낭만파 시인이라고 할 수 있다.

SIMILE A figure of speech in which one thing is likened to something else. A *simile* will always contain the word *like* or *as*. To call someone's nose a beak is to use a *metaphor*; to say that someone's nose is *like* a beak is to use a *simile*.

직유법 사물을 다른 어떤 것에 직접 비유하여 표현하는 기법. 직유법에는 항상 like나 as라는 단어가 포함되어 있다. 어떤 사람의 코를 매부리라고 부르는 것은 은유법을 사용한 것이다. 그러나 매부리 같다고 직접 말하는 것은 직유법을 사용한 것이다.

SONATA An instrumental musical composition consisting of several movements.

소나타 몇 개의 악장으로 이루어진 악기 연주용 악곡.

SONNET A verse form consisting of fourteen lines of *iambic pentameter* rhymed in a strict scheme.

소네트 약강 5보격 10음절로 이루어진, 엄격하게 운율을 지키는 14행으로 된 시.

STILL LIFE An artistic depiction of arranged objects.

정물화 잘 배치된 물체들을 미적으로 묘사하는 그림.

STREAM OF CONSCIOUSNESS A literary technique in which an author attempts to reproduce in prose the unstructured rush of real human thought.

의식의 흐름 작가가 통일된 구성을 갖지 않는 인간의 실제 사고를 글로 재현하는 문학 기법.

SURREALISM A primarily French artistic and literary movement of the early 20th century that attempted to incorporate imagery from dreams and the unconscious into works of art.

초현실주의 20세기 초반 프랑스에서 처음 시작되어 꿈과 무의식의 세계를 예술 작품에 형상화한 문예.

SYMPHONY A major work for orchestra, usually consisting of several movements.

교향곡 일반적으로 몇 개의 악장으로 구성된, 오케스트라를 위하여 만들어진 규모가 큰 악곡.

8

Science

과학

이 장에는 신문이나 잡지에서 자주 등장하는 과학 용어가 있다.
이 목록을 통해서 과학을 배울 수는 없지만 그 의미를 이해할 수 있는 단어들을 배울 수 있을 것이다.

ABSOLUTE ZERO   The temperature at which atoms become so cold they stop moving: -459.67°F or -273.15°C. This is theoretically the lowest possible temperature.

절대 영도 원자가 너무 차가워서 움직임을 멈추는 시점의 온도로 화씨 -459.67도이고, 섭씨 -273.15도이다. 이론적으로 가능한 가장 낮은 온도이다.

ANTIBODY   The key part of the immune system. An *antibody* is a protein produced by the body in response to invasion of the body by a virus, bacterium, or other threatening substance. The *antibody* attacks the invader and then remains in the bloodstream, providing continuing immunity.

항체 항체는 면역 체계의 주요 요소로, 바이러스나 박테리아 또는 다른 위협적인 물질의 침입에 반응하여 몸이 생성하는 단백질이다. 항체는 침입자를 공격하고 혈액 안에 머무르면서 면역을 유지하도록 한다.

ANTIMATTER   In effect, the mirror image of ordinary matter. Each of the *elementary particles* has a corresponding anti-particle, with an opposite electrical charge. When matter and *antimatter* collide, both are annihilated and energy is released.

반물질 사실상 보통 물질의 거울 이미지이다. 소립자들 각각이 가진 대응하는 반입자로 반대 전기의 전하를 가진다. 물질이나 반물질이 충돌할 때 모두 소멸되고 에너지는 방출된다.

ARTIFICIAL INTELLIGENCE   The general name for attempts to reproduce human mental processes with computers.

인공 지능 인간의 지적 과정을 컴퓨터로 재현하는 시도를 지칭하는 일반적인 이름.

BEHAVIORISM   A branch of psychology whose principal tenet is that all behavior consists of reflexive responses to external stimuli.

행동주의 심리학의 한 분과로, 주요 견해는 모든 행위가 외부 자극에 대한 반사적인 반응으로 구성된다는 것이다.

BIG BANG   A massive explosion that theoretically began the universe between 10 billion and 20 billion years ago.

빅뱅 이론적으로 100억 년에서 200억 년 사이에 우주를 탄생시킨 대폭발.

CHROMOSOME   A structure in the nucleus of a cell that contains DNA and carries genetic information.

염색체 DNA를 포함하고 유전적 정보를 전달하는 세포의 중심 구조.

CLONING   A technology used to produce an organism that is genetically identical to another organism.

클로닝 한 유기체에서 유전적으로 동일한 다른 유기체를 만들기 위해 사용되는 기술.

COSMOLOGY   A study of the origins, structure, and future of universe.

우주론 우주의 기원, 구조, 미래에 대한 연구.

DARK ENERGY   The hypothetical force that some cosmologists believe counteracts gravity and accounts for the accelerating expansion of the universe; Einstein was first to posit the existence of dark energy, though he later referred to the idea as his "biggest blunder."

암흑 에너지 몇몇 우주론자들이 믿는 중력에 반대로 작용하고 우주 팽창 가속화를 설명하는 가상의 힘이다. 후에 아인슈타인은 이것을 그의 "가장 큰 실수"로 언급했지만 그가 처음 암흑 에너지의 존재를 가정했다.

DARK MATTER   Invisible hypothetical matter thought by some scientists to constitute as much as 90 percent of the mass in the universe.

암흑 물질 보이지 않는 가상의 물질로 일부 과학자들은 이것이 우주에 존재하는 덩어리의 90%를 구성한다고 생각한다.

DNA   An abbreviation for deoxyribonucleic acid, the substance that is the principal component of *genes*; hence, DNA is the primary carrier of genetic information.

DNA 디옥시리보핵산의 줄임말로 유전자의 주요 성분 물질이다. 따라서 DNA는 유전적 정보의 주요 운반체이다.

ELECTROMAGNETIC RADIATION   Visible light, radio signals, microwaves, ultraviolet light, and X rays are all examples of *electromagnetic radiation*, which is energy radiated in waves from certain electrically charged *elementary particles*.

전자기 방사선 가시광선, 전파 신호, 마이크로파, 자외선 그리고 X선은 모두 전자기 방사선의 예로 특정한 전기 작용으로 전기를 띤 소립자의 파장에서 발하는 에너지이다.

ELECTRON MICROSCOPE   A device that uses streams of electrons to provide greatly magnified images of objects far too small to be seen by human eye or even by ordinary optical microscopes.

전자 현미경 인간의 눈이나 일반 광학 현미경으로는 너무 작아서 볼 수 없는 물체의 이미지를 크게 확대해서 제공하기 위해 전자의 흐름을 이용하는 장치.

ELEMENTARY PARTICLES   The tiny particles that make up atoms and are thus the building blocks of all matter. Protons, neutrons, and electrons were once believed to be the only *elementary particles*, but it is now known that these particles are themselves made up of smaller particles and that the list of *elementary particles* is quite long. Among the newer additions to the list are quarks, muons, pions, gluons, positrons, and neutrinos.

소립자 아주 작은 입자로 원자를 구성하고 모든 물질을 형성하는 덩어리이다. 양자, 중성자와 전자는 한때 유일한 소립자로 여겨졌지만 지금은 이러한 입자들이 더 작은 입자들로 구성되는 것이 알려졌고 소립자의 목록도 훨씬 길어졌다. 새롭게 리스트에 추가된 것들 중에는 쿼크, 뮤온, 파이온, 글루온, 양전자와 중성 미자가 있다.

ENDORPHINS   Sometimes referred to as the body's own narcotics, *endorphins* are substances produced by the pituitary gland that can reduce pain, alter moods, and have other effects.

엔도르핀 때때로 신체의 자가 마취제를 뜻한다. 고통을 줄이거나 기분을 변화시키고 다른 효과도 가지는 엔도르핀은 뇌하수체에 의해서 생성되는 물질이다.

ENZYME   Any of a large number of substances in organisms that speed up or make possible various biological processes.

효소 유기체 안에 있는 다수의 물질 중 하나로 다양한 생물학적 처리 속도를 높이거나 생물학적 변화를 일으킨다.

GENE   A chemical pattern on a *chromosome*. *Genes* make up units of information that govern the inheritance of all biological structures and functions.

유전자 염색체의 화학적 패턴. 유전자는 모든 생물학적 구조나 기능의 유전적 성질을 지배하는 정보 단위로 구성된다.

GENETIC ENGINEERING   A science devoted to altering *genes* in order to produce organisms with more desirable characteristics, such as resistance to disease.

유전 공학 질병에 대한 저항력 같은 더 바람직한 성질을 가진 유기체를 만들기 위해 유전자 변형을 연구하는 과학.

GENOME The complete set of a creature's *genes*.

게놈 생명체의 유전자 총체.

GREENHOUSE EFFECT The phenomenon whereby the earth's atmosphere (especially when altered by the addition of various pollutants) traps some of the heat of the sun and warms the surface of the earth.

온실 효과 지구의 공기가 (특히 다양한 오염물의 증가로 변화될 때) 태양열을 가둬 지구 표면이 따뜻해지는 현상.

HOLOGRAM A three-dimensional image produced by a photographic process called *holography*, which involves *lasers*.

홀로그램 홀로그래피라고 불리는 사진 처리에 의해서 생성된 3차원 이미지로 레이저를 포함한다.

HYDROCARBON Any of a large number of organic compounds composed of hydrogen and carbon. Butane, methane, and propane are three of the lighter *hydrocarbons*. Gasoline, kerosene, and asphalt are all mixtures of (mostly relatively heavy) *hydrocarbons*.

탄화수소 수소와 탄소로 구성된 다수의 유기 화합물을 통칭하는 말이다. 부탄, 메탄, 프로판은 더 가벼운 탄화수소 형태이고, 가솔린, 등유, 아스팔트도 모두 (대부분 상대적으로 무거운) 탄화수소 화합물이다.

IN VITRO FERTILIZATION The fertilization of an egg outside the mother's body.

시험관 수정 엄마의 체외에서 난자를 수정시키는 것.

ISOTOPE An atom with the same number of protons as a second atom but a different number of neutrons is said to be an *isotope* of that second atom.

동위 원소 제2원자인 양성자와 원자 번호는 같지만 다른 중성자 수를 가진 원자로, 제2원자의 동위 원소라 불린다.

LASER A device that produces an extraordinarily intense beam of light. The word *laser* is an acronym for Light Amplification by Simulated Emission of Radiation.

레이저 엄청나게 강렬한 빛의 광선을 만들어 내는 장치로, Light Amplification by Simulated Emission of Radiation의 두문자어이다.

LIGHT-YEAR The distance that light travels in a year, or approximately 5,878,000,000,000 miles.

광년 일 년 동안 빛이 나아가는 거리로 대략 5,878,000,000,000마일이다.

NATURAL SELECTION The theory that species originate and become differentiated as certain characteristics of organisms prove more valuable than others at enabling those organisms to reproduce. These valuable characteristics are in effect "selected" by nature for preservation in succeeding generations, while other characteristics disappear. *Natural selection* was a key element in Charles Darwin's monumental theory of evolution.

자연 선택 종(種)이 기원하고 생물들의 특정한 특징들에 따라 변이된다는 이론은 그 생물들의 번식을 가능하게 한다는 점에서 다른 생물들보다 더 우월함을 입증한다. 이 우월한 특징들은 후대에 보존을 위해 자연적으로 선택되며, 반면에 다른 특징들은 퇴화된다. 자연 선택은 찰스 다윈의 기념비적 진화 이론의 주요 요소였다.

NEBULA An enormous cloud of dust and gas in outer space.

성운 우주 밖에 있는 수많은 가스와 먼지의 구름.

NUCLEAR ENERGY   The vast energy locked in the infinitesimal nucleus of an atom. This energy can be released through *fission* (the splitting of certain atomic nuclei) and *fusion* (the combining of certain atomic nuclei). It is also released naturally in a few elements through a process of decomposition called *radioactivity*. Fission, fusion, and radioactivity are all processes involving the conversion of small amounts of matter into enormous amounts of energy. The release of this energy is the basis of nuclear weapons (such as atomic bombs and hydrogen bombs) and nuclear reactors used in the production of electricity.

원자력 원자의 미세한 핵에 갇혀 있는 광대한 에너지로 이 에너지는 분열(특정 원자핵의 쪼개짐)과 융합(특정 원자핵의 결합)을 통해 방출될 수 있다. 또한 방사능이라고 불리는 분해 과정을 통해 구성 요소들로 자연적으로 방출될 수도 있다. 분열, 융합과 방사능은 모두 작은 양의 물질을 광대한 양의 에너지로 전환하는 과정이다. 이 에너지 방출은 핵무기(원자 폭탄이나 수소 폭탄과 같은)나 전기 공급에 이용되는 원자로의 핵심이다.

NUCLEAR WINTER   A hypothetical chilling of the earth resulting from the contamination of the atmosphere by radioactive materials, dust, and other substances in the aftermath of a nuclear war.

핵겨울 핵전쟁의 여파로 생긴 방사능 물질과 먼지, 다른 물질들에 의한 공기 오염 결과로 생기는 지구의 가설적 추위.

OSMOSIS   The equalization of fluid concentrations on both sides of a permeable membrane.

삼투 현상 투과성 막 양쪽의 유동적인 농도의 평준화.

OZON LAYER   Ozone is a compound of oxygen. The *ozone layer* is a part of the atmosphere that, among other things, filters out radiation that is harmful to human beings. In recent decades the *ozone layer* has been found to be decomposing at an alarming rate, owing in large part to the release of certain pollutants into the atmosphere.

오존층 오존은 산소의 화합물로 오존층은 다른 것들 사이에서 인간에게 유해한 방사능을 여과하는 대기층의 일부이다. 최근 수십 년간 오존층은 대기 중의 특정한 오염 물질이 공기에 방출되어 놀라운 속도로 분해되고 있다는 것이 밝혀졌다.

PASTEURIZATION   A sterilization process in which foods are heated in order to kill harmful organisms in them. The process is named for Louis Pasteur, the 19th-century French scientist who developed it.

저온 살균 음식 안에 있는 해로운 유기체를 죽이기 위해서 가열되는 살균 과정으로, 이를 밝힌 19세기 프랑스 과학자 루이스 파스퇴르의 이름을 딴 것이다.

PERIODIC TABLE   A chart depicting the known elements arranged according to certain characteristics—a must-have in chemistry classrooms and textbooks.

주기율표 알려진 원소들을 특정한 특징에 따라 배열한 표로, 화학 수업이나 교과서에 필수이다.

PHEROMONE   Substances secreted by animals that influence the behavior of other animals, primarily through the sense of smell.

페로몬 주로 후각을 통해 다른 동물의 행위에 영향을 주는, 동물에 의해 분비되는 물질.

PHOTON The smallest unit of *electromagnetic radiation*.

광자 전자기파의 가장 작은 단위.

PHOTOSYNTHESIS   The process whereby green plants transform energy from the sun into food.

광합성 녹색 식물이 태양으로부터 에너지를 변환하여 양분을 만드는 과정.

PLATE TECTONICS A revolutionary geological theory holding that the earth's crust consists of enormous moving plates that are constantly shifting position and, among other things, altering the shape and arrangement of the continents.

판 구조론 지구의 지각이 커다란 움직이는 판으로 구성되어 계속해서 위치를 바꾸고 그 모양이나 대륙의 배열이 변화한다는 것을 지지하는 혁명적 지리학 이론.

PULSAR Any of a number of less than thoroughly understood objects in outer space that emit regular pulses of radio waves.

맥동성 전파의 규칙적인 진동을 내보내는 우주에서 잘 알려진 물체들보다 덜 알려진 것.

QUASAR Any of a number of starlike objects believed to occupy the very farthest fringes of the universe.

준성 우주의 아주 먼 주변을 차지한다고 믿어지는 별 모양의 물체.

RADIO TELESCOPE A large antenna capable of receiving the radio waves naturally emitted by stars and other objects in outer space. A *radio telescope* is a telescope capable of "seeing" forms of *electromagnetic radiation* not visible to the human eye or to an ordinary optical telescope.

전파 망원경 천체나 우주 공간의 다른 물체에 의해서 자연스럽게 방출된 전파를 받을 수 있는 큰 안테나 케이블로, 전파 망원경은 인간의 눈이나 보통 광학 망원경으로는 볼 수 없는 전자기파 형태를 볼 수 있는 망원경이다.

RELATIVITY Albert Einstein's monumental theory, which holds, among a great many other things, that space and time are not separated entities but elements of a single continuum called *space time*.

상대성 이론 서로 다른 많은 이론 중에서 공간과 시간은 나뉘는 실체가 아니라 시공간이라 불리는 하나의 연속체라고 생각하는 앨버트 아인슈타인의 기념비적 이론이다.

RNA An abbreviation for ribonucleic acid, a substance similar to DNA that is a crucial element in the synthesis of proteins.

리보 핵산 ribonucleic acid의 축약어로, 단백질 합성의 중요한 요소인 DNA와 유사한 물질이다.

SEISMOLOGY The study of earthquakes and other tremors (including man-made ones) in the earth's crust.

지진학 지진이나 지각 안에서의 다른 진동(인간이 야기한 것을 포함)에 대한 연구이다.

SPEED OF LIGHT The speed at which light travels through a vacuum, or 186,282 miles per second.

광속 빛이 진공을 통과해서 움직이는 속도로, 초당 186,282마일을 이동한다.

SUPERCONDUCTIVITY The ability of certain substances to conduct electricity with no resistance. *Superconductivity* has usually been produced by cooling certain substances to temperatures approaching *absolute zero*. More recently, scientists have discovered materials that become *superconductive* at vastly warmer temperatures.

초전도성 초전도성은 특정 물질이 저항 없이 전기를 전도하는 능력으로, 일반적으로 특정 물질을 절대 온도에 가깝게 냉각함으로써 생성된다. 최근에는 과학자들이 훨씬 더 따뜻한 온도에서 초전도성이 되는 물질을 발견했다.

THERMODYNAMICS A branch of science concerned with heat and the conversion of heat into other forms of energy.

열역학 열과 열의 변환이 다른 에너지 형태로 전환하는 것에 관한 과학의 한 분야.

VACCINE A substance that, when introduced into an organism, causes the organism to produce *antibodies* against, and hence immunity to, a particular disease.

백신 유기체에 전해질 때 유기체가 항체를 생산해서 특정 질병에 대한 면역을 가져오게 하는 물질.

9

Finance

신문의 재정 관련 페이지는 전문 용어를 모르면 이해하기 힘들 수 있다.
여기에는 자주 쓰이는 용어들을 모았다.

재정

ANNUAL PERCENTAGE RATE (APR)   A loan's *annual percentage rate* is the loan's true interest rate when all the costs of borrowing are taken into account. Before lending you $10,000 at a nominal interest rate of 12 percent, a bank may charge you a fee of several hundred dollars. The effective interest rate on the loan—its APR—would include the cost of paying this fee and would thus be somewhat higher than 12 percent.

연이율 대출의 연이율은 대출한 모든 비용을 계산한 대출 실제 이율이다. 당신이 10,000달러를 연이율 12%로 빌리면 은행은 당신에게 몇 백 달러를 수수료로 부과한다. 유효한 이율(연이율)은 이러한 비용의 지불을 포함하므로 실제 12%보다 다소 높아진다.

ASSET   An *asset* is something you own. A *liability* is something you owe.

자산 자산은 당신이 소유한 것이고 부채는 당신이 빚지고 있는 것이다.

BANKRUPTCY   A procedure by which a deeply indebted person or company sacrifices most or all remaining *assets* in exchange for being relieved of the obligation to repay any remaining debts.

파산 큰 빚을 진 개인이나 회사가 남아 있는 모든 혹은 대부분의 자산을 처분하고 대가로 남아 있는 빚을 면제받는 절차.

BEAR MARKET   A falling stock market.

하락 장세 떨어지고 있는 주식 시장.

BONDS   When you buy a *bond* you are, in effect, lending money to the city, company, or other entity that issued it. In return, the issuer pays you interest.
　　There are many different kinds of *bonds*. U.S. government *bonds* are *bonds* issued by the federal government. When you buy a *government bonds*, you're helping to finance the federal deficit. *Municipal bonds* are *bonds* issued by cities, counties, and states. They are often issued to finance specific projects, such as the construction of a highway or an athletic stadium. *Corporate bonds* are *bonds* issued by companies. *Junk bonds* are high-interest, high-risk *bonds* issued by relatively uncredit-worthy borrowers.

채권 채권을 사면 사실상 도시나 회사 또는 채권을 발행한 곳에 돈을 빌려주는 것이다. 대신 채권 발행자는 당신에게 이자를 지급한다. 채권의 종류는 다양하다. 미국 정부 채권은 연방 정부에 의해 발행된 것이다. 당신이 정부 채권을 사면 정부의 부족한 재정을 돕는 것이다. 지방 채권은 시나 지방 자치 단체 또는 주에서 발행한 것이다. 그들은 고속도로나 경기장 건설과 같은 특별한 프로젝트의 재정 마련을 위해서 채권을 자주 발행한다. 회사채는 회사가 발행한 채권이다. 정크 본드는 고이율, 고위험의 채권으로 상대적으로 신용 가치가 낮은 차용자가 발행한다.

BOOK VALUE   A company's *book value* is what the company would be worth if its *assets* (including office buildings and furniture) were all sold and its *liabilities* were all paid off.

장부 가격 회사의 장부 가격은 회사가 그 자산(회사 건물이나 가구를 포함)을 모두 팔고 부채를 모두 갚았을 때 회사가 가지고 있는 가치를 말한다.

BULL MARKET   A rising stock market.

상승 장세 주식이 상승하는 시장.

CALL   An *option* to buy stock at a certain price within a certain period of time. A *put* is an option to sell stock at a certain price within a certain period of time. *Puts* and *calls* are not for amateurs.

콜(매입 특권) 주식을 특정 기간 안에 특정한 가격으로 사는 옵션이다. 풋(put)은 특정 기간에 특정한 가격으로 주식을 파는 옵션이다. 풋과 콜은 비전문가를 위한 것이 아니다.

CAPITAL GAIN The profit on the sale of stocks, bonds, real estate, and other so-called capital *assets*. If you buy a stock for $5 a share and sell it a few weeks later for $1,000 a share, you have a capital gain of $995 a share. A *capital loss* is the same thing in reverse.

> **자본 이득** 주식이나 채권, 부동산 등 자본 자산의 판매에 대한 이득이다. 만약 당신이 주당 5달러 주식을 사서 몇 주 후에 주당 1,000달러에 팔면 당신은 주당 자본 이득으로 995달러를 가진다. 자본 손실은 반대의 의미이다.

COMMODITIES Pork bellies, beef fat, wheat, corn, gold, silver, and other animal, vegetable, and mineral products are a few examples of *commodities*. Contracts for these items are traded in highly risky markets that are no place for someone who can't afford to lose a lot of money.

> **상품** 돼지 내장, 소고기 지방, 밀, 옥수수, 금, 은 그리고 기타 동물, 야채와 광물들이 원자재의 몇몇 예시이다. 이런 품목들의 계약은 고위험 시장에서 많은 돈을 잃을 여유가 없는 사람들에 의해 거래된다.

COMMON STOCKS A share of *common stock* represents a (usually tiny) piece of the company that issues it. If you own a share of stock in a company, you own a fraction of the company itself and are entitled to a corresponding fraction of the company's profits, usually paid in the form of quarterly *dividends*.

> **보통주** 보통주의 주식은 그것을 발행한 회사의 작은(일반적으로 아주 작은) 부분을 대표한다. 만약 당신이 한 회사 주의 한 주를 가지고 있다면 당신은 그 회사의 작은 한 조각을 소유한 것이며, 그 회사 이익에 해당하는 조각만큼 자격이 주어져 일반적으로 4분기 형태로 배당을 받는다.

COMPOUND INTEREST *Compound interest* is interest paid on interest that's already been paid. If you put $100 in a savings account and don't withdraw the interest payments, the effective interest rate on your initial investment rises as each new interest payment increases the value of your account. The compounding of interest causes an account earning 10 percent interest to double in value in about seven years instead of the ten you might expect.

> **복리** 복리는 이미 지불된 이자에 대해서 이자가 지급되는 것이다. 만약 당신이 100달러를 예금 계좌에 넣고 이자를 인출하지 않으면 최초 투자에 대한 실제 이자율은 새로운 이자가 당신 계좌의 가치를 증가시킨 만큼 올라간다. 복리는 10% 이자 계좌에 대해 10년 동안 기대할 이자를 약 7년 정도에 두 배의 가치로 만든다.

CORPORATE BONDS See *BONDS*.

> **회사채** BONDS(채권) 참조.

DISCOUNT BROKERAGE A stockbrokerage that charges lower commissions than traditional stockbrokerages but provides fewer services.

> **어음 할인 중개** 전통적인 주식 중개보다 낮은 수수료를 부과하는 주식 중개로 적은 서비스를 제공한다.

DIVIDEND When a company earns profits, it typically reinvests some in itself and distributes the rest to its shareholders, who are the company's owners. These profit distributions are typically paid quarterly and are called *dividends*.

> **배당금** 회사는 이익이 나면 일반적으로 그 자체에 재투자를 하고 나머지는 주주, 즉 회사를 소유한 사람들에게 배당한다. 이러한 이익 배당은 일반적으로 분기당 이루어지고 배당금이라 불린다.

DOW JONES INDUSTRIAL AVERAGE An index based on the stock prices of thirty big industrial companies. The *Dow Jones* isn't a representative sample of either the stock market or the economy in general, but it has traditionally been used as a barometer of both.

다우 존스 산업 평균지수 30개의 대기업의 주식 가치에 기반을 둔 지수로, 다우 존스는 주식 시장이나 일반 경제를 대표하는 표본은 아니다. 그러나 전통적으로 양자의 지표로 사용되고 있다.

EQUITY *Equity* is the difference between *assets* and *liabilities*. If your house (an *asset*) is worth $100,000 and you owe $45,000 on it (a *liability*), you equity in your house is $55,000. A *home equity loan* is a loan backed by your *equity* in your home. *Home equity loans* used to be called *second mortgages*. If you stop paying off your *home equity loan*, you risk losing your house.

자기 자본 자기 자본은 자산과 부채 사이의 차액이다. 만약 당신 집(자산)이 100,000달러의 가치가 있고 당신이 45,000달러를 빚지고 있다면, 당신 집에 대한 자기 자본은 55,000달러가 된다. 주택 담보 대출은 당신의 집에 대한 자기 자본을 담보하는 것이다. 주택 담보 대출은 보통 2순위 저당이라고 한다. 만약 당신이 주택 담보 대출의 지급을 멈추면 당신은 집을 잃을 위험에 빠진다.

FEDERAL DEPOSIT INSURANCE CORPORATION The *FDIC* is the government agency that insures bank deposits.

연방 예금 보험 회사 연방 예금 보험 회사는 은행의 예금을 보증하는 정부 관계 기관이다.

HOME EQUITY LOAN See *EQUITY*.

주택 담보 대출 EQUITY(자기 자본) 참조.

MARGIN Buying stock on *margin* is buying stock in part with money borrowed from the stockbroker. Buying on *margin* is risky. If the price of a stock you bought on *margin* falls below a certain point, the broker will require you to put up more money. If you don't have the money, you may be forced to sell the stock immediately at a loss in order to cover your position.

위탁 증거금 위탁 증거금으로 증권을 산다는 것은 증권 브로커로부터 빌린 돈의 일부로 증권을 사는 것이다. 위탁 증거금을 사는 것은 위험하다. 만약 위탁 증거금으로 산 증권 가격이 특정한 점 아래로 떨어지면 브로커는 당신에게 더 많은 돈을 넣을 것을 요구한다. 만약 당신이 돈을 가지고 있지 않다면 당신은 위치를 보전하기 위해 손해를 감수하고 바로 증권을 팔도록 강요받을 수 있다.

MORTGAGE When you obtain a *mortgage* to buy a house, what you are really doing is persuading a bank to buy a house for you and let you live in it in exchange for your promise to pay back the bank, with interest, over a period of years. If you stop paying back the bank, the bank may take back the house. In other words, the bank lends you enough money to buy the house with the understanding that the bank gets the house if you don't pay back the loan. A traditional *mortgage* runs for thirty years at a fixed interest rate with fixed monthly payments, but there are many variations.

담보 대출 집을 사기 위해서 담보 대출을 받을 때 해야 할 것은 은행에 대출한 돈과 그에 대한 이자를 몇 년에 걸쳐서 갚는다는 조건으로 은행이 당신을 위해 집을 사고 당신이 그곳에 살 수 있도록 은행을 설득하는 것이다. 만약 당신이 은행에 대출금 지불을 멈추면 은행은 당신의 집을 가져갈 수 있다. 즉, 은행은 당신이 대출금을 갚지 못하면 집을 갖는다는 전제로 당신에게 집을 살 수 있는 충분한 돈을 빌려주는 것이다. 전통적인 담보 대출은 고정된 할부 월 이율로 30년 동안 진행되지만 많은 변동이 있다.

MUTUAL FUND   A *mutual fund* is an investment pool in which a large number of investors put their money together in the hope of making more money than they would have if they had invested on their own. *Mutual funds* are run by professional managers who may or may not be better than the average person at picking good investments. Some *mutual funds* invest only in stocks; some invest only in *bonds*; some invest only in metals; some invest only in Japanese stocks; some invest in a little of everything; some invest in whatever looks good at the moment.

뮤추얼 펀드   뮤추얼 펀드는 많은 투자자들이 그들 스스로 투자하는 것보다 많은 이익을 얻을 것이라는 희망으로 그들의 돈을 함께 투자하는 투자 공동 자금이다. 뮤추얼 펀드는 전문가들에 의해 운영되는데 일반인이 좋은 투자 대상을 고르는 것보다 더 나을 수도 있고 그렇지 않을 수도 있다. 일부 뮤추얼 펀드들은 주식에만 투자하지만 어떤 것들은 채권에만 투자하거나 금속·일본 주식에만 투자하거나 모든 것에 조금씩 투자하기도 하고 좋아 보이는 것은 무엇이든 투자하기도 한다.

ODD LOT   Less than 100 shares of a company's stock. Groups of shares in multiples of 100 are known as *round lots*. Brokerages typically charge slightly higher commissions on transaction involving *odd lots*.

단주   한 회사의 100주보다 적은 주식 수로 100주 단위의 그룹은 증권 거래 단위로 알려져 있다. 중개 수수료는 일반적으로 단주를 포함한 매매의 수수료보다 다소 높게 부과한다.

OPTION   The opportunity to do something else (such as buy a certain number of shares at a certain price) at some time in the future.

옵션   (특정한 가격에 특정한 수의 주를 구입하는 것처럼) 미래 어떤 시점에 어떤 일을 하는 기회.

OVER-THE-COUNTER STOCK   An *OTC* stock is one that isn't traded on the New York Stock Exchange or the NASDAQ; one of several smaller stock exchanges. A stock change is a big marketplace where buyers and sellers (or, usually, their representatives) gather to do business within a framework of mutually agreed-upon rules and limitations. But not all stocks are bought and sold through stock exchanges. These stocks (typically those of smaller, less-established companies) are said to be bought and sold "over the counter." To buy or sell such a stock, you have to do business directly with someone who deals in it, or "makes a market" in it. Most stockbrokers of any size have *over-the-counter* departments that handle such transactions.

장외 주식   장외 주식은 뉴욕 주식 거래소나 나스닥에서 거래되지 않는 주식, 즉 여러 개의 소규모 주식 중 하나를 말한다. 주식 거래는 구매자와 판매자(또는 그들의 대리인)가 함께 상호적으로 동의한 규칙이나 조건의 체제 안에서 비즈니스를 하는 거대 시장이다. 그러나 모든 주식을 증권 거래소를 통해서 사고파는 것은 아니다. 이러한 주식들(일반적으로 작고 상장되지 않은 회사들)은 '장외'에서 사고판다고 한다. 이러한 주식을 사고 파는 것으로 당신은 직접 그 주식을 다루거나 시장을 만드는 사람들과 비즈니스를 해야 한다. 어떤 규모든 대부분 증권 브로커는 이런 매매를 다루는 장외 분야를 가지고 있다.

PRICE/EARNINGS RATIO   A stock's *P/E* is the ratio of its price and the value of the company's earnings in the past year divided by the number of shares outstanding. If a stock sells for $20 a share and had earnings of $2 a share, its P/E is 10, and its share price is said to be "ten times earnings." In theory, if everything else is equal, a stock with a high *P/E* is a worse buy than a stock with a low *P/E*, but there are many exceptions.

주가 수익률   증권의 주가 수익률은 지난해 해당 기업의 수입을 미지불의 주식 수로 나눈 가격이나 가치의 비율이다. 만약 주식이 주당 20달러에 팔리면서 2달러의 수익을 냈다면 그 주가 수익률은 10이고 그 주의 가격은 10배의 수익을 낸다고 한다. 이론적으로는 만약 모든 것이 똑같다면 높은 주가 수익률 안에 있는 주식은 낮은 주가 수익률을 가진 주식보다 더 안 좋은 구매이다. 하지만 여기에는 많은 예외가 있다.

PRIME RATE The interest rate that banks charge their biggest and best loan customers. Everybody else pays more. Many loan rates are keyed to the prime, which is why a change in the *prime rate* affects more than just the biggest and best loan customers.

우대 금리 은행이 가장 큰 최고의 대출 고객들에게 부과하는 이자율로 일반 고객은 이보다 더 낸다. 많은 대출 이자율이 주요 고객에게 중요한데 이는 우대 금리 변화가 최고의 대출 고객보다 더 영향을 미치기 때문이다.

PROXY Ownership of a share of stock entitles the shareholder to vote at the company's annual meeting. Shareholders who can't attend the meeting can still vote by sending in a *proxy*—essentially, an absentee ballot.

대리 주식 소유권은 주주들이 해당 회사의 연차 주주 총회에서 투표를 행사할 자격을 준다. 총회에 참석할 수 없는 주주들은 대리권, 부재자 투표를 보내서 투표권을 행사할 수 있다.

SECURITIES AND EXCHANGE COMMISSION The *SEC* is the government agency that oversees the trading of stocks, bonds, and other securities.

증권 거래 위원회 증권 거래 위원회는 주식, 채권과 다른 유가 증권의 거래를 감독하는 정부 기관이다.

SELLING SHORT To sell a stock short is to sell it before you own it. Sounds impossible? It's not. *Selling short* is a way to make money on a stock when its price is going down. What you do, technically, is sell stock borrowed from your broker, then buy the same number of shares later, when the price has fallen. What happens if the price doesn't fall? You lose money.

공매 주식을 빨리 판매하는 것은 그것을 소유하기 전에 파는 것이다. 불가능하게 들리겠지만 그렇지 않다. 공매는 그 가격이 떨어질 때 주식에서 돈을 만드는 방법이다. 당신이 할 것은, 엄밀히 따지면 중개인으로부터 빌린 주식을 파는 것이다. 그리고 후에 가격이 떨어질 때 같은 수의 주식을 다시 사는 것이다. 만약 가격이 떨어지지 않으면 어떻게 될까? 당신은 돈을 잃게 된다.

STOCK SPLIT When a stock "splits two for one," shareholders are issued an additional share for every share they own at the time of the split. The effect is to halve the price per share, because each share is now worth half of what it was worth when there were only half as many. Companies generally split their stocks in order to knock the share price down to a level at which, the company hopes, it will be more attractive to investors. *Stock splits* are sometimes referred to as *stock dividends*. But a *stock dividend* isn't really a dividend at all, bacause it doesn't have any value.

주식 분할 하나의 주식을 두 개로 나누면 분할할 때 주주들이 소유한 모든 주식에서 추가된 주가 문제가 된다. 그 효과는 주당 가격이 반분되고 따라서 각 주는 예전 가치의 반이 된다. 회사들은 일반적으로 주식 가격을 낮춰 회사가 원하는 수준으로 만들기 위해 주식을 분할한다. 이것은 투자자들에게도 매력적이다. 주식 분할은 때때로 주식 배당으로 언급된다. 하지만 주식 배당은 어떤 가치도 가지고 있지 않기 때문에 사실 이익 배당금은 아니다.

TAX SHELTER Any investment that permits the investor to protect income from taxation. Tax reform has eliminated most of these. *Tax shelters* that sound too good to be true tend to be not only too good to be true but also illegal. There are still a lot of humbler *tax shelters*, though. Buying a house is one: interest on mortgage payments is deductible, and the resulting tax savings amounts to a federal housing subsidy for people wealthy enough to buy their own homes.

감세 수단 어떤 투자는 투자자가 과세액에서 그들의 수입을 보호하도록 해 준다. 세금 개혁에서는 이런 것들을 대부분 공제한다. 너무 좋아서 믿어지지 않는 감세 수단은 보기에 그럴듯할 뿐만 아니라 불법이다. 하지만 여전히 많은 감세 수단이 있다. 집을 사는 것도 그중 하나이다. 담보 비용에 대한 이자는 과세액에서 공제되고 결과적으로 세금을 절약하는 만큼 주택을 구입할 능력이 있는 부유한 사람들을 위한 연방 주택 보조금이 된다.

WARRANT   An option to buy a certain amount of stock at a certain price within a certain period of time.

워런트 특정한 양의 주식을 특정한 가격에 특정 기간 안에 구입하는 옵션.

YIELD   The annual income generated by an investment expressed as a percentage of its cost. If a stock has a *yield* of 4 percent, it pays dividends equal to 4 percent of purchase price of a share of its stock.

이자 배당 연 수익은 그 비용에 대한 비율로 명시된 투자에 의해 생겨난다. 만약 주식이 4% 이자 배당이 있으면 그 주식의 주당 매입 가격의 4%로 동일하게 배당금이 지불된다.

MEMO

MEMO